# 2015—2016 世界商务发展动态

上 海 市 商 务 委 员 会
上海科学技术情报研究所 编著

上海科学技术文献出版社

**图书在版编目（CIP）数据**

2015-2016世界商务发展动态／上海市商务委员会，上海科学技术情报研究所编著. — 上海：上海科学技术文献出版社，2016

ISBN 978-7-5439-7196-7

Ⅰ. ①2… Ⅱ. ①上… ②上… Ⅲ. ①贸易发展—研究—世界—2015-2016 Ⅳ. ①F731

中国版本图书馆CIP数据核字（2016）第230079号

---

责任编辑：祝静怡 忻静芬

---

2015-2016世界商务发展动态

上海市商务委员会<br>上海科学技术情报研究所 编著

出版发行：上海科学技术文献出版社

地　　址：上海市长乐路746号

邮政编码：200040

经　　销：全国新华书店经销

印　　刷：上海市北印刷（集团）有限公司印刷

开　　本：787×1092 1/16

印　　张：23.25

字　　数：428 500

印　　数：1000

版　　次：2016年6月第1版 2016年6月第1次印刷

书　　号：ISBN 978-7-5439-7196-7

定　　价：180.00元

http://www.sstlp.com

# 编审委员会

# 前言

近两年来，在全球融资条件收紧、地缘政治紧张局势升级、大宗商品价格下跌的大背景下，世界经济蹒跚前行，增长疲弱，地区发展进一步失衡。为应对这些挑战，各大经济体希望通过构筑国际经贸新规则、创新商务模式、改善营商环境、促进贸易便利化等途径，实现全球经济的全面复苏和持续稳定增长。我国作为全球第二大经济体，面对不容乐观的国际和国内经济环境，积极推进供给侧结构性改革，进一步激发经济增长潜力，增强经济的内在韧性，为稳定世界经济增长作出了积极贡献。

上海是全国改革开放的前沿阵地之一，与全球经济深度融合，与国内外环境紧密相连，推动上海经济社会发展必须要有全球视野。"世界商务发展动态"就是为了更好地了解现阶段世界商务领域的新动向，以服务上海商务发展布局和谋划，本年度报告将继续对世界商务发展的总体态势、重点商务领域动态，以及近期世界商务领域的热点问题进行跟踪与研究。

第一章为总论，阐述了世界商务总体发展态势，对商务领域重点行业的发展动态作了综述，并简要介绍了一些经济体在改善商务环境方面的新策略。

重点商务领域动态部分基本是历年研究的延续，也对个别行业的选择进行了一些调整，主要包括货物贸易、服务贸易、商业批发零售贸易、电子商务、大宗商品贸易、现代物流、外国直接投资，以及文化创意产品贸易等 8 个行业领域(第 2～9 章)。各重点行业领域的研究内容涉及产业总体发展态势、市场结构、新型贸易业态、新型商务模式、典型企业的竞争战略、产业新政，以及各领域当前的一些热点问题等。

专题研究方面，围绕上海国际贸易中心建设，通过对标研究，以期得到一些可资借鉴的结论。首先，关注国际贸易中心城市的发展问题。在以往的研究中，我们曾经跟踪分析过国际贸易中心的发展动态，这次作为专题研究，重点从国际化城市的角度入手，以东京、香港和伦敦为例，分析其作为国际贸易中心的成长经验。其次，在当今经济全球化趋势加剧的背景下，研究"开放型经济"的相关问题，介绍开放市场指数，并分析一些经济体实施开放型经济战略的经验。第三，鉴于贸易便利化是促进全球商务贸易发展的重要举措，需要各经济体共同努力，消除阻碍自由贸易的藩篱，最大限度地发挥贸易促进经济增长的作用，因此本轮研究重点分析了近年来不同国家或地区推进全球贸易便利化的一些经验。第四，进入新世纪以来，各大经济体高度重视"全球价值链"，将其视作构建国家竞争力、变革贸易和投资模式的重要分析工具，由此在一定程度上影响国际贸易的政策走向，这里通过专门章节分析这一问题，并对发展中国家的贸易政策提出了一些建议思考。

在本书的撰写过程中，研究人员尽可能搜集并参考国内外的最新文献，希望能客观全面地反映世界商务发展的新动向和新特点，但囿于作者的研究能力和学术水平，书中一定存在疏漏和讹谬之处，欢迎各方专家、学者提出宝贵意见，以助于我们在后续的研究中能够得以改善和提高。

编者

2016 年 6 月

# Preface

Owing to the facts such as global credit squeeze, upgrading geopolitical tensions, and falling commodity prices, world economy has been stumbling forward with weak growth and unbalance of region development for last two years. The main economies approach these challenges to make the world economy achieve a full recovery and stead growth by reforming the international trade rules, bring forth new business modes, bettering business environment, and promoting trade facilitation. As the second economy in the world, China is actively carrying out the supply-side structural reform, which will inspire the country's potential economic growth and make a contribution to a more stable global economy.

Being one of the country's forefronts to implement the reform and open-up strategy, Shanghai is integrating deeply with the global economy. *Report on World Commercial Development* aims to analyze new features and trends across all business sectors, and to offer a global vision for government decision-making and industrial development. This annual report includes three sections, i. e. the general induction, the study of dynamic status of main industries in commerce, and some special topics about commerce.

Chapter one, as the first section, describes the general status quo of world commerce, and the dynamic status of some commercial industries are also summarized. In addition, some new policies to better the business environment in main economies are introduced briefly.

In the section of main commerce industries, there are eight chapters, most of which being the continuation of the last research. These main commerce industries cover international merchandise trade, international commercial services trade, conventional commerce sectors (wholesale trade and retail trade), e-commerce, bulk commodities trade, and modern logistics, bulk commodities trade, modern logistics, and trade in creative industry. In each chapter, the author describes the general status quo of the topic industry, and analyzes respectively such issues as the market structure of each industry, the leading enterprises among the industry, emerging modes of business, industry policies. Moreover, some hot issues in above-mentioned main commerce industries have also been discussed.

As to the section of special topics, we try to choose the topics fitting in with the mission of commerce development in Shanghai. By the method of benchmarking, some conclusions may be the reference to the construction of the international trade center in Shanghai. First, we focus on the topic of world city as an international trade center. Taking the cities such as Tokyo, Hong Kong, and London as examples, we analyze their respective experiences to construct an international trade center. Second, in the topic of "open economy", Open Markets Index (OMI) is introduced, and experiences of implementing the "open economy" strategy in typical economies are also summarized. Third, in consideration of the importance of trade facilitation, a special chapter in this report discusses some innovative policies in some countries or regions to improve trade facilitation. Fourth, the concept of "global value chain (GVC)" has become more important since the turn of this century. And many countries use GVC as one of the tools for shaping their strategy of improving national competitiveness. Without doubt, attaching importance to GVC has influenced the international trade policies to a certain extent. In chapter 13, we discuss the changes and trends of international trade policies in the Context of GVC, and put forward some suggestions for developing countries.

In the process of study, we have made the best of collecting the latest reference resources in the hope of establishing the full, objective landscape of commerce development throughout the world. However, constrained by our research capabilities and academic ranks, this publication is bound to have some oversights, errors and omissions. Hence, the authors look forward to sharing and discussing our work and our findings, and sincerely welcome your comments and suggestions.

Editors

June 2016

# 目 录

# Contents

# 第一章　世界商务总体发展动态

2015 年，世界经济仍面临美元持续升值、全球融资条件收紧、地缘政治更趋紧张、大宗商品价格下跌等多种考验，经济活动依旧疲弱，经济复苏更为缓慢。据国际货币基金组织(IMF)2016 年 1 月发布的《世界经济展望》报告，2015 年世界经济估计增长 3.1%；其中发达经济体增长 1.9%，持续温和、不均衡的复苏，美国引领发达国家经济增长，欧元区和日本增速仍较疲软；发展中和新兴经济体增长 4%，各国增长普遍减缓。由于经济下行风险因素依然存在，预计未来两年世界经济仍将低速增长，相比 2015 年 10 月的预测，IMF 将 2016 年和 2017 年世界经济增速的预测均下调了 0.2 个百分点，分别为 3.4%和 3.6%。联合国、世界银行、经合组织等主要国际组织也都对世界和主要经济体经济增长进行了预测，尽管相关数据略有差别，但各方对世界经济发展趋势的认识高度一致，认为面对多项周期性和结构性不利因素，未来两年世界经济只会有小幅改善，但低于之前的预期。为化解各种潜在经济风险，进一步挖掘经济增长潜能，通过需求支持措施和结构性改革提供持续动力已变得尤为紧迫。各国和地区均在努力寻求增长和创新机遇，通过构筑国际经贸新规则、创新商务模式、改善营商环境、促进贸易便利化等途径，实现全球经济的持续稳定增长。

## 一、世界商务发展动态综述

### (一) 世界贸易持续低迷，服务贸易成为亮点

在世界经济缓慢增长的情况下，世界贸易增长非常有限，特别是发展中国家进口需求下降，对世界贸易增长形成拖累，发达国家经济复苏不均衡、地缘政治紧张局势

也对相关地区贸易复苏造成阻碍。世界贸易组织(WTO)2015 年 10 月公布的《世界贸易报告》数据显示,2012 年、2013 年、2014 年世界货物贸易已持续三年低迷增长,分别为 2.2%、2.5%和 2.5%[1],增速均低于预期,且均和国内生产总值(GDP)几乎以同样速度增长。2014 年,世界货物贸易出口 18.42 万亿美元,进口 18.57 万亿美元。发展中和新兴经济体的货物贸易出口增速为 3.1%,领先于发达国家(2.0%);而进口增长为 1.8%,低于发达国家(2.9%)(表 1.1)。2015 年第一季度世界货物贸易仍维持了适度的增长,增速为 3.5%,发展中国家的进口需求仍在放缓,而发达国家则呈加速上升状态。但 2015 年下半年被几个风险因素蒙上阴影,诸如新兴经济体的经济增速放缓、美元利率可能上升、欧洲央行利率开始进入一个货币宽松政策阶段等,世界货物贸易形势依然不容乐观,WTO 将 2015 年的世界货物贸易增长预期由 3.3%下调至 2.8%, 2016 年约为 3.9%。

**表 1.1　2012—2014 年各地区 GDP 和货物贸易年度百分比变化**

| 经济体 | 国内生产总值增长率/% | | | 出口增长率/% | | | 进口增长率/% | | |
|---|---|---|---|---|---|---|---|---|---|
| | 2012 年 | 2013 年 | 2014 年 | 2012 年 | 2013 年 | 2014 年 | 2012 年 | 2013 年 | 2014 年 |
| 世界 | 2.3 | 2.3 | 2.5 | | | | | | |
| 发达经济体 | 1.1 | 1.2 | 1.7 | 1.1 | 2.2 | 2.0 | 0.0 | −0.1 | 2.9 |
| 发展中和新兴经济体[a] | 4.7 | 4.6 | 4.2 | 3.7 | 3.8 | 3.1 | 4.9 | 5.2 | 1.8 |
| 北美洲 | 2.4 | 2.2 | 2.4 | 4.4 | 2.7 | 4.2 | 3.2 | 1.2 | 4.6 |
| 中南美洲 | 2.8 | 3.3 | 1.0 | 0.9 | 1.9 | −1.3 | 2.3 | 3.4 | −2.4 |
| 欧洲 | −0.2 | 0.3 | 1.4 | 0.8 | 2.4 | 1.6 | −1.8 | −0.2 | 2.3 |
| 独联体国家 | 3.5 | 2.1 | 0.6 | 0.8 | 1.1 | 0.0 | 6.5 | −1.2 | −9.8 |
| 非洲 | 5.3 | 3.6 | 3.4 | 6.6 | −2.0 | −3.3 | 13.3 | 5.0 | 4.2 |
| 中东地区 | 3.2 | 2.8 | 3.1 | 4.8 | 1.7 | 0.7 | 9.9 | 7.4 | 1.8 |
| 亚洲 | 4.4 | 4.5 | 4.0 | 2.7 | 5.0 | 4.7 | 3.7 | 4.8 | 3.4 |

说明:a. 除发达经济体外的所有经济体。
资料来源:WTO, *World Trade Report 2015*。

主要经济体的进出口贸易与经济增长密切相关。2014 年,北美和亚洲经济增速分别为 2.4%和 4.0%,货物贸易出口增速分别为 4.2%和 4.7%,进口增速分别为 4.6%和3.4%,经济增速和贸易增速均好于欧洲、中南美洲和其他地区。而独联体国家经济增速仅为 0.6%,进出口增速分别仅为−9.8%和 0.0%,在主要经济体中下滑

[1] 指货物进口增长率和出口增长率的平均值。

程度最大。分国别看，2014 年，中国、美国、德国、日本和法国位居世界货物贸易出口前 5 位，货物贸易出口值分别为 2.34 万亿、1.62 万亿、1.51 万亿、0.68 万亿和 0.67 万亿美元，5 国合计占世界货物贸易出口份额的 37.1%；美国、中国、德国、日本和英国位居世界货物贸易进口前 5 位，货物贸易进口值分别为 2.41 万亿、1.96 万亿、1.22 万亿、0.82 万亿和 0.68 万亿美元，5 国合计占世界货物贸易进口份额的 38.2%。

相比之下，服务贸易增速好于货物贸易。从 2014 年四季度开始，世界贸易组织经济研究统计司启用了国际货币基金组织的《国际收支手册》第六版(BPM6)，将加工贸易从货物贸易调整至服务贸易，货物贸易与服务贸易统计结果有所变化，总体反映了全球价值链和国际经济活动跨境情况。2014 年，世界服务贸易出口 4.86 万亿美元，同比增长 4%；服务贸易进口 4.74 万亿美元，同比增长 5%。除了独联体国家外，其他经济体服务贸易均保持了增长态势，出口增幅在 3%至 6%之间，独联体国家下降了 8%；进口增幅在 1%至 9%之间，独联体国家则下降了 4%(表 1.2)。分国别看，美国、英国、德国、法国和中国分居 2014 年服务贸易出口排名前 5 位，服务贸易出口值分别为 6 860 亿、3 290 亿、2 670 亿、2 630 亿和 2 220 亿美元，5 国合计占世界服务贸易出口额的 36.4%；美国、中国、德国、法国和日本分居服务贸易进口排名前 5 位，服务贸易进口值分别为 4 540 亿、3 820 亿、3 270 亿、2 440 亿和 1 900 亿美元，5 国合计占世界服务贸易进口额的 33.7%。随着全球价值链向服务环节拓展，以知识经济为特征的服务贸易正成为世界贸易的新增长点。

**表 1.2　2012—2014 年各地区和部分国家服务贸易年度百分比变化**

| 经济体 | 服务贸易出口增长率/% | | | 服务贸易进口增长率/% | | |
|---|---|---|---|---|---|---|
| | 2012 年 | 2013 年 | 2014 年 | 2012 年 | 2013 年 | 2014 年 |
| 世界 | 3 | 5 | 4 | 4 | 6 | 5 |
| 北美洲 | 5 | 5 | 3 | 4 | 3 | 3 |
| 美国 | 4 | 5 | 3 | 4 | 3 | 4 |
| 中南美洲[a] | 6 | 2 | 4 | 6 | 7 | 1 |
| 欧洲 | 0 | 7 | 5 | −1 | 8 | 5 |
| 德国 | −3 | 8 | 5 | −2 | 13 | 1 |
| 英国 | 1 | 3 | 4 | 2 | 4 | −1 |
| 法国 | 0 | 7 | 4 | 0 | 14 | 6 |
| 独联体国家 | 9 | 9 | −8 | 18 | 15 | −4 |
| 非洲 | 7 | −4 | 3 | 2 | 1 | 5 |

续表

| 经济体 | 服务贸易出口增长率/% | | | 服务贸易进口增长率/% | | |
|---|---|---|---|---|---|---|
| | 2012 年 | 2013 年 | 2014 年 | 2012 年 | 2013 年 | 2014 年 |
| 中东地区 | 4 | 2 | 6 | 5 | 5 | 9 |
| 亚洲 | 8 | 3 | 5 | 8 | 4 | 6 |
| 中国 | 17 | −4 | 8 | 18 | 17 | 16 |
| 日本 | −3 | 1 | 19 | 5 | −8 | 12 |

说明：a. 包括加勒比地区。
资料来源：WTO，*World Trade Report 2015*。

世界贸易增速持续低迷，既有结构性因素，也有周期性因素。首先，受制于全球价值链发展进度和成熟速度。全球价值链带动了世界贸易的快速增长，越来越多的最终产品跨境生产和组装，大幅提升了货物贸易和服务贸易的总量；而随着参与全球价值链的国家日渐成熟，全球价值链促进世界贸易增长的辐射能力逐渐减弱。其次，发达国家推进“再工业化”战略。自动制造、智能制造技术的发展使劳动力成本在制造业竞争中的作用下降，国内生产能力提升，一些跨国公司缩短全球供应链，从离岸生产转向近岸、在岸生产，对进口的拉动作用下降。第三，贸易投资自由化进程放缓。近年来世界贸易组织主导的多边贸易领域自由化谈判一直陷入停滞状态，《贸易便利化协定》迟迟无法执行。此外，新一轮以区域为主的高标准多边贸易投资规则正在确立，对促进区域成员间经济融合会起重要的推动作用，但也将对成员国与区域外国家的合作造成一定冲击，全球贸易保护会更加激烈和隐蔽。

### （二） 全球外国直接投资强劲复苏，但前景不容乐观

受全球经济脆弱性、政策不确定性以及地缘政治风险增加等因素的影响，近几年全球外国直接投资(FDI)呈波浪起伏之势。在经历了 2012 年的大幅下滑之后，2013 年全球 FDI 增长了 9%，但 2014 年又下跌了 16%。2015 年，由于发达经济体 FDI 流量和跨境并购双重大幅增长，全球 FDI 流量强劲复苏。据联合国贸发会议 2016 年 1 月发布的《全球投资趋势监测报告》(*Global Investment Trends Monitor*)显示，2015 年全球外国直接投资流量同比大幅提升 36%，达 1.7 万亿美元，创全球金融危机以来的最高水平。欧美发达经济体 FDI 流入量同比激增 90%，是提振全球 FDI 流入量的主要动力。此外，跨国企业为寻求增长，并购热情明显上升，2015 年跨境并购净交易额超过 6 437 亿美元，同比骤升 61%，特别是制造业领域的跨境并购交易额骤增

132%，拉动全球 FDI 强势复苏。但绿地投资同比仅增长 0.9%，基本与上一年持平（表 1.3）。

**表 1.3　2014 年和 2015 年主要地区 FDI 流入、跨境并购和绿地投资情况**

| 地区/经济体 | FDI 流入量/10 亿美元 | | 增长率/% | 跨境并购金额/10 亿美元 | | 增长率/% | 已宣布的绿地投资项目金额/10 亿美元 | | 增长率/% |
|---|---|---|---|---|---|---|---|---|---|
| | 2014 年 | 2015[a] 年 | | 2014 年 | 2015 年 | | 2014 年 | 2015 年 | |
| 世界 | 1 245 | 1 699 | 36.5 | 398.9 | 643.7 | 61.4 | 714.3 | 720.7 | 0.9 |
| 发达经济体 | 493 | 936 | 89.9 | 274.5 | 566.8 | 106.4 | 229.6 | 247.5 | 7.8 |
| 欧盟 | 254 | 426 | 67.6 | 160.6 | 269.2 | 67.6 | 122.4 | 139.8 | 14.2 |
| 北美 | 146 | 429 | 193.5 | 44.1 | 242.3 | 449.0 | 77.7 | 76.6 | −1.4 |
| 发展中经济体 | 703 | 741 | 5.3 | 120.1 | 67.6 | −43.7 | 459.1 | 439.4 | −4.3 |
| 非洲 | 55 | 38 | −31.4 | 5.1 | 20.4 | 303.6 | 88.0 | 71.1 | −19.2 |
| 拉美和加勒比 | 170 | 151 | −11.2 | 25.5 | 10.1 | −60.2 | 89.3 | 68.6 | −23.2 |
| 发展中亚洲 | 475 | 548 | 15.5 | 89.3 | 35.3 | −60.5 | 280.6 | 299.3 | 6.7 |
| 转型经济体 | 49 | 22 | −54.1 | 4.2 | 9.3 | 120.8 | 25.7 | 33.8 | 31.8 |

说明：a，初步估计。
资料来源：UNCTAD. *Global Investment Trends Monitor*. *2016*.

全球主要经济体的 FDI 流量仍冷热不均。2015 年流入发达经济体的 FDI 总额达到 9 360 亿美元，是有史以来的第二高点，占全球 FDI 流量的 55%（图 1.1）。随着欧盟宏观经济及金融市场的改善，流入欧盟国家的 FDI 在经过连续 3 年下滑之后首次回升，总额达到 4 260 亿美元。跨境并购交易的火爆是提振发达经济体 FDI 流入量的主要动力。2015 年北美跨境并购交易额增长了 449%，特别是来自其他国家的跨国企业针对美国公司的并购交易增势明显。欧盟 FDI 流入量的回升主要也得益于跨境并购交易的繁荣，2015 年跨境并购交易金额增长了 68%。发展中经济体 FDI 流入量继续稳步攀升，同比增长 5.3%，达 7 410 亿美元，再创历史最高水平。其中，亚洲发展中经济体仍为全球最大的外资吸收地区，超过欧盟和北美，FDI 流入量同比增长 15.5%，达到 5 480 亿美元的历史新高，约占全球 FDI 流量的三分之一，也抵消了其他发展中经济体 FDI 急剧下滑的局面。但发展中经济体的跨境并购和已宣布的绿地投资项目双双下降，显示出跨国企业在发展中经济体的资本支出呈疲软迹象。受大宗商品价格暴跌、内需不振、油价下跌等因素影响，流入非洲、拉丁美洲（不含离岸金融中心）以及转型经济体的 FDI 均显著下滑，降幅分别为 31.4%、11.2%和 54.1%。

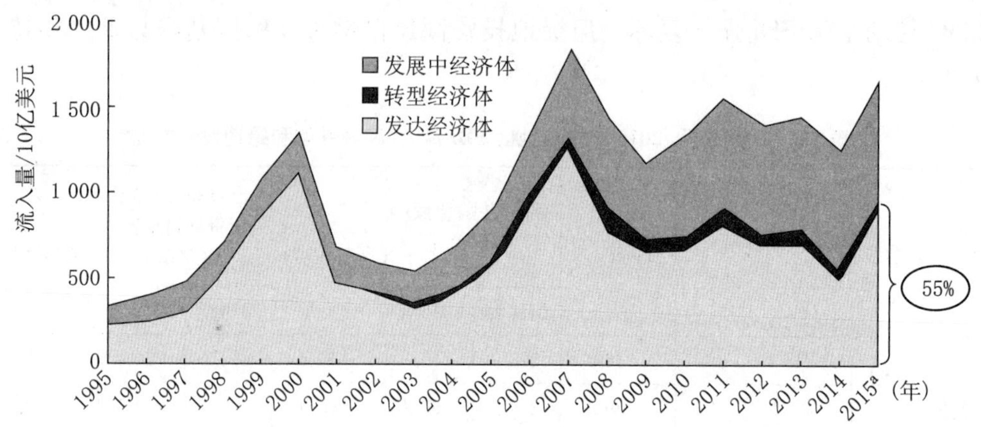


**图 1.1　1995—2015 年主要经济体 FDI 流入量**

说明:a,初步估计。
资料来源:UNCTAD, *Global Investment Trends Monitor*. *2016*.

从 FDI 流入国和地区看,美国大幅领先其他国家和地区,2015 年达 3 840 亿美元,创下 2000 年来最高水平,并重新夺回全球最大外资直接投资目的地称号。美国 FDI 流入量的增长主要得益于股权投资的激增和并购交易的大幅上升,美元升值也助推了部分并购交易活动。中国香港排名全球第 2 位,达 1 630 亿美元,成为亚洲地区最大的 FDI 东道经济体,企业内部重组是该地区外资增长的重要因素,如,成功集团及和记黄浦的重组。流入中国内地的 FDI 虽然持续增加,达 1 360 亿美元,但总量不及美国和中国香港,排名全球第三,其中流入制造业的 FDI 有所下降,流入服务业的 FDI 则保持强劲增长势头。受益于政府改善投资环境措施的影响,流入印度的 FDI 几乎翻了一番,总额达到 590 亿美元,排名全球第 7 位。受地缘政治以及市场信心下滑的影响,2015 年俄罗斯和哈萨克斯坦的 FDI 流入量分别下降了 92%和 66%。

虽然 2015 年全球 FDI 增势强劲,但联合国贸发会议认为全球 FDI 的增长势头并不稳固。原因在于 2015 年全球 FDI 流动主要由跨境并购推动,并不涉及太多的实体资源的流动;而一些发展中经济体绿地投资的明显下滑也表明,FDI 回暖势头仍十分脆弱。此外,全球经济走缓、金融市场动荡不稳、需求持续疲软、主要新兴经济体增速显著下降、地缘政治风险增高、地区紧张局势不断升级等所带来的风险也对 FDI 的预期回升带来不利影响。联合国贸发会议认为,除非有新一轮企业重组及并购热潮,2016 年全球 FDI 流量将出现下滑。然而,随着发达国家经济温和反弹,全球宏观经济环境将有所改善,有望进一步增强投资者信心,推动跨国企业增加投资。此外,新兴经济体货币的进一步贬值以及跨国企业为调整全球生产经营布局而进行的并购交易,也可能促进全球 FDI 流量增长。

## （三） 构筑新一代、高标准的国际经贸规则

随着国际贸易和投资规模的不断扩大，贸易摩擦也越加频繁，国际经贸规则正面临新一轮调整、完善和重构。此外，技术的进步促使经济全球化程度加深，区域合作成为全球化深入发展的重要实现途径，双边和区域自由贸易谈判发展迅猛。在这样的背景下，以美欧为主导的发达国家和地区先后进行了《跨太平洋伙伴关系协定》（TPP）、《跨大西洋贸易与投资伙伴关系协定》（TTIP）和《服务贸易协定》（TiSA）谈判（表 1.4），提出了引领全球国际经贸的新规则，竞争中立、贸易便利化、知识产权保护、政府透明度等高标准规则渐成主流。

**表 1.4　TPP、TTIP、TiSA 三大协定主要内容和进展**

| 项　目 | 跨太平洋伙伴关系协定（TPP） | 跨大西洋贸易与投资伙伴关系协定（TTIP） | 服务贸易协定（TiSA） |
|---|---|---|---|
| 发起时间 | 2005 年 | 2013 年 | 2013 年 |
| 参与国家/地区 | 智利、新加坡、新西兰、文莱、美国、澳大利亚、秘鲁、越南、马来西亚、日本、墨西哥、加拿大共 12 国 | 欧盟、美国 | 成员包括约 50 个国家和地区，美国和欧盟为主导 |
| 主要内容 | 取消或降低商品关税，覆盖货物贸易、海关和贸易设施、卫生检疫措施、贸易的技术壁垒、贸易救济、投资、服务、电子商务、政府采购、知识产权、劳动、环境等贸易和贸易相关问题 | 扩大跨大西洋贸易与投资，消除双方贸易与投资中的关税和非关税壁垒，统一各类相关规则与监管的标准，加强在国际规则制订方面的合作 | 推动服务贸易自由化，主要包括服务业私有化、金融业去监管化、自然人流动自由化、跨境数据流动等领域 |
| 进　展 | 2015 年 10 月，12 个参与国就 TPP 达成一致；协定需要得到相关各国的批准，正式签署尚需时日 | 至 2015 年 10 月已进行 11 轮谈判，在多个领域取得进展。但仍有许多议题未达成共识，欧盟内部存在严重分歧 | 至 2015 年 10 月完成了 14 次谈判，在关键章节取得显著进展；计划在 2016 年底结束大多数技术问题的讨论 |

资料来源：上海科学技术情报研究所（ISTIS）整理。

《跨太平洋伙伴关系协定》（*Trans-Pacific Partnership Agreement*，TPP）旨在促进亚太地区的贸易自由化，2005 年正式发起，参与国达 12 个。TPP 将突破传统自由贸易协定（FTA）模式，达成包括所有商品和服务在内的综合性自由贸易协定，目标是建设全面综合的、反映 21 世纪水平的贸易协定，并将解决监管一致性、供应链、数字贸易、

国有企业及中小企业的作用等跨领域的问题。自 2010 年全面启动谈判以来，TPP 谈判一直未能取得实质性进展。2015 年 10 月，TPP 终于取得实质性突破，12 个参与国基本达成一致，同意进行自由贸易，并在投资及知识产权等广泛领域统一规范。TPP 共有 30 个章节，覆盖范围广泛的贸易和贸易相关问题，涉及成员间在诸多领域更高水平的相互开放，包括货物贸易、海关和贸易设施、卫生检疫措施、贸易的技术壁垒、贸易救济、投资、服务、电子商务、政府采购、知识产权、劳动、环境等。TPP 成员国 GDP 总计占全球经济约 40%，协定实施后将对全球经济贸易产生重大影响。

《跨大西洋贸易与投资伙伴关系协定》(*Transatlantic Trade and Investment Partnership*, TTIP)谈判于 2013 年 2 月由美国与欧盟联手启动，旨在通过扩大双边贸易和投资，提高国际竞争力，应对新兴经济体的挑战，并在世界贸易组织(WTO)之外解决“边境线后”的贸易壁垒问题，为 21 世纪的国际商品—投资—服务贸易制定新的国际规则。TTIP 包括解决双边贸易壁垒的条款，如跨境数据流动、数据隐私以及金融监管的协调。2015 年 10 月，美国和欧盟结束了 TTIP 第 11 轮谈判，在很多领域的谈判都取得进展，双方承诺未来几个月加快谈判节奏。虽然 TTIP 在市场准入、监管规则和贸易规则取得进展，但双方仍有许多议题尚未达成共识，在投资者与国家间争端解决机制(ISDS)、数据跨境流动、监管合作等方面仍然面临不少难题，欧美双方都有很强的政治意愿在 2016 年底完成谈判。美欧经济总量、外贸总额和人口规模分别约占世界的 45%、28%和 12%，TTIP 一旦建成，将成为全球规模最大的自由贸易协定，可促进美国及欧盟的经济增长与创造就业机会，并对全球政治经济格局演变、经贸规则制定带来重要影响。

服务贸易协定(*Trade in Service Agreement*, TiSA)谈判启动于 2013 年初，是致力于推动服务贸易自由化的贸易协定，谈判成员囊括世界 50 个国家和地区，覆盖全球服务贸易额的 70%以上，美国和欧盟是谈判的主导者。TiSA 旨在成员国内部建立反映 21 世纪贸易需求的市场准入、贸易和监管规则及争端解决机制，为国内外投资者以及在公共和私人部门之间创造一个公平的、“竞争中性”的环境。TiSA 谈判的内容主要包括服务业私有化、金融业去监管化、自然人流动自由化、跨境数据流动等领域。但 TiSA 有 3 点广受争议：以秘密谈判形式进行，缺乏透明度；以发达国家为主，未表达发展中国家贸易利益的诉求；以诸边谈判取代“一揽子”承诺的谈判方式，违反了多边化原则。从 2013 年 4 月底至 2015 年 10 月，TiSA 已举行 14 轮谈判，讨论了 17 个章节的文本内容，计划在 2016 年底能够结束大多数技术问题的讨论。

三大协定都由美国和欧盟两大经济体主导，旨在通过双边或区域、诸边及多边贸易谈判，强力推动新一代国际经贸规则的制定，意欲维护其在全球经济治理中的领航地位。三者都是非全球性的，但涉及许多大型经济体的自由贸易协定，既包括贸易和投资的自由化，也包括知识产权保护、技术贸易壁垒、竞争政策、政府采购、劳工标准、环境政策等规定。三者虽然存在交叉，具有共性，但侧重点也有不同，TiSA 强调服务贸易及投资自由化，TPP 和 TTIP 还延伸至生产环节及经济体制领域。目前，除金砖国家之外的主要经济体都进入 TPP 和 TTIP 两大贸易区内。中国提出加入 TiSA 请求，但尚未得到批准。中国被排除在外，意味着未来中国遭遇贸易壁垒风险增加，也面临贸易转移、投资减少等方面的严峻形势。

### （四） 全球商务信心总体乐观，风险与机遇并存

2015 年 7 月，《经济学人》(*The Economist*)和《金融时报》(FT)公布从 2011 年第二季度至 2015 年第二季度的《全球商务晴雨表》。该报告每季度发布一次，通过对全球 1 500 多位企业高管的调查，以持商务环境改善观点与持恶化观点的受调查者人数占总人数的比值之差来衡量全球商务信心指数。结果显示，2013 年以来，该指数都为正值，表明全球商务信心指数乐观，多数企业高层管理人员相信商务发展环境能够改善，只有少数人认为商务发展环境会恶化。而在这之前一年多则都是负值，代表了对商务环境的看法悲观。2015 年第二季度，全球商务信心指数为 21.8%，比前一季度高出 6.3 个百分点(图 1.2)。从行业看，建筑业、信息技术业、服务业、消费品行业、农业、制造业的商务信心指数分别为 37.5%、27.7%、23.6%、22.7%、17.9%和 13.5%。然而，总体的乐观指数还没有回到 2014 年初 41.5%的水平，而且风险依然存在，政治风险是高管们最担忧的，其次是网络攻击和违反信息安全。

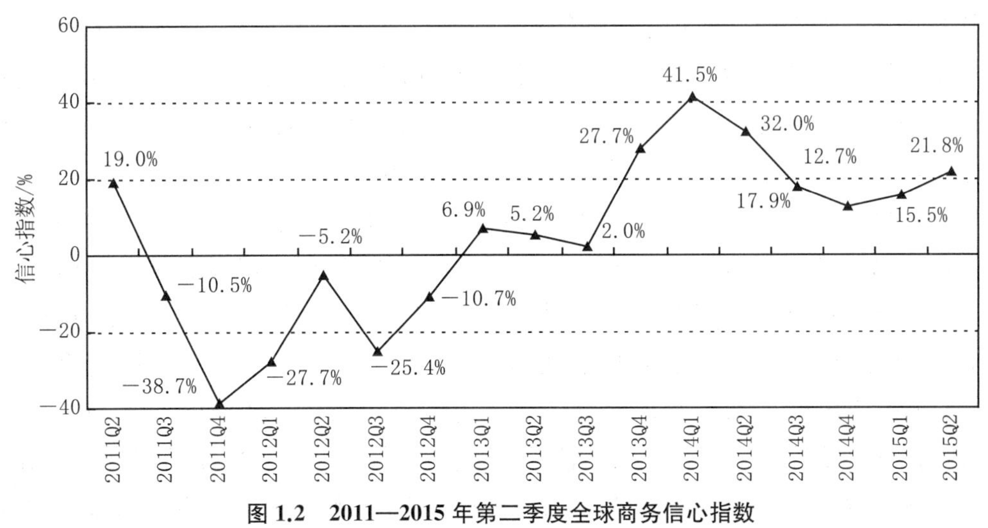


**图 1.2 2011—2015 年第二季度全球商务信心指数**

资料来源：Economist/FT's quarterly global business barometer 2011—2015, http://www.statista.com/.

面对全球宏观经济增长的缓和以及产业的不断挑战，并购是创造长期价值的重要途径，众多企业正奉行可持续并购，折射出全球经济信心的提升。基于对全球 53 个国家的 1 600 多位企业高管的调查，2015 年 10 月，安永发布《全球资本信心晴雨表》。报告显示，尽管 2015 年全球经济下行风险依然存在，如政治不稳定、大宗商品价格和货币持续波动、股市剧烈动荡、主要新兴经济体增长减速等，但 83%的企业高管仍对全球宏观经济前景感到乐观，这一比例较 2014 年同期的 53%实现了大幅增长，表明全球投资者对未来经济向好的信心不断增强。有 59%的企业计划未来一年内积极收购，比例创下 6 年新高，并追求更大胆、更创新的增长战略，其中油气行业的并购意愿最高；受颠覆性创新和客户喜好改变的推动，有 48%的企业正在考虑超越传统产业边界的收购；跨境交易也占有很大比例，大多数潜在收购者正在超越自己的国界，有 26%的企业提高了在欧元区收购的意图；55%的企业有 3 个或更多的交易途径。就并购目的地而言，2015 年美国的并购规模最大，其次是英国，德国排名第 5，这些发达国家以优质的资产吸引力成为受欢迎的投资目的地。以中国为代表的亚太地区正在成为全球并购增长最快的市场，其中中国位列第 3，印度和澳大利亚分列第 4 和第 6 位。

风险中蕴涵着机遇，如何把风险视作机遇，与社会联手共同解决普遍性问题成为商界的共识。2016 年 1 月，DNV GL、United Nations Global Compact、Monday Morning Global Institute 三方共同发布《2016 年全球机遇报告》，旨在证明全球可持续性挑战和风险可以被视为机遇，呼吁政治家努力推动系统性变革，加大行动力度。该报告调研了五大洲的 5 567 位商界、政界和社会领袖，将包括海洋生物多样性丧失、运输排放加剧、抗药性、青年失业和全球食品风险等五大风险转化为十五大机遇，主要结论包括：①目前全球五大风险中最紧迫的是青年失业问题。有 83%的受访者认为最大的商机来自提供青年就业机会，但在全球失业率和机器人使用率不断增长的背景下，不能用昨天的工具来解决今天的问题，急需新的机遇来处理青年失业问题，提出的新机遇包括创业、数字化劳动力市场、缩小技能差距等。②解决社会性的风险除了经济手段，还需应用技术手段。在十五大机遇中，智能农场排名第一，位居次席的是数字化劳动力市场，此外，还有智慧海洋等，这些机遇都把数字技术作为利好驱动，凸显了创新科技在多个机遇中扮演的关键角色。③2015 年联合国通过的“可持续发展目标”(SDG)蕴涵着新的商机。SDG 共有 17 个目标，涵盖消除贫困与饥饿、健康、教育、性别平等、水与环境卫生、能源、气候变化等。这些新的全球目标是商界未来市场的主要推动力，能够激发新一轮的可持续产品、服务和商务模式创新，所有企业都可以通过承担商务责任、寻求增长和创新机遇来发挥作用。

### （五） 新一轮产业变革催生商务新业态和新模式

以新兴信息技术、新能源技术等为代表的新一轮科技革命和产业变革的快速推进，跨越了空间距离和时间边界，超越了传统的组织、经营和运作模式，不断催生出商务新业态、新模式。这些新商务业态和模式以消费者需求导向、产业价值链整合、产业融合等为主要特征。

新产业变革中生产模式的数字化、个性化，需要以需求为导向，电子商务具有巨大的发展空间。在新一轮科技革命和产业变革的影响下，智能软件、新型材料、机器人、3D打印和一系列基于网络的服务得到普遍应用，使得“以互联网为支撑的智能化大规模定制”模式成为现实，可以满足消费者的个性化需求。数字化、个性化的生产需要智能化的商务模式予以支撑，电子商务是智能商务模式的重要组成部分，具有巨大的发展空间。电子商务与传统商贸业融合，产生许多新业态和新模式，如网上商城、电商平台等。移动互联网、云计算、大数据、物联网等技术的迅速发展，使得电子商务的水平不断提高，应用领域日益广泛，并不断催生新的商务模式。如，以即时用车软件Uber、旅行房屋租赁Airbnb为代表的共享经济模式，通过建立实物或服务的交易平台，在线撮合供需双方成交，代表一种全新的交易模式；以互联网眼镜品牌Warby Parker为始创的互联网直销模式，向生产厂商直接采购，以官网为主要销售渠道，消除了传统的中间环节；以在线农产品销售平台Farmigo为代表的社区电商，以顾客-顾客互动为本源，让顾客带动顾客消费。这些商务模式创新的根本价值在于实现目标顾客不同层次的消费需求。

新产业变革中生产组织的虚拟化、网络化，需要整合产业价值链，平台经济的作用日益凸显。以往的生产模式中，产品设计、制造、销售等环节在时空上是分开的，网络化生产通过网络平台、新兴商务模式等形式，对价值链上的各个环节进行整合，形成智慧的网络化的生产链、供应链和创新链，使得供应商、制造商、客户等都可以参与产品的开发和生产。具有强大价值链整合功能的平台对推动网络化生产十分重要，平台经济融合了全球化、信息化、服务化、分工深化和消费升级趋势，覆盖了广泛的经济社会领域，颠覆了传统的商业模式和交易方式。软件应用商店、开放开发平台、金融支付平台以及云计算领域的平台即服务都是平台经济的具体形式，谷歌、苹果、脸书、亚马逊、阿里巴巴、百度、腾讯、京东等近年广受瞩目的企业，都是典型的平台型企业。如，苹果的应用商店（App Store）作为内容汇聚与交易的平台，不仅带动了硬件制造—软件开发—内容服务等整条产业链的创新发展，还打通了产业链的每个环节，奠定了其在产业价值链中的主导地位。亚马逊也是价值链整合模式的典范，在推出KINDLE后，由于商品的介质形态发生了变化，流通形式也发生了颠覆性的变化，自建的智能物流系统使其在价值链中占据了主要位置。

新产业变革中产业发展的多元深度融合，产业边界变得模糊，产业结构进一步升级和融合。产业与产业的融合、产业内部产业链之间的交叉渗透将突破传统的3次产业构架，催生新业态、新模式，形成全新的产业体系。产业升级和融合的主要有3种方式：一是高新技术改造传统制造业，建立新产业部门。即高新技术及其相关产业向传统产业渗透、融合，形成新的产业。如数字出版、生物芯片、纳米电子等。二是制造业与服务业加快融合。制造业和服务业的界线日益模糊，制造模式正在走向数字化，新材料、新工艺(如3D打印)、智能机器人和新型在线合作制造服务，共同作用推动大规模生产向小量、灵活、更低人工投入和成本的个性化生产模式转化。制造业便从以标准化产品制造为核心，转向提供丰富多样的产品和服务为核心，最终为消费者提供整体解决方案。服务业同时也反作用于制造业，成为维持和提升制造业竞争力的内在要素之一。三是产业之间的融合发展，出现新型复合产业。随着业务领域的不断拓展，将产生新的服务需求，需要产业不断创新发展。如，文化创意产业、会展产业、旅游产业等的融合，衍生出会展旅游、主题公园等产业业态。又如，国际贸易中心与国际金融中心和航运中心相生相伴，贸易需要相应的金融服务和航运服务予以支持，贸易与金融、航运的融合发展，带动贸易金融、离岸金融、贸易航运等新兴业务领域的发展。

## （六） 数字化推动商务活动突破性创新与颠覆式增长

大数据分析、云计算、社交网络和移动技术已是各界应用的主流和产业增长的关键，成为驱动商务持续增长的新引擎、新动力。大数据分析主要是对数据的管理和分析以及基于这些分析进而实现更多的个性化精准服务，主要应用在信息化程度较高的领域，如信息服务、健康医疗、教育培训、交通运输等行业。云服务是通过互联网访问和使用各种服务，涵盖从基础架构到软件开发等技术服务，还包括与商务应用相关的客户关系管理、企业资源计划、办公室套件、供应链管理等服务。社交网络已经从一种技术创新演变成了一种生活习惯，从一种新的交流方式演变成了一种生活方式，在市场营销、协同工作、招聘求职等社会活动领域有着深刻的影响。移动应用服务主要有移动签到、移动交友、移动打车等，虽还处于起步阶段，但已经成了移动应用和数据增长的关键驱动力。

未来大数据、云计算、社交网络和移动技术还将加速创新和增长，这些新兴科技的应用，不仅提高了业务流程和营运效率，更重要的是通过平台的联接，可以更规模化、系统化地与客户互动。尤其是数字化已渗透到了万事万物中，正在主导经济的各个领域。据埃森哲公司统计，数字经济占全球经济的总量已从 2005 年的 15%增长到 2015 年的 22%，并且还在继续迅速增长，预计 2020 年将达到 25%。数字化带来了无处不在的、前所未有的改变，领先企业正在积极建立数字战略，充分借助数据分析、云计算、社交网络、移动技术等工具，打造数字生态系统，推动下一轮商务活动突破性创新与颠覆式增长。

埃森哲公司每年发布技术展望报告，系统观察全球商业格局，展望对企业和行业最具颠覆潜力的新兴技术趋势(图 1.3)。在 2014 年技术展望报告中，埃森哲提到了大型企业如何利用数字技术提升流程效率，转变其开拓市场、与业务伙伴合作、与客户互动及管理交易的方式，巩固在市场中的领导地位。在 2015 年技术展望报告中，埃森哲发现领先公司不仅早已开始利用技术向数字化企业转型，而且正着力将行业专长与数字技术结合起来，跨越行业边界以前所未有的规模实现变革。不同行业正被各类平台重塑为互联互通的更广泛的生态系统，打造新一代产品、服务和商业模式，为企业提升差异化竞争力和赢利能力创造了巨大空间。如，美国家得宝公司(Home Depot)与制造商合作，开发未来智能家庭产品，打造名为 Wink 的联网家居生态系统，确保所有售出的家居产品都能与 Wink 兼容，为客户不断开发新型服务和独特体验。

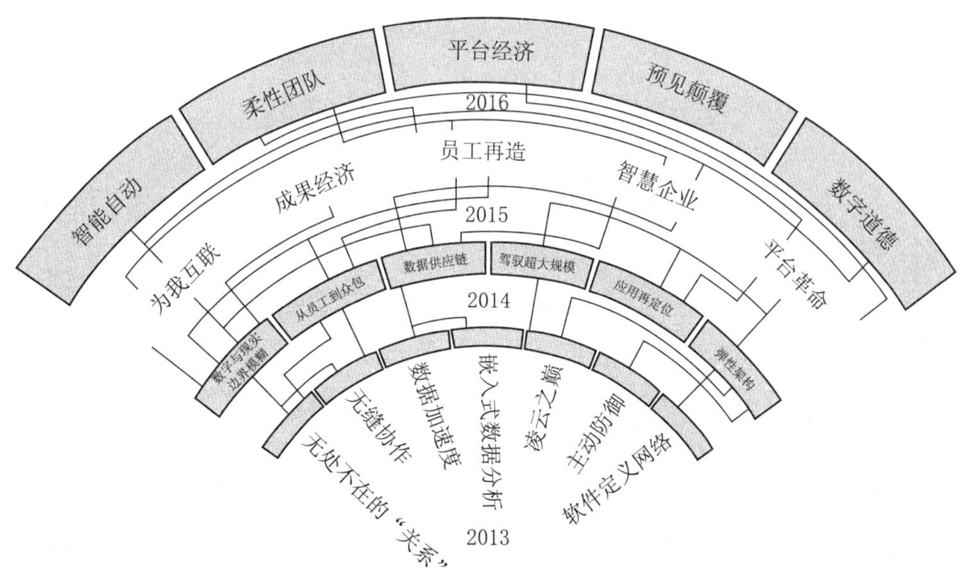


**图 1.3　2013—2016 年技术沿革脉络**

资料来源：Accenture. *Accenture Technology Vision 2016*.

随着数字技术突飞猛进，企业的员工队伍正经历巨大变革，积极拥抱数字技术的企业能够帮助员工积累新技能，利用技术提升效率，创造更丰硕的业务成果。2016年，埃森哲最新发布的技术展望报告指出，“以人为本”的领先企业将在当今的数字经济中脱颖而出，企业应借助技术为员工、合作伙伴甚至客户提供有利于实现创新的新技能，以前所未见的产品与服务颠覆现有市场格局，才能打造独特的竞争力。如，通用电气通过快速决策（FastWorks）的全新工作方法，使员工快速获得客户对创新产品的反馈，并根据客户需求进行改进，最终打造出客户满意和赞赏的解决方案。埃森哲2016 年技术展望报告揭示了以“以人为本”为主题的五大技术发展趋势，这些趋势对于企业致胜数字经济时代至关重要，包括：①智能自动。依托人工智能（AI）、机器人和增强现实等智能自动技术，通过系统、数据和人的紧密结合，企业可以从根本上改变业务内容和工作方式。②柔性团队。企业需要打造灵变的组织，通过技术手段促进员工队伍转型，组建一支能不断适应变革环境、具有较强应变能力的柔性团队。③平台经济。以技术为支撑、平台为驱动的跨行业生态系统将造就新一波创新浪潮，企业要加快创建适应性强、可扩展的互联型平台经济，在基于生态系统的数字经济中取得成功。④预见颠覆。迅速崛起的数字生态系统正跨越多个市场，打破行业边界，掀起新一轮的颠覆浪潮，企业要深入预见和了解平台模式下全新生态系统将带来的深刻和持续的改变。⑤数字道德。信任是数字经济的基石，先进的安全系统不仅确保信息安全，还要符合最高的数据道德标准，企业必须着力将数字道德纳入核心战略。

## 二、重点行业发展动态综述

### （一） 批发及零售业：免税零售成为热点，数字化引领行业变革

受部分市场经济增速放缓、低通胀、油价下跌、美元走强、地区局势动荡等因素影响，不同地区零售批发商表现各异。北美地区和非洲/中东地区零售业收入增长，而亚太地区、欧洲和拉美地区的零售业收入则有所下滑。就赢利性而言，尽管各地区表现不一，但总体走势下滑。从批发业来看，美国批发业小幅下降，存销比上升至较高水平；欧洲批发业发展受到外部因素影响较大，虽然整体上升，期间仍伴有小幅下降；日本批发业呈现逐渐回暖的趋势，随着自由贸易协定进一步开放市场，预计后期将缓步增长。

虽然全球消费环境依旧趋于保守，零售商却积极合并收购实现在新市场、新领域

的扩张。从行业看，服装服饰类、耐用及休闲品类、快速消费品类等专业零售商积极收购吞并，行业总体上均保持增长。

业态发展方面，免税零售成为新热点。2014 年，全球免税零售市场达到 648.3 亿美元，增长率 8.22%。从地区看，APEC 地区是免税零售市场收益增长最快、占比最大的地区，2014 年占据全球免税零售市场的 37.95%，接下来依次为欧洲、美洲和中东亚地区，分别为 32.94%、18.5%和10.62%。从渠道看，机场是免税零售业的主要战场，贡献了超过一半的免税零售市场销售额，鉴于未来 8 年内亚洲将新建 350 多座机场，机场免税零售的市场仍将加速不断扩大。从产品种类看，时尚、配饰和硬奢类产品 2014 年的免税零售市场份额占比最大达到 32.1%，为 208.1 亿美元，香水和化妆品类仅次其后，占比 29.21%。

电子商务依旧是零售的高速增长点。从业务形态看，跨境电商由于契合了消费者对产品越来越多样化的需求而成为大小电商瞄准的新方向。作为一项新型的贸易业务形态，全球跨境电商近几年均保持在 30%左右的增速。欧美等地电子商务企业也在跨境业务上发展迅猛。PayPal 数据显示，2014 年美国跨境电商的交易额达到 1 050 亿美元，2018 年将达到 3 070 亿美元；2014 年在网上实现跨境购物的顾客为 9 370 万人次，到 2018 年这一数字将升至 1.3 亿人次。从产品分类看，奢侈品电商潜力巨大，2014 年奢侈品电商市场规模增长达到 214.3 亿美元，预计到 2019 年将会达到 417.6 亿美元。

代表性企业商业模式各有特色。免税零售商杜福睿通过不断并购，2015 年跃居行业第一，市场份额达到机场旅游零售总额的 24%。老牌电商亚马逊 2014 年在中国试运营海外购，涉足跨境电商领域，是 B2C 跨境电商的典型代表，2015 年又开设首家实体书店，运用众多新兴技术完成线上线下的贯通融合。超市零售商克罗格是全球 10 强中唯一未发展境外业务的，这家将创新至上的公司在过去连续 47 个季度中，同店销售额一直都保持了正增长。公司利用异业合作，个性化的数字技术提升客户体验。

数字化技术将引领行业变革。新兴技术和创新竞争不断颠覆着零售行业，越来越多的零售商发展新业务，接受新技术并加以创新利用。其中实现更快、更优、更具个性的购物体验的途径是大数据分析，Target、Kroger、Macy's 和 Nordstrom 是坚持大数据的代表性公司。数字化可以帮助零售商扩展并超越传统购物历程，增加店内及其他所有渠道的收入和利润，从而产生远大于对在线收入的价值。

## （二）电子商务：重要性日益凸显，向更多领域拓展

世界经济总体增长低于预期、需求不足的宏观环境，进一步凸显了电子商务的重要性，也推动了电子商务领域的转型发展。2015 年全球电子商务市场规模 1.671 万亿美元，年增长 25.1%，占全球总零售额的 7.3%，增长潜力巨大。未来几年，预计仍将保持 20%以上的增长率。电子商务对发展的贡献日益受到关注，联合国贸发会议《2015 年信息经济报告》指出，电子商务市场对国内生产总值（GDP）构成、生产率的提升、产业收益构成都有着很大的影响。2012 年，G20 国家来自网络的消费者剩余已占全部 GDP 的 4.4%，2003—2010 年，电子销售的应用将欧洲劳动生产率提升了 2.1%。

全球电子商务市场开始走向品牌时代，加强知识产权保护。互联网技术向更为广泛的消费领域及生产领域拓展，以分享经济为主的新型 C2C 模式和以工业电子商务为主的新型 C2B 模式，将消费、生产、协同体系贯通在一起，塑造出新的产业生态系统。同时，新技术正在创新"最后一公里"的消费体验，虚拟现实技术、可穿戴设备、近距离通信技术、云支付技术、智能恒温储物柜、无人机等都将成为电子商务领域创新发展的突破点之一。这些新发展引起各国普遍重视，但各国政策侧重点不同，一些政策正在放松电商领域有关管治，一些国家却在强化对跨境电商的征税。

从各区域发展来看，近年美国电子商务零售市场呈现两位数的高速增长，在全部零售额中的比重也逐年上升，2015 年美国电子商务（B2C）规模 3 417 亿美元，年增长 14.6%，占全部零售额比重为 7.3%。但美国的电子商务产业竞争日益激烈，正在进入调整期，会员制电商等新电商兴起。同时，政府一方面实施"网络中立"法案，一方面新兴模式的监管方面存在分歧。欧洲地区电子商务市场已经达到相当大的规模，东西欧地区市场已仅次于亚太地区。欧盟电子商务协会《2015 年全球电子商务报告》显示，2014 年欧洲地区电子商务市场规模为 5 670 亿美元，增长 14%，占国内生产总值的 2.5%。但欧洲地区的电子商务产业集中度不高，前 10 家大型企业的销售额占前 500 家企业的销售额仅为 37%。欧盟正在从战略、支付、增值税、跨境纠纷等方面不断完善电子商务单一市场环境。亚太地区成为最大的电子商务市场，2015 年亚太地区达到 8 776.1 亿美元，年增长 35.7%，占全球市场的 52.5%，第一次超过全球一半以上，东南亚地区成为资本角逐焦点。但新兴地区电子商务市场的发展开始出现分化。中国、印度等亚太地区国家的增长率继续领先全球，而巴西等拉美国家的增长率开始趋缓。中国继续在市场规模、发展速度、增长潜力等方面引领全球电子商务的发展。

从新模式和新业态来看，在新理念与新技术的共同作用下，电子商务正在向更多

的领域拓展，这些领域既有新的生活方式，如分享经济下的电商模式，也有空间领域的拓展，由都市区向偏远地区发展，如农村电商的发展，还有传统的细分领域的电子商务化，如二手车电商的兴起。分享经济正在形成巨大的市场，分享电商已经遍及旅游、食品、知识与技能、体育与健身、办公室、宠物等多个领域。农村电商正在初步形成产业链，C2C式二手车电商迅速发展。但这些新的模式面临诸多问题，如社会理念、法规、人才、传统产业、基础设施等等，亟待解决。

## （三） 大宗商品：成交量温和上扬，品种分化明显

2014年全球大宗商品期货与期权成交量延续了温和上扬的趋势。美国期货业协会（FIA）对全球75家交易所期货与期权成交量统计结果显示，2014年全球交易所场内衍生品成交量同比微增1.5%，合约总数为218.67亿手。其中，全球期货成交量仅增长0.3%，为121.65亿手。大宗商品交易市场在本世纪初开始经历了一轮近10年的价格上涨“超级周期”后，于2014年下半年开始进入下跌周期。从2014年下半年开始，国际货币基金组织（IMF）大宗商品价格指数呈现逐月下跌态势。另一权威指数——国际商品研究局RJ/CRB综合价格指数2014年12月31日收于229.96点，较12月初下降9.14%，较1月初下降17.92%。

在各品种的表现方面，2014年成交量情况继续呈现明显分化。农产品合约表现突出，中国市场仍主导局面。在农产品成交量排名前20的合约中，一半的合约均是在中国期货交易所上市交易，特别是前5名最活跃的合约均是出自中国。基本金属是2014年成交增长最大的品种，全年增长幅度达到35%，中国交易所品种同样表现优异，上海期货交易所螺纹钢期货2014年成交合约4.1亿张，排名全球金属期货成交量第一，同比上涨38.9%；能源及贵金属的成交整体不尽如人意，能源行业2013年经历了巨大的价格波动，原油价格从2013年下半年开始断崖式下跌，能源合约成交量在2014年减少11.8%，贵金属合约成交量下滑14.5%。

继2013年北美地区成交量增长拉动全球场内衍生品成交增长之后，2014年北美再度成为全球成交量实现小幅增长的最重要因素。北美与亚太两个地区在市场争夺上异常激烈，2012年北美地区成交量被亚太地区反超，2013年又重返冠军位置，并在2014年继续拉开差距。虽然从绝对增长率来看，2014年北美地区并不出彩，只有4.9%的增长率，但是在欧洲地区增幅更小、亚太地区成交量微弱收缩以及拉美地区成交量大幅回落的环境下，北美地区成为全球成交量增长的主要拉动力。2014年，全球期货及期权交易量地域分布分别为北美37.56%、亚太地区33.17%、欧洲

20.35%、拉美 6.92%、其他地区 2.00%。

根据美国期货业协会(FIA)对 2014 年全球各交易所期货与其他衍生品交易/清算的合约数量排名,位列前三甲的分别是芝加哥商业交易所集团(CME Group)、洲际交易所集团(Intercontinental Exchange, ICE)、欧洲期货交易所集团(EUREX Group)。第四和第五位分别是印度国家证券交易所和巴西证券期货交易所。2014 年,印度最大的衍生品交易所国家证券交易所交易量下跌 11.6%,至 18.8 亿手。另一家印度的交易所孟买证券交易所则合约激增 184.8%, 2014 年交易量达到 7.26 亿手。中国内地、中国香港和中国台湾的 6 家交易所交易量均保持增势,全部跻身前 20 名。中国的上海期货交易所和大连商品交易所首次跻身全球前 10,分别位列第 9 名和第 10 名。

长久以来,国际大宗商品价格的主导权掌握在西方手里。"一带一路"国家战略既为大宗商品市场服务实体经济提供了广阔舞台,也为期货行业创新业务发展提供了难得的机遇,为中国参与建立国际大宗商品交易新体系提供了契机。根据"一带一路"沿线国家间大宗商品市场水平和现货资源禀赋的不同,中国应采取不同的合作战略。大宗商品市场合作推进的前提是现货贸易和基础建设的推进,在这个过程中,特别要综合考虑当地的经济和政治环境,在国家战略层面由易到难逐步推进。

## (四) 现代物流业:保持平稳增长,新技术新模式竞相涌现

世界现代物流业虽面临经济增速放缓的困境,但在油价下跌等因素下,仍保持了平稳态势。根据 Marketline 的报告,全球运输服务行业总值在 2014 年增长了 5%,达到 28 045 亿美元,行业复合年增长率在 2010—2014 年达到 4.5%。第三方物流继续增长,根据 Capgemini Consulting 等公司联合发布的报告,2014 年全球第三方物流的总收入达到 7 507 亿美元,较前一年增长 6.5%,其中国内运输是最为普遍的一项外包业务。

各区域物流业表现不一。美洲依旧是物流业最为发达的区域,根据 Marketline 的数据,2014 年,美洲地区创造了全球运输服务行业总产值的近半壁江山,占 49.2%,亚太地区和欧洲分别占比 27.2%和 20.8%。不同区域的经济状态对物流业发展产生了直接影响,从增长趋势看,欧洲地区物流业发展较为乐观,亚太区增速虽高但已呈明显放缓迹象。以第三方物流为例,根据 Armstrong & Associates 公司的统计,2014 年,欧洲地区的第三方物流收入年增长达到了 10.3%,同比提高了 10 个百分点;北美地区的收入增幅达 5.8%;而亚太地区的收入增长幅度则基本与 2013 年持平;而受自然资源出口的下降以及经济衰退影响,南美地区物流收入下降了 6.7%。

为提高物流效率,以港口为中心的多式联运受到各国越来越多的重视。在北美,

正在促进大型的以集装箱为运输单位的海铁联运的发展；在欧洲，英国正在积极发展建设伦敦门户，以完善以港口为中心的多式联运物流设施，欧盟设立的长期基础设施项目“TEN-T”项目也致力于扩大欧洲大陆多式联运货运的运营容量；澳大利亚于2016年发布《澳大利亚基础设施规划》，积极推动海铁多式联运等的发展。

随着电子商务的兴起，以及自动驾驶车辆、无人机、3D打印、物联网等新兴技术的发展，传统物流业正面临新的挑战，现代物流业革命蓄势待发。一是一大批新技术正在颠覆传统物流行业。3D打印技术已被不少物流企业引入应用，联合包裹（UPS）将原来的高尔夫球球杆组装配送工作转变为直接利用CloudDDM 3D打印机打印制造，TNT公司也在德国的物流网点中成立了3D打印站点，以实验应用该项技术。物联网技术中的“在途可视化”功能或许会在未来物流中起重要作用。“在途可视化”通过对云计算、GPS、射频识别等技术的数据集合，可以实现一项物品从制造商到零售商的全程可视化。二是全渠道物流、自动化驾驶等物流新模式竞相涌现。全渠道物流模式正在梅西百货、沃尔玛、天猫、京东等物流和零售商中探索应用，有望为电子商务、实体销售带来新的契机，但真正实现全渠道物流仍为时尚早，并面临客户需求不断升级的挑战。自动化驾驶在仓储、户外物流、长途运输和最后一公里配送环节都有很好的应用前景。2016年《维也纳道路交通公约》新修订案的正式实施，允许配有相关功能的汽车在特定期间自动驾驶，更是激励了自动化驾驶研发热潮，以谷歌、特斯拉领衔的各大车企和搜索巨擘都将自动化驾驶列为重要的攻克方向。虽然目前自动化驾驶的技术储备业已成熟，但离全自动化驾驶完全上路还有很长一段距离，立法规章的如何制定和放开、自动化车辆的责任分配如何厘清、公众接受度如何提高，都是物流业全面实现自动化驾驶必须克服的瓶颈。

### （五） 文化创意产业：趋向数字化和移动化，区域分布多极化

2013年，全球文化创意产业创造的产值达2.25万亿美元，相当于全球GDP的3%。文创产业中，营收最高的3个产业部门依次是电视业、视觉艺术产业和报纸杂志业，分别占全球文创产业产值的21.2%、17.4%和15.7%。全球文化创意产业提供2 950万个就业岗位，相当于雇佣全球1%的劳动人口，就业拉动力最大的3个产业部门依次是视觉艺术产业、音乐产业和图书业。

近年来全球文创产业主要表现出以下几个特征：一是文创产业助推数字经济发展。2013年，文创产业为数字经济直接贡献了近2 000亿美元的销售额。文化创意内容、产品及服务也带动了文化导向设备、可获得文化产品和服务的多功能设备及娱

乐性数字设备的销售。2013 年，数字设备销售达 5 323 亿美元。二是科技改变了观众的参与形式和艺术的交付模式。消费者需求正在转向视频和移动业务，对娱乐和媒体行业体验的需求在持续增长。发挥移动业务在消费者体验中的核心地位，打造销售渠道的无缝消费关系，让消费者在内容和渠道方面有更多选择，并且费用更为低廉乃至免费，是文创产业发展与增长的重要驱动力。三是文创产业和文化旅游成为地方经济的战略组成。一些城市正有意于开发出一些文化区域，土耳其伊斯坦布尔的佐鲁商业中心、日本东京的御台场人工岛等，都将商业、娱乐和文化基础设施紧密联系在一起；文化遗产、活动与庆典也是推动城市化发展的加速器，世界级的文化基础设施推动城市复兴，如美国德克萨斯州奥斯汀的“西南偏南艺术节”2014 年为当地经济创造了 3.15 亿美元收入。

文创产业在全球的分布情况呈现多极化。按区域划分，亚太地区文创产业的营收与创造岗位数量均为全球最大，其中营收达到 7 430 亿美元，创造岗位占全球文创产业工作总量的 43%。亚太市场的成绩得益于庞大的消费人群，同时也是包括腾讯、CCTV、读卖新闻等在内的众多文创企业巨擘的源地所在。紧随其后的依次是欧洲、北美、拉美和加勒比、非洲(包括中东)，营收分别为 7 090 亿美元、6 200 亿美元、1 240 亿美元和 580 亿美元。从主要国家看，中国文创产业的增长速度全面超越整体经济，2010—2014 年的文创产业收入年均增幅近 13%，2015—2019 年的年均复合增长率预计保持在 9%以上，超过全球 5.1%的年均复合增长率，电影、付费电视、广告 3 个产业部门未来将以每年超过 10%的高速实现增长。美国版权产业的外贸出口规模已经超过化工业、航空航天产品及零部件、农产品、食品、医药制品等众多主要产业，2013 年版权产业整体为 GDP 贡献的增加值为 1.92 万亿美元，占美国经济整体的 11.44%，2009—2013 年均增速为 4.04%，超过同期 GDP 3.90%的年均增速，最具代表性的 4 类版权产业(录音制品；电影、电视、录像；软件；报纸、图书、期刊)外贸出口额从 2009 年的 1 295.3 亿美元增长到 2013 年的 1 563.2 亿美元，年均复合增长率达 4.8%。德国 2014 年娱乐和媒体行业的总营收达 680.4 亿欧元，同比增加了 2.73%，超过了德国整体经济 1.6%的同期增长率。

电子游戏在文创产业中虽然规模相对较小，但近年表现抢眼，已经成为文创产业的重要爆发点。2015 年，全球电子游戏业的销售额达到 918 亿美元。预计 2015—2019 年将实现年均复合增长率 6.6%，到 2019 年，全球电子游戏业的营收突破 1 186 亿美元。从地区上来看，2016 年，亚太地区的电子游戏销售额将达到 466 亿美元，占全球游戏市场的 47%。2016 年，58%的全球游戏市场增长额依赖于亚太地区。亚太地区电子游戏超过一半的营收来自中国——2016 年，中国电子游戏的销售额达

244 亿美元，超过销售额为 235 亿美元的美国，是全球第一大电子游戏市场。

## 三、主要经济体商务环境改善策略

### （一） 改善营商环境

#### 1. 全球营商环境排名

从 2003 年开始，世界银行每年发布《营商环境报告》，通过收集和分析全面的定量数据，对各经济体的营商监管环境进行比较和评估，旨在鼓励各国提高监管效率、改善营商环境。

2015 年 10 月，世界银行发布的《2016 年营商环境报告：测评监管质量与效率》（*Doing Business 2016 Measuring Regulatory Quality and Efficiency*）以 10 项指标比较 189 个经济体在便利营商方面的整体表现。结果显示，2015 年全球营商监管环境便利度排名前十的经济体依次为新加坡、新西兰、丹麦、韩国、中国香港、英国、美国、瑞典、挪威、芬兰，其中新加坡已是连续 10 年在世界银行营商环境便利度测评中蝉联榜首。在排名前 20 的经济体中，欧洲国家占比最多，其次是东亚与太平洋地区（表 1.5）。几个主要新兴经济体排名较 2014 年都出现上升，中国内地的排名上升 6 位，列第 84 位；印度排第 130 位，上升 12 位；深陷经济衰退的俄罗斯从第 62 位升至第 51 位；巴西排名上升 4 位，至第 116 位。

**表 1.5　2015 年全球经济体营商环境便利度前 20 强排名**

| 便利度排名 | 经济体 | 10 项指标排名 | | | | | | | | | |
|---|---|---|---|---|---|---|---|---|---|---|---|
| | | 开办企业 | 办理许可证 | 获得电力 | 登记 | 信贷 | 投资者 | 纳税 | 贸易 | 合同 | 破产 |
| 1 | 新加坡 | 10 | 1 | 6 | 17 | 19 | 1 | 5 | 41 | 1 | 27 |
| 2 | 新西兰 | 1 | 3 | 31 | 1 | 1 | 1 | 22 | 55 | 15 | 31 |
| 3 | 丹　麦 | 29 | 5 | 12 | 9 | 28 | 20 | 12 | 1 | 37 | 9 |
| 4 | 韩　国 | 23 | 28 | 1 | 40 | 42 | 8 | 29 | 31 | 2 | 4 |
| 5 | 中国香港 | 4 | 7 | 9 | 59 | 19 | 1 | 4 | 47 | 22 | 26 |
| 6 | 英　国 | 17 | 23 | 15 | 45 | 19 | 4 | 15 | 38 | 33 | 13 |
| 7 | 美　国 | 49 | 33 | 44 | 34 | 2 | 35 | 53 | 34 | 21 | 5 |
| 8 | 瑞　典 | 16 | 19 | 7 | 11 | 70 | 14 | 37 | 17 | 24 | 19 |
| 9 | 挪　威 | 24 | 26 | 18 | 13 | 70 | 14 | 14 | 45 | 8 | 6 |

续表

| 便利度排名 | 经济体 | 10 项指标排名 | | | | | | | | | |
|---|---|---|---|---|---|---|---|---|---|---|---|
| | | 开办企业 | 办理许可证 | 获得电力 | 登记 | 信贷 | 投资者 | 纳税 | 贸易 | 合同 | 破产 |
| 10 | 芬　兰 | 33 | 27 | 16 | 20 | 42 | 66 | 17 | 32 | 30 | 1 |
| 11 | 中国台湾 | 22 | 6 | 2 | 18 | 59 | 25 | 39 | 65 | 16 | 21 |
| 12 | 马其顿 | 2 | 10 | 45 | 50 | 42 | 14 | 7 | 26 | 26 | 37 |
| 13 | 澳大利亚 | 11 | 4 | 39 | 47 | 5 | 66 | 42 | 89 | 4 | 14 |
| 14 | 加拿大 | 3 | 53 | 105 | 42 | 7 | 6 | 9 | 44 | 49 | 16 |
| 15 | 德　国 | 107 | 13 | 3 | 62 | 28 | 49 | 72 | 35 | 12 | 3 |
| 16 | 爱沙尼亚 | 15 | 16 | 34 | 4 | 28 | 81 | 30 | 24 | 11 | 40 |
| 17 | 爱尔兰 | 25 | 43 | 30 | 39 | 28 | 8 | 6 | 48 | 93 | 20 |
| 18 | 马来西亚 | 14 | 15 | 13 | 38 | 28 | 4 | 31 | 49 | 44 | 45 |
| 19 | 冰　岛 | 40 | 45 | 8 | 15 | 59 | 20 | 36 | 64 | 35 | 15 |
| 20 | 立陶宛 | 8 | 18 | 54 | 2 | 28 | 47 | 49 | 19 | 3 | 70 |

资料来源：World Bank. www.doingbusiness.org/rankings.

中国内地在 10 个分项指标中，排名最靠前的是“执行合同”，在全球排第 7 位；排名最靠后的是“办理施工许可证”，在全球排倒数第 13 位，其后依次是“开办企业”（第 136 位）、“保护少数投资者”（第 134 位）、“纳税”（第 132 位）。如在中国内地开办企业需要 31.4 天，而新西兰、马其顿和中国香港分别仅需 0.5 天、1 天和 1.5 天，世界平均也只需 20 天。与 2014 年相比，中国内地在 10 个分项指标中，上升最快的是“获得电力”，从 124 位升至 92 位，其次是“执行合同”，从 35 位升至第 7 位。从总体得分情况看，2015 年中国内地得分为 62.93，比 2014 年有所提高，显示中国内地整体营商环境有所改善，但与排名前五的新加坡（87.34）、新西兰（86.79）、丹麦（84.40）、韩国（83.88）、中国香港（83.67）相比，差距仍很大。

**2. 营商环境的改革**

《2016 年营商环境报告》用 10 个指标衡量各经济体的营商难易程度，它们是：开办企业、办理施工许可证、获得电力、登记财产、获得信贷、保护少数投资者、纳税、跨境贸易、执行合同和办理破产。数据显示，在全球范围内，营商环境正在加速改善，从 2014 年 6 月至 2015 年 6 月，6 成以上（122 个）经济体改善了营商规则，共实施了 231 项商业改善措施。

在这些商业改善措施中，71%是提高监管效率，29%是加强法律制度(表 1.6)。这个结果与过去 5 年的情况类似，反映了实施法律改革的困难更大，法律制度功能方式改变所需的时间更长。提高监管效率的目的是降低监管成本与复杂性，共有 106 个经济体实施了 165 项改革。其中改善措施数量最多的是在“开办企业”，该指标测评的是取得开办企业许可需要的时间以及办理各种手续的相关费用，共有 45 项改革，使创业者开办企业更加容易。2003 年开办新企业所需天数世界平均为 51 天，现在已缩短为 20 天。缅甸是全球“开办企业”改善最大的国家，包括取消对本地公司的注册资本最低限额，简化成立公司的手续，帮助企业节省了时间和资源；印度通过取消对注册资本最低限额的要求和对获得开始商业运营证书的要求，省去了创业者不必要的手续，缩短了 5 天时间，便利度得到显著改善；肯尼亚通过简化注册前的手续，使得成立公司更加容易，把注册所需时间缩短了 4 天。加强法律制度方面，共有 53 个经济体实施了 66 项改革，主要是在“获得信贷”领域，共有 32 项改善，其中近半数的改革发生在撒哈拉以南非洲地区。《2016 年营商环境报告》还指出，创业者越来越多地利用互联网与政府互动，有 50 项改革以提供或改善网上纳税服务体系、进出口文件处理和企业及财产登记等为目的。

**表 1.6　2014—2015 年商业改善措施**

| 改革领域 | 2014—2015 年改善措施数量/项 | 过去 5 年年均改善措施数量/项 | 2014—2015 年改善最多的国家 |
|---|---|---|---|
| 提高监管效率 | | | |
| 开办企业 | 45 | 46 | 缅　甸 |
| 办理施工许可证 | 17 | 18 | 塞尔维亚 |
| 获得电力 | 22 | 14 | 阿　曼 |
| 登记财产 | 22 | 22 | 沙特阿拉伯 |
| 纳税 | 40 | 33 | 塞尔维亚 |
| 跨境贸易 | 19 | 20 | 亚美尼亚 |
| 加强法律制度 | | | |
| 获得信贷—法定权利 | 10 | 11 | 哥斯达黎加 |
| 获得信贷—信用信息 | 22 | 21 | 肯尼亚和乌干达 |
| 保护少数投资者 | 14 | 16 | 洪都拉斯 |
| 执行合同 | 11 | 12 | 意大利 |
| 办理破产 | 9 | 16 | 塞浦路斯 |

资料来源：World Bank. *Doing Business 2016*：*Measuring Regulatory Quality and Efficiency*.

发达国家在全球营商环境方面更具优势，因为这些地区经济实践基础更好且实行了更好的监管环境改革。2015 年，高收入经济体实施了 62 项改革。新兴经济体的改革步伐最快，2015 年，85 个发展中经济体实施了 169 项营商改革。低收入经济体和脆弱国家都实行了改革，改善本地企业家的营商环境，而且低收入经济体的改善程度已逐渐超过高收入经济体。波多黎各、乌干达、肯尼亚、塞浦路斯、毛里塔尼亚、乌兹别克斯坦、哈萨克斯坦、牙买加、塞内加尔、贝宁是 2014/2015 年营商环境改善最大的 10 个国家，共实施了 39 项使营商更容易的改革。

从具体区域看，营商环境表现各有不同。撒哈拉以南非洲地区的营商环境取得长足进步，在全球营商监管改革中占比 30%左右，其中乌干达、肯尼亚、毛里塔尼亚、贝宁和塞内加尔位列 2014/2015 年营商环境改善进步最大的前 10 个经济体中，科特迪瓦、马达加斯加、尼日尔、汤加和卢旺达也都实施了多项改革，措施主要在简化管理程序、消减企业费用支出和增强法律制度等方面，但电力短缺仍是该地区营商环境的最大短板。紧随其后的是欧洲和中亚地区，也实施了重大改革，该地区在实施至少一项改革的经济体占比和每个经济体实施的营商监管改革数量(2.3 个)两方面都名列前茅(图 1.4)，其中塞浦路斯、乌兹别克斯坦和哈萨克斯坦位列 2014/2015 年营商环境改善进步最大的前 10 个经济体中。南亚地区在实施至少一项改革的经济体占比方面排名第二，8 个经济体中有 75%实施了改革，共计 9 项。其中印度、不丹和斯里兰卡实施了多项改革，如印度在开办工厂和电力两方面实施了改革。经合组织高收入经济体在每个经济体实施的营商监管改革数量方面数值最低，只有 0.7 个。中东和北非地区的改革步伐略有加快，20 个经济体中有 11 个实施了 21 项改革。东亚和太平洋地区的改革步伐保持快速，全球营商环境排名前 5 的经济体中有 4 个在该地

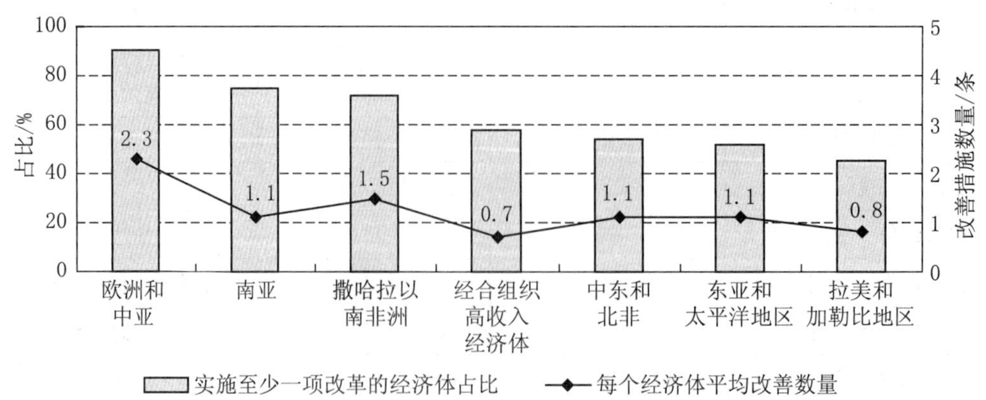


**图 1.4　2014/2015 主要区域营商改善情况**

资料来源：World Bank. *Doing Business 2016*：*Measuring Regulatory Quality and Efficiency*.

区,该地区 25 个经济体中半数以上(52%[1])实施了改革,共计 27 项。其中领先者为越南,实施改革 5 项,包括保障借款人检查自身信用数据的权利等;印尼有 3 项,如推出缴纳社会保险费的在线服务系统,为纳税提供了便利等。但该区域在"解决破产"、"执行合同"和"登记财产"等领域仍面临挑战。拉美和加勒比地区改革占比最小,32 个经济体中只有不到一半实施了改革,总共 24 项。

## (二) 促进贸易便利化

### 1. 贸易促进指数排名

从 2008 年起,世界经济论坛(WEF)每两年向全球公开发布《全球贸易促进报告》(*The Global Enabling Trade Report*, GETR)和贸易促进指数(Enabling Trade Index, ETI)。ETI 包括 4 个方面的分类指标:市场准入(衡量一国政策对外国商品进入该国的欢迎程度以及国内出口商进入国外市场的便利程度);边境管理(评估商品进出一国边境的方便程度);基础设施(考虑一国是否有促进货物在国内和跨境流通所必需的运输和通信基础设施);运营环境(评价政府管治的质量以及影响一国进出口业务活跃度的总体监管和安全环境)。

2014 年 4 月,世界经济论坛发布《2014 年全球贸易促进报告》,将 ETI 的 4 个分指标细分为 7 个领域:国内市场准入;国际市场准入;边境管理的效率和透明度;交通基础设施的有效性和质量;运输服务的有效性和质量;信息通信技术的拥有和使用;运营环境。从上述 4 个分指标的 7 个领域对全球 138 个经济体促进贸易发展的表现做出评估及排名,在 7 个领域还有 56 个细分指标。新加坡、中国香港和荷兰排名位列前三,在促进贸易便利化方面表现突出(表 1.7)。排名结果显示,发达经济体排名显著高于发展中经济体,排名前 10 的经济体中,9 个为发达经济体,排名前 20 的经济体中,17 个为发达经济体。发达经济体普遍享受低廉贸易成本,不仅得益于低关税,更在边境管理、基础设施和规章制度等方面表现优异。发展中和新兴经济体面临的共同问题是边境手续繁琐、基建设施薄弱、安全状况堪忧等,需要进一步采取措施以促进贸易发展。报告指出,贸易壁垒仍阻碍全球经济复苏,效率低下、手续繁琐、基础设施薄弱是阻碍各个经济体从贸易中充分获益的三大关键问题,全球经济增长需要各国进一步采取措施促进贸易发展。

[1] 不包括澳大利亚、日本、韩国和新西兰,其被划为经合组织高收入经济体。

**表 1.7　2014 年贸易促进指数(ETI)排名前 10 及领域排名前 5 的国家/经济体**

| 贸易促进指数(ETI)排名前 10 的国家/经济体 | | | | | | | | |
|---|---|---|---|---|---|---|---|---|
| 国家/经济体 | ETI 排名 | 领域排名 | | | | | | |
| | | 国内市场准入 | 国际市场准入 | 边境管理的效率和透明度 | 交通基础设施的有效性和质量 | 运输服务的有效性和质量 | 信息通信技术的拥有和使用 | 运营环境 |
| 新加坡 | 1 | 3 | 13 | 1 | 2 | 1 | 8 | 2 |
| 中国香港 | 2 | 1 | 135 | 11 | 3 | 5 | 11 | 1 |
| 荷　兰 | 3 | 46 | 97 | 4 | 9 | 2 | 4 | 8 |
| 新西兰 | 4 | 5 | 65 | 6 | 39 | 25 | 16 | 7 |
| 芬　兰 | 5 | 46 | 97 | 2 | 20 | 17 | 3 | 3 |
| 英　国 | 6 | 46 | 97 | 7 | 10 | 9 | 2 | 11 |
| 瑞　士 | 7 | 85 | 71 | 12 | 12 | 8 | 14 | 5 |
| 智　利 | 8 | 9 | 2 | 26 | 64 | 43 | 36 | 25 |
| 瑞　典 | 9 | 46 | 97 | 3 | 35 | 7 | 1 | 9 |
| 德　国 | 10 | 46 | 97 | 13 | 5 | 3 | 21 | 12 |
| 领域排名前 5 的其他国家 | | | | | | | | |
| 日　本 | 13 | | | 5 | | 4 | | |
| 阿联酋 | 16 | | | | 1 | | | |
| 丹　麦 | 17 | | | | | | 5 | |
| 卡塔尔 | 19 | | | | | | | 4 |
| 法　国 | 21 | | | | 4 | | | |
| 毛里求斯 | 29 | 4 | 5 | | | | | |
| 柬埔寨 | 93 | | 1 | | | | | |
| 老　挝 | 98 | | 4 | | | | | |
| 利比亚 | 106 | 1 | | | | | | |
| 尼泊尔 | 116 | | 3 | | | | | |

资料来源：WEF. *The Global Enabling Trade Report 2014*.

中国内地作为最大贸易出口方，ETI 排名第 54 位，市场准入、边境管理、基础设施、运营环境 4 个分指标分别排在全球第 119、48、36、37 位。从中可以看出中国内地在基础设施和运营环境方面表现良好，但在国内外市场准入方面效率明显不足，其中国内市场准入排在第 98 位，国外市场准入排在第 125 位。从细分指标看，中国内地主要存在关税税率高(第 114 位)、出口手续繁琐(第 108 位)、商业纠纷的审判效率及公正程度低(第 100 位)、恐怖事件发生指数高(第 100 位)等问题。而从全球 ETI 细分指标表现最佳的国家/地区看,中国香港和利比亚税率为零,法国和爱尔兰进口货物只需提供两个文件,澳大利亚、塞浦路斯、丹麦、德国、中国香港、荷兰和英国是全球商业纠纷审判体系最为公正和高效的国家/地区,全球有 48 个国家/地区具有安定的社会及商业运营环境。与这些国家/地区相比,中国内地在市场准入和边境管理等方面都存在较大的改善空间。

**2. 发达国家和地区促进贸易便利化策略**

从发达国家和地区的实践来看,信息化平台已是进行贸易便利化的基本手段,同时注重完善政府部门的服务措施,促进政府、贸易团体和海关之间的信息共享。本节重点介绍排名世界贸易促进指数前 3 位的新加坡、中国香港和荷兰的贸易便利化促进措施。

(1) 新加坡

新加坡是贸易高度自由化的国家,贸易促进指数已连续 4 次排名全球第一。世界经济论坛《2014 年全球贸易促进报告》显示,新加坡在边境管理、基础设施方面位居世界第一,在市场准入、运营环境方面位居世界第二。新加坡的领先地位得益于政府效率优势。

最先进行单一窗口平台建设。新加坡政府早在 1989 年就在全球率先推出国际贸易电子平台——贸易网(TradeNet),连接新加坡海关、税务等 35 个政府部门。与进出口贸易有关的申请、申报、审核、许可、管制等全部手续都通过贸易网进行,贸易链上各方可以在网络上传输进出口电子文件、申办审批进出口货物,同时实现各管理部门之间的信息共享。贸易网使企业获得一站式、低成本、快捷高效的通关服务,申报文件减至 1 份电子文档,关税支付由支票和现金变为电子转账,原有的 4 至 7 天的通关时间缩短到 10 到 15 分钟,每次申报成本由 10 新元降低为 3 新元。

整合贸易网络和港口网络。新加坡从 1984 年开始建设港口网(PortNet),连接相关政府职能部门、船舶公司或其代理行、货主集装箱中转站和卡车运输业等,使港口用户获得船只进出港信息、舱位安排、货物在港状态、预订舱位、集装箱实时跟踪等信息,每年处理约 2 亿笔交易,有效提高了港口管理的效率。2006 年由新加坡海关、经济发展局和新加坡资讯通信发展管理局发起,由劲升公司独立开发贸易交换网(TradeXchange),并于 2007 年运营。TradeXchange 可以将运营商、货运代理、进出口商、金融服务商、35 家政府机构联系起来,并与原有的单一窗口系统贸易网(TradeNet)、港口网(PortNet)、货运网络(CCN system)、裕廊海港网(JP online)、官方港务网(Marinet)等连接,整合成为较为完善的跨领域贸易物流信息平台。

海关货物监管便利高效。新加坡自由贸易区采用“境内关外”的做法，以吸引转口贸易和提供物流附加价值为目的，从国外运入自由贸易区的货物免征各种税费，便于商家把货物存放在区内。如果要从事除简易加工外的制造，则须将其进口的原料移运至自由贸易区外的物流分销园区或工业区内进行。新加坡海关对自由贸易区的货物保持监管状态，如这些货物需从原来存放的自由贸易区移出，在移动前需获得转运许可，海关人员会监督货物从一个自由贸易区移至另一自由贸易区。如货物从自由贸易区运入新加坡课税区内，托运者需将发票、进口报关单、许可证、送货单等交海关核查批准。

（2）中国香港

在《2014 年全球贸易促进报告》中，中国香港全球贸易促进指数位居第二，仅次于新加坡，已连续 4 次排名第二，其中运营环境排名世界第一，基础设施排名第二，边境管理排名第 11，市场准入排名第 37 位。中国香港的优势在于友好的运营环境和出色的物流服务。

自由贸易、低税率和最少政府干预。中国香港实行自由港和自由贸易政策，可以说是全球最开放的市场，不征收任何进出口关税，也无关税配额，尤其是离岸贸易不断发展，巩固了香港国际贸易中心的地位。香港的经济政策体系奉行“积极不干预”政策，由完全不干预政策、直接干预政策、临时性干预政策 3 个基本内容构成。完全不干预政策指除极少数本地法律所明确限制的领域及行为外，经济活动基本不受干预，享有高度自由（主要包括自由贸易制度、自由企业制度、金融自由制度、自由出入境制度等）。直接干预政策主要立足于对某些极为敏感和重要的经济活动（如对土地一级市场、关键金融活动等）的严格控制，以保证香港整体经济的有序运行。临时性干预政策主要是用于应对经济的非常态运行中所出现的问题，在运用临时性干预政策时，主要是通过界定政府的经济作用，而不是限制市场机制的作用，让经济运行更具效率。

单一平台注重全方位资源整合。香港跨境贸易电子商务单一平台的建设走在全球前列，是将电子政务平台和电子商务市场资源平台融合发展的典型。单一窗口平台主要为贸易通（Tradelink）和数码贸易运输网络（DTTN，又称国际商网）两个互相联系的部分。贸易通成立于 1988 年，1997 年开始推出电子政务服务，已拥有超过 5.4 万名客户，每年处理 2 000 万宗以上的交易，可以全方位提供与贸易有关的进出口报关、道路货物资料系统方案、应课税品许可证、电子付货通知单、电子货物舱单等服务，不仅可以与香港本地物流、金融等行业互联，也可以通过平台直接将货物资料提交美国海关，还提供国际空运供应链上的货运代理商及承运商电子信息和服务。数码贸易运输网络(DTTN)由贸易通于2003年获香港政府委托开发,提供电子物流平台用以促进供应链内不同单位(包括其海外贸易伙伴)的电子文件互换,促进贸易、物流及金融界之间信息流通。

实行市场化运作,加强个性化服务。贸易通采用公司运营模式,由香港政府授权香港贸易通电子贸易有限公司进行运营,公司收取一定费用,后续运营由公司自有资金进行。贸易通主要业务由四大部分组成,包括政府电子贸易服务(GETS)、数码证书及安保方案、数码贸易运输网络(DTTN)服务及其他服务(如表格转换、技术和项目服务等),2015年这四大部分营业额分别占全部的73%、13%、5%、9%。贸易通还非常注重个性化服务,将客户分为大客户、小客户、极小客户,根据客户规模提供不同的一体化服务,有些甚至延伸到客户公司系统后台。如数码贸易运输网络(DTTN)系统可以支持不同的文件,接受来自中国内地和香港地区、英国等地的文件,也可以通过系统转换EDI、Excel等不同格式的文件,从而大大方便了各种客户的需求。图1.5是贸易通主要服务的运作模式。

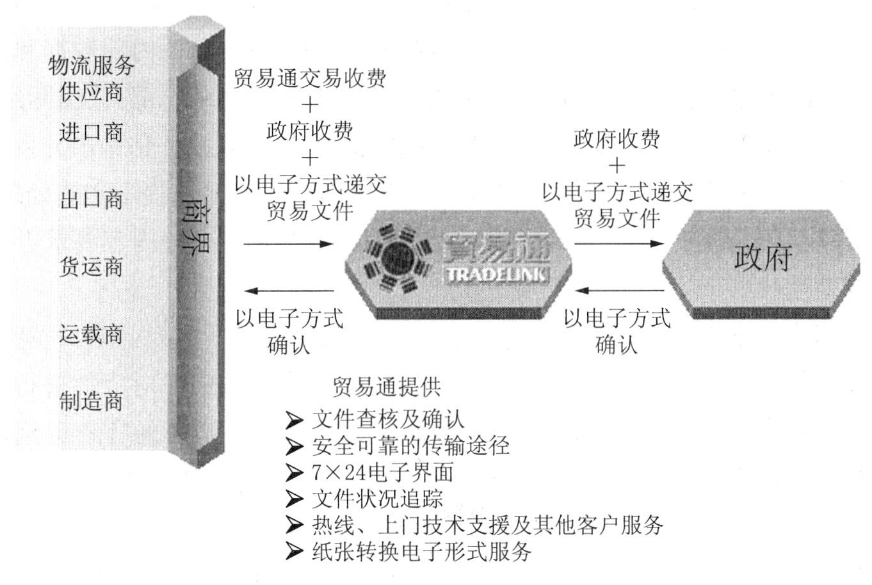


**图1.5 贸易通主要服务的运作模式**

资料来源:Tradelink. http://www.tradelink.com.hk/.

(3) 荷兰

在《2014年全球贸易促进报告》中,荷兰全球贸易促进指数排名第3,在基础设施方面位居世界第3,在边境管理中排名世界第4,在运营环境方面排第8位,但市场准入排名较低(第75位)。荷兰拥有世界上最好的港口设施,其他运输和信息技术基础设施也是一流，且边境管理的效率和透明度非常高。

建设国际贸易单一窗口。20 世纪 90 年代，由荷兰海关牵头，移民局，卫生局，运输、公共服务与水务管理局，禽类、肉类与植物保护局等共同签署合作备忘录，建设国际贸易单一窗口——通关作业自动化系统(Sagitta)。由海关代表各监管部门进行口岸管理，各监管单位向海关提供风险参数，海关对货物申报进行分析后告知各监管部门，各监管部门决定是否需要查验。如果不止一个部门需要查验，将统一协调安排一次查验，以加快供应链速度。Sagitta 提供了一个完全电子报关的过程，该设备已运用在鹿特丹港及史基浦机场。单一窗口加快了货物通关速度，节约了监管部门与贸易商的成本，形成了贸易商在货物到港前提交有关数据，货物到港后直接放行的有关机制。

海关重视风险管理。荷兰海关的重点查验率之低而命中率之高在世界上很有名气，海关风险管理能发挥如此大的作用，很大部分归功于荷兰海关情报信息分析中心(DIC)。DIC 作为荷兰海关风险管理最高权威机构，全方位开展信息收集、分析处理、风险布控等工作，并实现数据库共享。DIC 建立的中央风险信息库收集存储了大量与海关业务有直接或间接关系的信息及风险分析结果，除了海关内部数据和公共信息外，还有相当一部分是通过与国际海关组织及国内外其他政府部门、国际组织、大型企业数据交换或付费有偿获取的。DIC 根据风险分析结果及评估做出并发布全国范围的风险布控处置决定，通过海关作业自动化系统(Sagitta)的提示实施处理方式，业务现场审单工作人员根据 Sagitta 提示及风险布控类别的有关内容要求办理具体的通关作业手续。

港口高度信息化管理。荷兰鹿特丹港吞吐量在世界一直名列前茅，鹿特丹港最大的特点是储、运、销一体化，通过保税仓库及货物分拨配送中心对货物进行再加工和储运，提高货物的附加值，然后通过多种运输方式把经过增值的货物送到世界各地。鹿特丹港对进口货物通常要求海运公司或船务代理公司在抵达港口前 24 小时内向海关提交有关货物的资料，这些资料被用电子文件或电子单证的形式存储于海关作业自动化系统(Sagitta)，Sagitta 检查申报资料的正确性、计算关税和其他税费，对进口货物进行风险分析。保税仓库则被分为几种类型，分别采取不同的监管方式，物流业者可不受海关过多干预而自由地将货物包装与运送。

**参考文献**

[1] 李晓东.荷兰海关风险管理谁最权威——荷兰海关情报信息分析中心观览[J].中国海关，2001，10:52—54.

[ 2 ] 上海市发展与改革研究院.全球贸易格局调整对浦东建设国际贸易中心核心功能区的影响和建议研究[R]. 2015.

[ 3 ] 上海市经济和信息化委员会,上海科学技术情报研究所.2015 世界服务业重点行业发展动态[M]. 2015.9.

[ 4 ] 殷飞,冯赟.新加坡国际贸易"单一窗口"制度经验及启示[J].中国经贸导刊,2015,18:27—29.

[ 5 ] Accenture. *Accenture Technology Vision 2016*[R]. 2016.1.

[ 6 ] IMF. World Economic Outlook[R]. 2016.1.

[ 7 ] DNV GL, United Nations Global Compact, Monday Morning Global Institute [R]. *Global Opportunity Report 2016*. 2016.1.

[ 8 ] EY. *Global Capital Confidence Barometer*[R]. 2015.10.

[ 9 ] UNCTAD. *Global Investment Trends Monitor*[R]. 2016.1.

[10] WEF. *The Global Enabling Trade Report 2014*[R].2014.4.

[11] World Bank. *Doing Business 2016: Measuring Regulatory Quality and Efficiency*[R]. 2015.10.

[12] WTO. *World Trade Report 2015*[R]. 2015.10.

本章撰写:崔晓文

# 第二章　世界货物贸易发展动态

## 一、世界货物贸易总体发展态势

受世界经济低速增长拖累，2014 年国际贸易增速依然低位徘徊。2014 年世界货物贸易量 2.5％的温和增长再次与该年全球 GDP 的增长（2.5％）持平（图 2.1）。2012 年至 2014 年期间，货物贸易体量的年增长率非常低，分别为 2.2％，2.5％和 2.5％。贸易的平均增长率只有 2.4％，是贸易扩张有记录以来最低的三年期增长率（除 1975 年和 2009 年世界贸易实际减少的年份）。

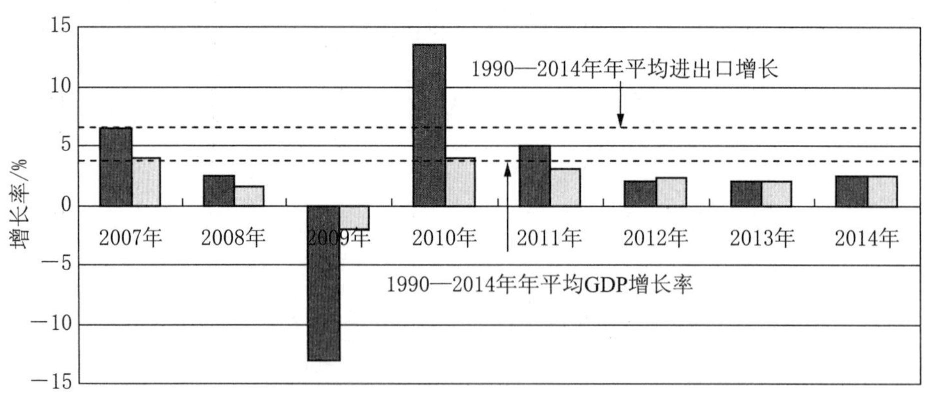


**图 2.1　全球商品贸易和 GDP 年增长率变化（1990—2014 年）**

资料来源：WTO. *World Trade Report 2015*.

另据世界贸易组织（WTO）最新统计显示，2015 年世界贸易（指平均货物进出口量）的增长率为 2.8％，增长率已连续第 4 年低于 3％，全年贸易起伏变化明显。然而，

2015年货物贸易量的微弱增长与贸易美元值从2014年的19万亿下跌至2015年的16.5万亿(下降13%)形成鲜明对比。这一差异主要归因于商品价格和汇率的剧烈波动,并依次受到中国经济增长的放缓,美国燃料生产的反弹恢复以及主要经济体货币政策的分歧等因素的刺激驱动。金融市场的动荡挫伤了商家和消费者的信心,可能也会削减某些耐用品的全球需求。2016年世界贸易量的增长将持续萧条低迷,预计仍将与2015年相同,维持在2.8%不变。WTO的经济学家预测,2017年全球贸易增长可能会攀升至3.6%。

## (一) 新兴经济体出口增长较快,发达经济体进口需求增强

2014年,发展中国家和新兴经济体的出口增长比发达国家快,分别为3.1%和2.0%。与此同时,发展中国家的进口增长却比发达经济体慢得多,两者分别为1.8%和2.9%。经季节性因素调整后的2015年第一季度贸易季度总量指标显示,发达经济体的进口需求不断加强,而发展中国家则有所减缓。2015年上半年,发达国家出口下降0.2%,发展中国家出口下降1.9%。导致出口下降的原因是发展中国家进口的弱化(−2.2%)以及发达国家进口的停滞(+0.1%)。WTO预计,2016年发达国家和发展中国家的出口增长基本接近,其中,发达国家出口量增长为3.9%,发展中国家出口量增长为3.8%。与此同时,发展中国家的进口增长预计将在2016年超过发达国家,前者增长率为5.2%,后者为3.2%(表2.1)。

**表2.1 2013—2016年世界贸易增长趋势**

| 项目 | 贸易增长率/% | | | |
|---|---|---|---|---|
| | 2013年 | 2014年 | 2015年 | 2016年 |
| 世界货物贸易量 | 2.5 | 2.5 | 2.8 | 3.9 |
| 出口:发达国家 | 2.2 | 2.0 | 3.0 | 3.9 |
| 发展中国家 | 3.8 | 3.1 | 2.4 | 3.8 |
| 进口:发达国家 | −0.1 | 2.9 | 3.1 | 3.2 |
| 发展中国家 | 5.2 | 1.8 | 2.5 | 5.2 |

说明:2015年和2016年为预测值。
资料来源:WTO,《贸易快讯》2015年9月30日。

## （二） 中国货物贸易第一地位巩固，电商等贸易方式成为新增长点

2014 年，中国货物进出口总额 43 030.4 亿美元，增长 3.4%。进出口增速比全球贸易增速高出 2.7 个百分点，也高于美国、欧盟、日本、印度、巴西等主要经济体的增速，全球第一货物贸易大国地位进一步巩固。出口占全球份额为 12.7%，比 2013 年提高 0.6 个百分点。2015 年前三季度，中国进出口总额 17.87 万亿元人民币，比上年同期下降 7.9%。其中，出口 10.24 万亿元，下降 1.8%；进口 7.63 万亿元，下降15.1%。贸易顺差 2.6 万亿元，扩大 82.1%。按美元计算，中国进出口总额 2.9 万亿美元，下降 8.1%。其中，出口 1.66 万亿美元，下降 1.9%；进口 1.24 万亿美元，下降 15.3%。贸易顺差 4 241 亿美元，扩大 82.3%。其中，跨境电子商务、市场采购贸易、外贸综合服务企业等新型贸易方式顺应个性化的全球消费潮流，蓬勃发展，也契合了帮助广大中小企业发展外贸业务的市场需要，正逐步成为外贸发展的新增长点。2014 年，跨境电子商务增速高达 30%以上。义乌市场采购贸易方式出口 192.9 亿美元，增速达 36.8%。据中国电子商务研究中心发布数据显示，2015 年上半年，中国跨境电商交易规模为 2 万亿元人民币，同比增长 42.8%，占中国进出口总值的 17.3%。

## （三） 大宗商品市场动荡疲软，石油价格持续下跌超出市场预期

2014 年，世界经济复苏缓慢曲折，各经济体分化明显，商品需求疲弱，各供应方利益博弈激烈，导致国际大宗商品市场剧烈震荡。大宗商品价格在年初一度反弹上涨并因突发事件维持高位盘整，下半年终因市场大势难以支撑，大宗商品价格在原油带动下全面持续下行，不仅全数抹去上半年的涨幅，而且创下 2008 年金融危机以来的低点。在世界经济增长疲弱、前期投资建设的产能相继释放、美元升值、金融监管加强等因素共同影响下，近两年来国际大宗商品由牛市转为熊市，价格持续下跌。大宗商品价格下跌导致能源资源出口国收入锐减、资本外逃，经济困难加剧。从 2014 年下半年开始，大宗商品价格呈现逐月下跌态势，至 2015 年 9 月初，商品价格指数已跌至 2009 年以来最低水平。9 月底 10 月初汤森路透/商品研究局大宗商品价格指数一度跌至 193，比一年前下跌了 30%左右，创 2002 年以来新低。国际石油价格自 2014 年 6 月起加速下跌，从最高点每桶 115 美元跌至年末的 56 美元左右，布伦特原油期货全年累计下跌近 50%，跌至 5 年多来最低水平，跌速之快、跌幅之大超出市场预期。

### （四）区域贸易协定冲击现有贸易秩序，自贸区建设促进经贸互通互利

近些年来，WTO多边体制谈判工作停滞不前，许多国家逐步转向依靠区域贸易协定推动本国对外贸易发展。WTO统计数据显示，截至2014年6月15日，该组织共收到585项多边贸易协定通知，且其中60％以上的协定已经生效实施。近几年，以美国为首的发达国家加快推进TPP(《跨太平洋伙伴关系协定》)、TTIP(《跨大西洋贸易与投资伙伴关系协定》)等贸易协定谈判工作，力图推行代表其利益的贸易投资规则。与此同时，发展中国家间也在积极展开合作，东南亚、南美洲、非洲等地区内部已经或即将达成一系列重要的区域贸易协定。随着全球范围内各种区域贸易协定的达成，未来不同区域间的国际货物贸易、投资和服务竞争势必更加激烈。与此同时，为积极应对国际贸易格局的变化，中国正积极采取措施，探索自贸区建设的可行性并先后与韩国、澳大利亚等达成协议，促进了与两国贸易的便捷性，有利于加强双方的合作与交流。

## 二、主要地区和国家的货物贸易发展

2010年至2014年的5年期间，发展中国家和发达国家进出口表现呈现曲折上扬态势。出口方面，2014年发展中国家出口增速高于发达国家1.1个百分点，进口方面，前者低于后者1.1个百分点。进出口贸易与经济增长密切相关，如2014年北美地区和亚洲地区的货物贸易出口增速分别为4.3％和4.9％，进口增速分别为4.4％和3.6％，而经济增速分别为2.4％和4.1％，贸易增速和经济增速均好于欧洲、拉丁美洲和其他地区。

随着欧洲受主权债务危机的拖累影响逐渐弱化以及欧盟内部贸易逐步恢复，2015年欧洲对世界进口量2.6％的增长率作出了较大的积极贡献，占比达到59％。北美洲2015年对世界进口增长的贡献率达到42.3％，而拉丁美洲、非洲、中东地区和独联体国家等则均出现了不同程度的负增长。由于受到中国和其他亚洲经济体经济增长速度放缓的影响，2015年亚洲对世界进口量增长的影响有所减弱。2015年该地区在2.6％的全球进口增长中仅仅贡献了23％。2011年至2014年期间，亚洲对提升货物出口量的贡献高于其他任何地区，但在2015年其贡献低于欧洲。在世界货物出口3.0％的增长中，亚洲贡献的占比达到35％，而欧洲的占比则为44％。由于加拿大、亚洲和拉丁美洲对美国商品需求增长的放缓，2015年北美洲对出口增长的贡献

接近于零。与此同时，拉丁美洲和其他地区对出口量的增长小有贡献。预计 2016 年亚洲将成为出口增长最快的地区，增长率达到 3.4%，其次是北美洲和欧洲，两者均为 3.1%。拉丁美洲和其他地区较为滞后，分别为 1.9%和 0.4%。北美洲今年的进口有望增长 4.1%，而亚洲和欧洲进口增长可能均为 3.2%。由于石油和其他商品价格依然低迷，拉丁美洲和其他地区 2016 年的进口预计将会再次出现收缩，但幅度可能会减小。

## （一） 欧盟主要贸易伙伴为中美两国，仍为世界最大出口地区

据欧盟统计局的数据显示，2014 年欧盟最大的货物贸易伙伴为美国，双边贸易额达5 156 亿欧元，占欧盟贸易总额的 15%。第二大贸易伙伴为中国，双边贸易额为 4 673 亿欧元，占欧盟贸易总额的 14%。俄罗斯和瑞士分别位居第三和第四名，与欧盟贸易额分别为 2 851 亿欧元和 2 369 亿欧元，占比分别为 8%和 7%。欧盟最大出口目的国是美国，而最大进口来源国为中国。2005 年至 2014 年，欧洲商品出口额在几大区域中位列第一。在区域贸易协定中，欧盟也一直是主要出口地区，2014 年出口总额为 6.162 万亿美元，占世界贸易总额的 33%。

2015 年，欧盟 27 国货物进出口额为 39 151.9 亿美元，比上年同期减少 13.4%。其中，出口 19 964.8 亿美元，下降 12.1%；进口 19 187.1 亿美元，减少 14.7%。贸易顺差 777.7 亿美元，增长 263.8%。其中，尽管进出口额略有减少，但中美两国仍然为欧盟的主要贸易伙伴。对美国出口 4 078.3 亿美元，减少 0.4%，对中国出口 1 870.8 亿美元，减少 13.9%，瑞士、土耳其位列三、四位；来自中国的进口 3 876.6 亿美元，减少 2.9%，来自美国的进口 2 713.0 亿美元，减少 1.1%，俄罗斯、瑞士紧随其后。从商品看，机电产品、运输设备和化工产品是欧盟 27 国的主要出口产品，2015 年出口额分别占欧盟 27 国出口总额的 25.4%、16.4%和 15.7%，依次为 5 077.5 亿美元、3 281.3 亿美元和 3 127.1 亿美元，分别下降 14.1%、7.1%、4.3%。其中，矿产品的出口降幅明显，下降 34.0%。机电产品、矿产品和化工产品是欧盟 27 国进口的前三大类产品，2015 年合计进口 10 370.1 亿美元，占欧盟 27 国进口总额的 54.1%。上述 3 类产品进口降幅分别为 −2.7%、−37.6%和−5.9%。此外，贵金属及制品进口额降幅明显，下降了 13.6%。

## （二） 美国货物进出口保持增长，机电产品成为主要交易商品

据美国商务部统计，2014 年全年，美国货物进出口额为 39 686.3 亿美元，比 2013

年增长3.1%。其中，出口16 234.4亿美元，增长2.8%；进口23 451.9亿美元，增长3.4%。贸易逆差7 217.4亿美元，增长4.8%。其中，对加拿大、欧盟28国、墨西哥、中国和日本的出口额分别占美国出口总额的19.2%、17.0%、14.8%、7.6%和4.1%，增长3.5%、5.6%、6.3%、1.9%和2.7%；自中国、欧盟28国、加拿大、墨西哥和日本的进口额分别占美国进口总额的19.9%、17.8%、14.8%、12.5%和5.7%，其中自日本进口下降3.3%，自中国、欧盟28国、加拿大、和墨西哥进口则分别增长6.0%、7.8%、4.1%和4.9%。从商品类型看，机电产品、运输设备、矿产品为主要进出口商品，而化工产品、贱金属及制品和纺织品及原料等也是美国的重要进口产品。

2015年美国货物进出口额为37 462.6亿美元，比上年下降5.6%。其中，出口15 046.0亿美元，下降7.2%；进口22 416.6亿美元，下降4.5%。贸易逆差7 370.7亿美元，增长1.4%。对加拿大、欧盟28国、墨西哥、中国和日本的出口额分别占美国出口总额的18.6%、18.1%、15.7%、7.7%和4.2%，下降10.4%、1.3%、1.6%、6.1%和6.5%；自中国、欧盟28国、加拿大、墨西哥和日本的进口额分别占美国进口总额的21.5%、19.0%、13.2%、13.2%和5.9%，增减幅分别为3.2%、1.9%、－15.1%、0.2%和－2.2%。从商品类型看，机电产品、运输设备、化工产品和矿产品出口额分别为3 755.8亿美元、2 654.6亿美元、1 620.0亿美元和1 156.3亿美元，占美国出口总额的25.0%、17.6%、10.8%和7.7%，下降4.2%、1.2%、1.5%和30.7%。进口方面，机电产品、运输设备和矿产品进口额分别为6 498.1亿美元、3 193.6亿美元和1 970.3亿美元，占美国进口总额的29.0%、14.3%和8.8%，机电产品和运输设备增长1.7%和6.9%，矿产品下降44.4%。由于国际油价大幅下跌，美国进出口矿产品金额均有较大幅度下滑。

### （三）日本出口出现不同程度下滑，贱金属及制品进口涨幅较大

据日本海关统计，2014年日本货物进出口115 036.7亿美元，较2013年下降2.8%。其中，出口6 909.1亿美元，下降3.4%；进口8 127.6亿美元，下降2.4%。贸易逆差1 218.5亿美元，增长3.5%。美国、中国和韩国是日本前三大出口贸易伙伴，日本对其出口额依次为1 287.8亿美元、1 264.8亿美元和515.9亿美元，下降了2.7%、2.0%和8.7%，除越南和墨西哥外，日本对前十五大出口伙伴的出口多出现不同程度的下滑。分商品看，机电产品、运输设备和贱金属及制品是日本的主要出口商品，2014年出口额分别下降2.9%、4.4%和4.6%。矿产品、机电产品和化工产品是日本的前三大类进口商品，矿产品和化工产品进口下降6.5%和2.7%，机电产品进口增长

3.2%。2014年日本贱金属及制品的进口出现较大涨幅,为12.7%。

2015年日本货物进出口12 736.4亿美元,较上年下降15.3%。其中,出口6 250.4亿美元,下降9.5%;进口6 486.0亿美元,下降20.2%。贸易逆差235.6亿美元,下降80.7%。对美国、中国和韩国这排名前三的贸易伙伴出口额分别为1 258.3亿美元、1 092.9亿美元和440.7亿美元,下降了2.3%、13.6%和14.5%,占日本出口总额的20.1%、17.5%和7.1%。日本进口排名靠前的国家依次是中国、美国和澳大利亚,2015年日本自三国进口额依次为1 605.7亿美元、665.4亿美元和348.7亿美元,分别占日本进口总额的24.8%、10.3%和5.4%,各自同比下降11.3%、6.8%和27.6%。机电产品、运输设备和贱金属及制品2015年出口额分别为2 132.9亿美元、1 515.0亿美元和535.1亿美元,分别占日本出口总额的34.1%、24.2%和8.6%,各自同比下降9.8%、6.3%和16.5%。矿产品、机电产品和化工产品2015年进口额分别为1 735.9亿美元、1 497.3亿美元和558.4亿美元,各占进口总额的26.8%、23.1%和8.6%;矿产品和机电产品下降41.0%和8.8%,化工产品增长0.7%。2015年日本主要大类商品进口均出现下滑。

### (四) 南美洲进出口出现大幅下跌,俄罗斯工艺品出口增长最快

2014年货物贸易值的另一大显著特点是自然资源出口地区贸易流的疲软。由于出口收入上商品价格的下跌,南美洲、独联体国家,非洲和中东地区的出口美元值分别下降了5.8%、5.8%、7.6%和4.4%。南美洲进口的急剧下降(4.6%)反映出引领该地区的经济体衰退情况,WTO在2015年4月对南美洲的预测从−0.5%降低至−5.6%,降幅大多归结于巴西不利的经济发展局势,财政危机、涉及国内最大公司的金融丑闻以及出口价格下跌同时袭向巴西。2015年,新兴市场和发展中国家受到大宗商品价格下跌、资本外流、金融市场动荡、地缘政治冲突等因素的困扰,经济增速继续放缓。截至2015年二季度,巴西GDP连续5个季度同比出现负增长,进入其25年来的最困难时期。

独联体国家中,据俄罗斯海关统计,2014年俄罗斯货物进出口额为7 828.6亿美元,比上年同期增长35.6%。其中,出口4 969.3亿美元,增长71.3%;进口2 859.3亿美元,减少0.4%。贸易顺差2 110.0亿美元,增长6 656.4%。荷兰、中国、德国、意大利等是其主要进出口贸易伙伴。商品方面,矿产品、贱金属及制品和化工产品是俄罗斯的主要出口商品。矿产品出口以矿物燃料出口为主。陶瓷、玻璃是俄罗斯出口增长最快的产品,增幅为81.4%,其次为机电产品,增幅为74.9%。机电产品、运输设备和化工产品是俄罗斯进口的前三大类商品,而鞋靴伞等轻工产品的进口额降幅最大。2015

年，俄罗斯货物进出口额为 5 258.3 亿美元，比上年同期(下同)减少 33.0%。其中，出口 3 434.3 亿美元，下降 31.0%；进口 1 824.0 亿美元，减少 36.4%。贸易顺差1 610.2 亿美元，下降 23.7%。贵金属及制品是俄罗斯出口下降最多的产品，降幅为 33.5%。活动物、动物产品的进口额降幅最大，下降 44.8%。

## （五） 中国大陆出口份额在全球占比提高，新型商业模式发展成效显著

2014 年，中国大陆货物进出口总额 43 030.4 亿美元，增长 3.4%。其中，出口 23 427.5 亿美元，增长 6.1%；进口 19 602.9 亿美元，增长 0.4%。贸易顺差 3 824.6 亿美元。进出口市场结构更趋平衡。对发达国家进出口保持稳定，2014 年对欧盟和美国进出口分别增长 9.9%和 6.6%。与此同时，进出口企业在开拓新兴市场方面也取得了新成效，对东盟、印度、俄罗斯、非洲和中东欧国家进出口增速均快于整体增速(图 2.2)。自贸区战略对出口的促进效果明显，对自贸伙伴(不含港澳台地区)的出口增长了 10.6%，占出口总额的比重为13.4%，较 2013 年上升 0.6 个百分点。装备制造业成为出口的重要增长点。2014 年，机电产品出口增长 3.7%，占出口总额的比重达 56%。电力、通信、机车车辆等大型成套设备出口增长 10%以上。纺织品、服装等七大类劳动密集型产品出口4 851 亿美元，增长 5%。进口商品结构进一步优化。先进技术设备进口快速增长，生物技术产品、航空航天技术产品、计算机集成制造技术产品等高新技术产品进口增速均在 15%以上。消费品进口 1 524 亿美元，增长 15.3%，占进口总额的 7.8%，较 2013 年提高 1 个百分点。

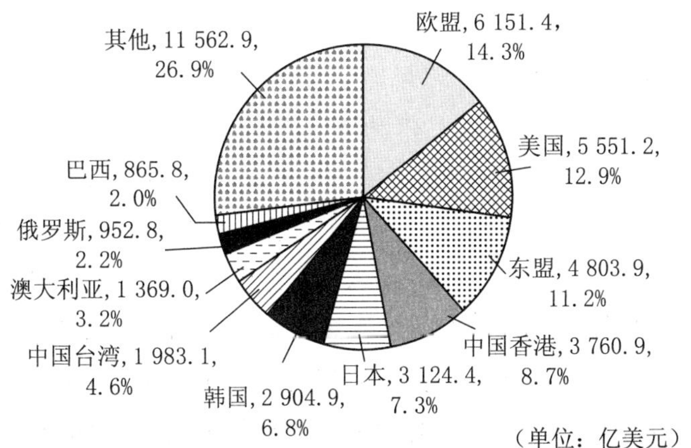


**图 2.2　2014 年中国大陆前十大贸易伙伴进出口额及占比**

资料来源：商务部综合司。

2015 年一季度，中国大陆出口增长 4.7%（以下均以美元计算）。二、三季度，出口分别下降 2.1%和 5.9%。三季度月度出口降幅逐月收窄，8、9 月出口降幅从 7 月的 8.4%逐月收窄至 5.5%和 3.7%。中国大陆出口占全球的市场份额进一步提高，据世贸组织统计，2015 年上半年中国出口占全球市场份额为 13.1%，比上年同期提高 1.8 个百分点。前三季度，中国大陆对美国出口额为 3 027.6 亿美元，同比增长 6%，实现正增长，对欧盟、日本和中国香港地区出口额分别为 2 622.5 亿美元、1 005.1 亿美元和2 242.9 亿美元，同比分别下降 4.3%、9.7%和 11.5%。对新兴经济体出口情况总体略好于发达经济体，对东盟、印度、南非出口分别增长 6%、9%和 8%。对"一带一路"沿线国家出口降幅低于总体出口。前三季度，中国对沿线国家出口 4 550 亿美元，同比下降 1.5%，低于同期对全球出口降幅 0.4 个百分点，占同期中国出口总额的27.3%。前三季度，机电产品出口 9 508.2 亿美元，增长 1.2%，占出口总额的 57.1%，是当前拉动中国出口增长的主要力量。装备制造成为出口亮点，大型成套设备出口增长约 10%，铁路设备出口到全球 80 多个国家，电力设备出口到全球 50 多个国家，并进入美欧等中高端市场。纺织品、服装、箱包、鞋类、玩具、家具、塑料制品等七大类传统劳动密集型产品出口 3 509.5 亿美元，下降 2.3%，占中国出口总额的 21.1%。跨境电子商务、市场采购贸易、外贸综合服务企业等新型贸易方式顺应个性化的全球消费潮流，也契合了帮助广大中小企业发展外贸业务的市场需要，正逐步成为外贸发展的新增长点。2014 年，跨境电子商务增速高达 30%以上。义乌市场采购贸易方式出口 192.9 亿美元，增速达 36.8%。

## 三、主要商品贸易及市场发展动态

2014 年，世界经济复苏缓慢曲折，各经济体分化明显，商品需求疲弱，各供应方利益博弈激烈，导致国际大宗商品市场剧烈震荡。年初，国际大宗商品市场受到美、欧经济数据好转影响，价格在农产品带动下出现回升。之后，乌克兰局势引发地区政治经济形势动荡，国际石油价格上扬，部分弥补了农产品和工业原材料市场的相对弱势，对大宗商品整体价格水平起到一定支撑作用。下半年，主要经济体表现分化，特别是欧洲及新兴经济体经济数据不尽如人意，全球制造业回暖形势弱于预期。与此同时，农作物、矿产品等供给预期充足。在多种因素相互叠加影响下，大宗商品市场持续低迷，价格普遍下跌。第四季度，石油市场供需形势逆转，多个供应方之间的博弈加剧，导致国际油价一泻千里，其他大宗商品价格亦随之一路下跌，商品价格整体持续走低。纵观 6 年来，大宗商品市场经历了 2008 年国际金融危机爆发导致的价格暴跌、2009—2011 年新兴经济体快速增长和全球宽松货币的强心针刺激下的陡升，此后进入时疾时徐的震荡下跌，价格走势呈现马鞍(∩)形(图 2.3)。

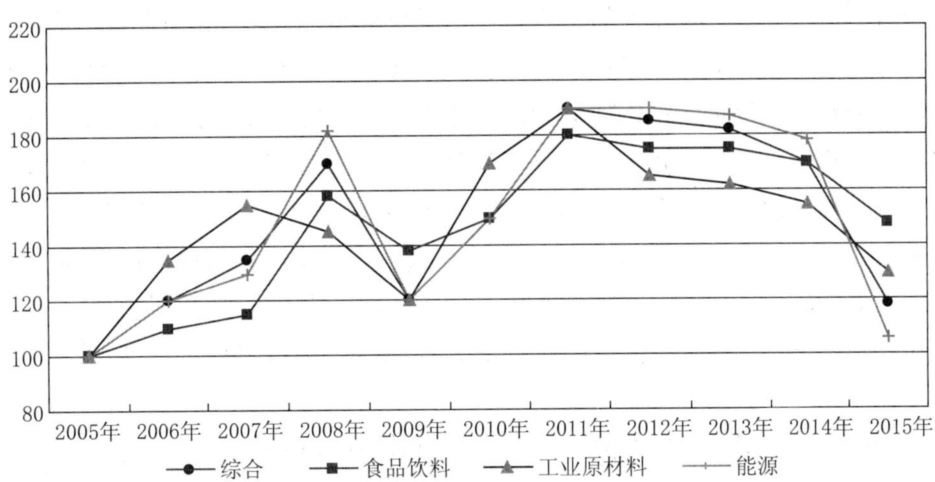


**图 2.3　大宗商品市场开始进入下跌周期**

说明：纵轴为 IMF 初级产品价格指数，以美元计价，设定基期 2005 年的值为 100。
资料来源：国际货币基金组织，初级产品价格指数，2015 年 10 月。

2015 年以来，世界经济和国际贸易增长放缓，全球投资活动低迷，商品市场需求疲软，而供应却持续增长，国际大宗商品市场持续弱势格局。2015 年前三季度，尽管由于美国经济向好、市场预期乐观，以及俄罗斯与西方对峙、伊朗核谈判进程不确定、“伊斯兰国(ISIS)”影响中东稳定等种种因素所致，商品市场价格多次出现短期上扬，但未能改变市场低迷、价格下跌的大势，在经历第二季度温和走强后，第三季度再度下滑(图 2.4)。

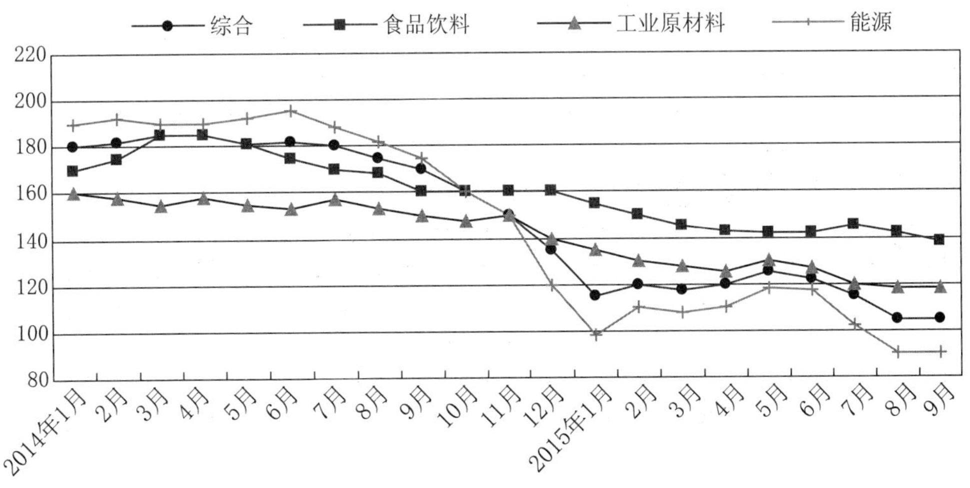


**图 2.4　2014 年以来国际大宗商品价格不断走低**

说明：纵轴为 IMF 初级产品价格指数，以美元计价，设定基期 2005 年的值为 100。
资料来源：国际货币基金组织，初级产品价格指数，2015 年 10 月。

具体来看，前三季度各类商品价格全线下跌，多种商品已跌至接近 2008 年 8 月暴跌潮时的低点。需求疲软下的供方博弈加剧供应过剩，是能源和金属类商品跌幅深重的主因。1—9 月，纽约和布伦特油价下跌 14%，其他能源产品亦受到油价拖累，其中澳大利亚煤炭价格下跌 13%，美国天然气价格下跌 11%；与欧洲的紧张关系令俄罗斯的天然气出口雪上加霜，2015 年以来出口价格大幅下跌 32%。伦敦金属交易所各有色金属品种跌幅在 11%～34%之间。中国、印度、巴西等新兴市场的供需变化对农副产品及原材料市场影响较大。其中，食品工业重要原材料棕榈油需求低迷，价格创六年半新低；但棉花主产国压缩种植面积、削减产量，同时纺织服装市场转暖，使得库存/消费比显著下降，对价格构成支撑，棉花成为少数价格相对稳定的品种之一。

## （一）粮农产品价格降幅收窄，棉花销量首次高于产量

2014 年二季度以来，受农业收成良好、粮食供需形势好转以及原油带动大宗商品普跌影响，粮农产品价格持续下行，人口增长、收入提高、消费升级以及粮食的工业和能源需求快速增长，推动粮农产品需求呈刚性增长，自然条件成为约束供给、造成市场短期波动的最大不确定因素，但 2015 年以来降幅在逐步收窄。因农业收成预期良好、库存较高，加之受石油及其他大宗商品价格下跌影响等因素，国际农产品市场一直处于下行趋势。9 月联合国粮农组织(FAO)食品价格指数比去年同期下跌18.9%，其中肉、奶、粮、油、糖分别下跌 19.2%、24.2%、13.1%、17.2%和 26%(图 2.5)。

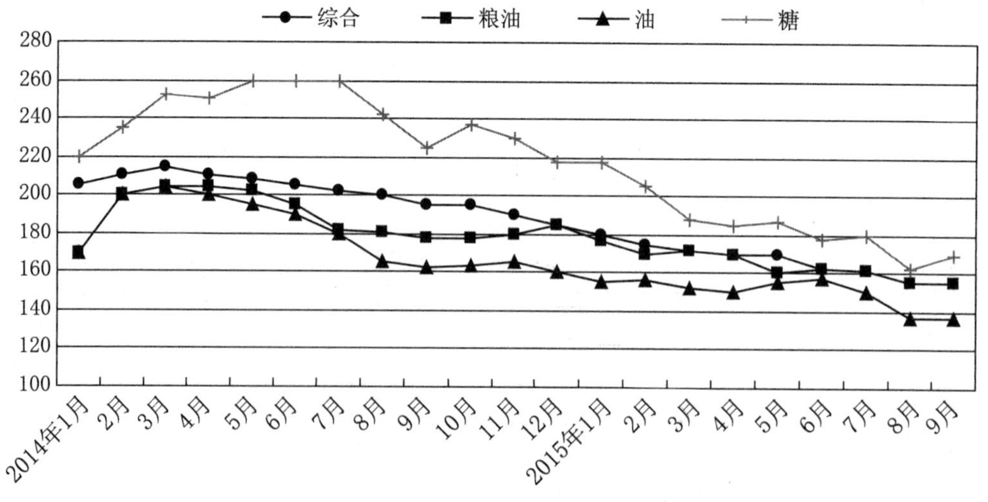


**图 2.5　2014 年以来主要农产品价格持续下跌**

说明：纵轴为 FAO 食品价格指数，以美元计价，设定基期 2002—2004 年的均值为 100。
资料来源：FAO 食品价格指数，2015 年 10 月。

未来一段时期主要大宗粮油产品市场依然面临高产量和高库存压力(图 2.6),不同品种价格震荡幅度因收成而异。据美国农业部 2015 年 9 月发布的预测报告,2015/16 年度全球小麦产量将再创纪录,承压最大;玉米产量则有较大幅度下降,有利于后市价格稳定;大豆供应宽松,继续面临下行压力;大米主产国的补贴收储变化和出口政策抵消了收成和库存下降的利好因素,同时比价效应也将压制大米价格。未来农产品市场的风险主要来自气候条件的不确定性,如果厄尔尼诺现象导致严重的气候异常,将在 2016 年上半年之前对美国、澳大利亚等农产品主产国产生不利影响。

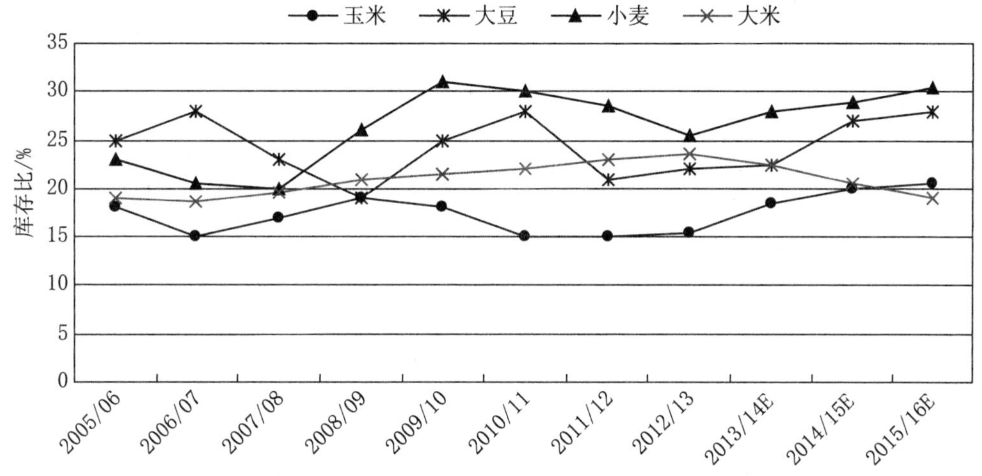


**图 2.6　主要大宗粮油产品的库存处于 10 年来高水平**

说明:E 为预估值。
资料来源:美国农业部,2015 年 9 月。

受国际棉价低位运行影响,中国、美国等棉花主产国继续压缩种植面积,国际棉花咨询委员会(ICAC)预计全球棉花产量将大幅减至 2 456 万吨,同比下降 6.5%;全球棉花消费量 2 469 万吨,同比增长 1.7%。这是最近 5 年来全球棉花消费量首次高于产量。国际棉价因而有望回暖,但涨幅仍受制于世界纺织服装市场复苏进程以及前期棉花高库存消化情况。

## (二) 国际油价持续大幅下挫,有色金属普遍供应过剩

总体供应过剩是目前世界石油市场的主基调。2014 年下半年以来,国际油价持续大幅下挫,其间地区局势多次引发市场紧张气氛,造成价格波动,但未能改变跌势。

至 2015 年 3 月末，纽约、伦敦两地油价比 2014 年的高点已跌去一半以上。尽管油价持续下跌，但出于对维持出口和财政收入、国际市场份额等多种因素的考虑，各供应方展开了低油价下的博弈。为应对低油价导致的财政收入减少、维持和扩大市场份额，主要产油国采取了“以量取胜”的策略。欧佩克(OPEC)持续超配额生产，6 月沙特和伊拉克产量都达到了历史高位。俄罗斯石油日产量也一直保持在 1 100 万桶左右的高水平。此外，伊朗完全取消出口限制后将增加 50～80 万桶/日的供应能力，将进一步加剧石油市场供需失衡的压力。高产量、高库存预示着油价在未来一段时间仍将承压。供应方面，随着油价持续低位运行，大批高成本的页岩油、深海油、油砂等非传统油气资源开采设施陆续关闭，新增投资开始下滑。国际能源署(IEA)在 9 月报告中预计，随着美国页岩油减产，2016 年，非 OPEC 国家原油供应将减少 50 万桶/日，为 20 年来最大降幅。需求方面，在低油价刺激下，石油消费有所提升，特别是经合组织(OECD)国家的需求增长迹象尤为明显。IEA 认为 2015 年四季度原油需求将显著好转，全年平均日需求量增长 160 万桶，为 5 年来最大增量，2016 年继续稳步回升，日需求增量为 140 万桶，供给过剩的情况将逐步收窄。预计 2015 年年底至 2016 年年初，原油市场以逐步消耗库存、出清产能、实现再平衡为主线，国际油价将维持在目前较低水平(图 2.7)。

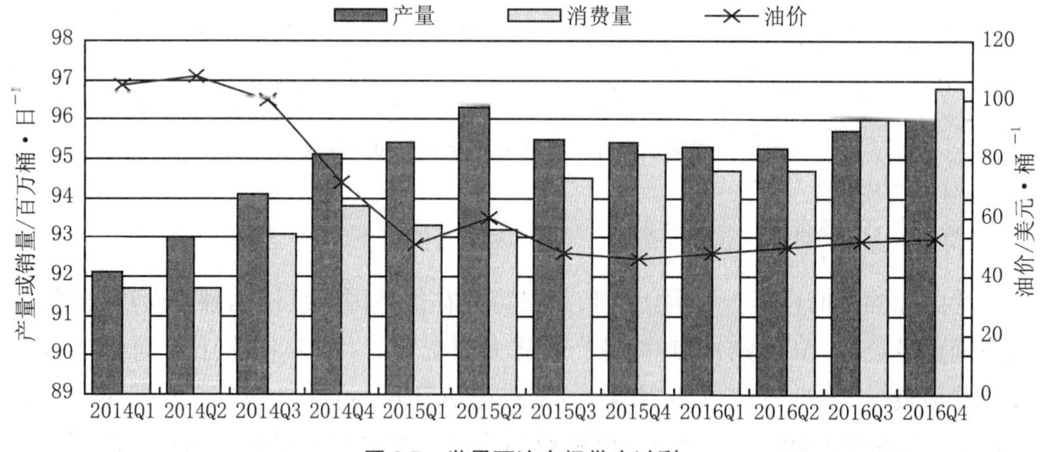


**图 2.7　世界石油市场供应过剩**

资料来源：国际能源署，石油市场报告，2015 年 9 月；IMF，大宗商品价格预测，2015 年 9 月。

有色金属市场表现与经济形势密切相关。美元走强、油价走低加剧了 2014 年下半年以来有色金属价格的跌势(图 2.8)。当前全球制造业依然在低谷徘徊，缺乏亮点，特别是中国经济处于结构转型期，房地产市场低迷，使得有色金属需求增长乏力，供大于求是导致目前有色金属价格全面下跌的根本原因。本世纪以来，有色金属的消费重心逐渐由发达经济体转向新兴市场和发展中经济体，中国迅速成为铜、铝、镍等金属的消费大国，占世界总消费量的一半左右，印度、俄罗斯等其他金砖国家也成为消费主力。2015 年以来中国等新兴市场结构调整、需求低迷，成为抑制金属需求和价格的重要因素。与此同时，低能源价格降低了成本，也使金属价格失去支撑。面对价格持续下挫，金属产能已开始削减，但首先关闭的是高成本矿山和冶炼厂，短期内难以刺激市场价格反弹。在需求疲软、供应稳定、成本结构因素的共同作用下，预计有色金属价格将在较长时期内维持在较低水平。

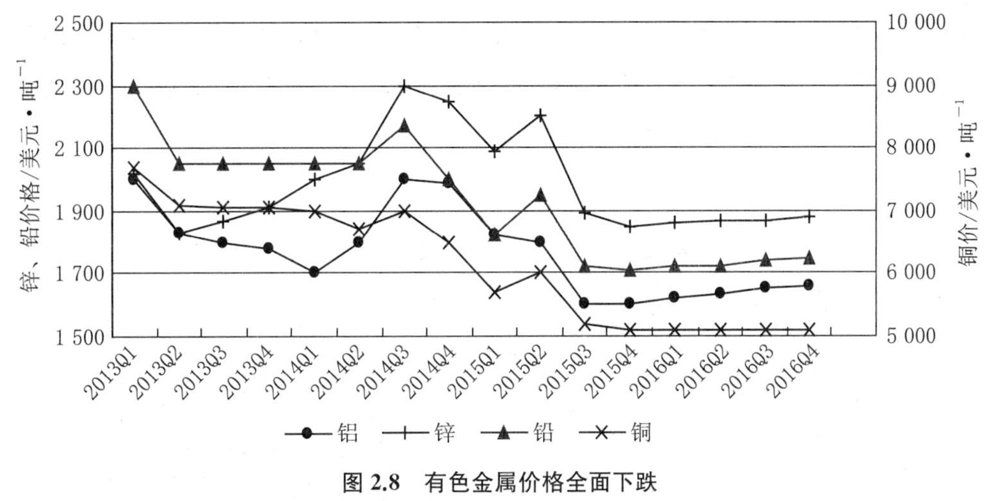


**图 2.8 有色金属价格全面下跌**

资料来源：IMF，大宗商品价格预测，2015 年 8 月 20 日。

分品种看，当前铜需求增长放缓，但来自印度、中国、中亚、非洲等新兴市场和发展中国家的电力及其他基建需求使其具有较大的增长潜力，铜有望成为最先走出低谷的有色金属品种。铝需求相对稳定，但供应能力严重过剩抑制了价格回升，低能源价格使铝的产能出清相对更为漫长，预计铝需要较长时间才能达到供求平衡；印尼禁止镍矿石出口，对缓解供应过剩有所助益。此外，全球最大上市商品交易商嘉能可公司陷入债务危机，一些机构认为其可能采取抛售库存、关闭矿山等措施缓解资金压力，有色金属市场面临短期动荡风险。

## （三） 钢材产能扩张需求低迷，铁矿石价格波动频繁

2014 年世界钢铁需求收缩，而产能继续扩张。据国际钢铁协会统计，2014 年全球粗钢产量 16.37 亿吨，再创历史新高。尽管产能增幅已从 2013 年的 3.2%放缓至

1.1%，但供应过剩加剧导致价格一路下滑，且跌幅有扩大之势。英国商品研究局(CRU)编制的钢材价格指数显示，2014 年全球钢价指数下跌 11.1%，其中北美、欧洲、亚洲跌幅分别为 6.1%、8.3%和 15.1%。2015 年以来，世界经济低速增长，制造业缺乏活力，能源资源出口国财政收入锐减、基础建设放缓，中国房地产市场萎缩，致使全球钢材需求低迷。加之金融市场动荡、美元升值等因素，国际钢材价格持续下跌。截至 2015 年 10 月初，全球钢材价格比上年同期下跌 23.5%，其中扁平材和长材分别下跌 25.5%和 20.9%；分地区看，北美、亚洲、欧洲同比分别下跌 29.9%、25.4%和16.6%。严峻的市场环境迫使世界主要钢铁生产国开始削减产能，2015 年以来产量增幅呈逐月收缩之势(图 2.9)，至 9 月，全球钢铁产能利用率已降至 68%。面对激烈的市场竞争，一些国家采取贸易限制手段保护本国产业，除了传统的反倾销措施外，贸易限制还向环境、劳工等领域延伸。

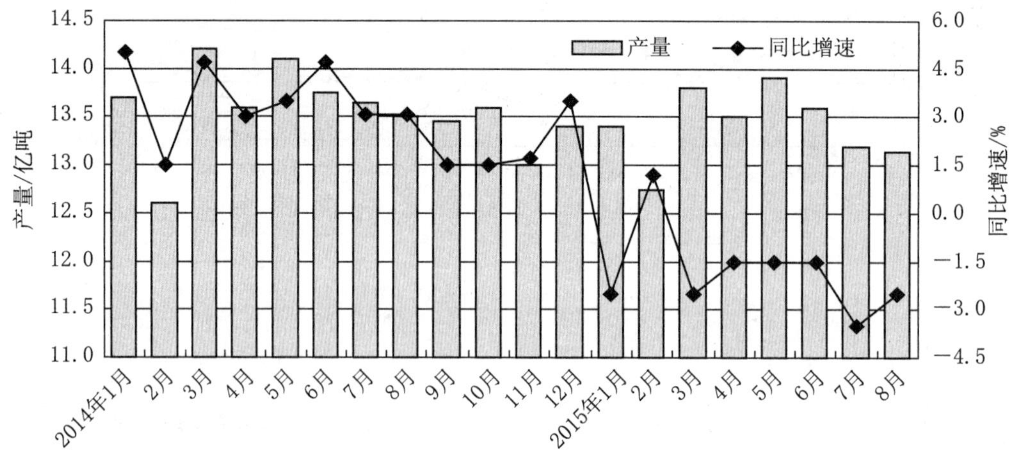


**图 2.9　国际钢产量月增幅下降**

资料来源：国际钢铁协会，2015 年 9 月。

作为钢铁工业重要原料，铁矿石价格与钢材价格同步下跌，铁矿石市场表现更为惨淡，2014 年价格跌幅高达 47%，2015 年以来价格继续下跌，一季度的 13 周内有 10 周收跌。62%品位铁矿石 4 月初已跌破 50 美元，创 10 年来新低(图 2.10)。从需求方面看，钢铁行业削减产能、开工率下降，对铁矿石的需求下滑，监管层加强商品投资的风险管控，进一步减少了融资需求。从供给方面看，上半年全球主要矿山逆势扩产，加剧了供应过剩局面。在需求没有明显回升情况下，未来铁矿石价格继续面临巨大压力。矿业巨头的逆市扩产将沉重打击高成本的中小矿企，加剧矿石市场垄断格局。同时，矿石买家也将更多利用现货市场降低购进成本，铁矿石价格波动将更为频繁。目前主要矿商继续看好中国、印度以至越南、泰国等新兴市场未来经济发展和钢铁需求增长的潜力，且希望利用资源禀赋优势和规模优势，通过提升效率、调整矿山结构等措施进一步降低生产成本，从而扩大市场份额、强化垄断格局。随着市场竞争日益激烈，产能扩张势头可能持续一段时间。需求不足、供应过剩，未来 2～3 年铁矿石价格将持续面临巨大压力。

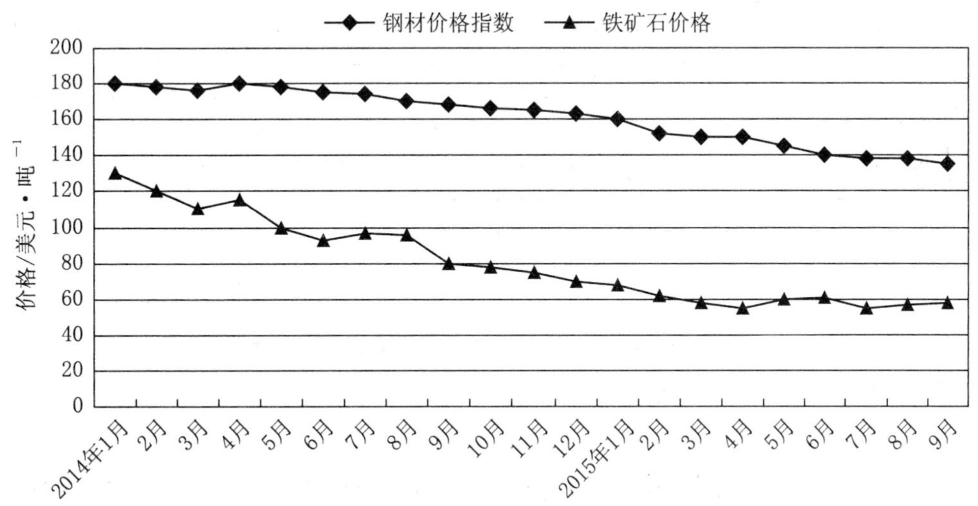


**图 2.10　铁矿石价格与钢材价格同步下跌**

资料来源：IMF，全球综合指数。

## （四） 汽车市场呈现分化格局，新兴市场整体趋于下滑

2015 年，全球汽车市场呈分化态势。在经济缓步复苏和低油价刺激下，发达国家汽车市场整体向好。前三季度，欧盟 27 国商用车新增注册量同比增长 12.2%，乘用车新增注册量同比增长 8.8%，其中欧盟 12 国分别增长 18.1%和 10.4%；美国新车累计销量同比增长 5%(图 2.11)。相比之下，新兴市场和发展中国家汽车市场表现不佳。1—9 月，俄罗斯、巴西、南非乘用车销量分别比上年同期大幅下滑 33%、20.5%和 13.7%，中国乘用车销量同比增加 5.2%，但与前些年两位数的涨幅相比，增速大为放缓。受制于宏观经济形势，未来 2～3 年汽车市场难以再现前几年高速发展的势头，新兴市场也将趋向成熟。汽车产业发展空间向"后市场"扩展，二手车流通、汽配维修、汽车改装、汽车金融、汽车共享等可能迎来快速发展期。最近德国大众汽车集团在美造假事件曝光，可能面临高达 180 亿美元的罚款，欧盟和韩国也已跟进展开调查。大众公司是 2014 年汽车销量冠军，汽车业是德国最重要产业之一，其研发、生

产、就业以及产业链都在德国经济中占据着举足轻重的地位。大众此次造假丑闻可能会重创其在汽车行业的地位，对世界汽车市场格局乃至德国制造业的后续影响有待观察。

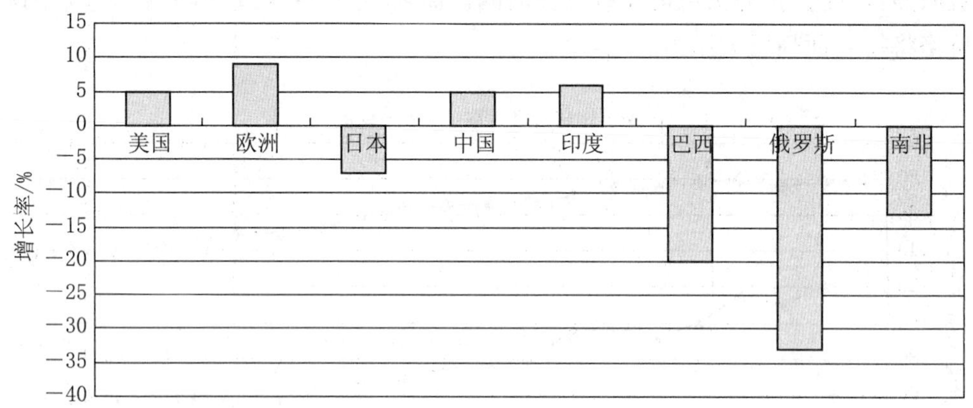


**图 2.11　2015 年 1—8 月全球主要汽车市场销量同比增长率**

资料来源：盖世汽车网，乘用车累计销量。

## （五）新能源领域发展因地而异，电子产业正经历结构性变化

新能源领域发展在不同地区表现分化。受政治经济形势及能源补贴政策变化影响，欧盟风电投资增速急降。据欧洲风能协会报告，2014 年丹麦、西班牙、意大利的风能投资增速分别下降了 90%、75%和 84%。美国绿色能源的发展趋势暂时未受到低油价冲击。据美国太阳能协会数据，2014 年美国新增太阳能装机容量预估达 6 500 兆瓦，同比增长 36%。另据美国风能协会数据，2014 年前三季度美国风能新增装机容量已超过 2013 年全年水平。美国能源部预计，到 2020 年，风能发电占美国总发电量的比例将比 2013 年的 4%增长一倍，2030 年进一步达到 16%。印度经济快速发展使其电力需求激增，政府已制定 2022 年发电量翻番的目标，计划在未来 5 年内建立 25 个太阳能园区，改造输配电系统以吸纳更多可再生能源电力。

电子产业正经历结构性变化。传统消费电子产品市场正逐渐被新的“互联网＋”概念产品所替代，产业设备与消费产品相互交融。包括支持物联网的硬件设备、家居数字化和智能化设备、可穿戴设备、3D 设备、交互和超高清电子产品在内的新产品市场广阔。个人电脑（PC）市场继续缩水，市场调查机构 IDC 预计，2015 年全球 PC 出货量将下滑 4.9%，而智能手机及其他移动设备则将逐渐成为下一代计算平台。半导体应用市场方面，在大数据、机器人、智能汽车、新一代智能家电等新产业、新产品发展的推动下，超级计算、大型存储、传感器等将是2015年及今后的重要增长点。市场研究公司Gartner预计，2015年全球IT支出为2.69万亿美元，比2014年下跌3.5%。在消费电子产品市场，传统个人电脑和平板电脑销量预计都将下滑8%左右。智能手机市场也结束了过去数年来20%～30%的高速增长，涨幅滑落至个位数，市场研究机构TrendForce预计2015年和2016年智能手机出货量将分别增长8.3%和5.8%。受此影响，上游半导体市场前景也趋于黯淡。多个行业机构和市场研究公司连续下调了半导体市场预期增长率。世界半导体贸易统计组织（WSTS）预计，2015—2017年全球半导体市场仅能维持年均3%左右的增长率，远低于2014年9.9%的水平。

## 四、全球贸易发展与区域贸易合作动态

在贸易投资低迷的背景下，国际经贸规则体系正面临着深刻变化与复杂调整。一方面，多边贸易体制在困境中曲折发展，《信息技术协定》扩围谈判各方就产品范围达成一致，但多哈发展回合自2013年"巴厘一揽子协议"后却没有新的重大进展。另一方面，区域一体化进程明显加快，自贸区的重要性进一步提升，包括12个成员国的《跨太平洋伙伴关系协定》（TPP）基本达成协议，《区域全面经济伙伴关系协定》（RCEP）谈判方提出力争2015年内完成谈判的目标，美国与欧盟之间的《跨大西洋贸易与投资伙伴关系协定》（TTIP）进行了11轮谈判。未来这些大型自贸区确立的经贸规则如何与多边贸易体制对接、区内区外各国如何互动，将是影响国际经贸规则体系的重大问题。

### （一）多边贸易谈判进展迟缓，区域贸易协定地位日益提高

多哈回合贸易谈判是世界贸易组织于2001年11月在卡塔尔首都多哈举行的世界贸易组织第四次部长级会议中开始的新一轮多边贸易谈判，旨在促进世贸组织成员削减贸易壁垒，通过更公平的贸易环境来促进全球特别是较贫穷国家的经济发展。谈判包括农业、非农产品市场准入、服务贸易、规则谈判、争端解决、知识产权、贸易与发展以及贸易与环境等8个主要议题。谈判的关键是农业和非农产品市场准入问题，主要包括削减农业补贴、削减农产品进口关税及降低工业品进口关税三个部分。但由于WTO成员国经济发展水平非常不平衡，各国的利益诉求千差万别，导致多哈回合谈判进展十分迟缓。其分歧主要存在于发达成员和发展中成员之间，美欧等发达成员国的目标是进一步打开发展中成员国的工业品和服务市场，而发展中成员国

则希望美欧降低农业补贴并开放农业市场。因而如何达成平衡的协议，使各方均得到好处而又尽量避免损失成了谈判中最大的难题。经过 12 年的艰难磋商，2013 年多哈回合贸易谈判终于取得突破性进展，在印度尼西亚巴厘岛达成了旨在简化贸易的一揽子协议。"巴厘一揽子协定"允许发展中国家在食品安全领域拥有更多选择权，并将帮助最不发达国家提升贸易。然而，此后以美欧为首的发达经济体对该谈判却表现出有意放弃的迹象，多哈回合贸易谈判再次陷入僵局，前景令人担忧。

与此同时，世界众多国家和地区商谈和签署双边和区域性的贸易协定则如雨后春笋般出现。截至目前，全球双边和区域性贸易协定多达 300 个。不同于 WTO 的多边贸易谈判，双边和区域性贸易协定体现出许多新的趋向，正逐渐影响和改变现有的贸易体系、规则和格局。区域贸易协定是一种具有法律效力、贸易自由化程度较高的区域经济合作形式，其核心是通过取消成员之间的贸易壁垒，创造更多的贸易机会，从而促进商品、服务、资本、技术和人员的自由流动，实现区域内经济的共同发展。近年来，由于背景差异较大的各国在多哈回合贸易谈判中很难达成共识，有着较少成员国，且成员国之间经济发展水平基本相当的区域贸易协定开始逐渐成为诸多国家参与全球经济发展的优先选择，一些多边贸易无法解决的问题如投资环境、知识产权以及劳工标准等问题也在部分区域贸易协定中达成了共识，区域贸易协定的议题正不断向着广度和深度拓展。

## （二） TPP 抑制新兴经济体发展，发达国家旨在重构全球秩序

TPP 前身是《跨太平洋战略经济伙伴关系协定》(*Trans-Pacific Strategic Economic Partnership Agreement*，P4)，由亚太经济合作会议成员国中的新西兰、新加坡、智利和文莱 4 国发起，从 2002 年开始酝酿的一组多边关系的自由贸易协定，原名亚太自由贸易区，旨在促进亚太地区的贸易自由化。成员之间彼此承诺在货物贸易、服务贸易、知识产权以及投资等领域相互给予优惠并加强合作。其中最为核心的内容是关税减免，即成员国 90%的货物关税立刻免除，所有产品关税将在 12 年内免除。协议采取开放的态度，欢迎任何 APEC 成员参与，非 APEC 成员也可以参与。截至 2015 年，成员有美国、日本、澳大利亚、加拿大、新加坡、文莱、马来西亚、越南、新西兰、智利、墨西哥和秘鲁。其经济规模占全球经济总量的 40%。

TPP 试图"除旧立新"，突破传统的自由贸易协定(FTA)模式，达成包括所有商品和服务在内的综合性自贸协议，制定更高标准的国际贸易规则。这些新的规则可能涉及一国的国内政策和制度，对发展中国家相对不利；反之，经济发达程度最高的

国家可能获益最大。目前 TPP 已由美国所主导,且政治意味浓厚。与先前协议相比,TPP 为美国工人和环境提供了更强大的保护。美国 TPP 的谈判目的之一就是开创所谓 21 世纪贸易协议的新标准:更关注工人、中小企业、农民和环境。从全球战略布局来看,TPP 已成为美国“重返亚太”战略中的主要经贸手段。随着中国地位的提升,美国在亚洲的经贸影响力相应衰落,为了保障美国出口企业和整体经济在亚洲地区的利益不受损。通过 TPP 谈判,美国旨在打破亚太原有的区域经济整合节奏,稀释中日等大国的区域经济和政治影响力,夺取亚太经贸的领导权,根据自己的意愿制定新一代的国际贸易新体系,打压“金砖”国家等新兴市场经济体在国际经贸舞台上的发言权,确保其东亚地缘政治、经济和安全利益。TPP 与 WTO 不尽相同。它从传统、单一、狭义的贸易协定拓展成为现代、广义、综合的贸易协定。除了经济元素以外,TPP 包含了许多非经济元素。TPP 成员不仅要受到贸易机制的制约,而且还要受到法律法规、社会团体、生态环境、商业模式和公众评判等制约。可以说是以美国为首的西方发达国家为了压制发展中国家,夺回国际贸易掌控权,重构全球秩序所采取的一种战略手段。

### (三) 中国自贸区建设步伐加快,促进地区经贸互通互市

在面对贸易纠纷时,多边贸易协议的谈判磋商往往收效甚微,各国很难达成一致。为了更高效地解决问题,促进国际贸易活动的开展,在积极的探索和实践中,FTA、FTZ 应运而生。FTA 是自由贸易协定(Free Trade Agreement)的简称,是指两个或两个以上的国家(包括单独关税区)为实现相互之间的贸易自由化所作的区域性贸易安排(RTA)。它排除了特定国家或区域在贸易方面的一定限制。其不仅表现在撤销关税,还在于它对投资、服务、知识产权等都进行了协调。在此基础上,由缔约方所形成的区域称为 FTA(Free Trade Area)自由贸易区。FTZ(Free Trade Zone)则指缔约方境内的一部分,进入这部分的任何货物,就进口关税而言,通常视为关境之外。其特点是一个关境内的一小块区域,是单个主权国家(地区)的行为,一般需要进行围网隔离,且对境外入区货物的关税实施免税或保税,而不是降低关税。在许多国家境内单独建立的自由港、自由贸易区都属于这种类型。

由于美欧等发达国家意图通过 TPP 等协定打击新兴经济体,重新布局国际贸易版图,也在无形中促使发展中国家加快自贸区的建设步伐。近几年来,中国的两类自贸区建设双双提速。目前,中国在建的 FTA 自贸区 18 个,涉及 31 个国家和地区。其中,已签署自贸协定 12 个,涉及 20 个国家和地区,分别是中国与东盟、新加坡、巴

基斯坦、新西兰、智利、秘鲁、哥斯达黎加、冰岛和瑞士的自贸协定，中央政府与香港特区政府和澳门特区政府签署的《内地与香港关于建立更紧密经贸关系的安排》和《内地与澳门关于建立更紧密经贸关系的安排》(CEPA)，以及大陆与台湾的《海峡两岸经济合作框架协议》(ECFA)，除了与冰岛和瑞士的自贸协定还未生效外，其余均已实施；正在谈判的自贸协定 6 个，涉及 22 个国家，分别是中国与韩国、海湾合作委员会(GCC)、澳大利亚和挪威的自贸谈判，以及中日韩自贸区和《区域全面经济合作伙伴关系》(RCEP)协定谈判。2015 年 6 月，中国与澳大利亚和韩国分别签署自由贸易协定，并均于 12 月 20 日正式生效。中澳自贸协定历经 10 年谈判，成为中国与其他国家迄今商签的贸易投资自由化整体水平最高的自贸协定之一。中韩自贸协定是中国迄今对外签署的涉及国别贸易额最大的自贸协定，实现了利益大体平衡、全面、高水平的目标，双方货物贸易自由化比例均超过税目 90%和贸易额的 85%，协议涵盖了包括电子商务、竞争政策、环境等新议题，也涉及地方层面合作。在 FTZ 建设方面，国务院于 2013 年 8 月 22 日正式批准设立中国国境内的自由贸易区。截至目前，中国已批准设立与正在申报的自由贸易区包括：中国(上海)自由贸易试验区、广东自由贸易试验区、重庆自由贸易试验区、厦门自由贸易试验区、天津自由贸易试验区等。两类自由贸易区的建立，可以尽可能消除美欧等发达经济体的贸易限制和壁垒，突出重围，增强双边或多边贸易的便利性，从而有力促进中国与上述国家经济与贸易活动的交流往来。

**参考文献**

[1] 全毅.TPP 对东亚区域经济合作的影响：中美对话语权的争夺[J].亚太经济，2012(05)：12—18.

[2] 童爱香，王之泉.全球经济未来五年发展趋势展望[J].全球科技经济瞭望，2015，(30)10.

[3] 赵春明，赵远芳.国际贸易新规则的挑战与应对[J].红旗文稿，2014(12).

[4] 赵亮.TPP 对全球经贸发展的影响及我国的对策[J].西南大学学报：社会科学版，2015，(41)1.

[5] 中华人民共和国商务部综合司. 中国对外贸易形势报告(2015 年春季)[R].2015-05-05.

[6] 中华人民共和国商务部综合司. 中国对外贸易形势报告(2015 年秋季)[R].2015-11-05.

[7] 中华人民共和国商务部综合司. 国际商品市场走势(2015 年春季)[N].2015-

05-05.
[ 8 ] 中华人民共和国商务部综合司. 国际商品市场走势(2015 年秋季)[N].2015-11-05.
[ 9 ] 中华人民共和国商务部综合司. 2015 年前三季度对外贸易运行情况[N].2015-11-05.
[10] 中华人民共和国商务部综合司. 2015 年全年对外贸易形势预测[N].2015-11-05.
[11] 中华人民共和国商务部综合司. 2015 年中国对外贸易发展环境分析[N].2015-05-05.
[12] 中华人民共和国商务部综合司. 2016 年中国对外贸易发展环境分析[N].2015-11-05.
[13] 周密.2016 国际经贸规则发展或现重要转折[N].凤凰国际智库,2016-03-04.
[14] World Trade Organization. *International Trade Statistics 2015*[R]. WTO, 2015.
[15] World Trade Organization. *Trade statistics and outlook: Modest trade recovery to continue in 2015 and 2016 following three years of weak expansion* [N]. WTO, 2015-04-14.
[16] World Trade Organization. *Trade statistics and outlook: Trade growth to remain subdued in 2016 as uncertainties weigh on global demand* [N]. WTO, 2016-04-07.
[17] World Trade Organization. *World Trade Report 2015: Speeding up trade: benefits and challenges of implementing the WTO Trade Facilitation Agreement*[R]. WTO, 2015.

本章撰写:倪炜瑜

# 第三章　世界服务贸易发展动态

服务贸易已成为国际贸易的重要组成部分，其市场结构处在调整之中，表现为新兴服务行业迅速扩张，金融、保险、通信等现代服务业在服务贸易中所占比重越来越高，成为各经济体服务贸易竞争力提升的关键所在。

## 一、世界服务贸易总体发展态势

### （一）国际服务贸易规模逐年扩大

随着各国服务业的发展，国际服务贸易总额稳步增长。从 2014 年第四季度开始，世界贸易组织经济研究统计司启用了《国际收支和国际投资头寸手册》第六版(BPM6)，对加工贸易的一些统计口径进行了调整，货物贸易与服务贸易统计结果有所变化，总体反映了全球价值链和国际经济活动跨境情况。从统计结果看，2014 年世界服务贸易出口 4.86 万亿美元，同比增长 4%；服务贸易进口 4.74 万亿美元，同比增长 5%。虽然个别国家和地区没有显示出服务业增加值提高与服务贸易在 GDP 占比提高的同步性，但从全球服务贸易发展规模看，1990—2014 年，服务贸易进出口规模逐年扩大。但与服务业增加值在 GDP 占比 70%的世界平均水平相比，服务贸易仅为货物贸易的 1/4，服务贸易在全球贸易中的占比仅为 20%。其中，出口占 20%，进口占 19%。服务贸易进口额与出口情况类似，除独联体地区下降 2%外，其他地区保持稳定增长。从 2014 年世界服务贸易额排名前 30 位来看，美国、英国、德国、法国和中国分居服务贸易出口排名前 5 位，美国、中国、德国、法国和日本分居服务贸易进口排名前 5 位。前三十大服务贸易出口国家和地区占世界服务贸易出口额的比重为

83.5%，而前三十大服务贸易进口国家和地区则占 81.7%（表 3.1）。

**表 3.1　2014 年世界服务贸易的情况（前 30 位）**

| 出口 | | | | | 进口 | | | | |
|---|---|---|---|---|---|---|---|---|---|
| 排名 | 国家和地区 | 金额/10亿美元 | 份额/% | 增速/% | 排名 | 国家和地区 | 金额/10亿美元 | 份额/% | 增速/% |
| 1 | 美　国 | 686 | 14.1 | 3 | 1 | 美　国 | 454 | 9.6 | 4 |
| 2 | 英　国 | 329 | 6.8 | 4 | 2 | 中国内地 | 382 | 8.1 | 16 |
| 3 | 德　国 | 267 | 5.5 | 5 | 3 | 德　国 | 327 | 6.9 | 1 |
| 4 | 法　国 | 263 | 5.4 | 4 | 4 | 法　国 | 244 | 5.1 | 6 |
| 5 | 中国内地 | 222 | 4.6 | 8 | 5 | 日　本 | 190 | 4.0 | 12 |
| 6 | 日　本 | 158 | 3.3 | 19 | 6 | 英　国 | 189 | 4.0 | −1 |
| 7 | 荷　兰 | 156 | 3.2 | 11 | 7 | 荷　兰 | 165 | 3.5 | 8 |
| 8 | 印　度 | 154 | 3.2 | 4 | 8 | 爱尔兰 | 142 | 3.0 | 16 |
| 9 | 西班牙 | 135 | 2.8 | 5 | 9 | 新加坡 | 130 | 2.7 | 0 |
| 10 | 爱尔兰 | 133 | 2.7 | 9 | 10 | 印　度 | 127 | 2.6 | −1 |
| 11 | 新加坡 | 133 | 2.7 | 2 | 11 | 俄罗斯 | 119 | 2.5 | −5 |
| 12 | 比利时 | 117 | 2.4 | 4 | 12 | 韩　国 | 114 | 2.4 | 4 |
| 13 | 瑞　士 | 114 | 2.3 | 2 | 13 | 意大利 | 112 | 2.4 | 4 |
| 14 | 意大利 | 114 | 2.3 | 2 | 14 | 比利时 | 108 | 2.3 | 4 |
| 15 | 中国香港 | 107 | 2.2 | 2 | 15 | 加拿大 | 106 | 2.2 | −5 |
| 16 | 韩　国 | 106 | 2.2 | 3 | 16 | 瑞　士 | 93 | 2.0 | 2 |
| 17 | 卢森堡 | 98 | 2.0 | 11 | 17 | 巴　西 | 87 | 1.8 | 5 |
| 18 | 加拿大 | 85 | 1.7 | −4 | 18 | 中国香港 | 78 | 1.6 | 2 |
| 19 | 瑞　典 | 75 | 1.5 | 3 | 19 | 阿联酋 | 72 | 1.5 | |
| 20 | 丹　麦 | 72 | 1.5 | 2 | 20 | 西班牙 | 72 | 1.5 | 11 |
| 21 | 俄罗斯 | 66 | 1.4 | −5 | 21 | 卢森堡 | 67 | 1.4 | 13 |
| 22 | 奥地利 | 65 | 1.3 | 2 | 22 | 瑞　典 | 65 | 1.4 | 8 |
| 23 | 中国台湾 | 57 | 1.2 | 12 | 23 | 丹　麦 | 64 | 1.3 | 1 |
| 24 | 泰　国 | 55 | 1.1 | −6 | 24 | 澳大利亚 | 62 | 1.3 | −7 |
| 25 | 中国澳门 | 53 | 1.1 | −1 | 25 | 沙特阿拉伯 | 60 | 1.3 | 17 |
| 26 | 澳大利亚 | 52 | 1.1 | 0 | 26 | 泰　国 | 53 | 1.1 | −4 |

续表

| 出口 | | | | | 进口 | | | | |
|---|---|---|---|---|---|---|---|---|---|
| 排名 | 国家和地区 | 金额/10亿美元 | 份额/% | 增速/% | 排名 | 国家和地区 | 金额/10亿美元 | 份额/% | 增速/% |
| 27 | 土耳其 | 50 | 1.0 | 9 | 27 | 挪　威 | 53 | 1.1 | −5 |
| 28 | 挪　威 | 49 | 1.0 | 1 | 28 | 奥地利 | 51 | 1.1 | 3 |
| 29 | 波　兰 | 46 | 0.9 | 2 | 29 | 中国台湾 | 46 | 1.0 | 8 |
| 30 | 希　腊 | 42 | 0.9 | 14 | 30 | 马来西亚 | 44 | 0.9 | −2 |
|  | 以上合计 | 4 058 | 83.5 | — |  | 以上合计 | 3 871 | 81.7 | — |
|  | 世　界 | 4 860 | 100.0 | 4 |  | 世　界 | 4 740 | 100.0 | 5 |

资料来源:世界贸易组织和联合国贸发会议秘书处(2015.12)。

全球大部分地区服务贸易额都获得了稳定增长。2014 年服务贸易出口额总体增长 4%,其中,中东地区增长 6%,位于涨幅榜首位,其次为亚洲和欧洲地区,增长率均为 5%,接下来依次为中南美洲、北美洲,增幅分别为 4%、3%(图 3.1)。独联体地区服务贸易出口额大幅下跌 8%,其中交通服务贸易下降 2.3%,旅游服务贸易下降 12.1%,其他商务贸易下降 6.3%。服务贸易进口额与出口情况类似,除独联体地区下降 2%外,其他地区保持稳定增长。

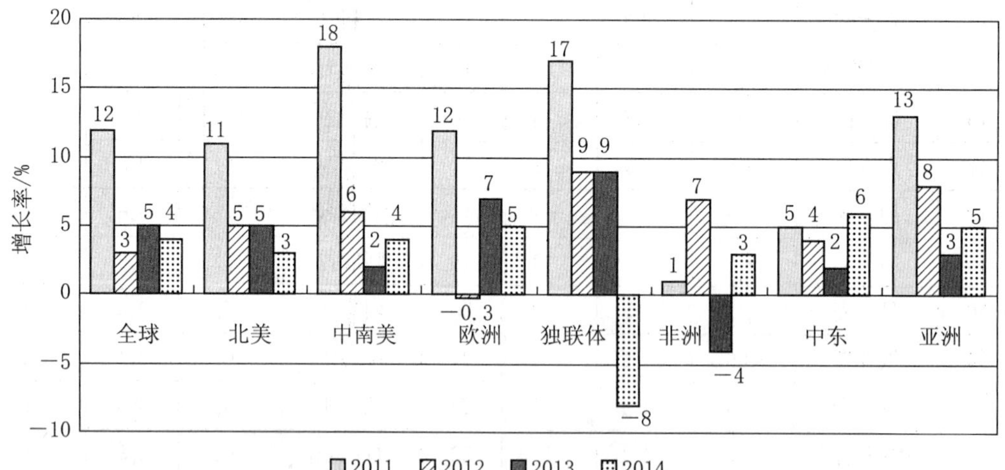


**图 3.1　2011—2014 年世界各地区服务贸易出口规模增长情况**

说明:图中数据是根据 BPM6 的数据计算、编制,与较早年份的数据不可比。
资料来源:WTO and UNCTAD Secretariats(2015.10)。

### （二） 发达国家是服务贸易的主导，发展中国家已成为服务贸易的新生力量

国际服务贸易出口以发达国家为主，但发展中国家在出口中占比已经突破30%
发达国家是国际服务贸易出口的主体，在服务贸易出口中占比最高，2009年国际金融危机前，一直占国际服务贸易出口的70%以上。金融危机后，发展中国家和新兴经济体出口增速加快，2014年发展中国家已经占国际服务贸易出口的30.1%，同期发达国家的出口占比下降，跌破70%，为67.2%。2014年国际服务贸易出口前10位国家（地区）中，发达国家占比明显下降，跌破50%，由2003年的51.6%下降到2014年的43.8%，发展中国家中国与印度占比提高，由2003年的2.6%提高到了2014年的7.8%。

随着发展中国家在国际服务贸易出口中占比扩大，发展中国家已经成为国际服务贸易出口市场中的重要力量。发展中国家在国际服务贸易出口中占比最高的是旅游，其次依次是建筑、运输、其他商业服务、计算机与信息服务、通信服务、保险、个人艺术和娱乐服务、金融、专利权使用费和特许费。其中，五大产业在全球出口中占比接近或超过30%，分别依次是旅游（40.23%）、建筑服务（39.92%）、运输服务（32.6%）、其他商业服务（29.6%）、计算机与信息服务（29.1%）。其中，旅游和建筑服务接近或超过40%。增速最快的是建筑服务、计算机和信息服务、旅游服务。

### （三） 计算机和信息服务、金融服务等新兴服务成为服务贸易的新增长点

计算机和信息服务、金融服务等新兴服务出口额增速远超于旅游、运输服务贸易。在服务贸易三大类统计中，其他服务在服务贸易出口中的占比最高，达一半以上，由2000年的44.8%提高到2014年的52.4%。其次是旅游服务，由2000年的32%下降到2014年的25.1%。最后是运输服务，由2000年的23.2%下降到2014年的19.3%。其他服务贸易超过旅游、运输传统服务业成为出口的主体，占服务贸易出口的一半以上。从增速来看，1995—2014年，旅游、运输服务贸易的出口增速均为6%，而同期其他服务贸易中的计算机和信息服务、金融服务、其他商务服务等新兴服务增速均超过10%（图3.2）。

根据联合国贸发会的统计口径，其他服务包括：通信和计算机服务、建筑服务、保

险服务、金融服务、专利权使用费和特许费、其他商业服务、个人艺术和娱乐服务等领域。1995—2014 年,其他服务内部出口结构发生了明显变化。2014 年,在其他服务出口中,其他商业服务出口占比最高,占其他服务出口额的 43.3%,占比超过 4 成;其次是通信和计算机服务,占比 17.8%,再次是金融服务,占比为 16.1%;接下来,依次为专利权使用费和特许费,占比为 11.6%;保险服务,占比为 5.0%;建筑服务,占比为 4.3%;个人艺术和娱乐服务,占比为 1.7%。1995—2014 年,通信和计算机服务增速最快,年增长率为 18%,金融服务贸易增长率为 11%,其他商业服务的年增长率为 10%,保险服务的年平均增速为 8%。

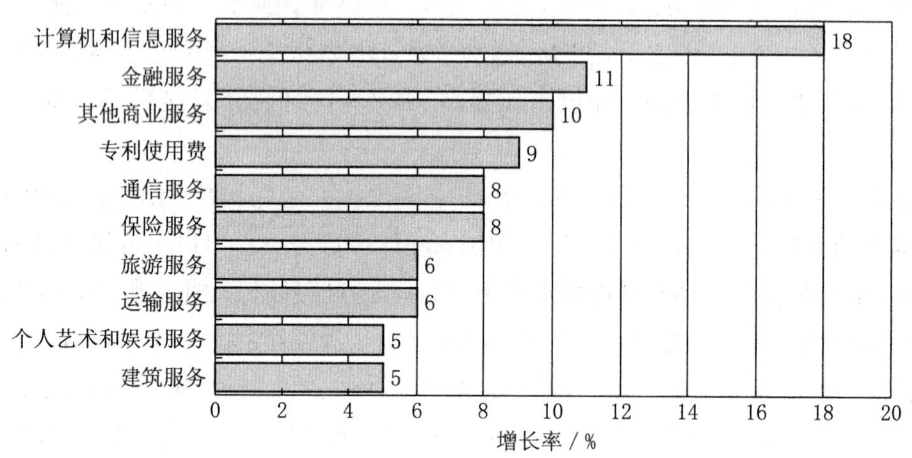


**图 3.2　1995—2014 年世界商务服务主要细分领域出口增长情况**

资料来源:WTO and UNCTAD Secretariats(2015.10).

## (四)自由贸易区的发展促进服务贸易的发展

在经济全球化的背景下,自由贸易区(FTA)不仅在整个贸易全球化中发挥出越来越重要的作用,而且作为促进对外开放,使设区国家和地区更多地参与国际经济分工的重要政策工具,也受到越来越多国家的重视。因此,无论是发达国家还是发展中国家,自由贸易区的数量正在呈现出不断增长的趋势。近年来,世界服务贸易发展迅速,成为世界经济新的增长点。顺应此趋势,越来越多的国家和区域经济体将服务贸易纳入其对外商谈的自由贸易协定,并做出了高于世界贸易组织(WTO)服务贸易协定(GATS)的服务业开放承诺,从而大大促进了世界贸易自由化和区域经济一体化进程。发达国家和地区如美国、欧盟、日本、澳大利亚等,发展中国家和地区如中国、印度、东盟、新加坡、泰国、智利等都将服务贸易纳入了自由贸易区谈判。自由贸易区对服务贸易自由化的推动作用越来越大。自由贸易区具有谈判对象可选、谈判内容可控等特点，各国在谈判中可针对不同对象国有选择地做出进一步开放承诺。对自由贸易区伙伴先开放一些服务部门，一方面可以通过试验性的开放逐步提高这些部门的竞争力、监管能力和抗冲击能力；另一方面又可以通过进一步的开放，促成更深层次的改革和发展。随着世界经济和贸易的发展，自由贸易区的功能定位也逐渐向多元化发展，在服务贸易中扮演越来越重要的角色。

## 二、服务贸易重点行业发展动态

### （一） 运输服务贸易

#### 1. 运输服务总体呈现贸易逆差

2014 年世界运输服务贸易总额为 21 800 亿美元，其中，运输服务贸易出口额为 9 550 亿美元，比上年同期增长 2%，运输服务贸易进口额为 12 250 亿美元，比上年同期增长 3%，进出口贸易逆差为 2 700 亿美元(表 3.2)。1995—2014 年，运输服务平均增长略低于服务贸易的增长。受到金融危机的影响，2009 年，全球运输出口贸易额大跌 22%，这反映了货运需求减弱导致服务贸易额急剧下降。2010 年开始有所复苏，但仍然没有超过危机前的最高水平。欧洲、亚洲和北美地区仍然为运输贸易的主要市场，3 个地区合计运输服务贸易出口额占据 86.3%的市场份额，进口额占比78.2%。从增速来看，中东和非洲地区运输进出口贸易额增速较快，尤其是中东地区的出口贸易额增速达到 11%，亚洲地区的进口额增速最快，达到 6%；独联体地区、中南美地区进出口贸易额均有所下降，特别是独联体地区的进口贸易额大幅下降了 12%。

**表 3.2 2010—2014 年世界各地区运输服务贸易的情况**

| 项　目 | 贸易额/10 亿美元 | 占比/% | | 年均增长率/% | 年增长率/% | | |
|---|---|---|---|---|---|---|---|
| | 2014 年 | 2010 年 | 2014 年 | 2010—2014 年 | 2012 年 | 2013 年 | 2014 年 |
| 出口 | | | | | | | |
| 世界 | 955 | 100.0 | 100.0 | 4 | 2 | 2 | 2 |
| 北美 | 104 | 10.3 | 10.9 | 5 | 4 | 3 | 2 |
| 中南美 | 29 | 3.1 | 3.1 | 4 | 0 | 5 | −4 |
| 欧洲 | 468 | 48.5 | 49.0 | 4 | −1 | 5 | 3 |

续表

| 项　目 | 贸易额/10 亿美元 | 占比/% | | 年均增长率/% | 年增长率/% | | |
|---|---|---|---|---|---|---|---|
| | 2014 年 | 2010 年 | 2014 年 | 2010—2014 年 | 2012 年 | 2013 年 | 2014 年 |
| 出　口 | | | | | | | |
| 欧盟(28 国) | 414 | 43.4 | 43.3 | 4 | −2 | 5 | 3 |
| 独联体 | 41 | 3.9 | 4.3 | 6 | 6 | 7 | −3 |
| 非洲 | 29 | 3.0 | 3.1 | 5 | 6 | 2 | 4 |
| 中东 | 30 | 2.8 | 3.2 | 7 | 14 | −10 | 11 |
| 亚洲 | 253 | 28.4 | 26.4 | 2 | 5 | −3 | 1 |
| 进　口 | | | | | | | |
| 世界 | 1 225 | 100.0 | 100.0 | 6 | 3 | 3 | 3 |
| 北美 | 132 | 10.9 | 10.7 | 5 | 3 | 5 | 4 |
| 中南美 | 54 | 4.5 | 4.4 | 5 | 4 | 4 | −6 |
| 欧洲 | 403 | 35.9 | 32.9 | 3 | −3 | 6 | 2 |
| 欧盟(28 国) | 366 | 32.5 | 29.9 | 3 | −3 | 5 | 2 |
| 独联体 | 28 | 2.4 | 2.3 | 5 | 10 | 4 | −12 |
| 非洲 | 71 | 5.7 | 5.8 | 6 | 11 | 1 | 5 |
| 中东 | 113 | 7.4 | 9.3 | 12 | 10 | 5 | 5 |
| 亚洲 | 423 | 33.2 | 34.6 | 7 | 6 | −1 | 6 |

资料来源:WTO and UNCTAD Secretariats(2015.10)。

**2. 发达国家仍占据主导,新兴市场加速成长**

2014 年全球十五大运输服务出口国(地区)的出口额为 8 150 亿美元,占全球运输服务出口的 85.5%(见表 3.3)。欧盟、美国、新加坡是全球三大运输服务出口国(地区),分别占全球份额的 43.3%、9.4%和 4.7%,三大市场占比近 6 成。全球出口增速最快的是印度和中国台湾地区,增速均为 10%。2014 年全球十五大运输服务进口国(地区)的进口额为 9 300 亿美元,占全球运输服务进口的 75.8%。全球三大运输服务进口国(地区)分别是欧盟、中国和美国,分别占全球份额的 29.9%、13%和 7.8%。进口增速最快的是印度,增速为 35%。进口跌幅最大的是俄罗斯,下降 12%。

表 3.3　2010—2014 年世界主要经济体运输服务贸易的情况

| 项　　目 | 贸易额/10 亿美元 | 占比/% | | 年均增长率/% | 年增长率/% | | |
|---|---|---|---|---|---|---|---|
| | 2014 年 | 2010 年 | 2014 年 | 2010—2014 年 | 2012 年 | 2013 年 | 2014 年 |
| 出　　口 | | | | | | | |
| 欧盟(28 国) | 413.7 | 43.4 | 43.3 | 4 | −2 | 5 | 3 |
| 　欧盟外的出口 | 184.2 | 19.9 | 19.3 | 3 | −1 | 4 | −3 |
| 美国 | 89.9 | 8.7 | 9.4 | 6 | 5 | 4 | 3 |
| 新加坡 | 44.8 | 4.7 | 4.7 | 4 | 5 | 0 | 0 |
| 日本 | 39.5 | 4.7 | 4.1 | 0 | 5 | −2 | 0 |
| 中国内地 | 38.2 | 4.2 | 4.0 | 3 | 9 | −3 | 2 |
| 韩国 | 35.3 | 4.8 | 3.7 | −3 | 12 | −9 | −6 |
| 中国香港 | 31.6 | 3.6 | 3.3 | 1 | 0 | −2 | 1 |
| 挪威 | 22.1 | 2.2 | 2.3 | 5 | 4 | 4 | 5 |
| 俄罗斯 | 20.5 | 1.8 | 2.2 | 8 | 10 | 8 | −1 |
| 印度 | 18.6 | 1.6 | 2.0 | 9 | −1 | −3 | 10 |
| 土耳其 | 14.3 | 1.1 | 1.5 | 11 | 15 | 4 | 9 |
| 瑞士 | 13.5 | 1.3 | 1.4 | 7 | 6 | 6 | 4 |
| 加拿大 | 13.3 | 1.5 | 1.4 | 2 | 2 | −2 | −4 |
| 中国台湾 | 11.1 | 1.2 | 1.2 | 3 | 3 | 1 | 10 |
| 埃及 | 9.8 | 1.0 | 1.0 | 5 | 8 | 6 | 4 |
| 以上 15 个经济体 | 815.0 | 85.8 | 85.5 | — | — | — | — |
| 进　　口 | | | | | | | |
| 欧盟(28 国) | 366.3 | 32.5 | 29.9 | 3 | −3 | 5 | 2 |
| 　欧盟外的进口 | 159.8 | 14.6 | 13.0 | 3 | −3 | 6 | −2 |
| 中国内地 | 96.2 | 6.4 | 7.8 | 11 | 7 | 10 | 2 |
| 美国 | 94.3 | 7.6 | 7.7 | 6 | 4 | 7 | 4 |
| 印度 | 77.3 | 4.7 | 6.3 | 14 | 4 | −6 | 35 |
| 日本 | 45.8 | 4.7 | 3.7 | 0 | 12 | −15 | −2 |
| 阿拉伯 | 45.5 | 2.6 | 3.7 | 15 | 11 | 7 | 5 |
| 新加坡 | 39.3 | 3.0 | 3.2 | 7 | 7 | 4 | 4 |

续表

| 项　目 | 贸易额/10亿美元 | 占比/% | | 年均增长率/% | 年增长率/% | | |
|---|---|---|---|---|---|---|---|
| | 2014年 | 2010年 | 2014年 | 2010—2014年 | 2012年 | 2013年 | 2014年 |
| 进　　口 | | | | | | | |
| 韩国 | 31.6 | 3.1 | 2.6 | 1 | 2 | −3 | 4 |
| 泰国 | 26.7 | 2.3 | 2.2 | 4 | 7 | −1 | −6 |
| 加拿大 | 22.4 | 2.2 | 1.8 | 1 | −1 | −2 | −4 |
| 沙特阿拉伯 | 19.9 | 1.3 | 1.6 | 12 | 16 | 8 | 4 |
| 中国香港 | 18.4 | 1.6 | 1.5 | 4 | 3 | −1 | 2 |
| 俄罗斯 | 15.4 | 1.2 | 1.3 | 7 | 7 | 6 | −12 |
| 澳大利亚 | 15.1 | 1.4 | 1.2 | 3 | 10 | −4 | −9 |
| 巴西 | 14.9 | 1.2 | 1.2 | 7 | 0 | 7 | −2 |
| 以上15个经济体 | 930.0 | 76.0 | 75.8 | — | — | — | — |

资料来源：WTO and UNCTAD Secretariats(2015.10)。

自由贸易发展比较成熟的市场，如欧盟、新加坡、中国香港、挪威等，都呈现运输服务贸易顺差；美国、日本等国家虽然为贸易逆差，但进出口差额不大；而印度、中国内地、泰国、巴西等新兴市场国家均表现为贸易逆差，其中，印度运输服务贸易逆差为587亿美元，中国运输服务贸易逆差为580亿美元。

## （二） 旅游服务贸易

### 1. 旅游服务贸易出口额增速放缓

2014年世界旅游服务贸易总额为24 050亿美元，其中，旅游服务贸易出口额为12 400亿美元，比上年同期增长4%，低于2013年7%的增幅。旅游服务贸易进口额为11 650亿美元，比上年同期增长8%，旅游服务贸易顺差为750亿美元(表3.4)。中东地区旅游贸易额呈高速增长，出口额比上年同期增长10%，进口额增长20%，其次为亚洲地区，旅游贸易出口增速为5%，进口增速为13%。欧洲、北美、中南美、非洲旅游贸易额均有不同程度的增长。独联体地区旅游贸易进出口额均有所减少，出口额下降13%，进口额下降5%。

表 3.4 2010—2014 年世界各地区旅游服务贸易的情况

| 项 目 | 贸易额/10 亿美元 | 占比/% | | 年均增长率/% | 年增长率/% | | |
|---|---|---|---|---|---|---|---|
| | 2014 年 | 2010 年 | 2014 年 | 2010—2014 年 | 2012 年 | 2013 年 | 2014 年 |
| 出 口 | | | | | | | |
| 世界 | 1 240 | 100.0 | 100.0 | 7 | 4 | 7 | 4 |
| 北美 | 212 | 17.3 | 17.1 | 6 | 7 | 7 | 3 |
| 中南美 | 55 | 4.5 | 4.4 | 6 | 5 | 4 | 5 |
| 欧洲 | 483 | 40.8 | 39.0 | 6 | −2 | 8 | 5 |
| 欧盟 | 425 | 36.1 | 34.3 | 5 | −3 | 8 | 4 |
| 独联体 | 23 | 1.8 | 1.8 | 8 | 10 | 9 | −13 |
| 非洲 | 43 | 4.4 | 3.4 | 0 | 7 | −8 | 6 |
| 中东 | 52 | 4.9 | 4.2 | 3 | 5 | 4 | 10 |
| 亚洲 | 372 | 26.3 | 30.0 | 10 | 10 | 9 | 5 |
| 进 口 | | | | | | | |
| 世界 | 1 165 | 100.0 | 100.0 | 8 | 6 | 8 | 8 |
| 北美 | 155 | 14.5 | 13.3 | 6 | 10 | 4 | 4 |
| 中南美 | 51 | 4.0 | 4.3 | 10 | 7 | 10 | 3 |
| 欧洲 | 422 | 41.8 | 36.2 | 4 | −4 | 7 | 5 |
| 欧盟 | 379 | 38.2 | 32.5 | 4 | −5 | 7 | 6 |
| 独联体 | 65 | 4.1 | 5.6 | 17 | 28 | 22 | −5 |
| 非洲 | 26 | 3.0 | 2.2 | 0 | −5 | −1 | 1 |
| 中东 | 87 | 7.6 | 7.5 | 8 | 6 | 6 | 20 |
| 亚洲 | 360 | 25.2 | 30.9 | 14 | 15 | 10 | 13 |

资料来源：WTO and UNCTAD Secretariats(2015.10).

**2. 亚洲旅游服务贸易带动全球旅游服务贸易增长**

亚洲旅游服务贸易出口增速明显高于其他地区，成为旅游贸易出口的重要推动地区。2014 年全球十五大旅游出口国家和地区的出口额为 9 800 亿美元，占全球旅游出口总额的 79.1%。欧盟、美国、中国是全球三大旅游服务出口国(地区)，分别占全球份额的 34.3%、14.3%和 4.6%(表 3.5)。2014 年全球十五大旅游进口国家和地区的进口额为 9 550 亿美元，占全球旅游进口的 82.1%。全球三大旅游服务进口国家和地区分别是欧盟、中国和美国，分别占全球份额的 32.5%、14.1%和 9.6%。旅游服务贸易出口前 15 位国家和地区中，亚洲占据 9 席，在旅游服务贸易中占据重要地位。其中，韩国旅游服务贸易出口增速高达 24%，居于首位；排名第 2 位的日本旅游贸易出口额增速为 21%；中国列第 3 位，贸易出口增速为 10%；印度列第 4 位，增速为 7%；马来西亚位于第 6 位，增速为 5%。中国内地、中国澳门、中国香港同时进入旅游服务贸易出口额前 15 位国家和地区，占比合计 11.8%，同时，中国内地的旅游贸易进口额高速成长，2014 年比上年增长 28%，近 5 年进口额的年均增长率也达到 32%，位于进口额增幅榜首位。总体来看，从入选的国家和地区数量、进出口的增长速度来分析，亚洲已成为旅游贸易额增长的动力来源。

**表 3.5　2010—2014 年世界主要经济体旅游服务贸易的情况**

| 项　目 | 贸易额/10 亿美元 | 占比/% | | 年均增长率/% | 年增长率/% | | |
|---|---|---|---|---|---|---|---|
| | 2014 年 | 2010 年 | 2014 年 | 2010—2014 年 | 2012 年 | 2013 年 | 2014 年 |
| 出　口 | | | | | | | |
| 欧盟(28 国) | 425.1 | 36.1 | 34.3 | 5 | −3 | 8 | 4 |
| 欧盟外的出口 | 142.1 | 11.2 | 11.5 | 7 | 4 | 11 | 4 |
| 美国 | 177.5 | 14.3 | 14.3 | 7 | 7 | 7 | 3 |
| 中国内地 | 56.9 | 4.8 | 4.6 | 6 | 3 | 3 | 10 |
| 中国澳门 | 50.9 | 2.9 | 4.1 | 16 | 14 | 18 | −2 |
| 泰国 | 38.4 | 2.1 | 3.1 | 18 | 25 | 23 | −8 |
| 中国香港 | 38.4 | 2.3 | 3.1 | 15 | 16 | 18 | −1 |
| 澳大利亚 | 32.0 | 3.0 | 2.6 | 3 | 0 | −2 | 2 |
| 土耳其 | 29.6 | 2.4 | 2.4 | 7 | 1 | 10 | 6 |
| 马来西亚 | 22.1 | 1.9 | 1.8 | 5 | 3 | 4 | 5 |
| 印度 | 19.7 | 1.5 | 1.6 | 8 | 1 | 2 | 7 |
| 新加坡 | 19.2 | 1.5 | 1.5 | 8 | 5 | 2 | −1 |
| 日本 | 18.3 | 1.4 | 1.5 | 8 | 33 | 4 | 21 |
| 韩国 | 18.1 | 1.1 | 1.5 | 15 | 8 | 9 | 24 |
| 加拿大 | 17.5 | 1.7 | 1.4 | 3 | 4 | 2 | −1 |
| 瑞士 | 17.5 | 1.5 | 1.4 | 4 | −6 | 5 | 4 |
| 以上 15 个经济体 | 980.0 | 78.5 | 79.1 | — | — | — | — |

续表

| 项目 | 贸易额/10亿美元 | 占比/% | | 年均增长率/% | 年增长率/% | | |
|---|---|---|---|---|---|---|---|
| | 2014年 | 2010年 | 2014年 | 2010—2014年 | 2012年 | 2013年 | 2014年 |
| 进口 | | | | | | | |
| 欧盟 | 378.6 | 38.2 | 32.5 | 4 | −5 | 7 | 6 |
| 欧盟外的进口 | 126.6 | 13.2 | 10.9 | 3 | −5 | 2 | 7 |
| 中国内地 | 164.9 | 6.4 | 14.1 | 32 | 40 | 26 | 28 |
| 美国 | 111.4 | 10.1 | 9.6 | 6 | 12 | 4 | 6 |
| 俄罗斯 | 50.4 | 3.1 | 4.3 | 17 | 30 | 25 | −6 |
| 加拿大 | 33.8 | 3.5 | 2.9 | 3 | 5 | 0 | −4 |
| 澳大利亚 | 26.3 | 2.6 | 2.3 | 4 | 3 | 2 | −8 |
| 巴西 | 25.6 | 1.9 | 2.2 | 12 | 5 | 12 | 2 |
| 沙特阿拉伯 | 24.1 | 2.5 | 2.1 | 3 | −1 | 4 | 37 |
| 新加坡 | 23.9 | 2.2 | 2.1 | 6 | 7 | 5 | −1 |
| 韩国 | 23.5 | 2.2 | 2.0 | 6 | 4 | 5 | 8 |
| 中国香港 | 22.0 | 2.0 | 1.9 | 6 | 6 | 6 | 4 |
| 日本 | 19.4 | 3.3 | 1.7 | −9 | 2 | −22 | −11 |
| 挪威 | 18.9 | 1.6 | 1.6 | 9 | 5 | 11 | 2 |
| 阿联酋 | 17.8 | 1.4 | 1.5 | 11 | 14 | 7 | 10 |
| 瑞士 | 16.6 | 1.3 | 1.4 | 10 | 10 | 6 | 4 |
| 以上15个经济体 | 955.0 | 82.2 | 82.1 | — | — | — | — |

资料来源:WTO and UNCTAD Secretariats(2015.10).

## (三) 金融服务贸易

### 1. 欧美逐渐摆脱金融危机影响服务贸易顺差扩大

随着金融市场的全球化和日益开放,金融服务业的增长仅次于信息和计算机服务贸易,2014年,世界金融服务出口额为4 150亿美元,比上年同期增长4%,继续保持金融危机以来的恢复性增长,但比2013年增速9%有所回落。欧盟是金融服务贸易的最大市场,出口占比超过5成,进口占比近7成。2012年对欧盟的金融动荡导致了全球金融服务出口下降了3%。欧洲金融服务出口下降了5%,占当年出口额比重为 51.5%，进口额增长 8%，占进口额比重为 62.4%，贸易顺差为 795 亿美元，到 2014 年，欧盟出口额增速为 5%，占比 56.2%，份额比 2012 年增加近 5 个百分点，进口额增长 9%，占比 69.2%，比 2012 年份额增长 2 个百分点，贸易顺差扩大到 1 040 亿美元，这说明欧盟的金融服务贸易逐步摆脱了金融危机的影响，呈现稳步上升的态势。美国金融服务表现比较稳健，在欧盟贸易额回升的情况下，2014 年出口额占比由 2012 年 26.4%下降为 21.8%，进口额占比由 2012 年 15.2%下降为 11.3%，贸易顺差由 2012 年 595 亿，美元扩大至 676 亿美元，增长相对平缓。2014 年各地区金融服务贸易的出口增速最快的是中东地区，增长 16%，亚洲地区的增速列第二位，达到 13%，而中南美、独联体、非洲的金融服务出口则出现大幅下滑，同比分别下降 41%、20%、8%（表 3.6）。

**表 3.6　2010—2014 年世界各地区金融服务出口贸易的情况**

| 项　　目 | 贸易额/10 亿美元 | 占比/% | | 年均增长率/% | 增长率/% | | |
|---|---|---|---|---|---|---|---|
| | 2014 年 | 2010 年 | 2014 年 | 2010—2014 年 | 2012 年 | 2013 年 | 2014 年 |
| 出　　口 | | | | | | | |
| 世界 | 400 | 415 | 100.0 | 100.0 | 6 | 9 | 4 |
| 北美 | 92 | 95 | 23.3 | 22.8 | 5 | 9 | 3 |
| 中南美 | 5 | 3 | 1.0 | 0.7 | −5 | 0 | −41 |
| 欧洲 | 239 | 248 | 60.9 | 59.4 | 5 | 8 | 4 |
| 欧盟 | 214 | 225 | 54.2 | 53.9 | 6 | 8 | 5 |
| 独联体 | 3 | 2 | 0.5 | 0.5 | 5 | 35 | −20 |
| 非洲 | 2 | 2 | 0.5 | 0.5 | 4 | 0 | −8 |
| 中东 | 3 | 3 | 1.2 | 0.8 | −6 | 7 | 16 |
| 亚洲 | 57 | 64 | 12.5 | 15.4 | 11 | 11 | 13 |

资料来源：WTO and UNCTAD Secretariats(2015.10).

**2. 金融服务贸易恢复性增长**

2014 年全球十大金融服务出口国家和地区出口额 3 999.55 亿美元，占据出口总额的 96.37%（表 3.7）。欧盟、美国、瑞士是全球三大金融服务出口国家和地区。在十大金融服务出口国家和地区中，欧盟占比为 56.2%，超过一半份额，其次是美国占比为 21.8%、瑞士占比为 5.5%、新加坡占比为 5.1%。2014 年金融服务出口增速最快的是日本，增速高达 58%，其次是中国，增速为 42%，新加坡增速为 12%，均超过两位数增长。十大出口国家和地区中印度出口额下滑 11%，瑞士下降 8%，加拿大下降 1%。金融危机后，基本得到恢复。

**表 3.7　2010—2014 年世界主要经济体金融服务贸易额的情况**

| 项　　目 | 贸易额/10 亿美元 | | 10 个经济体的占比/% | 年均增长率/% | 增长率/% | | |
|---|---|---|---|---|---|---|---|
| | 2013 年 | 2014 年 | 2013 年 | 2010—2013 年 | 2012 年 | 2013 年 | 2014 年 |
| 出　　口 | | | | | | | |
| 欧盟(28 国) | 213 851 | 224 853 | 56.0 | 6 | −2 | 8 | 5 |
| 欧盟(28 国)外的出口 | 97 993 | 98 237 | 25.7 | 8 | 3 | 10 | 0 |
| 美国 | 84 066 | 87 264 | 22.0 | 5 | −2 | 10 | 4 |
| 瑞士 | 24 121 | 22 123 | 6.3 | 1 | −5 | 4 | −8 |
| 新加坡 | 18 355 | 20 541 | 4.8 | 15 | 9 | 11 | 12 |
| 中国香港 | 16 475 | 17 096 | 4.3 | 8 | 8 | 6 | 4 |
| 加拿大 | 7 659 | 7 568 | 2.0 | 12 | 5 | 3 | −1 |
| 印度 | 6 376 | 5 645 | 1.7 | 3 | −14 | 19 | −11 |
| 日本 | 4 561 | 7 204 | 1.2 | 8 | 13 | −2 | 58 |
| 中国内地 | 3 185 | 4 531 | 0.8 | 34 | 122 | 69 | 42 |
| 挪威 | 3 135 | 3 132 | 0.8 | 26 | −7 | 51 | 0 |
| 以上 10 个经济体 | 381 785 | 399 955 | 100.0 | — | — | — | — |
| 进　　口 | | | | | | | |
| 欧盟 | 111 202 | 120 859 | 67.5 | 7 | −3 | 12 | 9 |
| 欧盟(28 国)外的进口 | 40 290 | 44 047 | 24.5 | 9 | 0 | 10 | 9 |
| 美国 | 18 683 | 19 675 | 11.3 | 6 | −2 | 10 | 5 |
| 印度 | 5 893 | 4 115 | 3.6 | −5 | −36 | 10 | −30 |
| 瑞士 | 5 333 | 3 900 | 3.2 | 2 | −11 | 8 | −27 |
| 加拿大 | 4 845 | 4 663 | 2.9 | −4 | −5 | −3 | −4 |
| 中国香港 | 4 215 | 4 431 | 2.6 | 6 | 1 | 7 | 5 |
| 新加坡 | 3 758 | 4 347 | 2.3 | 14 | 4 | 16 | 16 |
| 中国内地 | 3 691 | 4 940 | 2.2 | 39 | 158 | 92 | 34 |
| 日本 | 3 613 | 5 300 | 2.2 | 5 | −4 | 12 | 47 |
| 俄罗斯 | 3 391 | 2 400 | 2.1 | 8 | 14 | 22 | −29 |
| 以上 10 个经济体 | 164 625 | 174 630 | 100.0 | — | — | — | — |

资料来源：WTO and UNCTAD Secretariats(2015.10).

2014 年全球十大金融服务进口国家和地区的进口额为 1 746.3 亿美元，比上年同期增长 9%。全球三大金融服务进口国家和地区分别为欧盟、美国和印度。在十大金融服务进口国家和地区中，欧盟占比最高，高达 69.2%，份额近 7 成。其次是美国，占比 11.3%、印度列第三位，占比 2.2%。2014 年金融服务进口增速最高的是日本，高达 47%，近年来增长速度快速提高；中国增速为 34%，近年来平均 39%，但增速有所放缓。新加坡增速为 16%，与上年增速持平。跌幅最大的是印度，下降 30%，俄罗斯则下降 29%，瑞士下降 27%。

瑞士、新加坡、中国香港进出口额均进入全球前 5 位，且都呈现贸易顺差，金额均超过百亿元。服务贸易出口额前 10 位国家和地区中，绝大多数为贸易顺差，中国内地出口额首次进入前十，位于第 9 位，但仍然处于贸易逆差。

## （四） 信息技术服务贸易

### 1. 通信和计算机服务贸易出口额保持增长

通信和计算机服务在过去 20 年获得飞速发展，平均增长率为 8%，超过服务贸易的平均增值。2014 年，通信和计算机服务贸易出口额为 4 600 亿美元，比上年增长 6%，略低于去年同期 8%的增长速度（表 3.8）。独联体国家增速最快，增长 11%，亚洲增速列第 2 位，增长 9%，接下来为欧盟，增长 7%。中东和非洲地区出口额则均有所下滑。自 2010 年以来，通信和计算机服务贸易出口额年均增速为 8%，其中，独联体国家出口额平均增速为 18%，亚洲增长速度为 11%，欧盟的增速为 8%。

**表 3.8　2010—2014 年世界各地区通信和计算机服务出口贸易的情况**

| 项　　目 | 贸易额/10 亿美元 | | 占比/% | | 年均增长率/% | 年增长率/% | |
|---|---|---|---|---|---|---|---|
| | 2013 年 | 2014 年 | 2010 年 | 2014 年 | 2010—2014 年 | 2013 年 | 2014 年 |
| 出　　口 | | | | | | | |
| 世界 | 430 | 460 | 100.0 | 100.0 | 8 | 8 | 6 |
| 北美 | 44 | 44 | 10.2 | 9.5 | 7 | 2 | 0 |
| 中南美 | 9 | 9 | 2.2 | 2.0 | 6 | 0 | 2 |
| 欧洲 | 256 | 273 | 60.7 | 59.6 | 8 | 10 | 7 |
| 欧盟 | 241 | 257 | 56.9 | 56.1 | 8 | 9 | 7 |
| 独联体 | 8 | 9 | 1.4 | 1.9 | 18 | 22 | 11 |
| 非洲 | 6 | 6 | 1.5 | 1.3 | 5 | 4 | −2 |
| 中东 | 12 | 12 | 3.1 | 2.6 | 4 | 2 | −1 |
| 亚洲 | 97 | 105 | 21.0 | 23.0 | 11 | 9 | 9 |

资料来源：WTO and UNCTAD Secretariats(2015.10).

### 2. 欧盟、美国、印度通信和计算机服务贸易顺差优势明显

从 2014 年全球十大通信和计算机服务出口国(地区)来看,十大国家和地区出口额为 2 615.85 亿美元(表 3.9)。全球三大出口国(地区)分别是欧盟、印度和美国,在 10 国(地区)中的占比分别为 64.1%、13.9%、8.5%,合计占比 86.5%。中国出口额的增速最快,增长 18%,新加坡和俄罗斯也呈现较快发展,均增长 8%。加拿大和科威特出现下降,比上年同期均减少 9%。2014 年全球十大计算机和信息服务进口国(地区)进口额为 2 572 亿美元。全球三大进口国(地区)分别是欧盟、美国、瑞士。在 10 国(地区)进口总额中的占比分别为 57.95%、20.05%和 3.8%。2014 年进口增速最快的是日本,高达 79%,中国仅次于日本,进口额增幅为 41%。出口额排名前 3 位的国家和地区同时也保持巨大的贸易顺差,其中,欧盟的贸易顺差为 957 亿美元,印度贸易顺差为 232 亿美元,美国的贸易顺差为 299 亿美元,远高于其他国家和地区。

**表 3.9　2010—2014 年世界主要经济体通信和计算机服务贸易的情况**

| 项　目 | 贸易额/10 亿美元 | | 10 个经济体的占比/% | 年均增长率/% | 年增长率/% | | |
|---|---|---|---|---|---|---|---|
| | 2013 年 | 2014 年 | 2013 年 | 2010—2013 年 | 2012 年 | 2013 年 | 2014 年 |
| 出口 | | | | | | | |
| 欧盟(28 国) | 240 794 | 256 765 | 62.7 | 8 | 4 | 9 | 7 |
| 欧盟(28 国)外的出口 | 107 044 | 116 724 | 27.9 | 8 | 4 | 10 | 9 |
| 印度 | 52 876 | 55 666 | 13.8 | 9 | 4 | 8 | 5 |
| 美国 | 33 409 | 34 221 | 8.7 | 10 | 10 | 4 | 2 |
| 中国 | 17 098 | 20 173 | 4.5 | 18 | 17 | 5 | 18 |
| 瑞士 | 11 191 | 11 897 | 2.9 | 11 | 12 | 9 | 6 |
| 加拿大 | 10 051 | 9 185 | 2.6 | 6 | 4 | −4 | −9 |
| 以色列 | 6 105 | … | 1.6 | 11 | 11 | 10 | … |
| 新加坡 | 4 889 | 5 290 | 1.3 | 11 | 8 | 16 | 8 |
| 俄罗斯 | 4 163 | 4 497 | 1.1 | 17 | 13 | 19 | 8 |
| 科威特 | 3 351 | 3 064 | 0.9 | −2 | −4 | −3 | −9 |
| 以上 10 个经济体 | 383 930 | … | 100.0 | — | — | — | — |

续表

| 项　　目 | 贸易额/10 亿美元 | | 10 个经济体的占比/% | 年均增长率/% | 年增长率/% | | |
|---|---|---|---|---|---|---|---|
| | 2013 年 | 2014 年 | 2013 年 | 2010—2013 年 | 2012 年 | 2013 年 | 2014 年 |
| 进　　　口 | | | | | | | |
| 欧盟(28 国) | 156 603 | 160 997 | 64.2 | 6 | 3 | 10 | 3 |
| 欧盟(28 国)外的进口 | 62 204 | 63 750 | 25.5 | 6 | 3 | 12 | 2 |
| 美国 | 32 877 | 32 394 | 13.5 | 4 | −2 | 2 | −1 |
| 瑞士 | 12 753 | 13 422 | 5.2 | 8 | −4 | 16 | 5 |
| 中国 | 7 624 | 10 748 | 3.1 | 23 | 9 | 39 | 41 |
| 新加坡 | 6 937 | 7 371 | 2.8 | 25 | 15 | 25 | 6 |
| 日本 | 6 349 | 11 341 | 2.6 | 11 | 9 | 12 | 79 |
| 俄罗斯 | 6 080 | 6 861 | 2.5 | 15 | 4 | 18 | 13 |
| 加拿大 | 5 828 | 6 148 | 2.4 | 7 | 7 | −1 | 5 |
| 巴西 | 5 208 | 3 667 | 2.1 | 11 | 12 | 10 | −30 |
| 印度 | 3 743 | 4 318 | 1.5 | 1 | 9 | 8 | 15 |
| 以上 10 个经济体 | 244 005 | 257 270 | 100.0 | — | — | — | — |

资料来源:WTO and UNCTAD Secretariats(2015.10).

## 三、主要经济体服务贸易发展态势

### (一) 美国:服务贸易顺差稳居世界首位

美国作为服务贸易大国,无论是服务出口还是服务进口均在世界服务贸易中占有极为重要的地位。近 10 年来美国一直保持着巨大的服务贸易额且始终保持顺差,稳居世界第一。2014 年美国服务贸易进出口总额 11 880 亿美元,其中服务贸易出口额为 7 106 亿美元,比上年同期增长 3.3%,服务贸易出口额为 4 774 亿美元,同比增长 3.0%,贸易顺差额达到 2 331 亿美元,比上年增长 4%。美国服务贸易整体发展水平较高。

**1. 服务贸易出口以发达国家为主,新兴市场国家比重持续加大**

发达国家一直是美国服务贸易的主要出口目的地,根据美国 EAB 2016 年 3 月公布的最新数据，2015 年美国服务贸易出口的前十大国家，来自发达国家、新兴市场国家各占一半(表 3.10)。英国是美国服务贸易出口的最大贸易伙伴，2015 年对英国出口额为 625 亿美元，同比减少 1.6%，占比为 17.6%，美国服务贸易出口第二大伙伴是加拿大，2015 年出口额为 573 亿美元，同比下降 6.6%，占比 16.1%。美国服务贸易出口位于第 3 位的是中国，出口额为 454 亿美元，增长 7%，占比 12.7%。从出口额前 10 位国家来分析，美国服务贸易出口的发达国家的合计占比为 59.1%，仍然占据了近 6 成的市场份额，但份额比 2010 年合计占比 67.3%有所下降，而对新兴市场国家的出口占比则由 2010 年 32.7%，上升至 2015 年占比 40.3%，尤其是对中国、韩国和印度等新兴国家的出口额，近 5 年的市场份额分别提高 4.9%、1%、1.2%，对中国的服务贸易由 2010 年排名第 7 位上升至 2015 年第 3 位。虽然美国对发达国家依旧保持较高的服务贸易出口份额，但与此同时，美国逐渐加强与新兴市场国家的服务贸易往来。

**表 3.10　2015 年美国服务贸易出口额十大贸易伙伴**

| 排名 | 国　家 | 出口额/100 万美元 | | | | | |
|---|---|---|---|---|---|---|---|
| | | 2010 年 | 2011 年 | 2012 年 | 2013 年 | 2014 年 | 2015 年 |
| 1 | 英　国 | 53 568 | 57 314 | 59 535 | 60 779 | 63 597 | 62 558 |
| 2 | 加拿大 | 53 126 | 58 319 | 61 943 | 62 773 | 61 353 | 57 311 |
| 3 | 中　国 | 22 500 | 28 435 | 33 039 | 37 313 | 42 460 | 45 431 |
| 4 | 日　本 | 43 259 | 43 830 | 46 662 | 46 444 | 46 698 | 43 519 |
| 5 | 墨西哥 | 24 614 | 26 436 | 28 190 | 29 788 | 30 000 | 30 807 |
| 6 | 德　国 | 24 896 | 27 070 | 26 807 | 27 451 | 28 186 | 28 131 |
| 7 | 巴　西 | 18 405 | 23 270 | 25 093 | 26 725 | 28 249 | 27 845 |
| 8 | 韩　国 | 15 451 | 16 664 | 18 162 | 20 999 | 20 675 | 22 420 |
| 9 | 法　国 | 16 761 | 18 721 | 17 631 | 19 153 | 19 643 | 19 078 |
| 10 | 印　度 | 10 322 | 11 780 | 12 308 | 13 546 | 15 200 | 17 222 |

资料来源：上海科学技术情报研究所(ISTIS)根据 EAB(2016.3)数据编制。

**2. 美国的服务贸易出口逐渐呈现多元化趋势**

随着服务贸易的迅速发展，美国服务贸易成功完成了向现代服务贸易的转型。2008—2014 年美国服务贸易出口额中，交通运输、旅游、政府及其他贸易等传统服务贸易领域的比重逐渐降低，2008 年上述 3 个领域的占比分别为 14.1%、25.1%、3.6%，到 2014 年，分别降至 12.7%、24.9%、2.9%。通信和计算机、金融及其他服务业等新兴服务贸易领域的出口额所占比重则由 2008 年的 4.3%、11.8%、17.4%，上升至 2014 年占比 5.1%、12.3%、18.2%(表 3.11)。

表 3.11　2008—2014 年美国按部门划分的服务出口额

| 项　目 | 出口额/100 万美元 | | | | | | |
|---|---|---|---|---|---|---|---|
| | 2008 年 | 2009 年 | 2010 年 | 2011 年 | 2012 年 | 2013 年 | 2014 年 |
| 交通运输 | 74 973 | 62 189 | 71 656 | 79 830 | 83 944 | 87 415 | 90 031 |
| 旅　　游 | 133 761 | 119 902 | 137 010 | 150 867 | 161 632 | 172 901 | 177 241 |
| 维护和修理服务 | 10 586 | 12 863 | 14 549 | 16 436 | 17 186 | 18 648 | 22 389 |
| 计算机和信息 | 23 119 | 23 816 | 25 038 | 29 171 | 32 510 | 35 035 | 35 885 |
| 金　　融 | 63 027 | 64 437 | 72 348 | 78 271 | 76 692 | 84 091 | 87 290 |
| 保　　险 | 13 403 | 14 586 | 14 397 | 15 114 | 16 790 | 17 058 | 17 417 |
| 版税和许可证 | 102 125 | 98 406 | 107 521 | 123 333 | 124 440 | 127 927 | 130 362 |
| 其他商业服务 | 92 738 | 95 984 | 101 029 | 112 568 | 120 382 | 121 873 | 129 514 |
| 政府及其他贸易 | 19 084 | 20 538 | 19 784 | 22 191 | 22 835 | 22 946 | 20 438 |
| 出口总额 | 532 817 | 512 722 | 563 333 | 627 781 | 656 411 | 687 894 | 710 565 |

资料来源:上海科学技术情报研究所(ISTIS)根据 EAB(2016.3)数据编制。

在美国服务贸易各部门中,表现较为突出的是专利特许经营,具有极强竞争力,此后受国际金融危机影响经历了两年的下降期后,于 2011 年重新恢复增长,2014 年专利特许经营的贸易顺差为 882 亿美元,占美国服务贸易顺差总额的 37.8%,这与美国以知识经济为强大后盾的贸易特征相吻合。另一个竞争力较强的是金融部门,2008—2014 年整体表现为上升趋势,2014 年金融服务贸易顺差为 678 亿美元,占服务贸易顺差总额的 29.1%,金融服务出口占较大比重也印证了美国金融体系的发达和金融市场的竞争激烈程度。同样保持上升趋势的还有通信和其他商业服务部门。总的来说,美国知识密集型的新兴服务贸易竞争力较强且不断提高,传统服务贸易竞争力优势不明显但比较稳健。

## (二) 欧盟:服务贸易结构逐渐优化

欧盟是世界服务贸易的重要市场,占据了服务贸易市场的很大比重。金融危机以来,欧盟服务贸易逐渐恢复,发展稳健。

**1. 欧盟服务贸易顺差近 5 年来首次下降**

据欧盟统计局发布的最新数据,2014 年,欧盟服务贸易进口同比增长 11%,达 6 020 亿欧元,出口增长 6%,达 7 649 亿欧元,由于进口增速快于出口,顺差同比下降

7.2%,达 1 629 亿欧元,比上年相比有所下降,同比下降 7.2%,是欧盟服务贸易顺差近 5 年的首次下滑(图 3.3)。美国是欧盟第一大服务贸易伙伴,欧盟对美国服务贸易进口额 1 904 亿欧元,占欧盟总进口 32%,对美国服务贸易出口额 1 970 亿欧元,占欧盟总出口 26%,对美国贸易顺差 66 亿欧元,比 2013 年大幅下降 105 亿欧元,这是欧盟服务贸易顺差下降。

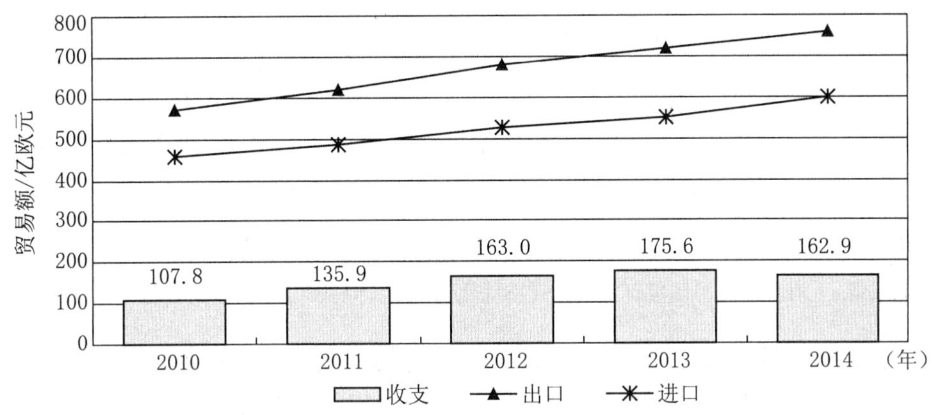


**图 3.3　2010—2014 年欧盟服务贸易额**

资料来源:上海科学技术情报研究所(ISTIS)根据欧盟统计局(2016.1.)数据编制。

欧洲自贸联盟(包括冰岛、列支敦士登、挪威和瑞士)为欧盟第二大服务贸易伙伴,分别占欧盟总进口的 13%和总出口的 18%(表 3.12)。中国内地是欧盟第三大服务贸易伙伴,欧盟对中国内地出口和自中国内地进口均占欧盟的 4%,其中,欧盟自中国内地进口 229 亿欧元,同比增长 8.5%;对中国内地出口 291 亿欧元,同比增长 5.4%,欧盟顺差 62 亿欧元,同比下降 4.6%。俄罗斯、日本、加拿大、印度、巴西和中国香港均是欧盟主要服务贸易伙伴。除了对中国香港有 1 亿欧元逆差外,欧盟对主要服务贸易伙伴均是顺差。

**表 3.12　2014 年欧盟前十大服务贸易伙伴**

| 项　目 | 2013 年交易额/10 亿欧元 | | | 2014 年交易额/10 亿欧元 | | | | |
|---|---|---|---|---|---|---|---|---|
| | 出口 | 进口 | 收支 | 出　口 | | 进　口 | | 收支 |
| | | | | 出口额 | 占比/% | 进口额 | 占比/% | |
| 总　计 | 719.6 | 544.1 | 175.6 | 764.9 | | 602.0 | | 162.9 |
| 美　国 | 182.3 | 165.3 | 17.1 | 197.0 | 26 | 190.4 | 32 | 6.6 |
| 欧　盟 | 127.5 | 69.2 | 58.3 | 139.4 | 18 | 80.8 | 13 | 58.6 |
| 中国内地 | 27.7 | 21.1 | 6.5 | 29.1 | 4 | 22.9 | 4 | 6.2 |

续表

| 项目 | 2013年交易额/10亿欧元 | | | 2014年交易额/10亿欧元 | | | | |
|---|---|---|---|---|---|---|---|---|
| | 出口 | 进口 | 收支 | 出口 | | 进口 | | 收支 |
| | | | | 出口额 | 占比/% | 进口额 | 占比/% | |
| 俄罗斯 | 31.0 | 14.2 | 16.8 | 29.0 | 4 | 12.5 | 2 | 16.5 |
| 日本 | 24.5 | 15.0 | 9.5 | 25.7 | 3 | 15.2 | 3 | 10.5 |
| 加拿大 | 17.7 | 11.7 | 6.0 | 16.5 | 2 | 11.4 | 2 | 5.1 |
| 印度 | 11.7 | 12.7 | −1.0 | 12.3 | 2 | 12.1 | 2 | 0.3 |
| 巴西 | 14.9 | 6.4 | 8.5 | 15.0 | 2 | 7.5 | 1 | 7.5 |
| 中国香港 | 9.8 | 10.6 | −0.8 | 10.7 | 1 | 10.8 | 2 | −0.1 |
| 其他国家 | 272.7 | 218.0 | 54.7 | 290.2 | 38 | 238.4 | 40 | 51.8 |

资料来源：上海科学技术情报研究所(ISTIS)根据欧盟统计局(2016.1.)数据编制。

### 2. 金融、通信和计算机等新兴贸易领域成为贸易顺差主要来源

从欧盟的服务贸易细项来看，欧盟服务贸易出口最多的领域是其他商业服务(包括研发、专业管理咨询服务以及技术服务)，2014年出口额为1 999亿欧元，同比增长9.6%，占出口总额的比重为26%，其中，技术服务在其他商业服务出口额中占比为53.3%，专业管理咨询服务占比31%，研发服务占比为15.7%(表3.13)。服务贸易出口额排第二位的领域是交通运输，2014年出口额为1 415亿欧元，与上年基本持平，

**表3.13 2014年欧盟服务贸易分领域情况**

| 项目 | 2013年交易额/10亿欧元 | | | 2014年交易额/10亿欧元 | | | | |
|---|---|---|---|---|---|---|---|---|
| | 出口 | 进口 | 收支 | 出口 | | 进口 | | 收支 |
| | | | | 出口额 | 占比/% | 进口额 | 占比/% | |
| 总额 | 719.6 | 544.1 | 175.6 | 764.9 | — | 602.0 | — | 162.9 |
| 制造服务 | 20.7 | 7.3 | 13.5 | 20.6 | 3 | 6.4 | 1 | 14.2 |
| 维修服务 | 9.1 | 8.0 | 1.2 | 10.1 | 1 | 7.8 | 1 | 2.2 |
| 运输服务 | 141.6 | 120.8 | 20.9 | 141.5 | 18 | 122.8 | 20 | 18.7 |
| 旅游服务 | 104.1 | 91.8 | 12.3 | 108.6 | 14 | 98.0 | 16 | 10.6 |
| 建筑服务 | 13.0 | 5.5 | 7.4 | 13.4 | 2 | 5.0 | 1 | 8.4 |
| 保险服务 | 29.6 | 10.8 | 18.8 | 33.5 | 4 | 13.1 | 2 | 20.4 |
| 金融服务 | 76.5 | 37.6 | 38.9 | 78.2 | 10 | 38.1 | 6 | 40.1 |
| 专利使用费 | 39.0 | 45.3 | −6.3 | 49.4 | 6 | 68.4 | 11 | −19.0 |

续表

| 项　目 | 2013 年交易额/10 亿欧元 | | | 2014 年交易额/10 亿欧元 | | | | |
|---|---|---|---|---|---|---|---|---|
| | 出口 | 进口 | 收支 | 出　口 | | 进　口 | | 收支 |
| | | | | 出口额 | 占比/% | 进口额 | 占比/% | |
| 电信和计算机服务 | 85.4 | 48.2 | 37.2 | 94.4 | 12 | 55.6 | 9 | 38.8 |
| 其他商业服务 | 182.3 | 151.8 | 30.6 | 199.9 | 26 | 168.6 | 28 | 31.3 |
| 研发服务 | 29.0 | 28.1 | 0.9 | 31.3 | — | 31.8 | — | −0.4 |
| 专业管理和咨询服务 | 53.2 | 42.0 | 11.2 | 62.0 | — | 47.9 | — | 14.1 |
| 技术服务 | 100.1 | 81.6 | 18.4 | 106.6 | — | 88.9 | — | 17.6 |
| 个人艺术和娱乐服务 | 7.8 | 9.7 | −1.9 | 8.0 | 1 | 11.7 | 2 | −3.6 |
| 政府服务 | 8.6 | 6.9 | 1.7 | 7.1 | 1 | 6.4 | 1 | 0.8 |
| 其　他 | 1.8 | 0.3 | 1.5 | 0.2 | 0 | 0.2 | 0 | 0.0 |

资料来源：上海科学技术情报研究所（ISTIS）根据欧盟统计局（2016.1.）数据编制。

占比为 18%，接下来是旅游、通信和计算机、金融，占比分别为 14%、12%、10%。欧盟服务贸易进口的最大来源是其他商业服务（包括研发、专业管理咨询服务以及技术服务），2014 年进口额为 1 686 亿美元，同比增长 11.1%，占进口总额比重为 28%，其中，技术服务、专业管理咨询服务、研发服务在其他商业服务进口额中占比分别为 52.7%、28.4%、18.9%，交通运输、旅游、知识产权使用费、通信和计算机服务进口额分别列第 2 至 5 位，分别占比 20%、16%、11%、9%。欧盟服务贸易顺差的主要分布在金融服务、通信和计算机服务以及其他商业服务，分别占比 24.6%、23.8%、19.2%，3 项合计占比 67.2%。数据表明，尽管交通运输服务、旅游服务仍然是欧盟服务贸易的重要组成部分，但是其他商业服务、通信和计算机、金融等进出口占比持续增大，成为贸易顺差的主要来源。

### （三） 新加坡：航运、金融中心推动运输和金融服务贸易

新加坡的服务贸易偏重于商业发展和资金管理，从而带动了航运业和其他专业服务的发展。根据新加坡 2016 年 1 月发布的服务贸易报告，2014 年，新加坡服务贸易总额为 3 880 亿美元，增长 8.1%。服务贸易出口额为 1 910 亿美元，增长 8.8%（图 3.4）。增长主要得益于运输服务、其他商业服务和金融服务出口额的不断增长。服务贸易进口额为 1 970 亿美元，增长 7.5%。进口额的增长主要源于交通运输、电信

和计算机及管理服务。2014 年,运输贸易,旅游和其他商业服务 3 个领域的服务贸易额超过新加坡的服务贸易额一半以上。3 个领域合计占据服务贸易出口额的57.2%、服务贸易进口总额的 53.7%。出口增长主要得益于其他商业服务中广告和市场研究服务,增长率为 67.4%。建筑服务出口和知识产权使用费也增长强劲,分别增长 24.3%和 20.1%。工程技术服务、运输服务和金融服务进口额的增速均超过了 20%。由于服务贸易出口额的增长速度大于进口额的增长,新加坡的服务贸易赤字比 2013 年有所降低,贸易逆差从上年的 78 亿美元下降至 60 亿美元。

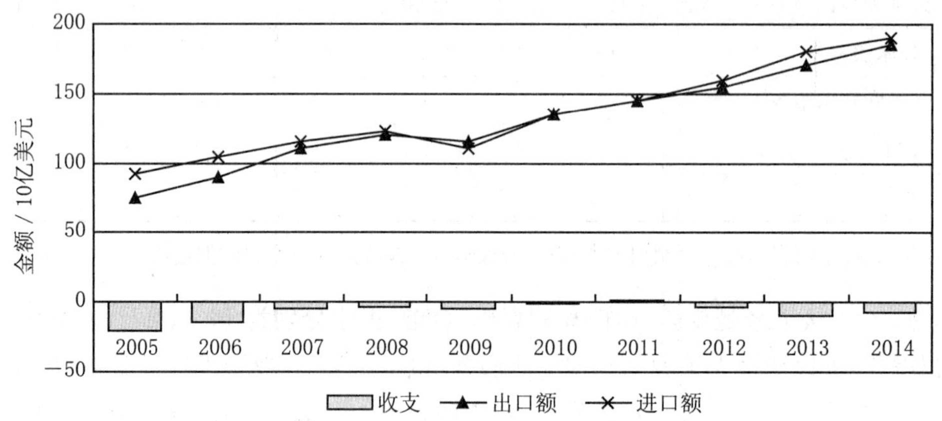


**图 3.4　2005—2014 年新加坡服务贸易的情况**

资料来源:新加坡服务贸易报告 2014(2016.1.)。

**1. 美国首次超越欧盟成为新加坡的服务贸易进口的最大市场**

2014 年新加坡服务贸易的主要贸易伙伴依次为欧盟、美国、东盟国家(ASEAN)、澳大利亚、日本和中国。这些国家和地区出口贸易金额累计占出口额的 64%,进口贸易额累计占比 59%。新加坡的 6 个主要市场服务贸易出口额均有所增长(图 3.5)。亚洲,欧洲和北美洲仍然是服务贸易的新加坡最大的区域市场。亚洲仍然是服务出口的最大目的地,占整体收入的 39.2%,而欧洲和北美分别占服务出口份额的 22.2%和 14.5%。

从进口额来看,亚洲是新加坡服务贸易进口的主要来源,2014 年服务贸易进口额占比 29.9%,欧洲是新加坡服务贸易进口的第二大市场,占比 25.3%(图 3.6)。北美位于第 3 位,占比为 21.3%。从具体的国家和地区来看,美国首次超过欧盟成为了新加坡服务贸易的最大进口国,2014 年从美国的进口额增长 18.5%,达到 331 亿美元,占比为 20.4%,而对欧盟的出口额则下跌 4.1%,达到 313 亿美元,占比为 19.4%。对中国的服务贸易进口额显著扩大了 26.2%,达到 103 亿美元,占比 6.4%;而来自东盟和日本的进口额分别增长较温和,为 3.4%和 3.8%,占比分别为 5.7%和 4.3%。

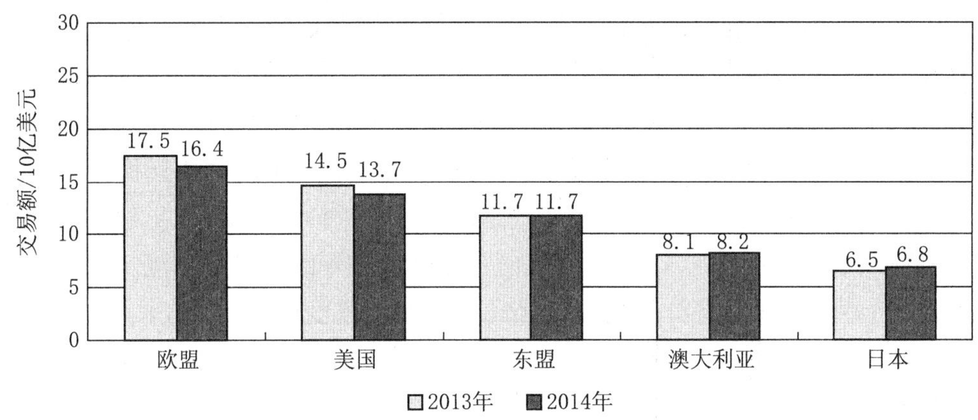


**图 3.5　2013—2014 年新加坡对贸易伙伴的服务贸易出口情况**

资料来源：新加坡服务贸易报告 2014(2016.1.)。

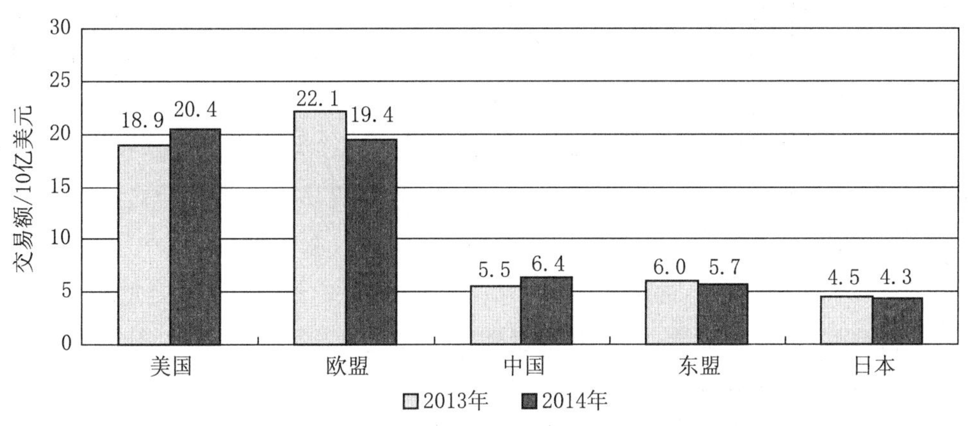


**图 3.6　2014 年新加坡对贸易伙伴的服务贸易进口情况**

资料来源：新加坡服务贸易报告 2014(2016.1.)。

新加坡运输服务贸易的主要贸易伙伴为美国、欧盟、中国、东盟和澳大利亚。2014 年，该五大贸易伙伴占据运输服务贸易出口额的 52.4%和运输服务出口额的 46.9%。美国是最大的出口目的地，出口额达 98 亿美元，增长 6.6%。其次是欧盟和东盟，出口额均为 68 亿美元，增长 7.1%。对中国和澳大利亚运输服务出口额分别为 65 亿美元和 43 亿美元，分别增长了 20.5%和 12.5%。新加坡的交通服务贸易的最大进口来源是欧盟。对欧盟的进口额增长了 26.2%，达到 91 亿美元。2014 年从其他主要市场的运输服务进口额均有所增长。

新加坡的金融和保险服务的主要贸易伙伴依次为欧盟，东盟，美国，中国香港和日本，该五大市场占据金融和保险服务出口总额的 56.0%，金融和保险服务进口总额的56.8%。欧盟仍然是金融和保险服务收入的最大来源，2014年13.3%上升到59亿美元。虽然保险服务对欧盟出口下降，这是比收入的金融服务的增长所抵消。东盟和美国是第二大出口目的地，随着收入分别达32亿美元和19亿美元。2014年出口到欧盟和美国的金融服务主要包括银行和财务管理服务和佣金，经纪和承销费金融工具。在另一方面，出口东盟的金融服务，大部分为人寿保险、再保险服务以及银行服务。2014年，对欧盟的金融保险服务的进口额上涨13.5%至15亿美元。对中国香港的进口额达到13亿美元，增长速度超过50%，取代美国成为新加坡第二大的金融和保险服务进口来源。对美国的进口额增长18.3%，达到11亿美元。

2014年，美国、欧盟、日本、东盟和澳大利亚占商业管理服务的出口额的75.7%，占据进口额的66.4%。欧盟仍是商业管理服务出口的首选目的地，出口与上年基本持平。在另一方面，对美国、日本和东盟出口额均有所增长，分别为45亿美元、20亿美元和16亿美元。新加坡对美国和欧盟的商业管理服务进口保持14%左右的稳定增长，进口额分别达到49亿美元和36亿美元。

2014年，新加坡的保养和维修服务贸易的主要伙伴为欧盟、美国、东盟、中国和挪威。这些市场占据了出口贸易额的三分之二，进口贸易额的近四分之三。两个最大的保养和维修服务贸易出口目的地欧盟和美国，出口额分别下降9.8%、8.1%，达到36亿美元和21亿美元，而自东盟的出口额上升2.5%，达到11亿美元。对美国的进口额增长15.8%至3亿美元，而对欧盟和东盟的进口额下降了6.2%和1.7%。

**2. 运输服务和金融服务比重持续加大**

新加坡服务贸易出口的部门集中度高。运输服务、其他商务服务、旅游服务和金融服务是新加坡服务贸易出口最多的4个部门，出口额的总和自2000年以来一直保持在新加坡服务贸易总出口的80%～90%。尤其是运输服务、其他商务服务、旅游服务始终占据较大比重。1991年新加坡运输服务出口占服务贸易出口总额的18.2%，旅游服务占33.4%，其他商业服务占48.4%；2014年3种服务出口分别占新加坡服务贸易出口总额的34%、13%和21%。新兴服务贸易的金融服务贸易比重从2000年的6.4%增长到2014年的17%(图3.7)。

新加坡运输服务出口的增速高于服务贸易整体增速，其比重在不断提高，而同为传统服务贸易部门的旅游服务出口的比重则在下降。运输服务出口占新加坡服务贸易总出口的比重很高，且一直比较稳定，基本保持在新加坡服务贸易总出口的35%～40%，除2003—2008年少于其他商务服务外，一直是新加坡出口最多的服务部门。2000—2003年，新加坡旅游服务贸易下降明显，从2000年最高的18.0%下降到2003

年最低的10.1%，2003—2008年稳定在11%左右，2008年后旅游服务贸易比重显著回升，自2010年起保持在13%～15%。2000—2002年，新加坡其他商务服务的比重基本保持在30%左右，是其第二大服务贸易部门。而后迅速提高，在2003—2008年成为新加坡第一大服务贸易出口部门，占比一直在36%以上，2009年受金融危机影响大幅度下降到23.6%，至2014年仍未恢复。新加坡金融服务十分发达，是其第三大现代服务贸易出口部门，比重从2000年的6.4%增长到2014年的17%。这与新加坡作为全球重要金融中心的地位密不可分，自1997年亚洲金融危机后，新加坡政府就开始致力于将新加坡建设成世界级的金融中心。按金融中心指数排名，新加坡已经成为全球第四大金融中心。

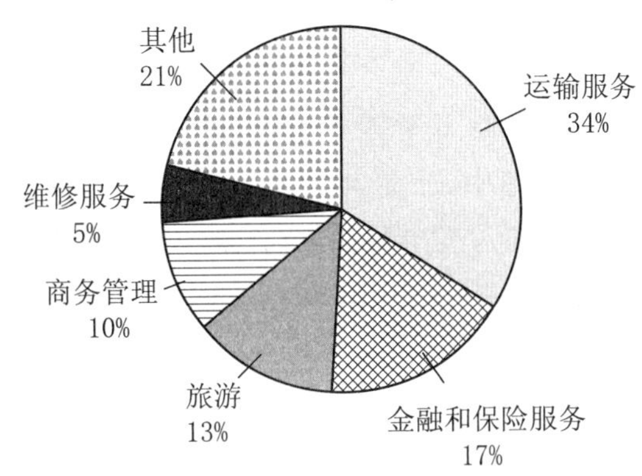


**图3.7 新加坡服务贸易分领域出口额占比情况**

资料来源:新加坡服务贸易报告2014(2016.1.)。

### (四) 中国香港：服务贸易顺差不断扩大

香港服务贸易发展上全球领先，一直扮演服务贸易提供商的角色，为世界各地输送服务。根据香港统计局数据显示，在2014年，香港的服务贸易出口额及进口额分别为8 270亿港元及5 734亿港元，较2013年的8 123亿港元及5 832亿港元分别上升1.8%及下跌1.7%。由服务出口总额扣除服务进口总额后，2014年服务贸易顺差为2 536亿港元，较2013年的2 291亿港元增长10.7%(图3.8)。从2011至2014年，香港服务出口一直处于增长态势，每年增长率保持在5%～6%的水平。而香港服务进口增长率出现明显下滑。从服务进出口差额来看，香港一直处于服务贸易顺差。

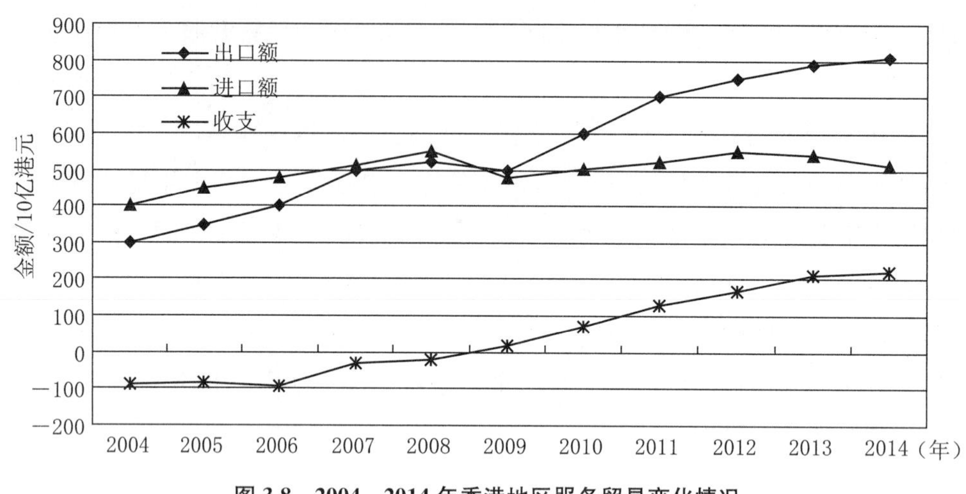


**图 3.8　2004—2014 年香港地区服务贸易变化情况**

资料来源：上海科学技术情报研究所(ISTIS)根据香港特别行政区政府统计处(2016.2.)数据编制。

**1. 服务贸易主要集中在旅游、运输及制造服务**

在 2014 年的服务贸易出口中，旅游与运输是两个最大的服务组成部分，其出口总额分别为 2 976 亿港元及 2 477 亿港元，分别占服务输出总额的 36.0%及 30.0%。其他有较大出口额的服务组成部分为金融服务及其他商业服务，其出口总额分别为 1 349 亿港元、1 028 亿港元，占比分别为 16.3%、12.4%。与旅游相关的服务出口中，亚洲是最主要的目标区域，占 91.2%。接着是西欧，占比为 3.2%、北美洲占比为 2.8%，以及西亚及大洋洲占比为 1.5%。与运输相关的服务出口中，亚洲是最主要的目标区域，占比 52.9%。接着是北美洲，占比 20.5%，西欧占比为 17.7%、西亚及大洋洲占比为 4.2%，以及中美洲及南美洲占比为 1.3%。

在 2014 年的服务贸易进口中，旅游、运输及制造服务是 3 个最大的服务组成部分，其进口总额分别为 1 707 亿港元、1 426 亿港元及 924 亿港元，分别占服务贸易进口总额的 29.8%、24.9%及 16.1%。其他有较大进口额的服务组成部分为其他商业服务及金融服务，其进口总额分别为 868 亿港元、344 亿港元，占比分别为 15.1%、6.0%。与旅游相关的服务贸易进口中，亚洲是最主要的来源地区域，占 66.8%。接着是北美洲，占比 12.4%，西欧占比 11.9%，西亚及大洋洲占比为 6.4%。与运输相关的服务贸易进口中，亚洲也是最主要的来源地区域，占 53.2%。接着是西欧，占比 20.6%，北美洲占比为 15.1%，西亚及大洋洲占比为 6.3%。制造服务的进口贸易方面，亚洲是唯一的来源地区域。

**2. 亚太地区是香港服务贸易的主要贸易区域**

在 2014 年，中国内地是香港地区的最主要服务贸易伙伴，两地的服务贸易总额达 5 381 亿港元。其他主要服务贸易伙伴包括美国(1 829 亿港元)、英国(861 亿港元)、日本(789 亿港元)及中国台湾(575 亿港元)。在 2014 年香港地区的服务输出当中,最主要目的地是中国内地及美国,服务输出总额分别为 3 216 亿港元(占 40.3%)及 1 198 亿港元(15.0%)。接着是英国、日本及中国台湾,服务输出总额分别为 525 亿港元(6.6%)、362 亿港元(4.5%)及 327 亿港元(4.1%)(图 3.9)。在服务输入方面,中国内地及美国也是最主要来源地,服务输入总额分别为 2 164 亿港元(占38.0%)及 631 亿港元(11.1%)。接着是日本、英国及新加坡,服务输入总额分别为 427 亿港元(7.5%)、336 亿港元(5.9%)及 282 亿港元(4.9%)。输往中国内地的服务输出当中,旅游是最大的服务组成部分,输出总额为 2 344 亿港元(占 72.9%)。同时,从中国内地的服务输入当中,制造服务是最大的服务组成部分,输入总额为 924 亿港元(42.7%)。

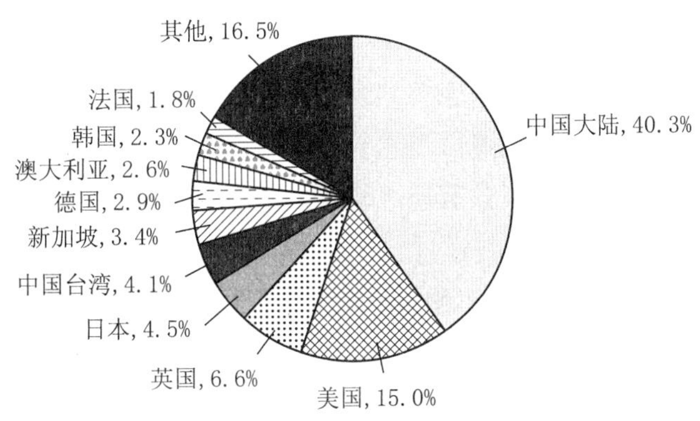


**图 3.9　2014 年香港地区服务贸易出口的地区分布**

资料来源:上海科学技术情报研究所根据(ISTIS)香港特别行政区政府统计处(2016.2.)数据编制。

## 四、区域贸易协定框架下的服务贸易自由化

随着服务贸易在全球贸易中的重要性日益彰显,服务贸易自由化已经成为区域经济一体化协定的重要内容。截至 2016 年 7 月 1 日,在 280 个仍然生效的区域贸易协定(Regional Trade Agreement, RTA)中,同时涉及货物与服务贸易的有 139 个,仅涉及货物贸易的 140 个,仅涉及服务贸易的 1 个(欧洲经济区)[1]。这一方面说明

[1] 除了市场驱动的经济整合之外,在制度性整合方面,以双边或区域为基础的区域贸易协定(Regional Trade Agreement, RTA)主要包括:自由贸易协定(Free Trade Agreement, FTA)、优惠贸易协定(PTA)和关税同盟协定(CUA)。自由贸易协定是各国为了绕开 WTO 多边协议的困难,同时也为了另外开辟途径推动贸易自由化而进行的实践与探索;是独立关税主体之间以自愿结合方式,就贸易自由化及其相关问题达成的协定。就现实而论,因为很多 FTA 达成的协议内容可能也并不完全是自由贸易,因此 FTA、RTA 在概念上有混用倾向。有时 FTA、RTA 也指基于一定贸易协定的自由贸易区或准自由贸易区。

服务贸易自由化的重要性已经等同于货物贸易自由化,另一方面也表明服务贸易实现自由化还存在诸多的壁垒与障碍。本小节简要介绍服务贸易自由化发展的基本现状;作为个案,分析中韩自由贸易协定下的服务贸易发展的情况;最后对促进服务贸易自由化提出一些政策思考。

## (一) 服务贸易自由化发展的基本现状

### 1. 服务贸易及其自由化

服务贸易(trade in services)是国与国之间互相提供服务的经济交换活动。研究的角度不同,对服务贸易的界定也有所差异。世界贸易组织(WTO)和优惠贸易协定(PTA)一般根据《服务贸易总协定(*General Agreement on Trade in Services*, GATS)》,将服务贸易归纳为 4 种提供模式(表 3.14),体现了服务贸易具备“生产要素的流动目的明确、交易不连续和持续时间有限”的特征,明确地将国际直接投资和移民排除在服务贸易的范畴之外。根据《服务贸易总协定》,服务贸易涉及 12 大类服务 160 个子类。12 大类服务涉及律师、会计、审计、计算机硬件安装和软件服务的专业服务,与邮政、电信、电传和邮件有关的通讯服务,建筑与工程服务,包括批发在内的商业分销服务,不同层次的教育服务,环境保护服务,包括保险与银行业务的金融服务,医疗与健康服务,旅游及相关服务,娱乐、文化和体育服务,交通服务,以及其他服务等。

**表 3.14 服务贸易的不同提供类型**

| 模式类型 | 界　定 | 典型活动举例 |
|---|---|---|
| 模式 1:跨境提供(cross-border supply) | 服务跨国边界,但是提供服务者与接受服务者并没有见面 | 国际金融保险的提供、专利商标的买卖、境内电信邮政或网络服务商最境外消费者提供的服务等 |
| 模式 2:境外消费(consumption abroad) | 消费者快过边界到提供服务者的国家接受服务 | 一国公民在其他国家短期居留期间享受国外的银行、医疗等服务、一国的飞机与轮船在其他国家加油或维修等 |
| 模式 3:商业存在(commercial presence) | 提供服务者通过到接受服务者居住的国家设立商务机构等方式来提供服务 | 一国在他国设立分公司为后者的公司或个人提供服务 |
| 模式 4:自然人流动(presence of natural persons) | 提供服务者以自然人身份到接受服务者的国家去提供服务 | ①自营个体或 B 国企业派遣前往 A 国依照契约短期提供服务;②B 国自然人暂时接受 A 国公司雇用 |

资料来源:上海科学技术情报研究所(ISTIS)根据 GATS 的表述编制。

正因为服务贸易涉及的行业门类众多,且一些是国家敏感性行业或涉及意识形态领域,因此,各成员方要通过多边贸易谈判,降低和约束关税,取消其他贸易壁垒,消除贸易中的歧视待遇,扩大市场准入度,提高服务贸易自由化程度,必然面临比货物贸易自由化更大的难度。

**2. 服务贸易自由化现状**

在过去的30年间,得益于信息技术的发展与应用,以及贸易与投资壁垒的减少,服务领域的相关产品、消费、贸易及投资的国际化进程加快。但相对于货物贸易,服务贸易仍然还有很大的发展空间,目前全球服务的跨境贸易仅占全球贸易总额的20%左右。

尽管《服务贸易总协定》对成员国的承诺提出了要求,但它并不涵盖实际政策的所有情况。近年来,一些学者利用世界银行(World Bank)关于服务贸易壁垒的数据库对全球服务贸易自由化现状进行评价,发现以下一些特点:①在1990年代早期,区域贸易自由化协定涉及服务贸易的优惠贸易协定(PTAs)一般不超越《服务贸易总协定》的承诺,但进入新世纪后,向WTO报告的大多数PTAs,其开放领域更为广泛,实际上超越了《服务贸易总协定》的承诺,表现出服务贸易自由化程度的提高;②相比较而言,高收入发达国家的服务贸易政策总体上比发展中国家更为开放;同时,发展中国家的服务贸易政策开放度和自由度也存在较大差异,如厄瓜多尔、加纳、尼日利亚、塞内加尔和蒙古国等,其服务贸易自由度很高,而经济增长最为活跃的一些亚洲和中东经济体,则对服务贸易有很多严厉的限制性政策;③不同服务业领域实际的贸易政策,其限制程度不尽相同,其中涉及模式4(自然人流动)的服务领域,如专业服务业和运输服务业,其开放程度和自由化程度最低;但高收入发达国家对金融服务和零售分销服务贸易的限制则明显较少,表现出更大的自由度(图3.10)。

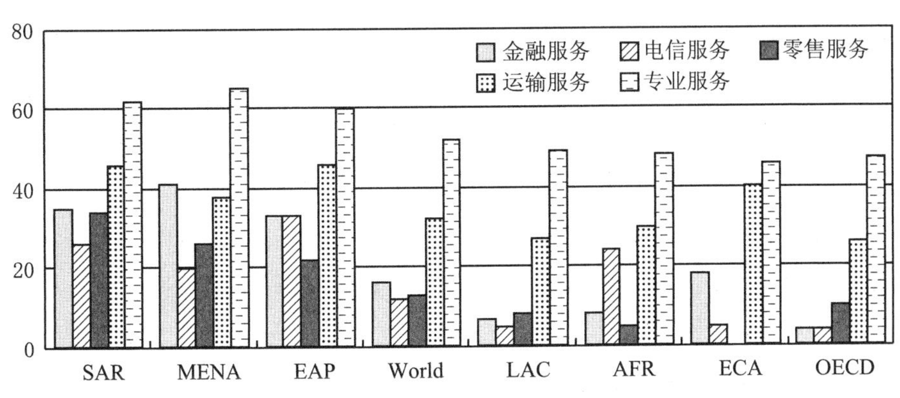


**图3.10 不同地区和不同领域的服务贸易限制性情况**

说明:(1)限制性情况以指数表示,其分值在0至100之间,0表示"完全自由开放",100表示"完全关闭限制";(2)SAR=南亚地区,MENA=中东和北非地区,EAP=东亚和太平洋地区,world=全球,LAC=拉美和加勒比地区,AFR=非洲亚撒哈拉地区,ECA=欧洲和中亚地区,OECD=经济合作与发展组织;(3)研究的样本容量包括102个国家。

资料来源:转引自Bernard Hoekman, et al.(2012.12),上海科学技术情报研究所(ISTIS)重新编制。

然而，由于投资保护和政府采购方面的限制，很多区域贸易自由协定对市场准入和国民待遇的承诺在很多领域并没有达到《服务贸易总协定》的要求，仍然存在很多税收和补贴方面的歧视性、区别对待的政策，影响了服务贸易自由化发展。在货物贸易领域，通过自由贸易协定的谈判，有助于改善一个国家的贸易条件，消除贸易管制带来的负面效应，而且政府还可以借力自由贸易协定遏制国内的既得利益者的势力，推进改革。但是，在服务贸易领域，通过自由贸易协定谈判应有的积极作用却相对较弱。究其原因，一是由于一个国家低效的服务业将提升其下游各部门的成本，因此相对于特定产品行业的关税保护，服务领域的单方面贸易政策调整将面临更大的压力，由此削弱服务贸易中互惠市场准入的谈判积极性。二是服务出口商市场面临两个极端的市场准入的情况，要么是已经开放的市场（如业务流程外包、旅游服务等），要么是几乎无法撼动的关闭的市场（大多数为模式 4 的服务贸易）。三是追求一些非经济目标所带来的障碍以及与服务贸易自由化相伴的监管难题。

## （二） 中韩自由贸易协定下的服务贸易

### 1. 中韩自由贸易协定生效

中韩自 1992 年建交以来，双边贸易规模不断扩大，缔结自由贸易协定成为两国高层互访时的主要议题，并于 2012 年 5 月正式启动谈判。2014 年 11 月 10 日中国国家主席习近平与韩国总统朴槿惠在北京举行会晤，双方共同确认结束中韩自由贸易协定实质性谈判。2015 年 2 月 25 日，中韩双方完成中韩自由贸易协定全部文本的草签，对协定内容进行了确认。2015 年 6 月 1 日，中国商务部部长高虎城代表中国政府在首尔与韩国产业通商资源部长官尹相直共同签署了《中华人民共和国政府和大韩民国政府自由贸易协定》（简称《中韩自贸协定》）。2015 年 11 月 30 日，韩国国会表决通过该协定。2015 年 12 月 20 日，《中韩自贸协定》正式生效。

这是中国迄今涉及国别贸易额最大、领域范围最为全面的自由贸易协定。协定范围涵盖货物贸易、服务贸易、投资和规则共 17 个领域，包含了电子商务、竞争政策、政府采购、环境等“21 世纪经贸议题”。在关税减让方面，中韩自贸协定达成后，经过最长 20 年的过渡期，中方实现零关税的产品将达到税目的 91%，进口额的 85%；韩方实现零关税的产品将达到税目的 92%、进口额的 91%。在市场开放方面，中韩两国将对进入本国资本市场的对方金融企业提供互惠待遇，这意味着相关审批流程将得到简化，双方金融市场准入门槛有望降低等。此外，中韩两国还承诺，在协定签署后将以负面清单模式继续开展服务贸易谈判，并基于准入前国民待遇和负面清单模式开展投资谈判。

**2. 中韩服务贸易发展现状**

2000—2014 年韩国的全球贸易规模从 3 330 亿美元增长到 1.1 万亿美元，其中韩中贸易规模扩张近 8 倍，从 312 亿美元增加到 2 354 亿美元。中国成为韩国的进口商品来源国，也是韩国出口商品的最大目的地国。相对于货物贸易，中韩之间的服务贸易规模较小，但是在过去的 20 年间有了显著的增长，双边服务贸易从 2000 年的 46 亿美元增加到 361 亿美元，年均增长率达到 17%（图 3.11）。目前，在服务贸易方面美国依然是韩国的最大贸易伙伴，占其服务贸易总规模的 21%；中国占其服务贸易的份额保持稳步增长的态势，从 2000 年 7%增加到 2014 年的 16%。自 2000 年以来，韩国向中国的服务出口年均增速达 21%，而向美国的服务出口年均增速仅为 5%。

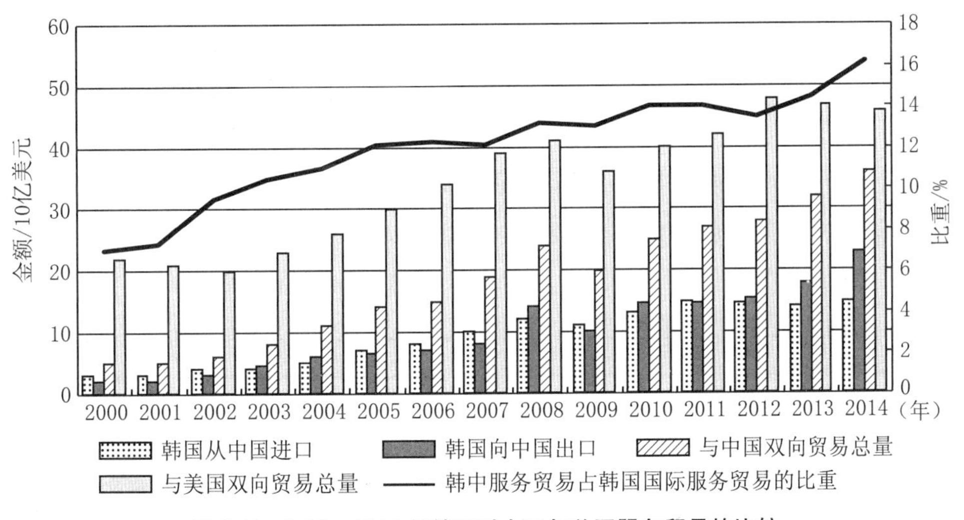


**图 3.11　2000—2014 年韩国对中国与美国服务贸易的比较**

资料来源：上海科学技术情报研究所（ISTIS）根据 Jeffrey J. Schott et al.（2015.12）数据重新编制。

从行业分布来看，中韩两国服务贸易主要集中于旅游、运输、通信和其他商业服务等传统服务行业，金融、保险、咨询等技术密集型和知识密集型行业贸易额较少。以韩国向中国的服务出口为例，旅游服务出口占比近半（45.6%），根据资料统计，2000 年韩国赴中国入境游人数为 134.47 万人次，而 2014 年达到 418.17 万人次，同样中国赴韩国入境游人数也屡创新高；其次分别是运输业（32.7%）和知识产权收费（版税等）

(8.9%)(图 3.12)。从贸易差额看,中国对韩国服务贸易在 2011 年表现为顺差,规模达到 35.1 亿美元,但到 2013 年则出现逆差,规模达 53.0 亿美元,2014 年逆差进一步扩大。

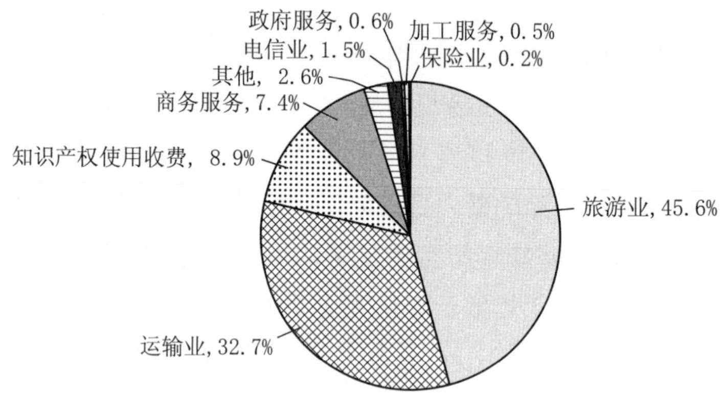


**图 3.12　2014 年韩国向中国服务出口分行业情况**

资料来源:上海科学技术情报研究所根据(ISTIS)据 Jeffrey J. Schott et al.(2015.12)数据重新编制。

### 3. 中韩自贸协定促进服务贸易

中韩两国服务贸易具有较强的互补性,两国间服务贸易发展迅速,但双边对一些核心的商业服务领域仍然设有较为严格的限制,总体而言,韩国的服务贸易开放度稍微大于中国(图 3.13)。《中韩自由贸易协定》首次设立金融服务、电信服务等单独章节,并规定在协定生效后将以负面清单模式继续开展服务贸易谈判。自贸协定谈判过程中,韩国重点关注旅游、医疗保健、影视文化、金融等领域,并于 2014 年 8 月制定并发布涵盖旅游、医疗保健、教育、金融等七大领域的服务业振兴规划。

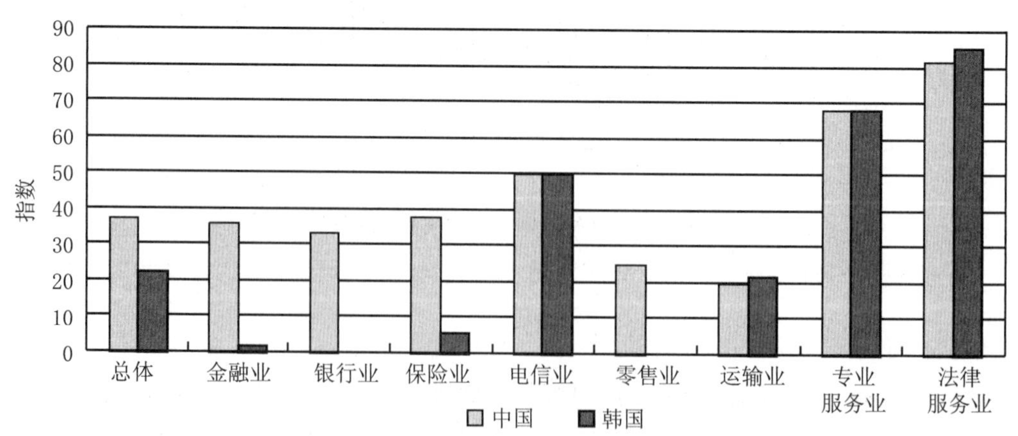


**图 3.13　中韩服务贸易不同领域的限制性情况**

说明:限制性情况以指数表示,其分值在 0 至 100 之间,0 表示"完全自由开放",100 表示"完全关闭限制"。
资料来源:上海科学技术情报研究所(ISTIS)根据 World Bank, STRI Database 数据编制。

《中韩自由贸易协定》实施后，两国将建立货币互换直接交易机制，简化与放宽签证规则，由此促进两国向对方出口各自的优势服务，进一步加快双边服务贸易发展。两国服务贸易部分主要领域的开放情况，分述如下。

旅游服务领域，韩国企业可在中国境内设立独资子公司，建造和经营饭店和餐馆设施，与中国合资饭店和餐馆签订合同的韩国经理、专家(包括厨师和高级管理人员)可在中国提供服务(即模式 4 的服务限制将大为放松)，对合资或独资的旅行社和旅游经营者，除不能从事中国公民出境及赴港、澳、台旅游业务外，不再有任何限制。此外，随着双边旅游成本的降低，双边旅游贸易将会进一步增长。

通信服务领域，在速递业务方面，中国速递企业可以在韩国开展包括空运和海运的各项国际速递业务，并可以开展除韩国邮政部门依法保留业务以外的所有国内速递业务。韩国速递企业也可在中国设立独资子公司。双方就接入和使用公共电信网络和服务达成一致，以实现互联互通。在增值电信服务和寻呼服务方面，中国允许设立中韩合资增值电信企业，外资不得超过 50%；对于移动话音和数据服务、国内业务和国际业务，仅允许设立中韩合资企业，外资不得超过 49%。中国企业除韩国市场准入限制外，可对韩国用户提供数据传输服务；对于视听服务，在不损害中国审查音像制品内容权力的情况下，中韩合作企业可从事除电影外的音像制品分销，在不损害与中国关于电影管理法规一致性的情况下，允许以分账形式每年从外国进口 20 部电影用于影院放映，允许韩国企业建设或改造电影院，但外资不超过 49%。

金融服务领域，通过双边磋商、双边或多边国际合作机制加强监管合作，促进两国金融服务发展。明确两国各自负责金融服务主管机构，明确政府资助的政策执行实体不被视为金融服务提供者，加快处理对方服务提供者进入本方金融市场的审批程序，并在政策允许下确保其从资本市场的进一步开放中受益。

运输服务领域，中国企业在韩国开展班轮运输、散货、不定期和其他国际船运将不再受到限制，并允许根据《商业法》设立的公司开展海运代理服务；允许按照商业法案规定的股份公司开展海上货物运输服务、船舶的保养和修理服务。韩国企业可在中国开展班轮运输(包括客运)、散货、不定期和其他国际船运(包括客运)，可设立外资不超过注册资本 49%的合资船运公司，但董事会主席和总经理由中方任命；对从事铁路运输、公路运输和仓储服务的韩国企业，可在中国设立外资独资子公司。

可以预见，《中韩自由贸易协定》下双边服务贸易将朝着自由化的方向进一步发展，同时也将分别给对方带来更多的竞争与挑战，但服务贸易的发展终将惠及两国。

### （三） 促进服务贸易自由化的政策思考

在区域贸易协定框架下促进服务贸易自由化是推动我国服务贸易发展的有效途径之一。在此，遵循服务贸易自由化的先进理念，总结现有的实践经验，提出几点政策思考。

其一，积极寻求服务贸易协定的合作伙伴。在综合考量政治、外交、经济和安全等因素的前提下，选择与我国服务贸易具有较强互补性的国家或经济体，进行积极有效的合作，以服务贸易相互开放提高双边的经济效益。

其二，完善自由贸易协定中的服务贸易安排。审时度势地选择服务贸易协定的具体承诺方式，渐进开放服务领域，提高服务贸易自由化的程度。首先，构造高效专业的组织架构，全面深入地研究潜在的伙伴国服务贸易发展水平及其经济、政治、外交等各种相关的情况，以利于在服务贸易开放的谈判中知己知彼，能有效地找到彼此之间的利益平衡点。其次，及时总结区域贸易协定谈判的经验，如签署中韩自由贸易协定的经验，将其应用于相类似的谈判实例中去，减少时间成本，提高谈判效率。第三，在区域自由贸易协定中，针对服务贸易的承诺应逐步实现从"正面清单"形式向"负面清单"形式转变，渐次开放服务领域。

其三，健全服务贸易争端解决机制。目前区域自由贸易协定中服务贸易争端解决机制以 WTO 争端解决机制规定为基础，但服务贸易所涉范围广泛，承诺复杂，其争端解决工作困难重重。为了更有效地推动区域服务贸易自由化，除了要建立争端预警体系之外，还要积极运用 WTO 的争端解决机制，积极与协定国进行沟通并建立良好的磋商机制。

其四，提升自身服务业的综合竞争力。随着服务贸易自由化进程的加快，一个国家要获得更大的国际贸易收益，就必须要加快提升其自身的竞争力。我国的服务业总体竞争力还相对较弱，应通过区域贸易自由协定这一路径，以外力来推动我国产业结构的优化调整，发展有竞争力的新兴服务业，以应对服务贸易自由化的浪潮。

**参考文献**

[1] 陈霜华，陶凌云，黄菁.上海自贸区背景下的服务贸易发展研究[M].上海：复旦大学出版社，2014.

[2] 倪外.国际先进自贸区核心竞争力构成及其启示研究[J].世界地理研究，2015，24(3)：126—133.

[3] Singapore Department of Statistics. *SINGAPORE'S INTERNATIONAL TRADE IN SERVICES 2014*[R] Department of Statistics. 2016.

[4] WTO. *International Trade Statistics 2015*[R] WTO. 2015.

[5] UNCTAD. *Key Statistics and Trends in International Trade 2015*[R] UNCTAD, 2015.

[6] UNCTAD. *Key Statistics and Trends in Trade Policy 2015*[R] UNCTAD, 2015.

本章撰写:张　耘

# 第四章 世界批发及零售商业发展动态

2015 年世界经济蹒跚前行，发展中国家以及转型经济体的增长趋缓，全球经济增长的部分重心将再次转移到发达经济体。根据联合国经济与社会事务部在 2016 年 1 月发布的《2016 年世界经济形势与展望》，2015 年全球经济增长幅度约为 2.4%，与半年前发布的联合国预测数字相比下调 0.4 个百分点。预计从 2016 年开始世界经济将会有温和改善，全球增长幅度会在 2016 年与 2017 年分别达到 2.9%与 3.2%。世界批发及零售商业的发展与宏观经济息息相关，其市场表现令人喜忧参半。

## 一、世界批发及零售商业总体发展态势

### （一） 全球不同地区批发及零售商业表现各异

近年来，全球经济复苏仍然存在不确定性。据路透社 2016 年 3 月 3 日报道，商业调查显示，尽管企业自 2015 年 9 月以来首次降价，但 2016 年 2 月全球商业活动仍然表现出 3 年以来最弱的状态。美国服务业自 2013 年 10 月以来首次收缩，中国服务业增长放缓。2 月亚洲大部分地区的制造业产出缩减，欧洲和美洲制造业产出也在下降。欧元区 2 月商业活动为一年以来最差，且伴随着通缩有进一步加剧的迹象。拉美最大经济体巴西的服务业活动以最快速度跳水，巴西正经历一个多世纪以来最糟糕的经济危机。追溯 2014 年以来全球批发与零售商业的发展，其基本上呈现相似的发展趋势。从批发业来看，美国批发业小幅下降，存销比上升至较高水准，欧洲批发业的发展受各项外部因素影响较大，虽然整体上升，其间仍伴有小幅下降，日本批发业呈现逐渐回暖的趋势，随着自由贸易协定进一步开放市场，预计后期将缓步增长。

表 4.1　2014 财年全球零售 10 强及入前 250 强之列的中国公司

| 零售收入排名 | 公司名称 | 所属国家或地区 | 零售收入/100 万美元 | 母公司/集团年收入①/100 万美元 | 母公司/集团净收入①/100 万美元 | 主要经营业态 | 业务分布国家或地区数量 | 2009—2014 财年零售收入复合年增长率/% |
|---|---|---|---|---|---|---|---|---|
| 1 | Wal-Mart Stores Inc.(沃尔玛) | 美国 | 485 651 | 485 651 | 17 099 | 大卖场/购物中心/超级市场 | 28 | 3.5 |
| 2 | Costco Wholesale Corporation(好市多) | 美国 | 112 640 | 112 640 | 2 088 | 现购自运/仓储俱乐部 | 10 | 9.5 |
| 3 | The Kroger Co.(克罗格) | 美国 | 108 465 | 108 465 | 1 747 | 超市 | 1 | 7.2 |
| 4 | Schwarz Unternehmens treuhand KG(施瓦茨集团) | 德国 | 102 694[e] | 102 694[e] | n/a | 折扣店 | 26 | 7.7 |
| 5 | Tesco PLC(乐购) | 英国 | 99 713 | 101 380 | −9 385 | 大卖场/购物中心/超级市场 | 13 | 1.8 |
| 6 | Carrefour S.A.(家乐福) | 法国 | 98 497 | 101 450 | 1 817 | 大卖场/购物中心/超级市场 | 34 | −2.8 |
| 7 | Aldi Einkauf GmbH & Co. oHG(阿尔迪南北商业集团联盟) | 德国 | 86 470[e] | 86 470[e] | n/a | 折扣店 | 17 | 6.8 |
| 8 | Metro Ag(麦德龙) | 德国 | 85 570 | 85 570 | 247 | 现购自运/仓储俱乐部 | 32 | −0.8 |
| 9 | The Home Depot Inc.(家得宝) | 美国 | 83 176 | 83 176 | 6 345 | 家居用品 | 4 | 4.7 |
| 10 | Walgreen Co.(沃尔格林，现为沃尔格林联合博姿集团) | 美国 | 76 392 | 76 392 | 2 031 | 药店 | 2 | 3.8 |

续表

| 零售收入排名 | 公司名称 | 所属国家或地区 | 零售收入/100 万美元 | 母公司/集团年收入[①]/100 万美元 | 母公司/集团净收入[①]/100 万美元 | 主要经营业态 | 业务分布国家或地区数量 | 2009—2014 财年零售收入复合年增长率/% |
|---|---|---|---|---|---|---|---|---|
| 50 | 屈臣氏集团 | 中国香港 | 20 304** | 20 304** | n/a | 药店 | 25 | 6.3 |
| 57 | 苏宁云商集团股份有限公司 | 中国内地 | 17 733 | 17 733 | 134 | 电子产品专卖 | 3 | 13.3 |
| 58 | 京东商城 | 中国内地 | 17 672 | 18 722 | −813 | 无店铺销售 | 78 | 106.3 |
| 67 | 国美电器 | 中国内地 | 14 652[e] | 15 034[ge] | n/a | 电子产品专卖 | 1 | 6.0 |
| 71 | 华润创业有限公司 | 中国香港 | 14 110 | 21 783** | 38 | 大卖场/购物中心/超级市场 | 2 | 24.6 |
| 92 | 牛奶国际控股有限公司 | 中国香港 | 11 008 | 11 008 | 508 | 超市 | 11 | 9.4 |
| 124 | 周大福珠宝集团有限公司 | 中国香港 | 8 285** | 8 285** | 714 | 其他专卖店 | 8 | 22.9 |
| 128 | 上海百联集团股份有限公司(前上海友谊集团股份有限公司) | 中国内地 | 8 078** | 8 330** | 201 | 超市 | 1 | 11.4 |
| 156 | 百丽国际控股有限公司 | 中国香港 | 6 505 | 6 505 | 772 | 服装/鞋类专卖店 | 3 | 15.2 |
| 169 | 永辉超市股份有限公司 | 中国内地 | 5 719 | 5 979 | 139 | 大卖场/购物中心/超级市场 | 1 | 33.7 |
| 191 | 大商股份有限公司 | 中国内地 | 4 819 | 5 243 | 216 | 百货商店 | 1 | 8.3 |
| 196 | 重庆百货大楼股份有限公司 | 中国内地 | 4 712 | 4 907 | 80 | 百货商店 | 1 | 32.5 |
| 212 | 农工商超市(集团)有限公司 | 中国内地 | 4 347[e] | 4 783[g] | n/a | 超市 | 1 | 1.9 |
| 246 | 唯品会控股有限公司 | 中国内地 | 3 701 | 3 774 | 123 | 无店铺销售 | 1 | 320.8 |

说明:①收入和净收入可能包括非零售业务收入;e=估计值;g=公司公布的总营业额;n/a 无法提供;** 收入包括批发和零售销售额。
资料来源:德勤(Deloitte).《2016 年全球零售力量:跨越新数字化鸿沟》(2016 年 1 月)。

在零售商业方面，据德勤(Deloitte)2016年1月发布的《2016年全球零售力量：跨越新数字化鸿沟》报告，受部分市场经济增速放缓、低通胀、油价下跌、美元走强等因素影响，不同地区零售商表现各异。北美地区和非洲/中东地区零售业收入增长，而亚太地区、欧洲和拉美地区的零售业收入则有所下滑。就赢利性而言，尽管各地区表现不一，但总体走势下滑。但该报告显示，2014年250强零售商的实现总收入4.5万亿美元(每家公司平均收入接近180亿美元)，增长4.3%，较2013财年的4.1%；其复合净利润率为2.8%，而2013年时，该数字为3.4%，这对在2011年经历了收入下滑的零售业来说，是一个积极的信号。

2014财年全球250强的入选门槛是零售收入36.5亿美元。在250强中，欧美发达国家占据主导地位，仅美国就有79家零售企业(其中也包括部分批发贸易企业)进入该榜单。在前10名中美国占据5席。而且整个零售市场表现出较大的集中度，前10强企业的2014财年的零售收入占250强的29.9%。在全球化程度方面，以境外零售收入占比来分析，则欧洲表现较为突出，尤其是法国，其零售企业的境外收入占比达到45.1%。大中华区有15家企业进入250强，其中包括中国台湾的统一超商股份有限公司，中国内地有9家(表4.1，表4.2)。

**表4.2　2014财年全球零售250强的区域分布情况**

| 项　　目 | 区域/国家概况 | | | | 按地区/国家划分的全球化程度 | | |
|---|---|---|---|---|---|---|---|
| | 公司数量 | 平均零售收入/100万美元 | 占250强公司比重/% | 占250强收入比重/% | 境外业务零售收入占比/% | 业务分布国家/地区平均数量 | 仅国内经营公司占比/% |
| 总　　计 | 250 | 17 913 | 100.0 | 100.0 | 23.4 | 10.4 | 34.0 |
| 非洲/中东 | 8 | 6 814 | 3.2 | 1.2 | 32.3 | 12.4 | 0.0 |
| 亚太地区①② | 53 | 11 419 | 21.2 | 13.5 | 10.7 | 3.9 | 43.4 |
| 日本 | 28 | 10 173 | 11.2 | 6.4 | 10.3 | 4.3 | 39.3 |
| 其他亚太地区①②③ | 25 | 12 815 | 10.0 | 7.1 | 11.1 | 3.4 | 48.0 |
| 中国内地和香港特区①② | 14 | 10 118 | 5.6 | 3.2 | 17.9 | 4.1 | 57.1 |
| 欧洲 | 93 | 18 734 | 37.2 | 38.9 | 38.1 | 16.8 | 19.4 |
| 法国 | 15 | 28 582 | 6.0 | 9.6 | 45.1 | 30.0 | 6.7 |
| 德国 | 16 | 29 225 | 6.4 | 10.4 | 43.8 | 15.2 | 6.3 |
| 英国 | 16 | 17 848 | 6.4 | 6.4 | 20.6 | 17.8 | 18.8 |
| 其他欧洲国家 | 46 | 12 182 | 18.4 | 12.5 | 37.0 | 12.7 | 28.3 |

续表

| 项　目 | 区域/国家概况 | | | | 按地区/国家划分的全球化程度 | | |
|---|---|---|---|---|---|---|---|
| | 公司数量 | 平均零售收入/100万美元 | 占250强公司比重/% | 占250强收入比重/% | 境外业务零售收入占比/% | 业务分布国家/地区平均数量 | 仅国内经营公司占比/% |
| 拉美 | 9 | 8 141 | 3.6 | 1.6 | 25.2 | 2.3 | 44.4 |
| 北美 | 87 | 23 022 | 34.8 | 44.7 | 14.1 | 8.2 | 46.0 |
| 美国 | 79 | 24 107 | 31.6 | 42.5 | 14.6 | 8.9 | 43.0 |

说明：这里的结果只反映总部位于不同地区/国家的250强零售商信息；①业务分布国家/地区平均数量不包含京东商城，其送货地涵盖78个国家/地区；②本分析将中国内地和香港地区合并考虑；③其他亚太地区的结果包含中国内地和香港地区。

资料来源：德勤(Deloitte).《2016年全球零售力量：跨越新数字化鸿沟》(2016年1月)。

## （二） 旅游零售及跨境电商成为新热点

经济全球化的发展促进了人员的流动，目前每年全球约有10亿人次国际旅客，约占全球总人口的15%。大量游客带动了旅游零售的发展。特别是随着廉价航空的普及，发展中地区越来越多地成为中产阶层度假目的地，2014年中东及APEC(亚洲太平洋经济合作组织)地区等消费水平相对较低的区域游客增长最快，分别达到4%和5%。受高税额和国内高价影响，中国、巴西等地的中产阶层最热衷于在旅游时购买奢侈品牌。免税零售商抓住市场机遇，纷纷扩张，尤其选择在一些发展中地区拓展业务。

电子商务技术与旅游零售结合，又共同催生了跨境电商这一新的商业模式。德勤报告《2016全球零售力量》显示，66%的前250强零售商经营海外业务，平均每个零售商经营业务的市场(国家)达到10.4个，且前250强零售商的收入中有23.4%是来自海外业务贡献。可见，海外零售市场依旧具有很大潜力，过去传统的进出口贸易商业模式逐渐被新兴的跨境电商平台所替代，亚马逊海外购、天猫国际、小红书的兴起，都因响应消费者日渐增长的境外产品需求而风生水起。eBay、敦煌网等B2B、B2C跨境出口电商也在大数据和物流技术的支持下飞速发展。另外，一组全球跨境电商联盟针对中国的调研数据显示，2015年跨境电商B2B交易额2.21亿美元，远高于B2C市场，欧洲的B2B交易市场也存在巨大的发展空间，超过一半的企业通过跨境电商进行采购，只有不到22%的企业通过传统采购迈向全球。但是，跨境电商也存在诸多政策风险，2015年，俄罗斯对价值小于200欧元的包裹征税。2016年4月8日，中国内地对跨境电商零售(B2C)进口商品执行新税制。根据新税改方案,中国内地对跨境电商零售进口商品将不再按邮递物品征收行邮税,而是按货物征收关税和进口环节增值税、消费税。

## (三) 专业零售商积极进行国际扩张提升业绩

零售业领域的主导型企业依然保持国际化扩张的趋势。德勤报告《2016 全球零售力量》按照商品的种类,大致将零售业分成 4 个子行业,即,服装服饰、快速消费品、耐用及休闲品,以及多元化经营(前 3 个特定产品子行业均未达到公司零售收入份额的 50%,则将其视为多元化经营)。其中,服装服饰零售商作为 2014 年整体增长最快、利润最高的产品子行业,持续通过独立店面、百货商店铺位以及电子商务等手段进行国际扩张,以提高销售额和增加利润。服装服饰零售商如 Primark、H&M、Fast Retailing、Inditex 以及 Forever 21 等都在境外积极扩张。此外,收购交易也助推了该行业的营收。2014 年 5 月,英美最大的专业珠宝零售商 Signet Jewelers 收购了北美珠宝商 Zale Corp.,成为全球最大的专业珠宝零售商之一。加拿大零售商 Hudson's Bay Company 于 2013 年 11 月收购了 Saks,2015 年 9 月又将德国零售商 Galeria Kaufhof 及其比利时子公司 Galeria Inno 纳入旗下,成功打入欧洲市场,通过收购成为全球增长最快的百货零售商之一。

耐用及休闲品行业总体上继续保持稳定态势,一些公司通过收购实现了持续增长。Office Depot 与 OfficeMax 于 2013 年 11 月完成了合并。2014 年 1 月,Advance Auto Parts 收购了 Carquest Auto Parts 连锁的母公司 General Parts International,成为北美最大的汽车售后配件供应商。Dixons 和 Car Phone Warehouse 于 2014 年 8 月完成合并。合并后两家公司都将大力发展物联网,即互联网设备,如通过智能手机操控的电器。家具和家居用品零售商 Steinhoff 于 2015 年 3 月收购了南非的 Pepkor 集团,将其折扣业务范围扩大到服装行业,以期成为世界上最大的价值导向型零售商。

快速消费品零售商 2014 年的复合零售收入增长率为 4.1%,与上一年持平,但半数以上 2014 年的净利润率发生缩水,行业复合净利润率下降到 1.9%。不过企业依然积极收购吞并。Alliance Boots(被 Walgreen 收购)、Harris Teeter Supermarkets(被 Kroger 收购)、Shoppers Drug Mart(被 Loblaw 收购)、Poslovni sistem Mercator(被 Agrokor 收购)以及 Welcia Holdings(被 Aeon 收购)。

多元化经营零售商销售的产品类别广泛,经营业态也较丰富,但 2014 年的经营状况仍不乐观。复合零售收入增长率下降了1.0%，复合净利润率仅为0.4%。2014年上榜的多元化经营公司有22家，包括一些全球最大的零售商：德国的Metro集团、美国的Target and Sears Holdings、韩国的Lotte Shopping Co.以及英国的零售商Marks & Spencer。该行业公司的平均规模超过160亿美元——仅次于快速消费品零售商。

## （四） 零售批发业市场结构进一步扁平化

传统零售业对于消费者来说最大的弊端在于信息的不对称性，而C2C、B2C却完全打破这样的格局，使得零售与批发产业链更为简化，价格实现全球同步。一件商品的真正价格区间变得透明，大大降低了消费者的信息获取成本，使得区域性价格垄断不再成为可能。线下与线上相结合，全球价格同步成为必然趋势。随之而来的，同质化的强调功能性的产品将越来越没有竞争力，而那些拥有一流用户体验的产品会脱颖而出。已经有相当多的零售商配合互联网大数据，虚拟现实技术、移动APP等，为消费者提供更好的体验，例如进行个性化整合推送服务，现在亚马逊（Amazon）就已经将首页改版为个性化推送主页，克罗格（Kroger）也推送个性化优惠券。

零售商与消费者之间的互动沟通更为直接。电子商务制造了UGC（User Generated Conten，即用户原创评论内容），这些UGC真正意义上构成了互联网的信任机制。消费者通过"意见领袖"的评论而非传统广告来做出购买决定，零售商则通过UGC来获得产品和服务的反馈，甚至试图通过影响"意见领袖"而引导舆论走向，促成交易。而这种良性循环，是传统零售业不可能拥有的优势。

全球批发商之间的距离缩短，零售批发进一步融合。传统批发业有较大的地域限制，不仅要面对长途跋涉，并且还需要面对信任问题。在互联网的影响下，未来的B2B应当是彻底的全球化，信任问题将借助互联网信息的快速流动优势，随时间解决。而全球自贸区的普及，贸易开放条约的签订等一系列措施也使得全球贸易流通更加便利。在互联网繁荣到一定程度后，部分产品中间代理批发商的角色会逐渐消失，更多直接是B2C的取代。

## （五） 新兴技术推动批发与零售商业变革

新兴技术的发展推动了商业模式的改变，它不仅改变了传统零售业态、消费者购物行为方式等，也正在重塑生产—批发—零售供应链模式。互联网（包括移动互联网）及大数据技术的应用使得批发与零售的边界越来越模糊。在网络零售市场快速增长的新形势下，批发商要不断结合网络零售商需求，创新服务内涵，提供全面支援服务。批发商除了向零售商销售商品外，还提供产品介绍的图片、视频等附加信息，并向零售商提供零售定价指导、信息服务、合作促销、广告推广指导等综合性服务，满足网络零售商的需求。零售商作为直接面对消费者的商业最前沿，对新兴技术的应用更为敏感。如，虚拟现实（VR）和增强现实（AR）技术已经开始在零售业中应用，它们不仅仅是对传统零售方式的一种补充，更是一种全新的零售模式。如 Oculus 等大型厂商从 2016 年开始将 VR 设备推向消费市场，消费者不久就能在在线购物时用上 VR 技术。对于零售商而言，VR 和 AR 技术可以在店铺设计、人流量和相邻店铺类型的选择上提供切实的帮助，还可以在微观层面，如产品设计、分类、展示和宣传等方面发挥更大的作用。

新兴技术也影响消费者的消费行为。德勤报告《2016 全球零售力量》首次提出“新型数字化鸿沟”概念，指消费者数字行为和期望与零售商提供体验的能力之间的差异。调查评估发现，所有国家中消费者都受到数字化技术的影响，但是零售商对消费者不断变化的需求以及结合电子化进行店内购物的能力有所低估，至少应对不足，提高销量的潜力也受到巨大限制。数字化技术并非越是“高、精、尖”越好，所有的一切都要帮助消费者获得融合的购物体验，成为适合市场和消费者的个性数字化技术。从各国的数字化发展情况看，数字化策略的“全盘复制”战术可能不适合全球扩张。有时，数字化程度高的新兴市场似乎跳过了成熟市场之前经历的向消费者推广和获得认同采纳的阶段，因此得以更快地走完“采纳曲线”。从消费者角度看，即使是统一市场的消费者，数字化表现也不尽相同，客户的身份、收入、年龄甚至购买的产品类别都会影响消费者的购买行为。

目前，实现更快、更优、更具个性的购物体验的途径之一是大数据分析，诸如 Target、Kroger、Macy's 和 Nordstrom 这类坚持大数据应用的公司都证明了这一点。数字化对店内零售的价值远大于对在线收入的价值。最终，这些工具和渠道可以帮助零售商扩展并超越传统购物历程，增加店内及其他所有渠道的收入和利润。

## 二、主要国家和地区批发与零售商业动态

### （一）美国

#### 1. 批发零售商业整体小幅增长

自本轮金融与经济危及以来，美国批发零售商业与宏观经济走势相似，在经历了

大幅下降之后，缓慢复苏，2013 年以来保持较为平稳的小幅增长（表 4.3）。随着美国经济基本面的逐步向好，就业稳步强劲、债务及偿付债务开支降低、财富增长、承担新债务的意愿提升、工资开始上涨以及能源价格下降，消费者的消费意愿将进一步提升。联合国报告《2016 年世界经济形势与展望》预测 2016 年和 2017 年美国的经济增速分别可达 2.6%和 2.8%，为美国批发零售商业的发展提供了信心。

**表 4.3　2008—2014 年美国批发零售业增长概况**

| 项　　目 | | 2008 年 | 2009 年 | 2010 年 | 2011 年 | 2012 年 | 2013 年 | 2014 年 |
|---|---|---|---|---|---|---|---|---|
| 批发 | 销售额/亿美元 | 45 249.37 | 38 308.28 | 43 396.02 | 48 865.98 | 52 080.23 | 53 668.44 | 55 591.76 |
| | 销售增长率/% | 7.14 | −15.34 | 13.28 | 12.60 | 6.58 | 3.05 | 3.58 |
| 零售 | 销售额/亿美元 | 39 355.05 | 36 129.47 | 38 188.41 | 41 021.87 | 43 022.29 | 44 590.03 | 46 363.45 |
| | 销售增长率/% | −1.49 | −8.20 | 5.70 | 7.42 | 4.88 | 3.64 | 3.98 |

说明：批发业不包括制造业部门；零售业包括汽车及零部件贸易，2014 年数据为未经调整数，2008—2014 年的数据经过调整，因此与本报告上一年度的数据有出入。

资料来源：上海科学技术情报研究所（ISTIS）根据 https://www.census.gov/retail/index.html；http://www.census.gov/wholesale/index.html（2016-3-7）数据编制。

**2. 零售业仍然保持显著的优势**

美国的零售商业在全球具有明显优势。德勤报告《2016 全球零售力量》显示，前 250 的零售商总数中美国占了 31.6%，前 250 的零售商收益美国占据 42.5%；前 10 名中则有 5 家入榜。另外，从全球零售力量的 Q 比率[1]分析来看，美国零售业的总体 Q 值为 1.627，高于中国内地（1.553）、南非（1.349）、俄罗斯（1.274）、法国（0.822）、英国（0.756）、中国香港（0.747）等，为最高值。这说明美国零售业具有强大的品牌价值、清晰的差异化战略以及向网络零售的成功转型。对于 2016 年美国零售商业发展的预测，美国国家零售联盟（NRF）认为，2016 年美国零售行业销售额将增长 3.1%，高于 10 年来的平均值 2.7%（图 4.1）。美国国家零售联盟总裁表示，工资停滞逐渐缓解，工作机会增加，消费者信心稳定都是 2016 年美国零售业增长的有利因素。

[1] Q 比率是指上市公司市值与其有形资产价值之间的比率。当 $Q>1$ 时，意味着金融市场参与者认为公司部分价值来自无形资产，如品牌价值、差异化、创新、顾客体验、市场支配地位、客户忠诚度和有效的执行力等。Q 值越高，来自上述无形资产的价值所占的份额越大。当 $Q<1$ 时，则意味着零售商所制定的战略未能创造足够的有形资产回报。

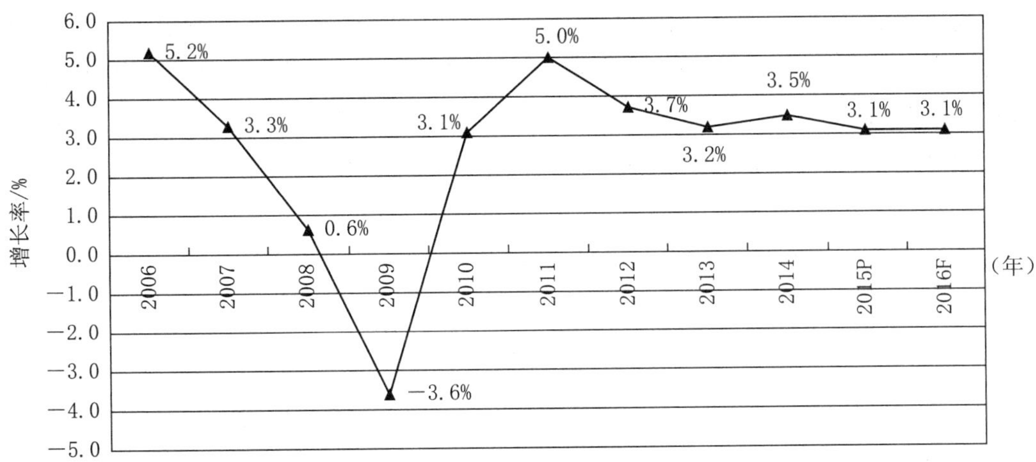


**图 4.1 2006—2016 美国零售业销售额增长情况**

说明：2015 年数据为预统计数据，2016 年数据为预测数据。另外，由于数据来源不同，图中的增长率与表 4.3 中的数值存在一定的误差。

资料来源：https://nrf.com/news/nrf-forecasts-retail-sales-grow-31-percent-2016。

### 3. 批发业整体发展出现负增长

得益于发达的流通业，美国的批发商业也处于世界领先地位。美国劳工部统计显示，近 10 年来美国各类批发机构数量保持在 60 万家左右，数量发展较为稳定，2015 年第二季度美国各类批发机构约 62.4 万家。其中，耐用品批发机构约占40.6%，非耐用品批发机构约占 22.3%，两者 10 年来数量均小幅下降；电子市场、代理和经纪批发机构在 2005 至 2007 年间快速增长，之后维持在 23 万家左右，约占 37%(图 4.2)。

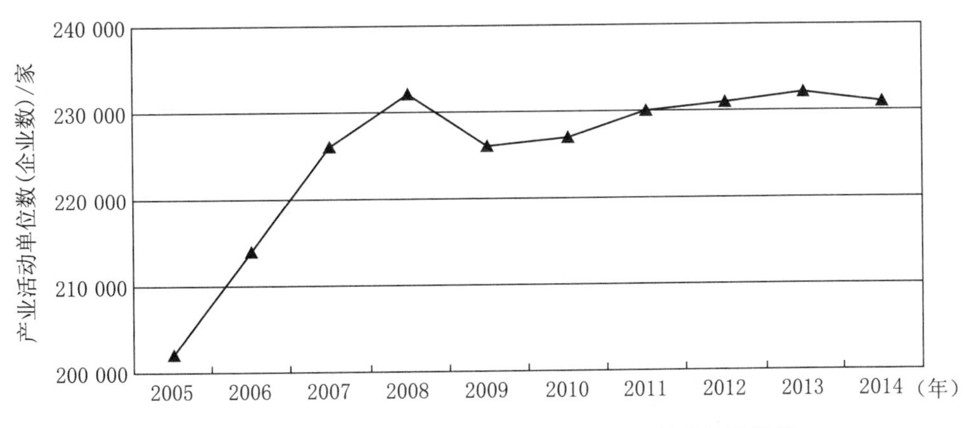


**图 4.2 2005—2014 年间电子市场、代理和经纪批发机构数量**

资料来源：上海科学技术情报研究所(ISTIS)根据 U.S. Department of Commerce 数据编制。

美国批发商业的主要形式包括独立批发、代理批发和生产商机构直接销售等。

行业特点大致有:批发业发展速度放缓,发展较为稳定;生产、批发和零售之间的界限比较模糊。大型零售业巨头的连锁经营模式减少了中间商环节,直接和厂家联系商品的订购和配送;批发商的职能不断弱化。生产者和消费者通过网络直接建立联系,配送路径缩短、商品价格更低。日益兴起的电子商务替代了批发业的价格发现和信息传播功能。2014 年以来,美国批发业出现了以下一些发展态势:批发业出现的小幅下降。受美联储加息影响,2015 年美国批发业销售额自 2009 年金融危机后首次小幅下降。美国统计局数据显示,2015 年美国商业批发销售总额为 5.35 千亿美元,较 2014 年下降 3.6%。截至 2015 年底,美国批发市场仍未有好转迹象,12 月商业批发销售额为 4.4 千亿美元,较 11 月下降了 0.3%,比上年同期下降 4.5%(表 4.4)。尽管批发业整体发展下调,但是耐用品仍保持增长趋势。批发额比上年增长0.2%,在总批发销售额中的比例增加到了 48.5%(图 4.3)。

**表 4.4　2014—2015 年美国批发业月度销售额及增长率**

| 北美产业分级系统 | 商业种类 | 销售额/百万美元 | | | 增长率/% | | |
|---|---|---|---|---|---|---|---|
| | | 2015 年 12 月 | 2015 年 11 月 | 2014 年 12 月 | 12 月和 11 月间增长率 | 11 月和 10 月间增长率 | 12 月同比增长率 |
| 42 | 总　计 | 440 020 | 441 489 | 460 826 | −0.3 | −1.3 | −4.5 |
| 423 | 耐用品 | 216 309 | 215 643 | 223 079 | 0.3 | 0.0 | −3.0 |
| 424 | 非耐用品 | 223 711 | 225 846 | 237 747 | −0.9 | −2.6 | −5.9 |

说明:表中数据经过对季节及节假日因素进行调整。
资料来源:U.S. Census Bureau. *Monthly wholesale trade: sales and inventories*, 2015-12。

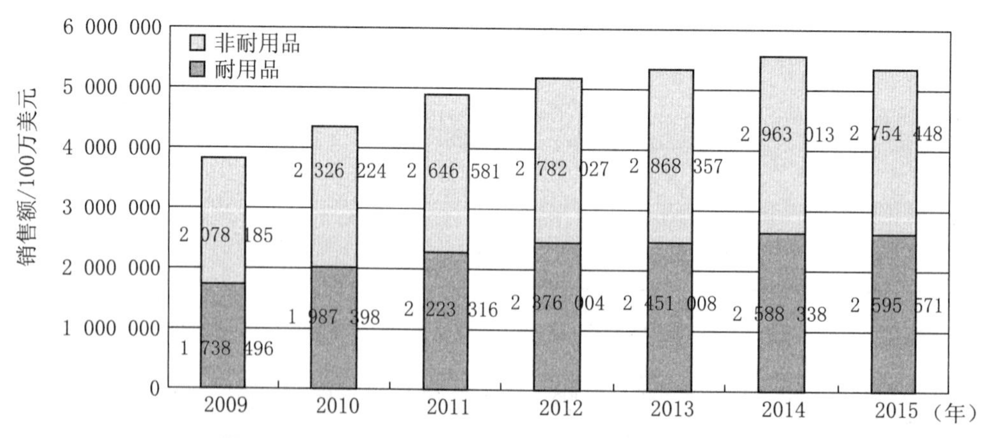


**图 4.3　2009—2015 年美国商业批发业销售额及其组成**

说明:图中数据经过季节及节假日因素调整,不包括制造商的销售点和办事处的数据。此外,这里的数据来自月报,与表 4.3 中的年报数据存在一定的误差。

资料来源:U.S. Census Bureau. *Monthly wholesale trade: sales and inventories*, 2015-12.

从存销比的角度来看，美国 2015 年 12 月的库存/销售比为 1.32 个月，远高于 2014 年底的水平，接近金融危机前水平(图 4.4)，预计美国后期去库存压力增大，批发业的增长在近期仍然存在较大的压力。但由于利率较低且未来有较高的增长预期，再加上工作增加，美国房市也逐步反弹，房价开始上升，对家居耐用品的需求开始增长。

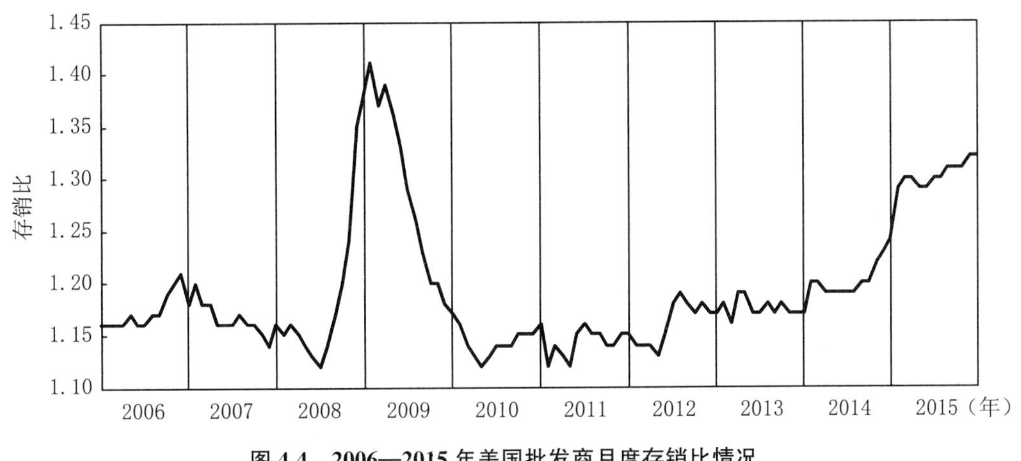


**图 4.4　2006—2015 年美国批发商月度存销比情况**

资料来源：U.S.Census Bureau News，*Latest Monthly Wholesale Trade Report*，2016-2.

## （二） 欧洲

### 1. 零售业总体呈上升趋势，行业巨头销售额出现负增长

尽管存在诸多不确定因素，但前几年欧洲仍然是全球贸易增长的驱动力之一。2015 年欧元区和欧洲 28 国的零售贸易额总体呈上升趋势(图 4.5)，在 2014 年 10 月至 2015 年 2 月期间实现较大幅度上升，超过了 2010 年的平均值，增长曲线较之前几年也更加和缓平稳，振荡减少，说明欧洲零售业的复苏增长趋于明朗，正逐渐步入稳定增长的轨道。其中，欧盟 28 国的零售业在增长速度上高于欧元区。欧洲经济的复苏，与欧洲央行连续多年的量化宽松政策有关，2015 年年初欧洲央行宣布总规模达 1.08 万亿欧元的债券购买计划，这意味着全球市场的流动性将更为充裕。

2015 年下半年，欧洲零售业持续平稳增长，相较 2014 年同比均实现较大幅度的上升，环比也以小幅增长为主，尽管 9、10 月可能受季节性因素影响，欧元区零售贸易额环比出现小幅下降，但在 12 月企稳回调，实现了 0.3%的增长(表 4.5)。

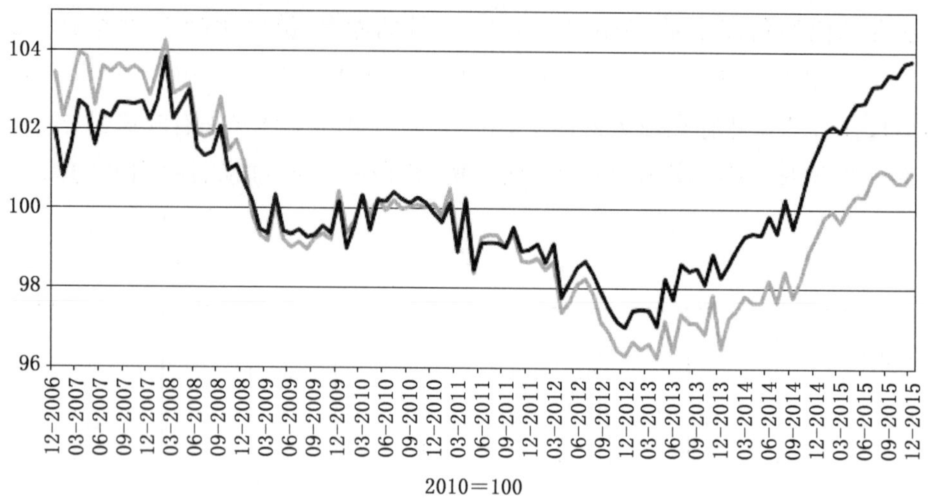


**图 4.5　2007—2015 年欧洲零售贸易营业总额(去通胀)变动情况**

说明:浅色线条为欧元区季节性调整系列,深色线条为欧盟 28 国季节性调整系列;图中数据以 2010 年为基准年,基准为 100。

资料来源:Eurostat, *Eurostat news release euro indicators*, 2016-02-03.

**表 4.5　2015 年 7 月—12 月欧洲地区每月零售贸易额环比增长率**

| 项目 | | 7 月 | 8 月 | 9 月 | 10 月 | 11 月 | 12 月 |
|---|---|---|---|---|---|---|---|
| 环比 | 欧元区总零售贸易额增长率/% | 0.5 | 0.2 | −0.1 | −0.2 | 0.0 | 0.3 |
| | 欧盟 28 国总零售贸易额增长率/% | 0.4 | 0.0 | 0.3 | 0.0 | 0.3 | 0.2 |
| 同比 | 欧元区总零售贸易额增长率/% | 3.5 | 2.7 | 3.3 | 2.5 | 1.6 | 1.4 |
| | 欧盟 28 国总零售贸易额增长率/% | 3.9 | 2.9 | 3.9 | 3.1 | 2.7 | 2.0 |

资料来源:Eurostat. *Eurostat news release euro indicators*. 2016-02-03。

从零售企业的表现来看,德勤报告《2016 全球零售力量》显示,250 强中的欧洲零售商有 30%(28 家)销售额出现负增长,另有三分之一增长率下滑但保持正增长。相比 4.1%的 5 年复合年增长率,2014 年欧洲零售商同比复合增长率仅达到 2.1%,为 2009 年来最低。其中英国食品零售商由于受到价格下跌的冲击,拖累了欧洲的整体表现,半数英国零售商销售额下降,16 家进入前 250 强的公司复合净利润仅为 −2.2%。德国收入增长在欧洲三大经济体中最为强劲,但也只达到了 3.1%。法国零售商则保持了最高赢利水平,净利润率达到 4.7%。法国与德国零售商境外业务在总销售额的占比超过了 40%,欧洲零售商在全球的业务分布最广。

**2. 批发业受不确定性因素影响,呈现震荡整理态势**

从欧盟 28 国的批发市场结构来看,各国均有不同,德国和英国批发商大多为 250

名员工以上的大型公司，而意大利、法国、西班牙等虽然在批发商总数上占优，却以50人以下的批发企业为主。2013年批发业的要素成本增加值为德国最高，接下来为法国，英国，意大利和西班牙。

2015年受各项外部因素影响，欧洲批发业季度营业额总体呈震荡整理态势。德国在2015年实现了四季度的全增长，第一季度增长率达到4.2%，下半年增速趋缓。法国或受巴黎暴力恐怖事件影响，第四季度批发营业指数小幅下降。芬兰下半年也呈现了增长态势。值得注意的是，相较于欧盟中的大国，位于地中海中部的休闲度假岛国马耳他的批发营业额增长迅速，2015第四季度增长10.4%(表4.6)。

**表4.6 2014—2015年欧盟地区批发业季度营业指数环比变化率**

| 地区 | 营业指数/% | | | | | | | |
|---|---|---|---|---|---|---|---|---|
| | 2014Q1 | 2014Q2 | 2014Q3 | 2014Q4 | 2015Q1 | 2015Q2 | 2015Q3 | 2015Q4 |
| 德国 | 0.4(p) | −1.8(p) | 1.5(p) | 1.2(p) | 4.2(p) | 1.3(p) | 0.2(p) | 1.7(p) |
| 奥地利 | 2.2 | −7.1 | −1.1 | 1.1 | 2.5 | −0.4 | 1.4 | — |
| 法国 | −2.3 | 0.9 | 0.9 | 0.1 | 0.9 | 2.1 | 1.1 | −0.6 |
| 芬兰 | 1.5 | −1.8 | −0.4 | 0.5 | 0.5 | −0.2 | 3.0 | 2.3 |
| 马耳他 | 1.2(p) | 8.0(p) | −7.2(p) | 10.7(p) | 15.6(p) | 4.9(p) | 4.7(p) | 10.4(p) |

说明：(p)代表预统计数据；“—”代表数据暂缺。

资料来源：欧盟统计局.http://appsso.eurostat.ec.europa.eu/nui/submitViewTableAction.do。

## （三）日本

### 1. 批发零售业呈现下行趋势

日本的批发零售商业已经发展到分类非常细致的阶段，根据“日本标准产业分类”，按照商品种类，批发业分为各种商品批发、纤维制品批发、食品饮料批发、建材批发、化学制品批发、矿物金属批发、机械装备批发、家具及家装产品批发、药品及化妆品批发，以及其他商品批发等；零售业则分成各种商品零售、织物服装及配饰零售、汽车零售、机械装备零售、燃料零售、药品及化妆品零售、其他商品零售等。近几年来，日本批发零售商业在经济衰退、货币通缩和人口老龄化的大环境下，表现不振，整体出现下行趋势。2014年以来，日本批发零售商业总体增长乏力，2015年无论是批发零售商业整体还是各自行业均出现负增长，年度批发业的销售额同比增长率为−2.5%，而逐月的批发销售额同比几乎均出现了负增长(表4.7，图4.6)。

表 4.7 2013—2015 年日本批发零售业销售额

| 主要业态 | 项 目 | 2013 年 | 2014 年 | 2015 年 |
|---|---|---|---|---|
| 零售和批发总体 | 销售额/10 亿日元 | 466 134 | 468 878 | 460 143 |
| | 增长率/% | 0.9 | 0.6 | −1.9 |
| 零售业 | 销售额/10 亿日元 | 138 897 | 141 219 | 140 666 |
| | 增长率/% | 1.0 | 1.7 | −0.4 |
| 批发业 | 销售额/10 亿日元 | 327 237 | 327 659 | 319 477 |
| | 增长率/% | 0.8 | 0.1 | −2.5 |

资料来源：上海科学技术情报研究所(ISTIS)根据日本经济产业省.*Yearbook of the Current Survey of Commerce*(2015)(June 30, 2016)数据编制。

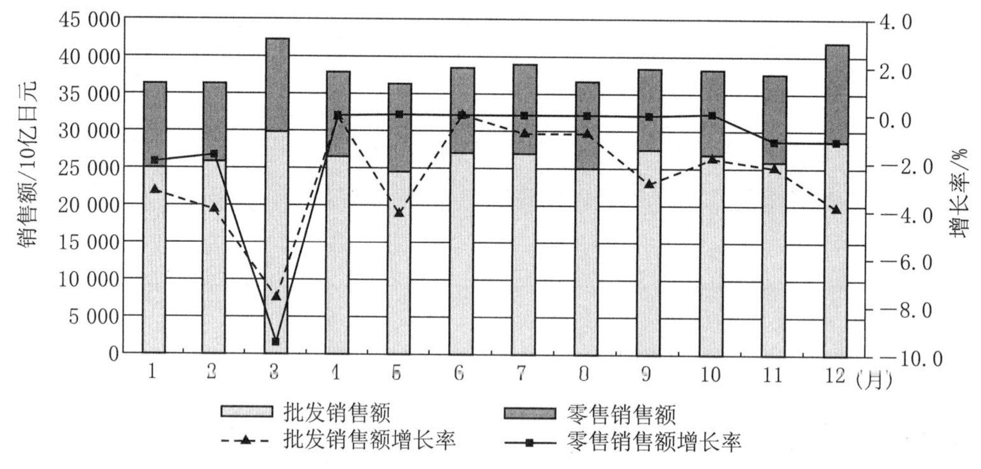


图 4.6 2015 年 1—12 月日本批发及零售销售额变化情况

说明：横轴为月份；左轴为销售额；右轴为同比增长率。

资料来源：上海科学技术情报研究所(ISTIS)根据日本经济产业省.*Yearbook of the Current Survey of Commerce*(2015)(June 30, 2016)数据编制。

从商品种类来看，2015 年日本批发业中，仅食品饮料(6.8%)、农畜水产品(2.8%)和纤维制品(1.0%)的批发销售额同比增长，其他商品都是同比负增长，如矿物与金属批发为−12.0%、化学制品−6.3%、建筑材料−3.9%、机械装备−3.3%。零售业则相对要好一些，除了燃料零售和机械装备分别出现−13.9%的−3.3%的同比负增长外，其他商品零售额同比有小幅增长，如织物服装及配饰零售为 2.6%，食品和饮料为 3.1%，医药及化妆品为 2.6%，汽车为 1.3%等。

**2. 零售企业销售额下降，以转型求突破**

具体到企业层面，德勤报告《2016 年全球零售力量》列出的全球零售企业 250 强中,日本零售商有28家,总销售收入占250强总数的比重为6.4%,每家上榜企业的年平均零售收入为101.73亿美元。2014年多家日本零售商均面临销售额和赢利性下滑的问题,以上榜企业为例,28家日本零售商中,有11家(39%)在2014年销售额降低,另有8家增速放缓。而亚太地区总零售收入增长5.8%,稍高于日本5.7%的增长率。究其原因,主要是日本于2014年4月1日提高个人消费税税率即从5%调升至8%,导致物价上涨,致使经济增长降温,同时工资的缓慢增长仍不敌日元的贬值速度,使得许多家庭的购买能力下降,消费者信心减弱,造成零售业贸易额大幅下降,之后缓慢上升并小幅波动。其次,"安倍经济学"的推行,日元存在长期的贬值预期,也在一定程度上减缓了日本零售商的国际化进程,和欧美发达国家相比,日本大型零售企业在全球范围内的竞争力存在明显差距,2014年日本零售企业境外业务的零售收入占其总收入的比率为10.3%,远低于欧美,如法国达到45.1%。近期,这种趋势仍然会保持,据日本产业经济省的月度统计数据,2016年日本零售业存在有继续下滑的趋势。2016年2月零售额较上月减少2.5%,主要是汽车和燃料零售额下降,分别降低了3.1%和6.8%。

尽管如此,日本零售商仍然积极而为,努力向"全渠道零售"转型。鉴于日本国土狭小,地理间隔不大,日本消费者到达的便利性好于很多国家,因此,日本电子商务的发展弱于中国和美国等。随着竞争加剧,日本零售商也开始积极探索O2O"全渠道销售",如:①资生堂的异业联合模式,它不仅有网上销售,还有异业合作的网上销售,利用不同行业之间的合作实现相互导流的作用,并实现与消费者的互动;②永旺的资源共享模式,通过"永旺+软银+雅虎"的方式,零售商可以搜集到顾客数据,并通过雅虎引流到门店,从而使雅虎和永旺共享顾客资源;③东急百货的库存统一模式,贯通网店与库存商品的信息,虚拟库存、统一管理,并做到可视化,及时更新库存信息,实现同一业态下的库存数据的联通;④优衣库的社交购物模式,利用"领先用户"(即先行购买或食用了商品的顾客)对商品的评价,来引导、激发潜在顾客的跟随购买,同时也了解顾客的消费意愿,由此有针对性地开发新产品,等等。

**3. 批发业缓慢萎缩,以创新求发展**

经济环境的变化特别是新兴技术在流动领域的应用,零售商获得产品信息的成本越来越低,对于批发商的依赖日渐减小,日本批发业呈现出缓慢萎缩的态势。即便如此,目前批发销售额在批发与零售销售总额中的比例依然在70%左右(2015年已经下降到69.4%)。这既有流通领域传统分工的惯性使然,也与日本零售业的特征有关。欧美零售业一般有自己的物流中心,把运营交给专业物流能充分发挥在库管理水平。而日本的零售业一般不具有物流功能,因此也不具有在库管理的技术,在库管理需要批发商的帮助。在日本,经营商品较多、自己具有物流功能的企业、特定部门等不需批发业的流通不到 10%，在一定时期内批发业的存在有其合理性。另外，也可以从商业服务指数的变化中看到批发业在日本经济中的重要性。根据日本经济产业省的分析，日本商业服务指数在 2008 年金融危机爆发后，发生了较大的变化，服务业的所有门类的指数同比负增长，2009 年累积负增长最多，为－5%，其中批发业是－3.67%；2014 年第二季度提高个人消费税税率 3 个百分点之后，指数累积下降 4.2 个百分点，其中受影响最大的依然是批发业，其变化率为－2.2%，占比超过 50%（图 4.7）。因此，批发业受到宏观经济环境的影响较为直接，反过来它对日本服务业乃至整个经济增长也有着举足轻重的作用。

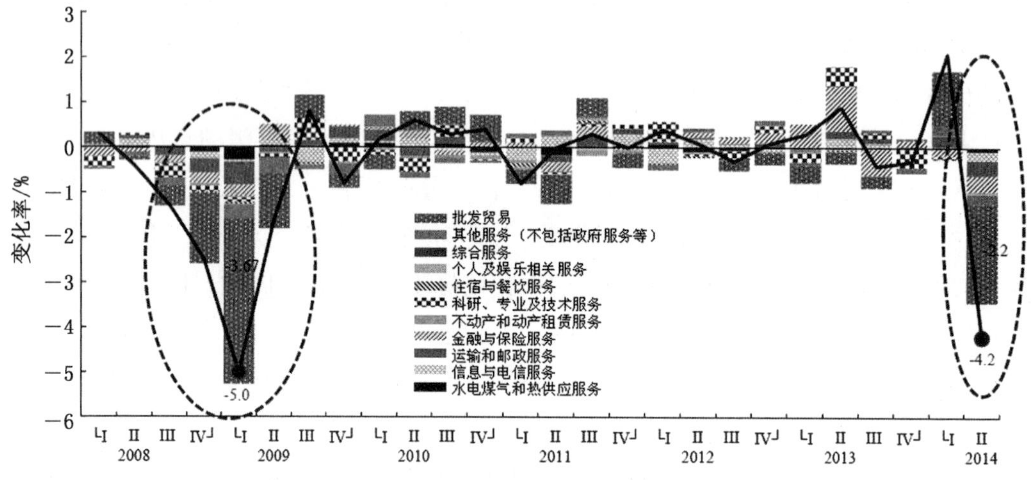


**图 4.7　2008—2014 年日本商业服务指数的影响因素分析**

说明：商业服务指数以 2005 年为基准值 100，各季度的变化数据都经过季节因素的调整。
资料来源：Created based on “METI: Indices of Tertiary Industry Activity”(estimates)。

根据日本经济产业省的调查情况，2014 财年，被调查的 5 764 家批发企业的在职员工为 152.9 万人，每家企业平均 265 人；销售额为 219.3 万亿日元，同比下降 2.8%；营业利润为 2.8 万亿日元，同比下降 10.5%，平均每家批发企业的营业利润为 4.86 亿日元。与所有行业的总体情况相比，反差较大（表 4.8）。

**表 4.8　2013、2014 财年日本批发业与总体行业的比较**

| 项　目 | | 企业数/家 | 企业活动机构数/家 | 在职员工/人 | 销售额/亿日元 | 营业利润/亿日元 | 经常利润/亿日元 | 分公司数/家 |
|---|---|---|---|---|---|---|---|---|
| 总体行业 | 2013 财年 | 30 217 | 433 892 | 14 653 215 | 7 148 136 | 251 978 | 325 997 | 97 640 |
| | 2014 财年 | 30 016 | 432 732 | 14 642 018 | 7 096 737 | 254 273 | 340 601 | 96 760 |
| | 年度变化 | −0.70% | −0.30% | −0.10% | −0.70% | 0.90% | 4.50% | 2.00% |

续表

| 项　　目 | | 企业数/家 | 企业活动机构数/家 | 在职员工/人 | 销售额/亿日元 | 营业利润/亿日元 | 经常利润/亿日元 | 分公司数/家 |
|---|---|---|---|---|---|---|---|---|
| 批发商业 | 2013 财年 | 5 741 | 66 912 | 1 501 076 | 2 256 560 | 31 319 | 53 920 | 22 776 |
| | 2014 财年 | 5 764 | 67 862 | 1 528 913 | 2 192 892 | 28 034 | 49 378 | 22 683 |
| | 年度变化 | 0.40% | 1.40% | 1.90% | −2.80% | −10.50% | −8.40% | −0.40% |

说明：日本的财政年度为 4 月 1 日至次年的 3 月 31 日；这里的企业数为日本产经省的调查数。

资料来源：上海科学技术情报研究所（ISTIS）根据日本经济产业省（METI）. *Summary of the Preliminary Report on the 2015 Basic Survey*（January 15，2016）数据编制。

近年来，面对严峻的宏观经济形势，日本批发企业也着力以创新来应对。一是在经营方面，着力构建低成本的运行系统，提高物流效率，重新确认配送范围和配送路线，实行配送中心集约化；以零售业为中心，探索新的批发高能，如根据便利店或折扣店建立有针对性的服务系统；应用新兴网络技术，构建商品数据库、顾客数据库等，提供高效的商品和信息服务，缩短交货时间，降低运营成本等。二是适应零售业集中化，组织化追求规模效应的发展趋势，批发业实施规模化、集中化调整，如在日杂批发流通中，中央物产株式会社、花王贩社的销售额集中度达到了 35%。三是继续强化国际化战略，如近年来伊藤忠商事收购了中国大型日用品批发商宁波市宝敏瑞贸易公司和宁波新乍浦经贸公司，使得其在中国的日用品营业额达到 21 亿元，并且加强与超市等零售企业的合作，成为在中国日用品领域的最大企业。

## （四） 新兴国家和地区

近年来新兴市场在批发零售贸易业领域取得了较大的进展，其发展值得关注。这里分区域作一简述。

**1. 拉丁美洲**

拉丁美洲在科尔尼的“2015 全球零售发展指数”前 10 中占得 3 个席位，但该地区整体显示出了下行趋势。由于一些主要国家的政治不稳定和疲弱的经济表现，悲观情绪开始蔓延，消费者信心下降抑制了零售消费。尽管如此，零售商仍然能够在巴西、哥伦比亚的二线城市发现商机。

乌拉圭在 2015 全球零售发展指数中排名第二，2014 年零售额为 227 亿美元。尽管受到邻国巴西和阿根廷影响，2014 年乌拉圭的 GDP 下降，但国内消费仍然维持正增长，加之其旅游业保持较好的增长态势，昭示了一定的零售潜力。诸如 Uruforus，Lolita 等品牌都在增加商店数量，47street 也宣称要计划进入乌拉圭市场。一线品牌如 Prada，Tiffany & Co 等被乌拉圭高收入中产阶层和游客吸引，均在最近 4 年间进入该市场。

智利由于高通胀，上升的失业率以及近期通过的再分配性税增加了商业成本，经济增长有所减缓，但其稳定安全的局势受到投资者青睐。智利零售业随宏观经济增长放缓，但服饰和消费类产品依然分别上升了 10.4%和 4.5%，而耐用品则略有下降。

巴西零售业在宏观经济踟蹰前行、消费者信心降至低谷的情况下，依旧保持了 2.2%的增长。其中，药妆美容产品销售增长最为强劲，达到 9%。2014 年，美容美妆类公司在巴西增加分店，The Body Shop 新增 110 家店铺，法国的高端天然护肤品牌欧舒丹在巴西新增 90 家店铺。Aesop、Smashbox，Lush 等多家公司也开始拓展在巴西的业务。奢侈品牌主要进驻里约热内卢和圣保罗。国际食品连锁店也开始在巴西打开市场。

值得注意的是，巴拿马迅速发展成了奢侈品门户，许多从前到美国货欧洲购物的消费者很愿意在更近的地方购买，尤其巴拿马的销售税只有 7%，比起哥伦比亚、巴西和阿根廷的 16%，19%和 21%低很多。

**2. 亚洲**

尽管亚洲地区的经济呈现下滑趋势，科尔尼的“2015 全球零售发展指数(GRDI)”排名中，亚洲国家依然占据了榜单的多数席位。中国跃居第一，这是中国自 2010 年以来首次位居该指数排名榜首。蒙古排名第 5，马来西亚第二年排名第 9。

2014 年，中国的 GDP 增长率跌落至 7.4%，为 25 年来的最低值，然而，其市场表现仍然好于其他发展中国家。不断提升的收入水平、持续的城镇化进程、热衷购物的庞大消费群体，以及中国向消费驱动的增长模式的积极转型，将推动中国的零售市场在未来几年内继续增长。2014 年，中国的零售市场出现了 11.6%的显著增长。中国的零售市场有望在 2022 年前增长至 8 万亿美元(达到美国零售市场规模的两倍)。以此趋势发展，中国的零售市场将有望在 2018 年前超越美国，成为世界上最大的零售市场。越来越多的跨国公司在中国进行业务扩张，如，苹果公司计划在未来两年内将中国门店数量从 15 家扩张至 40 家。2014 年，全球快时尚零售商在中国新开门店 264 家，包括 80 家优衣库门店，60 家 H&M 门店，以及 16 家 Zara 门店。电子商务在中国零售市场的增长方面也起到了举足轻重的作用。领先的电商企业(比如阿里巴巴和京东)不仅为大城市的消费者开启了新的渠道，他们也积极致力于为小城市和农村地区提供更好的服务，一些大品牌实体店正致力于在这些地区开设更多门店。

印度 2014 年零售市场价值 9 250 亿美元，2010—2014 年的年均复合增长率为 5.8%。科尔尼发布的报告称，莫迪领导下的改革派政府计划在未来两年内将印度经商便利度排名从现在的全球第 142 名提高至第 50 名。目前，印度的消费者和投资者信心已现回升迹象。报告预计印度零售市场将继续增长，2020 年该市场市值有望达到 1.3 万亿美元。在最新一年的全球零售发展指数榜单中，印度的排名已上升了 5 位至第 15 位。未来 5 年，印度经济将保持强劲增长，这意味着在印度市场，单一品牌零售业、现款自运商店和电子商务将迎来大发展。实体零售卖场的发展拐点将随着开放外商直接投资进入多品牌零售业而到来，不过短期内将不会实行这一举措。沃尔玛将于年内在阿格拉市新开一家专营店，并计划未来 5 年内在印度现有 20 家批发卖场的基础上增开 50 家批发卖场。

**3. 中东**

中东面临巨大的政治和经济动荡，但一些国家如卡塔尔、阿曼、阿联酋的零售业依然保持增长态势。科威特由于其对石油的过分依赖，商业缺乏多样性，受油价影响尤其严重。

卡塔尔在“全球零售发展指数”中排名第四，在中东国家中最高。卡塔尔经济形势稳定、高人均 GDP、高零售支出以及人口增长，使其零售业发展具有较好的基础。2022 年国际足联世界杯项目带来的基础设施建设，如机场扩建、多哈地铁建设也会对经济增长有长期的积极作用。最近，国际品牌入驻面临零售面积不够的窘境，预计未来两到三年，随着多哈增加 100 万米$^2$ 的零售面积，这一情况将会有所改善。卡塔尔的品牌渗透度仍然低于阿联酋等领导者，但超市杂货零售正在考虑扩张，家乐福打算入驻卡塔尔商城，Harvey Nichols 奢侈品牌也打算在 2017 年入驻多哈节日城大型商场。

阿联酋零售业稳定增长，2014 零售面积增长 7%达到 160 万米$^2$，销售增长 6%，达到 709 亿美元。阿联酋市场虽然趋于饱和，但迪拜的定位是中东的零售门户城市，尤其聚焦于奢侈品，迪拜打算在未来 10 年建造世界上最大的商场，也是首家温控购物城，面积达到 450 万米$^2$。梅西百货和布鲁明戴尔百货(Bloomingdale's)将在 2018 年入驻，2015 年，宜家在迪拜建造中东最大的物流中心，冰激凌零售 Dairy queen 也在 5 年后重返阿联酋市场，在 2015 年开放 20 多家门店。电子商务方面，蓝玛克商贸公司(Landmark Group)在阿联酋开放了 Landmarkshops.com，阿联酋本地的奢侈品零售商 Chalhoub Group 也在尝试在线美容零售概念商店。

阿曼零售业在 2014 年的发展相对其他市场较慢，但预计其在未来几年或将会有大的增长，部分大型项目正在进行当中，零售面积会增加大约三分之一。除了大型商场，小型的社区型商场也会获得较快发展。

**4. 东欧和中亚**

与上年一样，2015 年该地区在“全球零售发展指数”中排名较高的国家依然是一些“小宝石”国家，如亚美尼亚、格鲁吉亚和哈萨克斯坦等，其不饱和的零售环境对国际零售商具有一定吸引力。阿塞拜疆成为奢侈品热点，越来越多的公司试图进入赚取石油财富。

俄罗斯由于乌克兰危机、油价下跌、货币贬值、资金外流以及消费者信心下降等一系列不利因素，零售业在 2014 年表现不佳。由于欧洲、美国、澳大利亚和加拿大等地的食品进口限制，杂货类零售商遭遇供货紧张的压力，同时货币贬值使其成本上升了 50%。为了维持供应，一些零售商保持了约 20 种关键产品没有提价。服饰类方面，由于赢利空间被挤压，零售商纷纷选择关门或退出市场，荷兰服装品牌 Mexx 在 2014 年宣布破产，部分原因在于卢布走低；Zara 关闭了旗舰店；Maratex，Esprit，OVS 等品牌的经销商关闭了 60 多家商店；Adidas 在 2015 年 3 月关闭了 200 家品牌店，而原本 2014 年的计划是增加 150 家商店。相对而言，奢侈品零售发展比较平稳，一方面是来俄罗斯购买奢侈品的国外游客有所增长，另一方面是富裕阶层出国减少也推动了国内的销售增长。

土耳其有一大部分年轻人口正在走向城镇化，可支配收入增加，不过零售业依旧存在供应链和无组织小商店之间竞争激烈的问题。2014 年，许多土耳其第一代商场重新装修，新建 74 家新商场，零售面积增长 5.4%达到 1 000 万米$^2$；大卖场为满足目标增长，开出更多商店。去土耳其旅游的游客加速了国际一线的奢侈品牌在伊斯坦布尔和西部城市的普及，这些游客大多来自中东或俄罗斯。

**5. 撒哈拉以南非洲**

非洲开发银行的数据显示，撒哈拉以南非洲地区中产阶层人数已增至约 3.5 亿人，其中南非、肯尼亚、加纳和安哥拉的中产阶层人数最多，此外家庭收入增长和快速城市化等因素也使得该地区零售业有着巨大的发展潜力，如在肯尼亚的超市中，平均每笔消费在过去 5 年间上涨了 67%，达到 20 美元。“全球零售发展指数”报告预计，到 2040 年撒哈拉以南非洲将有着举足轻重的地位。目前，南非有 200 多家购物中心，是全非洲零售业最为发达的地区。而在其他非洲国家，大型零售业发展依旧落后，但其增长速度较快，在 2015 年 7 月前的一年半时间里，非洲大陆有 31 家新开的大型购物中心，西非的购物中心数量增长了 19%，其他非洲地区平均增长了 9%。博兹瓦纳、尼日利亚、安哥拉是 3 个非常不同的市场。博兹瓦纳依靠南非发展，其首都哈博罗内引进了强大的零售商，如跨国连锁专卖店 PEP 和南非第二大连锁超市 Pick n Pay。尼日利亚拥有非洲最大的城市，目前全国人口 1.8 亿，到 2050 年预计会达到 4.4 亿。但尼日利亚的商业风险较高，缺乏消费者相关数据，在世界银行“商业易行性”报告里排名倒数 19(共 189 个国家)。安哥拉人口和人均收入急剧膨胀，成为世界上最吸引国际零售业者注目的市场之一，继巴西的 Odebrecht 接受安政府邀请，参股国营物流管理连锁 NossoSuper 后，南非的 Shoprite 也已登陆安哥拉市场。但基础设施建设的滞后以及物流发展落后是类似安哥拉这样的非洲国家发展零售业必须首先需要解决的问题。

## 三、商业热点业态发展动态

历年报告曾经选择快速服装时尚业、购物中心和商业街、生鲜电商、奢侈品零售、便利店等商业热点进行跟踪研究，本节将重点考察旅游及免税零售业和网上零售业的发展动态。

### （一） 旅游及免税零售业

#### 1. 全球免税零售业整体增长较快

在全球地缘政治和经济动荡不断加剧的背景下，国际旅游业仍将持续出现超乎预期的繁荣景象，由此带动了免税零售销售的持续增长。不同来源的数据都反映这一趋势，如据美国波士顿咨询公司（BCG）的调查，2015 年全球免税店市场预计达 598 亿美元，是 10 年前的两倍多；而法国 160 亿欧元的奢侈品市场中的一半以上依赖于游客的消费。另外，英国著名的市场调研公司 Technavio 对全球免税零售销售的统计与预测表明，2015 年全球免税零售市场规模达到 701.6 亿美元，并预计在未来 5 年内将保持平均 8.5%的增长率（图 4.8）。目前，免税零售商也不断扩张领地，再加上低成本旅游业的普及和中产阶层对高端品牌的日益增长的需求，都成为推动免税零售业增长的重要推手。

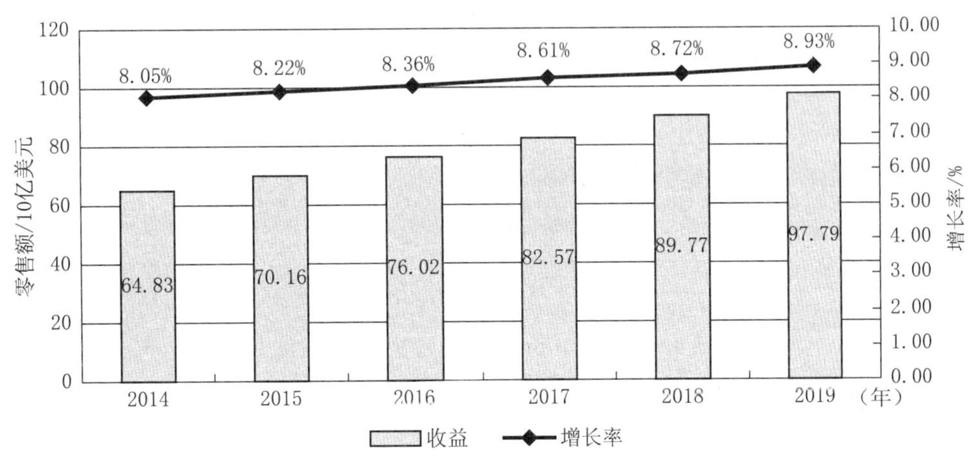


**图 4.8 2014—2019 年全球免税零售市场**

说明：左轴为免税零售额，右轴为零售额的年度增长率。

资料来源：上海科学技术情报研究所（ISTIS）根据 Technavio（2015）（http://www.technavio.com/）数据编制。

亚太地区是免税零售市场收益增长最快、占比最大的地区，2014 年占据全球免税零售市场的 37.95%；接下来依次为欧洲、美洲和中东亚地区，分别为 32.94%、18.5%和10.62%。亚太地区中产阶层可支配收入的增长是带动零售额增长的主要动力，预计到 2019 年，该地区的领先地位将保持。韩国和中国占据了全球免税收益 20%的市场份额，主要购买力为中国游客。2014 年，中国出境旅客达到 10 900 万人次，比上年增长 20.15%，其中 85%在亚洲境内。

在其他地区，如欧洲的免税零售额近期有所减少。如俄罗斯由于卢布大幅下跌，2015 年第一季度游客相较于 2014 年减少了 40%，其免税零售规模受到一定的影响。此外，奥地利、德国和法国等俄罗斯游客的主要目的地也均受到影响。

**2. 空港是免税零售业的主渠道**

机场是免税零售业的主要渠道，贡献了超过一半的免税零售市场销售额，据 Technavio 统计，2014 年机场销售额达到 379.8 亿美元，占 2014 年全球免税零售市场收益为 648.3 亿美元的 58.58%(图 4.9)，并以约 10%的增长率增长，预计在 2019 年达到 612.1 亿美元。随着非航空收益的比重不断上升，机场也愈加重视航空以外的业务。目前，一半的非航空收益来自免税零售，因此机场也在不断增加免税店的空间。2014 年上海浦东机场增加了 50%的日上免税店空间；2015 年，韩国仁川机场宣布 17 394 米$^2$ 的免税零售招标面积。鉴于未来 8 年内亚洲将新建 350 多座机场，全球机场免税零售的市场仍将加速不断扩大。

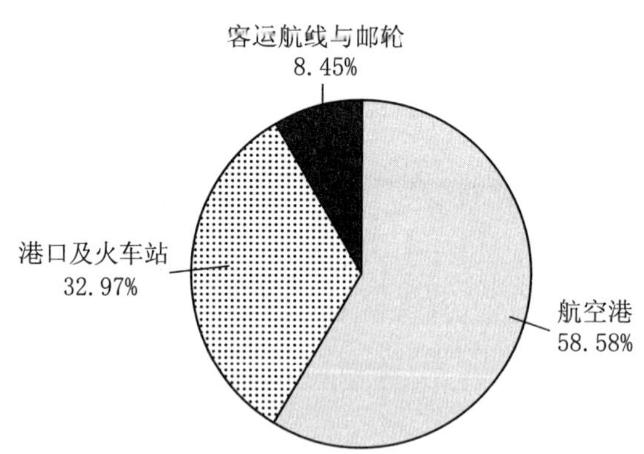


**图 4.9　2014 年不同渠道免税零售市场份额**

资料来源：上海科学技术情报研究所(ISTIS)根据 Technavio(2015)(http://www.technavio.com/)数据编制。

**3. 免税零售呈现较高的市场集中度**

免税零售市场是一个竞争性的市场，有许多行业巨头，其中五大免税零售商占据了全部收益的 49.7%，表现出较高的市场集中度。截至 2014 年，DFS 是行业内最大的免税零售商，占整个收益份额的13.1%（表4.9）。

**表4.9　免税零售公司及主要经营产品种类**

| 免税零售公司 | 主要商品种类 | 2014年市场占比/% |
|---|---|---|
| DFS | 时尚和配饰，美容、香水，手表、珠宝首饰，酒类，食品、礼物 | 13.1 |
| Dufry | 香水和化妆品，糖果糕点，食品餐饮，酒类，文学读物、期刊等，手表、珠宝首饰，烟草，时尚、皮草、行李箱，电子产品 | 10 |
| Lagardère | 酒类，香水和化妆品，烟草，时尚配饰领域专家的概念产品，糖果糕点与美食 | 10.6 |
| Lotte Duty Free | 香水和化妆品，手表、珠宝首饰，太阳眼镜，纪念品，食品、酒类、烟草 | 8.9 |
| The Nuance Group | 糖果和美食，电子产品，时尚和配饰，香水和化妆品，酒类，精品店 | 7.1 |

资料来源：上海科学技术情报研究所（ISTIS）根据 Technavio（2015）（http://www.technavio.com/）资料编制。

尽管如此，从全球客流量最大的前10的机场情况看，其主要的免税特许经营权还是由各自本土的免税零售商掌控（表4.10）。可见，免税零售市场除了前述几大全球分布广泛的大型免税零售商外，还有一大部分是专注于某国/地区的本土免税零售商。

**表4.10　2014年全球客运前10机场**

| 排名 | 代码 | 机　　场 | 2014年旅客吞吐量/100万人次 | 与2013年相比增长率/% | 主要免税特许经营权持有者 |
|---|---|---|---|---|---|
| 1 | ATL | 美国亚特兰大 | 96.18 | 1.9 | Duty Free Americas |
| 2 | PEK | 中国北京 | 86.13 | 2.9 | 日上免税店 |
| 3 | LHR | 英国伦敦希斯罗 | 73.41 | 1.4 | World Duty Free Group |
| 4 | HND | 日本东京羽田 | 72.83 | 5.7 | TIAT Duty Free |
| 5 | LAK | 美国洛杉矶 | 70.66 | 6.0 | DFS集团 |
| 6 | DXB | 阿联酋迪拜 | 70.48 | 6.1 | Dubai Duty Free |
| 7 | ORD | 美国芝加哥奥黑尔 | 70.00 | 4.5 | Dufry集团，Nuance |
| 8 | CDG | 法国巴黎戴高乐 | 63.81 | 2.8 | SDA（Aelia） |
| 9 | DFW | 美国达拉斯沃斯堡 | 63.55 | 5.1 | DFASS |
| 10 | HKG | 中国香港 | 63.12 | 5.9 | Sky Connection，Nuance-Watson（香港） |

说明：主要免税特许经营权持有者为2011年情况。
资料来源：《2014年世界机场运输报告》，国际机场协会（ACI）。

**4. 日常消费品占免税零售的主流**

免税零售市场的产品主要为日常消费品,可以分为以下种类:时尚、配饰和“硬”奢品;香水和化妆品;酒类;烟草;糖果、糕点和美食(图 4.10)。

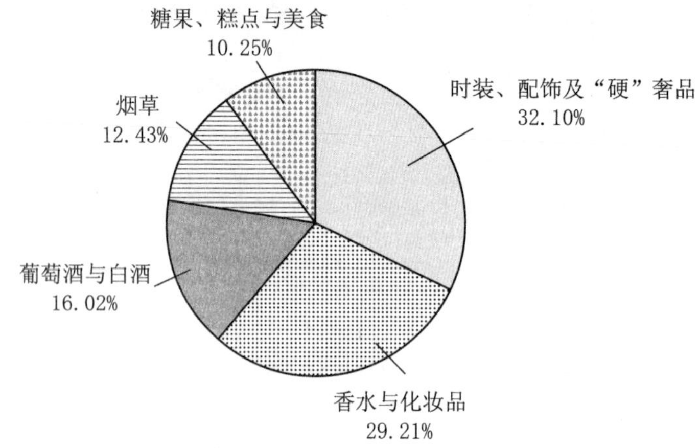


**图 4.10　2014 年各产品全球免税零售市场收益占比**

资料来源:上海科学技术情报研究所(ISTIS)根据 Technavio(2015)(http://www.technavio.com/)数据编制。

2014 年时尚、配饰和“硬”奢类产品的免税零售市场规模为 208.1 亿美元。Technavio 预计,该市场将以 11.11%的平均增长率扩张,到 2019 年其规模达到 352.4 亿美元。该类产品的主要增长点为珍稀珠宝、公文包、手包和鞋子。由于中国对于奢侈品牌的高税收,让许多中国游客选择在免税店购买这类奢侈品,主要品牌有 Michael Kors、Armani、Fossil、Gucci 和 Burberry。

日渐增长的中产阶层支撑着香水和化妆品类产品的消费增长。亚太和中东是两个主要增长区域,主要品牌有 Chanel、Christian Dior、Estee Lauder 和 Guerlain。欧莱雅有 21.5%的收入来自化妆品香水免税零售,2013 年公司为免税零售成立了一个专门部门,2014 年其旗下薇姿、卡诗品牌在亚洲和美国免税零售成功入驻。雅诗兰黛在阿联酋等新兴国家和亚洲城市的主要入口美国底特律开设精品店,提供所有雅诗兰黛奢侈品牌和高端服务。

酒类市场也继续保持增长。2014 年 9 月,Diageo 在中国台湾和印度免税区开了 2 家 Jonnie Walker 专卖店,11 月又发行了 Johnnie Walker 金标旅行款限量。但是,免税零售市场仍受到航空行李酒类管制的影响。此外,随着一升装小瓶酒类开始在免税区外售卖,人们也有了更多的购买渠道选择。

烟草增长趋缓,是免税零售中唯一增长率下降的品类。一方面,越来越多的人们意识到吸烟的危害；另一方面，尽管各国增加的烟草税收会推动免税店的烟草销售，但是旅客允许购买的香烟数量有限。在巴西，限制数低至一盒 10 小包，而且一些诸如 Benson & Hedges、Lambert & Butler 的品牌在免税零售店还不够普及，即使在英国，游客也只能带 250 克的免税烟草。

糖果和美食增长较快，其中巧克力占到 76.8%。对该类产品的消费主要源自性价比、促销、品牌高端、送礼等原因。可可短缺导致的巧克力价格上升，巧克力导致肥胖引起的健康问题。优质品牌陈列不美观是目前面临的主要挑战，主要品牌有 Mars、Nestle、Ferrero、Lindt 和 Mondelez。2014 年，亿滋国际糖果集团(Mondelez)开始了一项名为“快乐的旅行者”的新战略以吸引更多客户，包括改变阿姆斯特丹史基浦机场的店内布局，使得巴塞罗那的人均购买支出翻倍。2015 年 1 月，法国拉加代尔旅游零售在澳大利亚凯恩斯机场启动两个新概念食品店，分别为 Eagle Boys Express 和 The Bar，前者为繁忙的旅客提供可带走的热餐和披萨，后者则为游客提供当地或进口的酒类以及放松场所。

**5. 免税旅游零售市场发展趋势**

未来免税零售业的发展呈现以下趋势：①技术创新。数字平台使得用户能够在更短的时间里对他们的喜好、价格区间、品牌等做出选择。例如，旅客能在免税店外或者机场的任意自动售货机上随时随地购买商品；Mini-Me Labs 公司的创新让乘客能够在机场免税实体或在线商店购买，然后选择直接运送到家，省去航空公司行李携带限制的烦恼；店内技术(In store-tech)能够立即在电子屏上显示出客户选中商品的详细信息。②并购。免税零售业巨头纷纷通过并购来增强自己的竞争力。如，杜福睿 2014 年 9 月以 17.3 亿美元收购其竞争对手 The Nuance Group；2015 年继续收购了另一免税零售巨头 World duty-free 价值 39 亿美元 50.1%的股权，成为免税零售市场的老大。在并购浪潮之下，Lagardere Travel Retail 宣布将以 5.3 亿美元收购 The Paradise Shops。③大品牌进驻市场。随着免费零售市场成为越来越多人的购物目的地，诸多顶尖品牌把旅游零售比作“第六大陆”。如，意大利太阳眼镜商 Luxottica 把免税市场看做零售领域的“一级方程式”；LVMH 作为最大的奢侈品牌公司，也同时是免税零售的最大投资者，2014 年该公司的免税零售收益增长达到 18%，在所有免税零售商中最高。2014 年，Uniqlo、Kate Spade New York、Calvin Klein Jeans 开始在新加坡樟宜国际机场售卖，Zara 也在那里开设了第一家机场店。爱马仕则正在优化机场内的 50 家精品店网络，呈现零售理念和服务。

但是，作为免税零售业主渠道的机场需要面对消费者停留时间变短带来的挑战。

2014 年,旅客平均在机场停留 97 分钟,较 2013 年有所增长,但旅客在免税商店停留的时间却从 2013 年的 19 分钟缩短到了 15 分钟,消费者们更倾向于在饭店里打发时间,也导致消费者的人均支出从 2013 年的 92.5 美元减少到了 86.8 美元。对免税店提供的品牌不满意是旅客满意度降低的主要原因,需要从业者积极应对。

## (二) 网上零售业

### 1. 全球网上零售业规模持续增长

据市场调研机构 Marketline 的数据,2014 年全球网上零售额增长 21.4%,达到了 9 867 亿美元,预计到 2019 年将会增长 106.9%,达到 20 417 亿美元(图 4.11)。从零售类别看,电子器件是全球网上零售市场的最大组成部分,占到总价值的 22.5%。从地域看,美国是全球网上零售的龙头老大,占全球网上零售额的 36.3%。尽管网上零售市场有众多企业,且用户的转换成本低,强劲的市场增长趋势从一定程度上缓解了激烈的竞争压力。

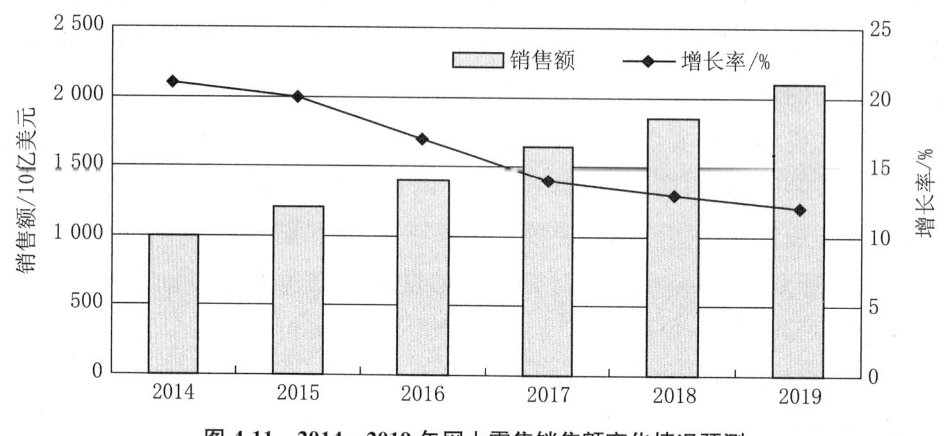


**图 4.11 2014—2019 年网上零售销售额变化情况预测**

资料来源:上海科学技术情报研究所(ISTIS)根据 Marketline(2015)数据编制。

### 2. 东亚及欧美是网上零售最活跃的市场

科尔尼 2015 年 4 月发布的《2015 年全球零售电子商务指数》按 100 分制对最具吸引力的网上零售国家进行排名。得分越高,表示该国网上零售方面的发展潜力越大。考察对象是向大众出售消费品的纯网上零售商和以门店为基础的零售网站。该报告显示,2015 年全球网上零售市场最为活跃的国家或地区主要分布在欧美和东亚地区。美国经济持续增长,消费者信心逐渐提升,美国电子商务市场在 2015 年的排名中跃居第一，实现了15％的增长率。在过去两年间，东亚地区的网上零售依然保持较为稳定的发展，中国内地、日本、韩国、中国香港、新加坡均排在前15位，但是这些国家或地区的发展速度有所降低，其中，中国内地在经过前几年超常规的发展之后，网上零售也进入一个相对平稳的时期，三、四线城市存在基础设施投资、物流支持和消费者支出等问题，比上年的排名下降一位。增长最为显著的是比利时，这次排名相对2013年跃升了15位，列第9名。比利时人口约为1 120万人，相当于某些大城市的人口，但是该国拥有较好的基础设施；其次，该国的消费者热衷于通过网络从境外购物，使其成为网上零售业发展很有潜力的国家（表4.11）。

**表4.11　2015年全球零售电子商务指数排名**

| 国　家 | 排名 | 相对2013年的排名变化 | 指数权重 | | | | 网上市场吸引力分值 |
|---|---|---|---|---|---|---|---|
| | | | 网上市场规模（40％） | 消费者行为（20％） | 增长潜力（20％） | 基础设施（20％） | |
| 美　国 | 1 | ＋2 | 100.0 | 83.2 | 22.0 | 91.5 | 79.3 |
| 中国内地 | 2 | －1 | 100.0 | 59.4 | 86.1 | 43.6 | 77.8 |
| 英　国 | 3 | ＋1 | 87.9 | 98.6 | 11.3 | 86.4 | 77.8 |
| 日　本 | 4 | －2 | 77.6 | 87.8 | 10.1 | 97.7 | 70.1 |
| 德　国 | 5 | ＋1 | 63.9 | 92.6 | 29.5 | 83.1 | 66.6 |
| 法　国 | 6 | ＋1 | 51.9 | 89.5 | 21.0 | 82.1 | 59.3 |
| 韩　国 | 7 | －2 | 44.9 | 98.4 | 11.3 | 95.0 | 58.9 |
| 俄罗斯 | 8 | ＋5 | 29.6 | 66.4 | 51.8 | 66.2 | 48.7 |
| 比利时 | 9 | ＋15 | 8.3 | 82.0 | 48.3 | 81.1 | 45.6 |
| 澳大利亚 | 10 | －1 | 11.9 | 80.8 | 28.6 | 84.8 | 43.6 |

说明：该系列报告每两年发布一次，上一次发布时间为2013年。指数由第4至第7列内容构成，括号中百分比为各自的权重，4项根据权重加总之后得到“网上市场吸引力分值”即零售电子商务指数的数值。

资料来源：A.T.Kearney. *The 2015 Global Retail E-Commerce Index：Global E-Commerce Keeps on Clicking*（April 2015）.

### 3. 全渠道零售商战略倚重网上零售

网上零售的兴起对实体零售业造成的冲击是毋庸置疑的，但是实体零售形式仍然不会消失。实体店依然是消费者最青睐的购物渠道，也是创造最大价值的消费形式，因为在实体店里，消费者可以亲自触摸和感受产品，沉浸于品牌体验，并与销售人员适当交互。网上零售业的发展只是对于零售商实施“全渠道零售战略”提供了一个更为有效的途径，零售商正在联合在线销售和实体店销售的模式，不断发现新的利润增长点。近期，社交媒体可能成为推动未来电子商务发展的关键，领先的品牌和零售商会在主要的社交网络进行更大规模的自我推销，从而推动自身增长。

**4. 跨境零售电商异军突起，模式创新迭出**

近年来，跨境零售电商的发展成为网上零售业的新亮点。根据艾瑞咨询(iResearch)的统计，全球跨境电商近几年均保持30%左右的增速。以美国的情况为例。美国支付公司PayPal的数据显示，2014年美国跨境电商的交易额将达到1 050亿美元，到2018年将达到3 070亿美元；2014年在网上实现跨境购物的顾客为9 370万人次，到2018年这一数字将升至1.3亿人次。

跨境网上零售电商在其商务模式创新方面也保持较为活跃的状态。近期出现的一些商务模式有：①M2C模式，即平台招商，如天猫国际，开放平台入驻国际品牌，与可靠的海外供应商直接签订跨境零售供货协议，自建国际物流系统或与特定国家的邮政、物流系统达成战略合作关系，保障其跨境物流环节。但招商缓慢，前期流量相对不足，所需资金体量较大。②B2C模式，即保税自营＋直采，如京东，亚马逊，其优势是跨境供应链管理能力强，有强势的供应商管理和较为完善的跨境物流解决方案，且后备资金充裕，但其业务发展会受到行业政策变动的显著影响，大部分垂直型自营跨境B2C平台则需面临前期需要较大资金支持的考验。③C2C模式，即海外买手制，如淘宝全球购、京东海外购、易趣全球集市、洋码头、美国购物网等。④导购＋返利类，是B2C模式的一种，不过其往往依托社区经营，典型的模式为小红书，利用用户生产的内容，以导购为主，其优势在于对信息流的整合，模式较轻，较容易开展业务，但因其对跨境供应链把控较弱，进入门槛低，相对缺乏竞争优势，若无法尽快达到一定的可持续流量规模，后续发展难以维持。

**5. 奢侈品网上零售商助推全球定价一体化**

2014年奢侈品网上零售的市场规模增长达到214.3亿美元，成为网上零售业的新亮点。据Technavio预计，到2019年该市场规模将达到417.6亿美元。奢侈品电商包括了个人奢侈品，食物和红酒以及家居装饰，占比分别为66.33%，28.40%和5.27%。奢侈品网上零售商的主要市场为美洲地区，占到了超过一半的市场收入(图4.12)。美洲市场的人们对网购有较高的信任度，平台往往较为规范化。在巴西或印度尼西亚等地，价格是消费者使用网上零售渠道的主要原因。在美国，消费者对于服饰类产品开始有可穿戴技术的需求。对包和香水的强烈需求也吸引越来越多的品牌走向线上市场。预计目前仍然较为保守的家居类产品也会逐渐电商化。

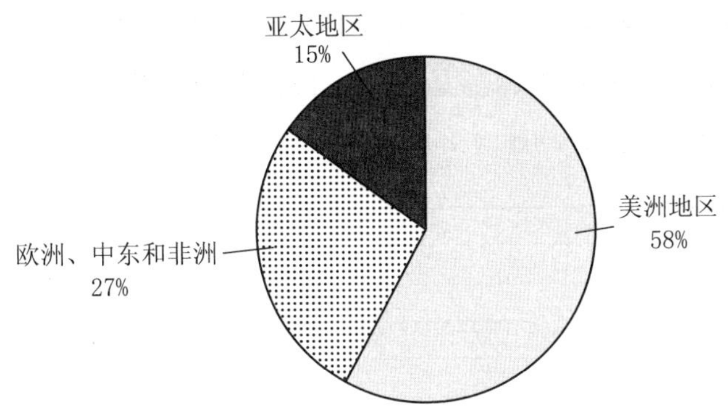


**图 4.12　2014 年全球奢侈品网上零售市场的地区分布**

资料来源：上海科学技术情报研究所(ISTIS)根据 Technavio(2015)(http://www.technavio.com/)数据编制。

与传统的零售方式相比，网上零售让奢侈品价格变得更透明起来，奢侈品牌过去区域性价格的策略不再适用，面临着全球定价统一的挑战。随着海购渠道越来越丰富，中国消费者奢侈品消费外流极为严重，为了寻求价格差异不大的奢侈品，中国消费者更乐意网上消费。由毕马威联合魅力惠发布调研报告《中国的网购消费者》的显示，45%的中国消费者表示他们的奢侈品大多是通过网络渠道购买。因此，2015 年上半年中国内地奢侈品行业迎来一波"降价潮"，继香奈儿(CHANEL)高调宣布对中国市场实施全球趋于一致的降价政策后，迪奥(Dior)、百达翡丽(Patek Philippe)、卡地亚(Cartier)等奢侈品品牌也相继跟随。

## 四、商业典型企业发展动态

本节选择杜福瑞(Dufry AG)、亚马逊(Amazon)和克罗格(Kroger)分别作为旅游及免税零售商、网上零售商和传统超市的典型作一介绍，分析其发展动态和成功经验。

### (一) 杜福睿

杜福睿(Dufry AG)成立于 1865 年，总部在瑞士巴赛尔，公司将内生性增长作为公司重要战略之一。同时，新增特许经营项目、收购也是公司发展的重要战略支柱。公司目前在机场零售行业的销售额和利润全球第一，占据了 24%的市场份额[1]，是位居第二竞争者市场份额的 3 倍。2015 年营业额 61.393 亿瑞士法郎，比 2014 年增

[1] 这一数据不同于前文"旅游及免税零售业"一小节中的数据，这里主要比较机场零售部分。

长 46.3%，总利润超过 24 亿瑞士法郎(图 4.13)。从销售额看 90%来自机场、2%是港口和邮轮、4%在市中心和宾馆、4%是铁路。根据其官网数据，截至 2015 年 9 月 30 日，杜福睿在 63 个国家拥有约超过 2200 个店铺，经营面积总计 40.3 万米²。

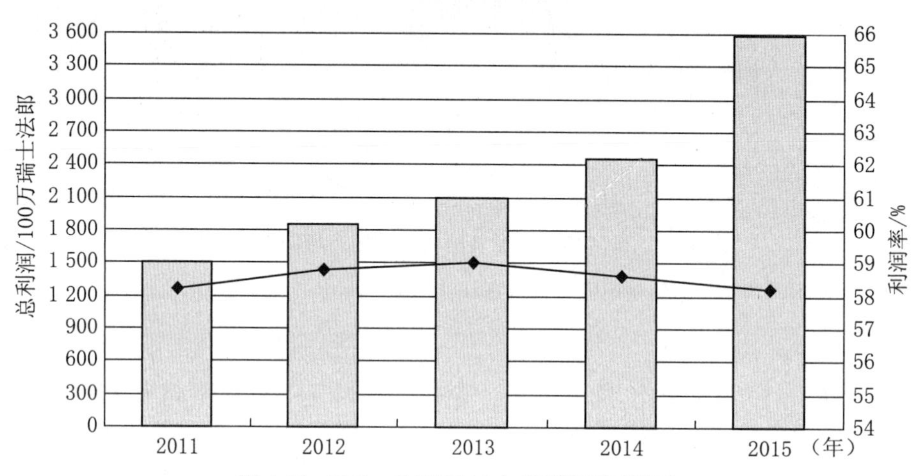


**图 4.13　Dufry 公司 2015 年总利润及利润率**

资料来源：*Dufry 2015 annual report*(http://www.dufry.com/).

**1. 以并购提高全球市场占有率**

杜福睿的发展史，特别是最近 7 年来的发展，几乎就是一部收购和合并史(见专栏 4.1 杜福瑞发展简史)，也正是这一系列的收购和合并才最终奠定了它行业巨头的位置。

## 专栏 4.1　杜福睿发展简史[1]

1865 年：公司成立

1948 年：开始免税批发业务

1952 年：开始免税零售业务，在巴黎开了第一家免税商店

2003 年：改名为 Dufry

2004 年：Advent International Corporation 下的财团收购了其 75%的发行在外股本，砍掉了批发和非战略性业务，把公司战略聚焦在旅游零售

2005 年：成为上市公司，Advent International Corporation 下的财团收购剩余 25%的股份

2006 年：收购巴西旅游零售商 Brasif 及其物流平台 Eurotrade，在南美市场取得

[1] 资料来源：http://www.dufry.com/(杜福瑞官网)。

巨大突破

2007 年：收购波多黎各加勒比地区一大旅游零售运营商，其在波多黎各和其他加勒比地区拥有 23 家商店

2008 年：收购在美国和加拿大的 69 个机场航站楼和交通枢纽地段拥有 550 家商店的美国旅游零售商 Hudson Group

2010 年：杜福睿有限公司和杜福睿南美有限公司合并

2011 年：收购在阿根廷、乌拉圭、厄瓜多尔、马提尼克、亚美尼亚 10 个机场的 21 家免税店

2012 年：与俄罗斯 RegStaer 集团成立合资公司，持有 51%股权，收购希腊 Folli Follie Group 旅游零售业务 51%的股份

2013 年：与巴西圣保罗、巴西利亚、坎皮纳斯、纳塔尔等地的免税和有税商店签订长期合同，加强在巴西的市场存在

2014 年：收购瑞士 Nuance 集团，Dufry 成为全球领先的机场零售商

2015 年：收购 World Duty Free Group，Dufry 达到机场旅游零售 24%的市场份额

2016 年第一季度，杜福睿新开店铺总面积为 4 500 米$^2$，新增的签约面积为 25 000 米$^2$。从新增面积地域分布来看，北美和拉丁美洲依然是公司布局的重点地区，南欧及非洲地区在未来 2 年也将新增签约面积 3 700 米$^2$，在亚洲、中东和澳大利亚的发展脚步也正在加快(图 4.14)。

地域多样化是公司的重要战略之一，因为来自世界各地不断增长的游客是推动旅游零售业的重要源泉。公司在欧洲南部及非洲地区中的 14 个国家拥有 419 家商店，占 2015 年总营业额的 22%。英国及中东欧，拥有 294 家店铺，占 2015 年的总营业额 28%。亚洲，中东和澳大利亚拥有 130 家店，营业额占比 10%。拉丁美洲拥有 391 家商店，占 2015 年总营业额的 20%，巴西一共新增了 26 家商店，其中 12 家是 Hudson 的便利店。北美地区拥有 974 家商店，占 2015 年的总营业额 20%。

杜福睿 2013 年前赢利大幅依靠美洲市场，收购竞争对手 Nuance 的目的就是想要扩大在欧洲与亚洲的市场占有率。2013 年，Nuance 的全球营业额中有近 67%的部分来自亚太和欧洲市场。据行业内数据分析机构预计，由于亚洲市场的迅速崛起，到 2019 年，全球机场零售额预计将从 2014 年的 368 亿欧元增长至 570 亿欧元。对市场进一步扩大的预期也成为杜福睿近年来加快收购和合并步伐的一个重要原因。

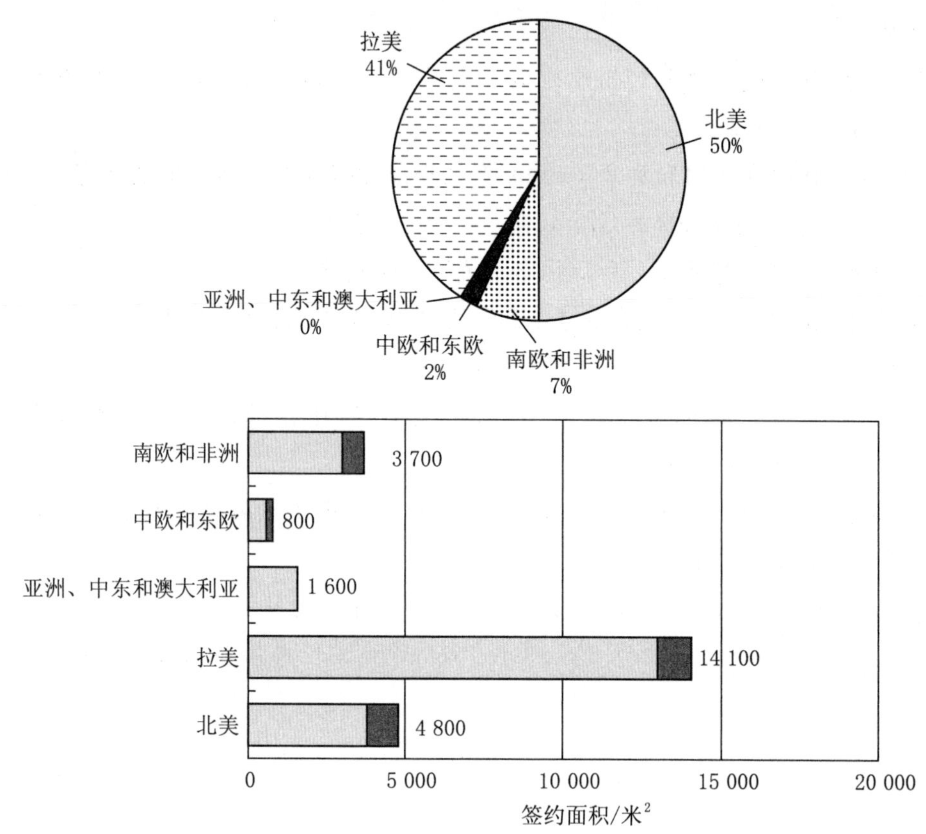


**图 4.14　2016 年第一季度杜福睿店铺新增及签约面积地域分布**

资料来源：*Dufry 2016 Q1 report*(http://87788.choruscall.com/dufry/dufry160503_presentation.pdf).

**2. 提升消费者的旅行体验**

杜福睿把客户服务放在首位，不断革新服务模式。在公司网站上，消费者可以找到超过 50 个景点的旅行小建议，包括景点、住宿和购物点信息的介绍。同时，顾客也可以在网站的预定系统上提前订购商品，旅行时直接到店取货，现在这套系统在阿根廷、巴西、希腊、印度、俄罗斯、乌拉圭、瑞典和瑞士都能使用。为了更好服务于客户，杜福睿还独家推出全球 30 天退换货保证，消费者可以通过在线客服、邮件或电话等方式和公司联系，服务包括多种语言。Dufry Red 是其推出的客户忠诚度项目，给参加的会员提供折扣及独家礼品等优惠。这个项目 2014 年在巴西首次推行，获得成功后又在瑞士开展，预计 2016 年上半年将在西班牙，瑞典等地推开。

2015 年，公司重新设计装修了位于意大利米兰马尔本萨机场和希腊雅典机场的两大门店，升级客户体验，有效提高了乘客的人均花费。公司以多种商业形态服务于消费者，Dufry Shopping 是针对国内旅客的有税零售商店，其产品和店内布局都和免税零售店一样，公司最早在巴西利亚机场开设一家 1 600 米$^2$ 的商店，获得了很好的反响，之后在全球推广。35 家品牌精品店囊括了 Burbbery、Bally、Bvlgary 等知名奢侈品牌。便利店品牌 Hudson 则提供多种软饮、糕点、旅行纪念品、杂志和书籍等商品。专门店和主题商店提供某单一商品种类下的多种品牌。比如“Tech on the Go”专门提供技术型旅行者使用的电子设备及配件。

**3. 与上下游厂商紧密合作**

在产品端，杜福睿创新之举在于为各大合作品牌制订“品牌计划”，即通过深度分析，提出品牌商在免税零售领域发展的中期计划，并经严格评估后付诸实施。这种双赢合作使得品牌方可以在免税零售店内执行更长远的战略，杜福睿也能从中获得稳定收益。目前，杜福睿和一些重要的国际品牌都制定了该计划。此外，杜福睿会把单个地点的订单自动加成，最后汇总打包给品牌商一个大订单，大大简化流程。在物流方面，杜福睿拥有乌拉圭、瑞士和中国香港 3 个物流点，分别服务于美洲、欧洲（不包括西班牙和英国）、北非和中东，以及亚太地区。供货商只需把商品集中发往物流分发中心即可。

杜福睿特许经营许可场地分布广泛，前十大特许经营地仅约占总营业额的25%。有相当一部分特许经营是 10 年期以上的合同，比如在米兰机场，合同时间一直到 2041 年，在希腊则到 2048 年。杜福睿平均特许经营合同期为 8 年，其中 20%达到 2 年，约三分之一是 3 至 5 年，另外 20%达到 6 至 9 年，剩余为 10 年以上。公司也在不停寻找有吸引力的特许经营地点。

## （二）亚马逊

成立于 1995 年的亚马逊（Amazon）是全球最早开始经营电子商务的公司之一。官方统计数据显示，早在 2011 年，亚马逊的全球独立用户数量就高达 2.822 亿，位居全球第一。亚马逊在电商高速发展的时期曾经出现利润数据突然暴跌为负的情况，在 2015 年，亚马逊的收入达到 1 070 亿美元，净利润不过 5.96 亿美元，净利率不到 5%，这和亚马逊投资未来，关注客户和收入增长远多于利润有关。对于亚马逊来说，其最大的收入源并非来自电商本身，而是其会员订阅系统（Prime，即“金牌会员”）和云平台服务（Amazon Web Services，AWS）。2016 年亚马逊第一季度的营业毛利有所上升，其中云平台服务从 2015 年第一季度的 12.5%上升到了 23.5%。而北美和国际业务的营运毛利分别为 3.5%和 1.3%。

### 1. 美国电商业务的领头羊

目前，亚马逊大概有 8 000 万年付会员，其中，最主要的“会员国”是美国，其数量达到 6 400 万人。图 4.15 显示的是 2015 年 3 月美国各大电商平台每月的访客数量：亚马逊第一，达到 1.75 亿人次，沃尔玛第二，8 192 万人次，塔吉特第三，5 084 万人次。

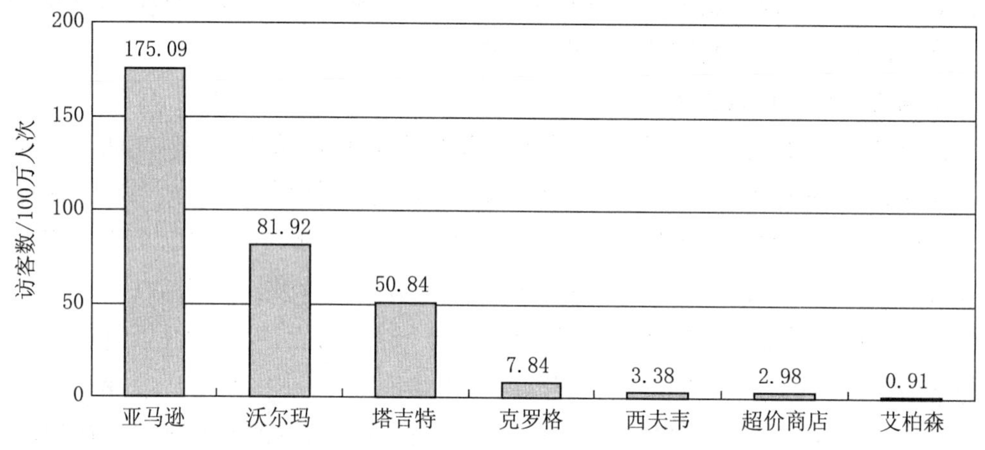


**图 4.15 美国各大电商平台月访客数**

资料来源：comScore(http://www.comscore.com/).

自 2010 年以来，美国主要零售店的销售增长缓慢，但是亚马逊(北美)却开始暴增(图 4.16)。据德意志银行的数据，2015 年亚马逊销售额已经超过实体店。美国商务部数据显示，在全美电商增长中，亚马逊占了 51%，而在整个零售增长中，亚马逊占了 24%(表 4.12)。

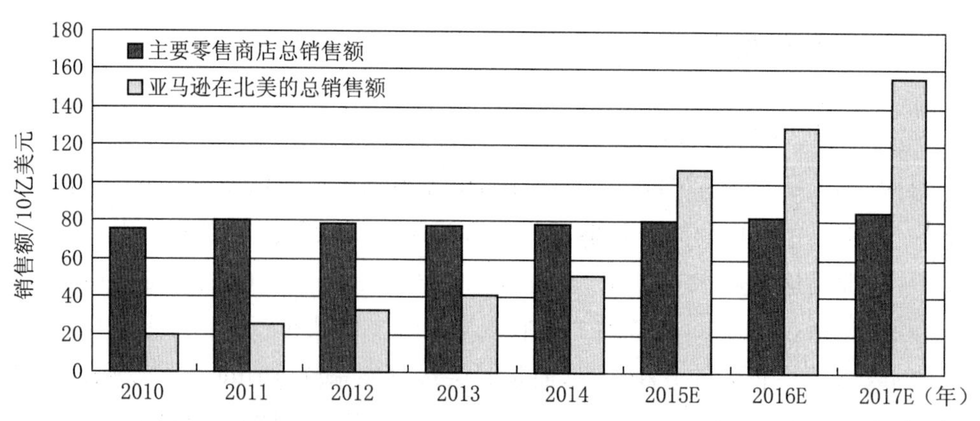


**图 4.16 亚马逊与其他主要零售商店销售收入比较**

说明：2015 年、2016 年、2017 年为 Bloomberg Finance LP 预测的销售额。
资料来源：Bloomberg Finance LP. DB Global Markets Research.

表 4.12 亚马逊销售增长速度比较

| 项　　　　目 | 2013 年 | 2014 年 | 2015 年 |
|---|---|---|---|
| 亚马逊美国境内总销售额/10 亿美元 | 52 | 66 | 88 |
| 亚马逊美国境内总销售增长额/10 亿美元 | 10 | 13 | 22 |
| 亚马逊销售增长在全美电子商务增长中占比/% | 33 | 36 | 51 |
| 亚马逊销售增长在全美销售增长中占比/% | 14 | 15 | 24 |

资料来源:Company Data, U.S. Department of Commerce, Macquarie Research, 2015.12.

**2. 下一个跨界的"万有商店(Everything Store)"**

亚马逊的产品种类之广已不用赘述,其网上商城涵盖了图书、电子设备、家居家电、美妆和个人护理、食品生鲜、服装、钟表首饰、汽车用具、游戏等一系列产品。亚马逊还为会员提供视频服务,以视频片名统计,截至 2016 年 3 月 29 日,亚马逊的在线视频数为 20 386 个,是 Netflix(7 008 个)的近 3 倍还多(图 4.17)。除了各种电影,亚马逊表示将要大力投资原创内容,为视频创造者提供名为亚马逊直达视频(Amazon Video Direct)的自服务项目,该项目允许创造者从上传的视屏中获得收益。这与之前的 Kindle 直达出版相似,允许作者在 Kindle 上自出版书籍。

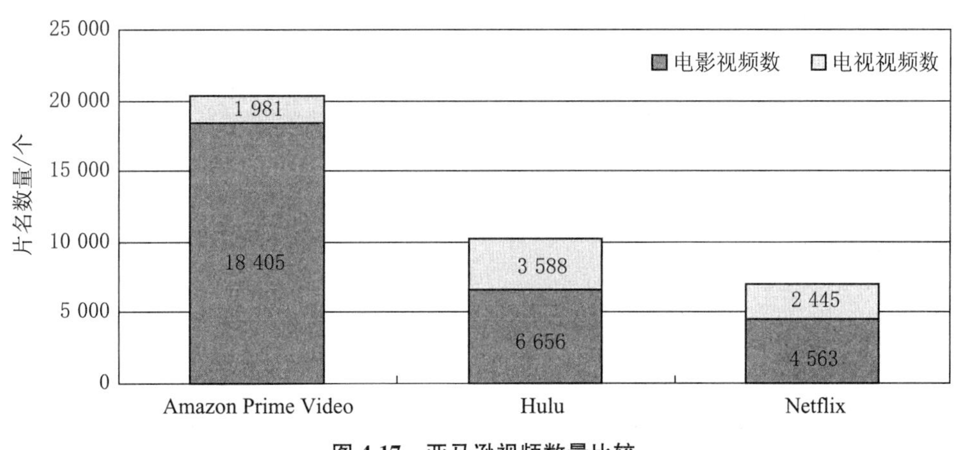


图 4.17 亚马逊视频数量比较

资料来源:Instant Watcher, Justwatch.com, Somethingtostream.com, Barclays Research.

此外,亚马逊致力成为时尚领域的弄潮儿。除了其自有的服装品牌,亚马逊还与各大服饰品牌合作,在亚马逊上直接销售其服装。亚马逊还推出了声控设备 Echo,作为智能家庭设备的信息流转中心。一些分析师预测,这极有可能成为下一个 10 亿美元的项目。

**3. 线上线下多方拓展市场疆域**

亚马逊已经改变了我们的网络购物方式，它正改变我们在实体店的购物方式。2015 年秋季，亚马逊在美国西雅图开设了首家实体书店，但近期有报道称，亚马逊的零售业务雄心可能更大，它可能增设更多实体零售店，且出售更多类别的产品。利用其技术和大量用户数据开发出新的店内购物方式，包括结账排队、产品评论、动态价格等等。

物流也是亚马逊的重点投入领域。越来越多的用户订阅了“会员服务”，因此在亚马逊收入增长的同时，其物流面临前所未有的压力。目前亚马逊的思路包括建立更多的物流中心和配送中心。此外，亚马逊也开始测试“Prime Air”业务，即尝试用无人机来送货。近期，德国媒体报道称，亚马逊正向零售业巨头拥有自己的航空速递迈出第一步，它打算买下法兰克福哈恩机场，该机场地理位置能很好地完善亚马逊在欧洲的物流业务。

**4. 优化跨境电商服务体验**

2014 年 8 月，亚马逊宣布将在上海自贸试验区设立国际贸易总部，通过“跨境通”平台实现美国货物直邮中国。同时，亚马逊海外直购在中国国内设立维修售后网点。10 月 29 日，亚马逊中国在北京宣布，开通下属的美国、德国、西班牙、法国、英国和意大利六大海外站点直邮中国的服务，消费者在美国或欧洲等境外亚马逊网站购物时，享受和海外消费者同款同价的实惠，并可使用人民币结算。不仅如此，亚马逊还承诺可以帮助消费者快速处理清关手续，并提供标准、加快、特快 3 种可选配送服务，不但国际邮费大幅下降，而且平均运送时间也缩短为 9～15 天。后期亚马逊还会陆续开通其他国家的直邮和中文海外购，借助其在全球 13 个国家的网站，覆盖北美、南美、大洋洲、亚洲和欧洲。

## （三） 克罗格

克罗格(Kroger)的历史可追溯到 1883 年，从小型杂货店到超级市场的发展过程中，公司一直把创新摆在首位。“人无我有，人有我新”是克罗格公司在百年纪念日上对自己的概括。克罗格公司 2015 财年的销售额达到 1098 亿美元，商店模式包罗了杂货店、百货商场、折扣店、便利店和珠宝店，旗下拥有 20 多个品牌。

**1. 保持市场领先地位，收购扩张提升业绩**

在全球零售业被电商冲击的今天，克罗格在过去连续 47 个季度中，同店销售额一直都保持正增长。根据市场调研机构 MarketLine 的数据，尽管克罗格超市只在美国开店，是全球10强零售商中唯一未发展境外业务的零售商，但是在其经营的49个主要市场中，有42个市场都保持第一或第二的地位。其年报显示，在2014财年年底，克罗格旗下共有2 640家超市、786个便利店、320个珠宝店以及38家工厂。

据公司2014年的年报，克罗格2013年到2014年间的总收益相较于其他同行企业增长迅速(图4.18)，这与克罗格的收购战略有很大关系。克罗格于2014年1月收购了竞争对手高端超市连锁运营商Harris Teeter Supermarkets，又于2014年8月收购了网上维生素和膳食补充剂零售商Vitacost.com，将其在2016全球零售力量报告中的排名从第6推升至第3位。2015年11月，克罗格宣布与威斯康辛州连锁超市Roundy's达成并购协议，旗下超市将再添一名成员。

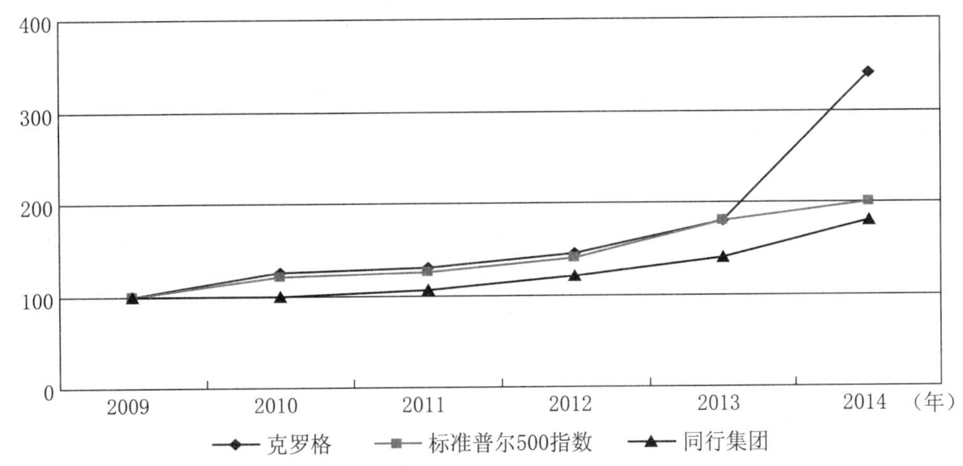


| 公司名/指数 | 基准年指数值 | 年末指数化利润 | | | | |
|---|---|---|---|---|---|---|
| | | 2010年 | 2011年 | 2012年 | 2013年 | 2014年 |
| 克罗格 | 100 | 101.12 | 117.57 | 137.80 | 181.50 | 352.22 |
| 标准普尔500指数 | 100 | 122.19 | 128.70 | 151.35 | 182.08 | 207.98 |
| 同行集团 | 100 | 108.56 | 114.10 | 137.81 | 155.93 | 188.85 |

**图4.18 2010—2014年克罗格、标准普尔500指数和同行集团总收益比较**

说明：克罗格的财政年截止为距离1月31日最近的周六；全都假设在2010年1月30日有100美元的红利再投资；2009年为基准年。

资料来源：克罗格.2015年年报(2016)。

**2. 多样化的自有品牌**

从产品角度看，克罗格超市以自有品牌和有机食品闻名。数据显示，克罗格超市销售额的四分之一都来自自有品牌，每个店铺内平均有1.3万种自有品牌商品，而

40%的自有品牌商品都是在超市旗下的 38 家工厂内生产的。

克罗格自有品牌总共分为 3 个大类,以满足不同客群的需求。第一种叫做“个性选择”(private selection),其产品品质和种类偏于高端;中档称为“旗帜品牌”(banner brand),这一档产品的数量最大,聚焦于大众口味和高效满足用户需求;最后一种称为“超值克罗格”(Kroger value),主打低价,主要客群是较低收入的用户。克罗格超市的有机食品也是自有品牌,为 Simple Truth,共包括 3.5 万种商品,而且保证这些有机食品不含有 101 种人工添加剂。因此,据投行 JP Morgan 预测,克罗格超市将会在 2 年内取代全食超市(Whole Foods)成为全美第一大有机食品超市。

**3. 异业合作的创新动力**

对于克罗格超市来说,异业合作也是一个重要的传统。截至 2014 财年末,克罗格在全美 31 个州的 1 240 家店铺可以为顾客提供加油服务,而在 2003 财年,这个数字仅为 376 家。这些加油服务给企业带来巨大的客流量——即便是仅仅加油,企业也能赚到一定的利润。

此外,诊所(Clinic)在克罗格超市内也是其一大特色。这类诊所的特点在于价格低廉且每天的运营时间长于传统医院。在流感爆发季节,这种超市内的诊所成为接种疫苗的重要地点——打完针再买点东西“补偿”一下自己。数据显示,克罗格是全美第五大药店,它共有近 2 000 个药店(诊所)。在 2014 财年,其诊所共销售 164 种处方药,为企业带来了 83 亿美元的收入。

**4. 数据驱动的会员体验**

在技术应用方面,克罗格超市通过相应的传感器提供 iBeacons 服务,将数据即时反馈给店内经理。这些数据包括每个区域有多少人,这些人都是谁,等等。对于用户来说,最直观地体会就是,他们在结账时的等候时间从平均 4 分钟降低到 30 秒。公司还在试验智能价签,希望能给实体店带来新变革。

克罗格超市每个季度要寄出 1 100 万份手册。根据超市的测算,在手册寄出的 6 周内,其提供的兑换券有超过 7 成的使用(兑换)率,每年仅这一项所带来的收入就超过 100 亿美元。从手册内容看,每位用户拿到的内容都是不同的,而且册子中的推广项目也不多,只有 12 张折扣券,其中,10 张是根据用户购买历史而提供的优惠券,其他 2 张用于“做实验”。

通过差异化的商品来吸引用户只是第一步而已,第二步就是用技术将用户和店铺连接起来,这既发生在线上,更要发生在线下,甚至线下比线上还要重要,所谓“全渠道”的核心,本质上是“+互联网”,而不是“互联网+”。

## 参考文献


[ 1 ] A.T.Kearney. *The 2015 Global Retail E-Commerce Index: Global E-Commerce Keeps on Clicking*(April 2015).

[ 2 ] A.T.Kearney. *The 2015 Global Retail Development Index: Global Retail Expansion: an Unstoppable Force*(June 2015).

[ 3 ] Technavio.全球免税零售市场 2015—2019[R].2015.

[ 4 ] Technavio.全球奢侈品电商市场 2015—2019[R].2015.

[ 5 ] 埃森哲.全球跨境 B2C 电商市场展望[R].2015.

[ 6 ] 德勤(Deloitte).2016 年全球零售力量:跨越新数字化鸿沟[R](2016.1).

[ 7 ] 杜福睿.2015 年年报[R].2016.

[ 8 ] 克罗格.2015 年年报[R].2016.

[ 9 ] 美国统计局.最新月度批发贸易报告[R].2016-2.

[10] 欧盟统计局.欧盟统计局欧元指标[R].欧盟统计局,2016-02-03.

[11]日本经济产业省.第三次产业活动指数[R].2016-02.

[12] 筱崎博司.日本零售业的全渠道发展历程概况和启示[J]. 商场现代化,2014(31):12-15.


本章撰写:陈　煦

# 第五章　世界电子商务发展动态

## 一、世界电子商务发展总体态势

2015 年世界经济总体增长低于预期,部分发达地区和发展中地区的经济发展分化日益显著。联合国 2016 年 1 月发布的《2016 年世界经济形势与展望》显示,2015 年世界生产总值(WGP)增长 2.4%,低于 2014 年 2.6%的增长。其中,尽管美国和欧盟 15 国等近 3 年内的实际国内生产总值(GDP)逐渐向好,但大部分发展中国家和转型经济体却逐渐下降,这使得世界经济仍处于低经济增长、低国际贸易流量、低通货膨胀、低投资增长的状态,需求不足,消费环境不太乐观,这进一步凸显了电子商务的重要性,也推动了电子商务领域的转型发展。

### (一) 全球电子商务市场持续增长,带动作用日益突出

近年,全球电子商务持续高速增长,均保持在 20%以上的增长率,在全球零售产业中的比重日益上升。电子市场研究公司(eMarketer)报告显示,2015 年全球电子商务市场规模为 1.671 万亿美元,比上年增长 25.1%,占全球总零售额 22.8 万亿美元的 7.4%。但总体上看,电子商务在全球零售产业中的比重还不大,目前,还没有达到全部零售额的十分之一,因此,电子商务的增长潜力巨大。预计未来几年电子商务仍旧保持约 20%的增长率。2019 年,全球电子商务零售额将达 3.551 万亿美元,占全球 28.55 万亿美元总零售额的 12.4%(表 5.1)。

电子商务的高速发展,使其对经济增长的贡献受到关注。联合国贸发会议 2015 年 3 月发布的《2015 年信息经济报告:发展中国家释放电子商务的潜力》(*Information*

表 5.1 2013—2018 年全球电子商务发展概况

| 项 目 | 2013 年 | 2014 年 | 2015 年 | 2016 年 | 2017 年 | 2018 年 | 2019 年 |
|---|---|---|---|---|---|---|---|
| 电子商务零售额/10 亿美元 | 1 077 | 1 336 | 1 671 | 2 050 | 2 499 | 3 015 | 3 551 |
| 增长率/% | 25.9 | 24 | 25.1 | 22.7 | 21.9 | 20.7 | 17.8 |
| 占全球零售额的比重/% | 5.1 | 6.3 | 7.4 | 8.6 | 9.9 | 11.4 | 12.4 |

说明：数据包括了通过任何设备利用互联网订购的产品与服务，不包括旅游和活动门票。

资料来源：eMarketer，*Asia-Pacific Is Home to Majority of World Retail Ecommerce Market*（2015. 12），http://www. emarketer. com/Article/Asia-Pacific-Home-Majority-of-World-Retail-Ecommerce-Market/1013352#sthash.MiliCd3K.dpuf；*Retail Sales Worldwide Will Top $ 22 Trillion This Year*（2014.12），http://www.emarketer.com/Article/Retail-Sales-Worldwide-Will-Top-22-Trillion-This-Year/1011765.

*Economy Report 2015：Unlocking the Potential of E-commerce for Developing Countries*）指出，电子商务市场的成长对国内生产总值（GDP）构成、生产率的提高、产业收益构成都有着很大的影响。2012 年，对于 G20 国家而言，其来自网络的消费者剩余已占全部 GDP 的 4.4%；2003—2010 年电子销售的应用将劳动生产率提升了 2.1%，年均 0.3 个百分点。在欧洲，由于大多数国家的生产率增长速度较低，这种贡献值得重视，电子商务尤其对小企业和服务业的促进效应更大。在美国，电子商务在其制造业总收入的比重从 2002 年的 19%增长到 2012 的 50%以上，在其服务业总收入的比重从 2010 年的 2.7%增长到 2012 的 3%。

## （二） 中国引领全球电子商务领域发展

新兴市场经济体的电子商务市场规模在经过了一段快速发展以后，开始出现分化。中国、印度等亚太地区国家的增长率继续领先全球，而巴西等拉美国家的增长率开始趋缓。这主要是与整体的经济形势和消费环境有关。中国继续在市场规模、发展速度、增长潜力等方面引领全球电子商务的发展。

从市场整体规模来看，2015 年中国电子商务零售市场的销售额达到了 6 720 亿美元，这一数字比 2014 年 12 月电子市场研究公司（eMarketer）预计的 5 627 亿美元又增长了 19%，表明 2015 年中国电子商务市场的增长远超预期。中国电子商务的总体规模已占全球电子商务零售市场的 40%，比 2014 年提升了 5 个百分点。较为乐观的预计，2018 年中国的全球比重将超过 50%。

从增长速度来看，中国近年来一直高速增长，2015 年比上年增长 42%，超过美国、英国、日本等多数电子商务发达国家，也超过了巴西 15.5%的发展速度。但是，这一增长速度低于印度(130%)、印尼(66%)等国,说明一些新兴市场国家的电子商务市场开始加速发展。然而,由于印度等国的市场规模仍然很小,目前,中国企业已经具有较大的影响力,阿里巴巴已经成为全球最大的电子商务公司,具有较多的新兴市场创新能力和经验,未来有着更大的示范效应。

展望未来,中国是全球发展潜力最强的国家。根据科尔尼的报告《2015 年全球零售电子商务指数》显示,中国的全球零售电子商务吸引力指数排名第二,仅次于美国,但发展潜力指数为 86.1,居全球第一,远超美国(22.0)(表 5.2)。未来,由于中国加强相关基础设施建设,消费行为继续改变,中国的电子商务市场仍将得到大的发展。

**表 5.2 2015 年全球零售电子商务指数前 10 名国家**

| 排名 | 国家 | 指数权重 | | | | 在线市场吸引力总分 |
|---|---|---|---|---|---|---|
| | | 市场规模(40%) | 消费者行为(20%) | 增长潜力(20%) | 基础设施(20%) | |
| 1 | 美国 | 100 | 83.2 | 22.0 | 91.5 | 79.3 |
| 2 | 中国 | 100 | 59.4 | 86.1 | 43.6 | 77.8 |
| 3 | 英国 | 87.9 | 98.6 | 11.3 | 86.4 | 74.4 |
| 4 | 日本 | 77.6 | 87.8 | 10.1 | 97.7 | 70.1 |
| 5 | 德国 | 63.9 | 92.6 | 29.5 | 83.1 | 66.6 |
| 6 | 法国 | 51.9 | 89.5 | 21 | 82.1 | 59.3 |
| 7 | 韩国 | 44.9 | 98.4 | 11.3 | 95 | 58.9 |
| 8 | 俄罗斯 | 29.6 | 66.4 | 51.8 | 66.2 | 48.7 |
| 9 | 比利时 | 8.3 | 82 | 48.3 | 81.1 | 45.6 |
| 10 | 澳大利亚 | 11.9 | 80.8 | 28.6 | 84.8 | 43.6 |

说明:在科尔尼的电子商务吸引力指数的计算中,市场规模、消费者行为、增长潜力、基础设施的权重分别为 40%、20%、20%和 20%。

资料来源:A.T.Kearney, *The 2015 Global Retail E-commerce Index*™(2015.4), https://www.at-kearney.com/consumer-products-retail/e-commerce-index.

## (三) 电子商务市场走向品牌时代

经历了多年的高速发展,电子商务市场竞争日益激烈,并在近年宏观经济整体表现不佳的大环境下,市场竞争从粗放式开始走向服务与品牌化竞争。

一是品牌扩张。近几年,电商企业在资本市场估值高涨,并有大量企业进行首次公开募股(IPO),如阿里巴巴、美国手工电商平台(Etsy)、加拿大电子商务方案公司(Shopify)、美国著名的移动支付公司(Square)等,而这些公司在募集到资金后,大多进行了大量并购,以进行扩张。普华永道的报告《美国技术交易洞察——2015概览及2016展望》(*US technology deals insights—2015 year-end review and 2016 outlook*)显示,2015年美国科技行业宣布并购的交易总额达到3 131亿美元,创历史新高,比2014年增长82%,其中电子商务是热门领域之一。而大型电商企业进行扩张的结果,使得新兴电商的崛起变得更加艰难。

二是品牌联合。在电子商务的热潮下,强强联合强化竞争优势已经成为趋势,这一方面表现在电子商务企业与传统企业之间的合作,另一方面表现在电商之间。合作的途径有两方面,一则品类合作,尤其是跨境电子商务领域,亚马逊2015时尚年度消费报告显示,2015年,亚马逊中国自营中,600多个国际品牌销售额占整个时尚销售的近80%,其中进口直接采购和独家品牌数量比上年增长近两倍;二则是进行企业的全面合作或重组,如由于经济环境较差,全球两大奢侈品电商(Yoox SpA、Net-a-Porter Group SpA)于2015年进行了合并重组。

三是在线产品的品牌化。电商领域的品牌化途径主要是有两个方面:第一,进行品牌营销,如美国手工艺品电商Etsy采用了全方位的口碑营销策略,通过各种线下活动和线上社区营造品牌效应,如线下的缝纫大赛、手工艺品市集、兴趣小组,线上的手工爱好者社区、论坛、虚拟课堂、博客等;第二,大量的电商开始开设线下实体品牌店,如美国男士服装电商企业(Bonobos)、眼镜电商(Warby Parker)、法国时尚鞋商(Spartoo)等已开设多个实体店。

四是加强知识产权保护。随着在线产品的品牌化,一些领先的企业开始关注知识产权保护。如亚马逊近期宣布推出一系列举措,全方位支持中国卖家通过"全球开店"业务打造中国的国际品牌。其中一项重要的措施是为卖家提供亚马逊全球十大站点上的品牌注册服务,加强卖家品牌及版权保护,而北美市场的中国卖家可以申请加入亚马逊独家计划(Amazon Exclusive),获得品牌建设工具、独家专卖店销售权、专属营销支持以及品牌保护整合方案。

### (四) 新模式和新业态塑造产业新生态

互联网技术的应用正在由商业领域向更为广泛的消费领域及生产领域拓展,以及消费行为的转变,也由此诞生一些新兴的模式或业态。目前有两大新模式引起了较多的关注。一是以分享经济为主的新型C2C模式,这种模式源自协同消费(collaborative consumption)理念的发展。协同消费是一种群体消费模式,不以占有为目的,而以短期使用权为目的,来自长期以来分享、开放、环保等社会发展理念的形成。在这种新的消费模式下,以整合碎片化资源为主的分享电商在法律、管理等各种困境中逐渐兴起,这些碎片资源包含在旅游、交通、餐饮等各个领域中,也引起了这些行业格局的改变。

二是以工业电子商务为主的新型 C2B 模式,源自个性化理念的发展。这种模式是以消费者需求为起点的,并主导和参与商业全过程的个性定制化的模式,具有三大体系——个性化服务、柔性化生产、社会化供应,最终形成消费互联网和工业互联网的无缝链接。其核心以电子商务平台为基础,实现个性化信息服务、个性化营销、个性化购物过程、个性化售后服务等个性化体验,涌现了大量的电子商务企业。

这些新型的模式以消费需求为核心,将消费、生产、协同体系贯通在一起,形成信息、制造、流通、金融等各行业间互通互联的体系,形成点对点的网状产业生态系统,产生新的产业支撑模式,从而提高产业效率。

### (五) 新技术驱动"最后一公里"创新体验

在新的商业生态系统中,如何创新"最后一公里"的消费体验,成为电子商务领域创新发展的突破点之一,而新兴的技术正在成为重要的驱动力量,从购买决策、支付、物流等多个方面形成更便捷的新体验。

在购买决策方面,虚拟现实技术、可穿戴设备等将带来全新的体验或途径,将形成新的场景消费体验,使得网络消费行为的交互性进一步增强,电商营销策略更加动态立体化。目前,各大电商巨头都在投入巨资进行实验。2015 年脸谱公司宣布将为虚拟现实头盔用户提供 360 度全景视频,美国的塔吉特百货公司已开始在导购过程中实验使用谷歌平板设备(Project Tango3D)。而 2016 年,阿里巴巴在收购增强现实创业公司 Magic Leap 的基础上,又宣布成立虚拟现实实验室(GnomeMagic Lab),以帮助商户利用虚拟现实技术开展销售。

在支付方面,近距离通信技术、支付安全技术、云支付技术等多种新兴技术,推动了移动电商的发展。近距离通信技术以近场通信技术(NFC)、低功耗蓝牙技术(iBeacon)等为代表;支付安全技术主要体现在无码技术和加密技术,无码技术在当前最引人关注的主要是生物识别技术;云支付技术主要以基于主机的卡模拟(host-based cardemulation, HCE)技术为主,典型如苹果指纹支付、NFC 支付、HCE 支付、二维码、蓝牙支付等多种支付方式。

在终端设备和物流方面，智能恒温储物柜、无人机、物联网设备等不仅成为新型的物流支撑体系，也将可能成为新的智能终端和电商入口。智能储物柜由亚马逊于2011年开始在美国、英国等地实验，目前已在全球广泛应用。无人机由亚马逊于2013年提出，但目前由于管制等原因还没有大规模使用。这些新技术提供了电商物流的新方式，进一步推动了生鲜电商、偏远地区电商的发展。

### （六） 各国电子商务法规侧重不同

电子商务法规已经引起各国普遍重视，但各国侧重点不同，主要表现在相关政策或开放或收紧。有多个国家正在放松电商领域有关管治，如2015年，中国宣布在全国范围内放开在线数据处理与经营类电子商务的外资股比限制，外资持股比例可至100%，鼓励和引导外资积极参与中国电子商务领域；英国废除了必须安装线下取货柜才能开展线下自取业务的规定，允许零售商提供线上预订线下自取服务；美国则实施新的网络监管新规，宽带服务提供商不能向脸谱、亚马逊、Netflix等公司收取额外费用，确保消费者安心享受服务。

然而，有一些国家却在强化相关治理，如日本在2015年新税制改革中，将对跨境购买的音乐、电子书籍等内容征收消费税；阿根廷、澳大利亚、新西兰等国均对跨境电商消费税征收起点进行了较大的关注，降低起点的呼声较高，如新西兰零售商认为海外电商都应要求在新西兰进行登记，且每笔超过25新西兰元（约合110元人民币）的订单，消费者都要缴纳相应的商品服务税。目前，对这些政策也存在一定的争议，其主要原因是跨境电商对国家税收、本地零售企业、当地的消费者形成了较大的影响。目前，跨境电商政策正在发生变化，尽管一些政策还未实施，但未来，对电商的征税将会势在必行。

## 二、主要国家和地区电子商务发展态势

依托互联网技术发展，电子商务活动已经在全球大范围地渗透，欧美及亚太地区电子商务的发展尤为突出，在此重点予以介绍。

### （一） 美国

#### 1. 电子商务规模持续增长

美国统计局数据显示，近年美国电子商务零售市场的增长均呈现两位数的高速

增长，在全部零售额中的比重也逐年上升(图 5.1)。2015 年美国电子商务(B2C)规模将达到 3 417 亿美元，比上年增长 14.6%。电子商务规模占全部零售额比重在逐季增长，已占全部零售额的 7.3%(表 5.3)。未来几年，电子商务规模占全部零售额的比重进一步增长，电子市场研究公司(eMarketer)预计美国将持续保持 10%以上的增长率。

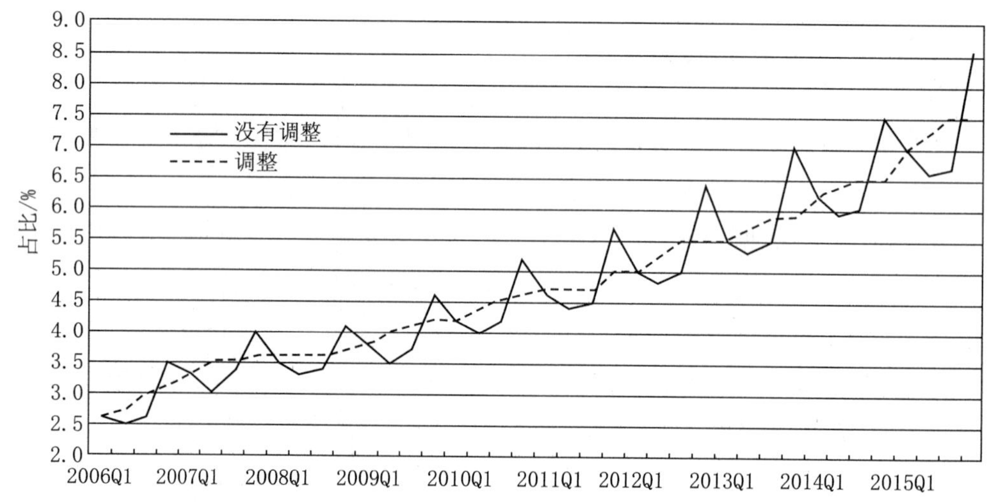


**图 5.1 2006—2015 年美国电子商务零售额占全部零售额的比重**

资料来源：United States Department of Commerce, *Quarterly retail e-commerce sales 4rd Quarter 2015*(2016.2)https://www.census.gov/retail/mrts/www/data/pdf/ec_current.pdf.

**表 5.3 2012—2014 年美国电子商务(B2C)市场概况**

| 项　　目 | 2012 年 | 2013 年 | 2014 年 | 2015 年 |
|---|---|---|---|---|
| 电子商务零售额/亿美元 | 2 255 | 2 625 | 3 049 | 3 417 |
| 年增长率/% | 15.8 | 16.9 | 15.4 | 14.6 |
| 占全部零售额的比重/% | 5.2 | 5.8 | 6.4 | 7.3 |

说明：各年数据来自于当年的数据统计报告。

资料来源：United States Department of Commerce, *Quarterly retail e-commerce sales 4rd Quarter 2015*(2016.2), *Quarterly retail e-commerce sales 4rd Quarter 2014*(2015.2), *Quarterly retail e-commerce sales 4rd Quarter 2013*(2014.2), *Quarterly retail e-commerce sales 4rd Quarter 2012*(2013.2).

近年来，移动电子商务增长更为迅猛。电子市场研究公司(eMarketer)的数据显示，2015 年美国移动电商市场规模预计达到 749.3 亿美元，比上年增长 32.2%，占全部电子商务零售额的 22%。其中，智能手机是移动电子商务主要途径。2015 年美国共有 7 830 万数字消费者，有 45.6%为智能手机终端消费者，智能手机移动电商销售额达到 394 亿美元，占全部零售移动电子商务销售额的 44.5%。而 2017 年将具有重要意义，智能手机消费者的数量、智能手机终端占移动电商零售额的比重均将超过 50%。

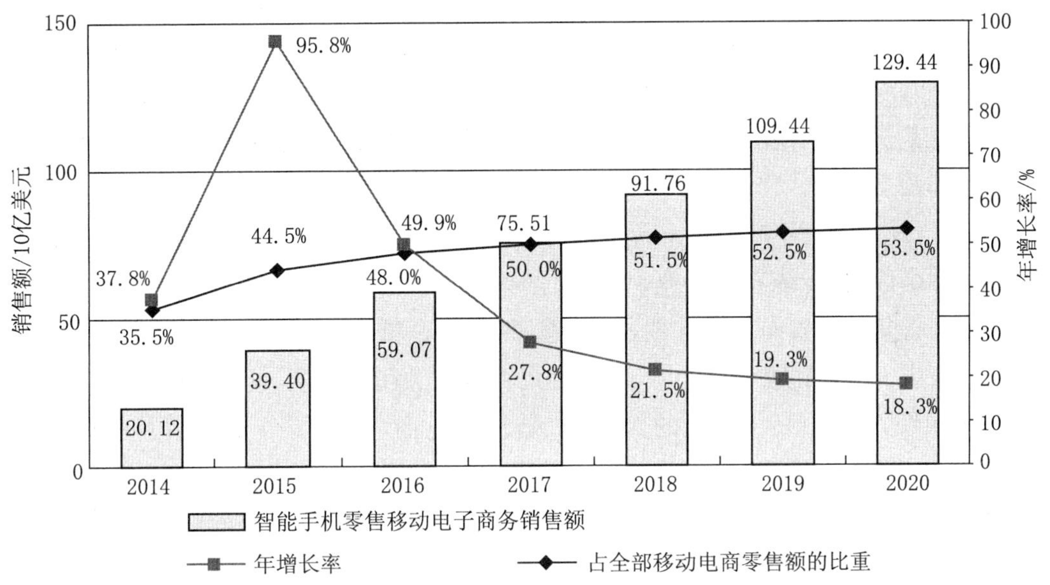


**图 5.2　2014—2020 年美国智能手机零售移动电子商务销售额概况**

资料来源：eMarketer, *Most Digital Buyers Will Make Purchases via a Smartphone by 2017*, http://www.emarketer.com/Article.aspx?R=1013590&dsNav=Ntk:basic%7cretail%7c1%7c,Ro:2,N:406—498#sthash.o878mcx1.dpuf, 2016-2-16.

### 2. 电子商务产业进入调整期

在经历了长期发展以后，美国的电子商务产业进入一个新的阶段。电子商务的渗透率较高，2013 年网购渗透率(网购用户与互联网用户之比)已经达到 73%，未来市场增长潜力有限，2015 年“科尔尼增长潜力指数”只有 22，同时，总体经济状况不佳，传统零售业开始大批转向电子商务领域，电子商务企业的增长遇到瓶颈。在这样的环境下，美国电子商务企业开始调整策略，以重塑竞争力。

其一，推出会员制电商模式。在进行全球扩张、业务领域的多元化的同时，部分美国电商巨头制定出新的服务计划，如亚马逊实施 Prime 会员制，亿贝提出代客服务计划及“亿贝+”(eBay Plus)计划。亚马逊的 Prime 服务计划是一项注册会员购物的增值服务计划，实行年费制，在有效期内，享受免运费、货物两日内送达，通过亚马逊免费获得海量热门电视剧、电影、书籍及其他福利。据《财富》杂志报道，目前全美有 38%的家庭在使用亚马逊会员服务(Prime)，并在全球多个国家推出。这一服务已经给相关产业形成了极大的冲击。目前,亿贝、沃尔玛、塔吉特等巨头均已开始推出相应的服务,会员制电商形式正在引起关注。

其二,实施收缩策略。在部分电商调整模式的同时,一些电商开始在全球化布局上收缩,或者进行裁员。如团购电商巨头高朋在经历了大规模的全球扩张以后,目前已决定退出部分投资与回报不成比例的市场,如希腊、土耳其,今后还将退出摩洛哥、巴拿马、菲律宾、波多黎各、泰国和乌拉圭等市场。一些曾经获得高估值的电商企业开始大量裁员,如闪购网站 Gilt、曾获估值 20 亿美元的杂货电商(Instrcart)等不得不实行内部裁员。

其三,新兴电商不断涌现。新兴电商来自两个方面,一是传统零售企业,在遭受大量的冲击以后,传统零售企业,开始大量关闭实体店,着重发展线上业务,2016 年初有多家百货商店宣布关店计划,据报道,西尔斯百货将关闭 235 家店、沃尔玛将关闭 154 家店、梅西百货将关闭 40 家店、彭尼百货将关闭 7 家店,同时实体店中引入智能购物系统,实现 O2O 模式的发展;二是新型电商,如技能分享网站及教育平台(Skillshare)、邻里社交平台(nextdoor)、个性化时尚网站(Sitich Fix)等。总体来看,新兴电商的着力点有多个,如分享、私密、智能、个性化等。

**3. 美国加强电子商务立法**

电子商务领域的高速发展引来了美国立法的高度关注。近期,与电子商务有关的法规主要有以下几方面。

一是"网络中立"法案。2015 年,美国联邦通信委员会(FCC)正式通过网络中立规则,这项法规将宽带互联网的分类由"信息"服务修改为"电信"服务,这意味着互联网将成为公用事业服务设施,这将使得联邦通信委员会大幅扩大联邦通信委员会对美国高速宽带提供商的监管,并将其作为公用事业机构加以监督,可以引入相关措施保护消费者和互联网公司,阻止大运营商的不公平服务。大型的宽带服务提供商将不能随意向电子商务等互联网服务公司收取额外费用,或者屏蔽某些网页功能,从而实现公平优质的服务。

二是消费者保护。2015 年美国公布了一项有关保护数据隐私的立法草案,允许行业在美国联邦贸易委员会(FTC)的监督下,自主制定有关保护数据隐私的规则,联邦贸易委员会将有权执行该法律,并可处以最高 2 500 万美元的罚款,同时对违规行为下达禁令。然而,草案一经公布,引起了极大的反响,美国消费电子协会、消费者隐私保护组织等均提出批评意见,前者认为该草案将损害创新,后者认为措施力度不够。

三是新兴模式的监管。近年兴起的新兴电商模式如何监管或立法在各州引起了分歧。如针对优步(Uber),2015 年华盛顿州西雅图市议会表决,允许专车司机加入企业工会,但这项决议并没有包含亚马逊服务(Flex、Prime Now)的临时工兼职司机。而亚马逊正在因为其对待临时司机的方式而遭到集体诉讼。而在这场诉讼中,加利福尼亚州洛杉矶认为,亚马逊快递司机应当获得员工待遇。此外,纽约州最高法院禁止来福车(Lyft)公司在纽约市提供汽车分享服务。这些分歧表明,新兴电商模式面临着现行法律和监管的困境。

## (二) 欧盟地区

### 1. 电子商务市场稳步发展

欧洲地区电子商务市场已经达到相当大的规模,西欧和东欧地区合并起来已成为仅次于亚太地区的市场。欧盟电子商务协会《2015 年全球电子商务报告》(2015 年 12 月)显示,2014 年欧洲地区电子商务市场规模为 5 670 亿美元,增长为 14%,占国内生产总值的 2.5%。其中,47%是服务类产品,53%是实物商品。预计 2015 年电子商务营业额将达到 6 390 亿美元,比 2014 年增长 11.4%,可能达到全部零售额的 7.2%,将远远超过经济总体增长水平。预计,2020 年消费者将有 52%的采购会来自网络。

各个国家中,英国是最大的欧洲市场,电子商务营业额占欧洲全部的比重接近 30%。其次为德国、法国、俄罗斯、西班牙、意大利,这 6 个国家已占据全欧洲地区 71.54%的市场份额(表 5.4)。

**表 5.4 2014 年欧洲地区各主要国家电子商务概况**

| 项目 | 英国 | 德国 | 法国 | 俄罗斯 | 西班牙 | 意大利 | 其他 | 总计 |
|---|---|---|---|---|---|---|---|---|
| 电子商务营业额/亿美元 | 1 689.72 | 945.89 | 754.59 | 265 | 224.52 | 176.4 | 1 613.88 | 5 670 |
| 占全欧洲地区比重/% | 29.80 | 16.68 | 13.31 | 4.67 | 3.96 | 3.11 | 28.46 | 100.00 |

资料来源:Ecommerce Europe, *Global B2C E-commerce Report 2015*, 2015.12, https://www.ecommercefoundation.org/reports.

### 2. 欧洲地区电子商务产业集中度较低

欧洲地区的电子商务企业较多,但企业集中度不高。联合国《2015 年信息经济报告》数据显示,欧洲地区前 10 家大型企业的销售额占前 500 家企业的销售额仅为 37%,远低于美国的 52%和中国的 86%。前十大企业中共有英国企业 4 家、美国 3

家、德国2家、法国1家，均在欧洲地区电子商务最为发达的地区。而美国企业亚马逊位居份额第一，引领欧洲电子商务的发展(表5.5)。

**表5.5 欧洲地区前十大电子商务企业**

| 排名 | 企业名称 | 所属国家 |
| --- | --- | --- |
| 1 | 亚马逊 | 美 国 |
| 2 | 奥托(Otto) | 德 国 |
| 3 | 史泰博 | 美 国 |
| 4 | 家悦集团(Home Retail Group) | 英 国 |
| 5 | 特易购 | 英 国 |
| 6 | 苹果 | 美 国 |
| 7 | CDiscount.com | 法 国 |
| 8 | Tengeimann | 德 国 |
| 9 | Shop Direct Group | 英 国 |
| 10 | 桑斯博里(Sainsburys) | 英 国 |

资料来源：UNCTAD, *Information Economy Report 2015* (2015.3).

这些企业中，业务领域仅为网络零售的企业仅有3家：亚马逊、CDiscount与Shop Direct Group，其他企业均为传统零售企业发展而来，如奥托公司是欧洲地区著名的邮购公司，家悦集团是英国著名的百货连锁公司，特易购、Tengeimann、桑斯博里等是大型超市连锁公司。这进一步表明，电子商务已经成为各大类型零售企业的主要业务。

正是由于欧洲地区电子商务产业集中度不高，这也为一些新兴企业创造了成长的机会。如德国专业服饰电商(Zalando)，成立专门的区域研究团队，研究不同国家的消费特点，从而迅速崛起；英国时尚电商(Farfetch)汇集了1 500多个国际知名设计师品牌；立陶宛网站Vinted专门从事二手食品交易；英国社交互动购物(Lyst)可以跟踪还未上市或者正在T台展出的商品。

**3. 欧盟不断完善电子商务单一市场环境**

自2010年以来，在“电子欧洲i2010战略”“欧盟第七框架计划”等基础上，欧盟相继制定了“欧盟2020战略”“地平线2020计划”等。2015年，为了打破欧盟境内的数字市场壁垒，欧盟正式公布“数字化单一市场”战略的详细规划，并相继提出了其他措施，这为电子商务的发展提供了极大的发展机遇。

一是数字化单一市场战略将全面优化电子商务发展环境。2015 年 5 月欧盟提出的数字化单一市场战略,从基础设施、物流、电子商务规则、税收、知识产权等各个方面进行了系统阐述。如提出建设高速、安全和可信的数字网络和服务的基础设施,在通信基础设施、云计算和大数据等方面进行投资;提供高质量跨境物流服务,提高欧洲投递方面的价格透明度;推动电信管理改革,建立一套能够适用于网络购物和跨境电商的简化规则,包括各成员国之间在合同、版权法律上的差异以及相关税赋等;建立更加统一的版权制度,允许数字内容的跨境传播和消费。

二是推动欧盟层面电子支付的统一规范。2015 年 11 月欧盟批准关于欧盟层面内部市场支付服务的指令(EC/2007/64/号指令废止)。新的法规考虑了网络和移动支付,并确保更加安全的支付条件。各成员国将在今后的两年内建立相关的国内法律。

三是完善跨境电子商务增值税办法。作为数字化单一市场战略的一部分,2016 年欧盟计划提出新的立法,以减少各成员国不同的增值税办法对跨境电子商务造成的障碍。如在线创业和小企业引入增值税门槛制,将单一电子注册和支付机制扩大到有形电商产品等措施。

四是建立在线跨境纠纷解决网站。2016 年 1 月,欧盟发布一个电子商务在线纠纷解决平台,消费者和企业在与欧盟境内企业发生网上交易纠纷时可以进行投诉,法律纠纷解决机构对通过平台登记的投诉进行调解,而消费者无须支付高额的法律费用。

## (三) 亚太地区

### 1. 亚太地区成为最大的电子商务市场

电子市场研究公司(eMarketer)数据显示,2015 年亚太地区达到 8 776.1 亿美元,比 2014 年增长 35.7%,占全球的 52.5%,第一次超过全球一半以上,成为全球最大的电子商务市场。2018 年将达到 18 920.7 亿美元,占亚太地区总零售额的 17.6%。其中,中国是最大的市场,2015 年已占亚太市场一半以上,达到 76.6%。

从增长速度来看,亚太地区总体上超过了全球总体增长水平。但各国有所分化,日本、韩国、澳大利亚等发达国家的增速低于总体水平,而印度、印尼、中国的发展速度大大超过总体水平,尤其是印度、印尼等国,电子商务产业开始起飞,2015 年的发展速度领先亚太地区(表 5.6),在未来几年将成为电子商务迅猛发展的区域。

**表 5.6　2014—2018 年亚太地区电子商务零售市场概况**

| 项　　目 | | 2014 年 | 2015 年 | 2016 年 | 2017 年 | 2018 年 |
|---|---|---|---|---|---|---|
| 中　　国 | 销售额/亿美元 | 4 729.1 | 6 720.1 | 9 112.5 | 12 083.1 | 15 683.9 |
| | 增长率/% | — | 42.10 | 35.60 | 32.60 | 29.80 |
| 日　　本 | 销售额/亿美元 | 785.5 | 895.5 | 1 003 | 1 113.3 | 1 224.6 |
| | 增长率/% | — | 14.00 | 12.00 | 11.00 | 10.00 |
| 韩　　国 | 销售额/亿美元 | 350.1 | 388.6 | 427.5 | 465.9 | 505.5 |
| | 增长率/% | — | 11.00 | 10.01 | 8.98 | 8.50 |
| 澳大利亚 | 销售额/亿美元 | 174 | 190.2 | 206.6 | 223.1 | 239.4 |
| | 增长率/% | — | 9.31 | 8.62 | 7.99 | 7.31 |
| 印　　度 | 销售额/亿美元 | 61 | 140 | 246.1 | 394.5 | 552.6 |
| | 增长率/% | — | 129.51 | 75.79 | 60.30 | 40.08 |
| 印　　尼 | 销售额/亿美元 | 19.4 | 32.2 | 52.9 | 82.1 | 109.2 |
| | 增长率/% | — | 65.98 | 64.29 | 55.20 | 33.01 |
| 其　　他 | 销售额/亿美元 | 350 | 409.5 | 473.7 | 522.2 | 605.5 |
| | 增长率/% | — | 17.00 | 15.68 | 10.24 | 15.95 |
| 亚　　太 | 总销售额/亿美元 | 6 469.2 | 8 776.1 | 11 522.1 | 14 884.2 | 18 920.7 |
| | 增长率/% | — | 35.66 | 31.29 | 29.18 | 27.12 |
| 全　　球 | 总销售额/亿美元 | 13 361.6 | 16 709.9 | 20 503.6 | 24 984.8 | 30 151.5 |
| | 增长率/% | — | 25.06 | 22.70 | 21.86 | 20.68 |

资料来源：eMarketer，*Asia-Pacific Is Home to Majority of World Retail Ecommerce Market*（2015.12）.

**2. 东南亚地区成为资本角逐焦点**

随着经济发展的加速，印度、印尼、泰国等东南亚国家将引领亚太地区的发展，东南亚地区的电子商务市场引起各路资本的激烈竞争，引起了东南亚地区电子商务市场格局的改变。而印度成为其中的焦点。

一是大型电商并购东南亚电商，如东南亚最大电商集团（Lazada），业务遍及马来西亚、印尼、菲律宾、新加坡、泰国和越南，2015 年营业额达到 13 亿美元。2016 年 4 月被阿里巴巴通过 10 亿美元获得控股权，阿里巴巴借此进入东南亚市场。此外，亚马逊印度子公司已经成为印度最大的电商之一。

二是传统商业企业并购东南亚电商，如法国奢侈品集团路易威登（LVMH）收购东南亚美容电商 Luxola。新加坡电商 Luxola 成立于 2011 年，目前在 11 个国家运营，覆盖超过250个品牌，2015年7月被收购。

三是风险投资基金进入东南亚市场，如东南亚风投公司（Ardent Capital）支持泰国电商（Whats New）收购已进军印尼市场的生活用品网站（MOXY）；泰国电商物流公司（aCommerce）经历了两轮融资，先后获得泰国风险公司（Inspire Venture）、日本电信（Ntt Docomo）、住友资本等投资。目前，百度、谷歌、阿里巴巴及各类投资基金等都在加大东南亚投资。

四是东南亚电商计划上市融资，如印度市场本地电商两大巨头（Flipkart、Snapdea）互为竞争对手，除了进行获得阿里巴巴、富士康、软银、加拿大安大略省教师养老金等机构的大量投资以外，计划未来上市，争相成为印度电子商务第一股。

**3. 亚太地区电子商务迎来政策高度关注**

由于亚太地区电子商务的快速发展及其巨大影响，电子商务成为各国关注的政策重点。

一是自由贸易区的签订将使电子商务领域受益，如中韩、中澳自由贸易协定以及跨太平洋伙伴关系协议（TPP），使得相应的关税降低，鼓舞了跨境电子商务活动的开展，而跨太平洋伙伴关系协议中更是希望通过跨太平洋伙伴关系协议开启电子商务承诺，要求支持一个单一的全球性互联网以确保跨境数据流动，提高数字经济的活力，确保环绕消费者和企业的障碍消除。

二是中国提出建立次区域跨境电商平台，2014年12月，国务院总理李克强在曼谷出席大湄公河次区域经济合作第五次领导人会议上提出，支持次区域互联互通及产业合作重点项目，建立次区域跨境电子商务合作平台，这与亚太经合组织一贯推动的供应链连通性计划及亚太地区的合作与发展一脉相承。

三是中印两国相继推出电子商务开放政策。2014年以来，中国相继推出“互联网+”政策、跨境电子商务、自贸区、宽带建设等政策，同时放宽电商企业的外资持股比例，可至100%。2016年，印度商务部也发布新的政策，首次批准外资对印度平台型电商公司的投资比例可至100%，但仍将限制外商对自营型电商的投资比例，从而大规模地开放了印度电商市场。

四是部分国家出台政策防止新兴模式的冲击。由于新兴模式的发展对本地企业、国家税收等形成了较大的影响，在相关利益团体的游说之下，跨境电商、分享模式电商等新兴模式引起国家监管的关注。如日本将对跨境购买的音乐、电子书籍等内容征收消费税，澳大利亚、新西兰等国考虑降低跨境电商消费税征收起点，新加坡规定优步、GrabTaxi等电商必须首先经陆路交通管理局注册，并制订了严格的处罚标准。

# 三、电子商务发展新模式与新业态

在新理念与新技术的共同作用下，电子商务正在向更多的领域拓展，这些领域既有新的生活方式，如分享经济下的电商模式，也有空间领域的拓展，由都市区向偏远地区发展，如农村电商的发展，还有传统的细分领域的电子商务化，如二手车电商的兴起。

## （一） 分享模式电商

### 1. 分享经济及其模式日益获得认知

分享经济是协同消费在新兴信息技术下逐渐兴起的一种商业模式。雷切尔·博茨曼在其著作《共享经济时代》中指出，分享经济以分享替代私有，即“我的就是你的”，也就是说，消费者可以通过合作的方式来和他人共同享用产品和服务，而无需持有产品与服务的所有权。其中，最显著的特点有两个，一是权属关系的变化，即由个人所有的资源在短时间内转移给他人独用或共用，而所转移的权属仅为使用权，原所有权人通过这种短期权属转移而获得收益；二是空间范围的拓展，即通过互联网平台，将短暂权属交易由当地扩展到更大的地理范围，甚至全球。

目前，这一消费理念和生活方式已经获得广泛的认同。根据普华永道 2014 年 12 月所作的调查显示，越来越多的消费者选择使用而不是拥有，约有 44%的美国成年网民很熟悉分享经济，近 20%的受访者曾使用过。而愿意网民分享的原因大多因为价格更优惠、有更多的选择、更便利等原因。

分享经济正在形成巨大的市场。普华永道《2015 年全球年度评论》(*Global Annual Review 2015*)中认为，到 2025 年，住宿、汽车、金融、音乐、视频流媒体和在线招聘这 5 个部分的市场规模将达到 3 350 亿美元。目前，还有多个国家或机构对分享经济的市场前景表示乐观。如英国商务部报告指出，当前英国有 3%的劳动人口在分享经济交易平台上提供服务，2025 年英国有关的市场规模将达到 90 亿英镑；日本矢野经济研究所认为，2015 年日本国内分享经济市场将达到 290 亿日元，比上年增长 129%，2016—2018 年，年复合平均增长率为 18.7%，2018 年市场将达到 462 亿日元；中国国家信息中心信息化研究部及中国互联网协会分享经济工作委员会报告认为，2015 年中国分享经济市场规模约为 19 560 亿元人民币，参与分享经济活动的总人数已经超过 5 亿人，约占劳动人口总数的 5.5%，预计未来 5 年分享经济年均增长速度在40%左右，到2020年市场规模占GDP比重将达到10%以上。

**2. 分享电商基本模式**

分享经济下电商模式形成了一些共同的特征，一是以互联网为核心平台，并以大数据、云计算等新兴技术为基础技术，便于精准产品或服务体系的建立；二是以点对点资源对接为目的，实现资源的快速配置；三是收入一定的服务费作为主要的赢利来源，或提供一定的增值服务，获得广告费、第三方合作分成等收益。

目前，分享电商已经遍及多个领域，包括：旅游领域，如空中食宿公司（Airbnb）、爱屋置换（Love Home Swap）；食品领域，如剩余食物分享公司（Olio）、本地美食协作公司（Feastly）；汽车领域，如优步、滴滴打车、印度打车软件公司（Olacabs）、hailo；知识与技能领域，如技能共享网站T（askRabbit、Skillshare）；体育与健身领域，如健身房共享网站（Classpass）；办公室领域，如P2P工作场所共享网站（PeerSpace），公共办公空间平台（ShareDesk），仓库分享网站（sharemystorage）；宠物领域，如宠物猫分享网站（Cat In A Flat）；生活领域，卫生间分享网站（AirPnP）等等。

此外，从分享电商的交易对象双方来看，主要有C2C、B2C两种模式。目前大多数交易平台采用了C2C的模式，但也有部分企业认识到分享经济对自身产业带来的冲击，而率先进入这一领域，希望激发出一些沉睡的价值。如几大汽车制造企业，宝马公司（Drive Now）、戴姆勒（Car2Go）、大众（Quicar）等均在进军汽车粉饰租赁与共享市场，并已经进军多个城市，而欧宝更是推出一个P2P的平台，私人汽车用户可以在平台上销售其空余容量。

分享电商的迅速发展已经对现有的经济与社会发展将形成严重冲击。未来对汽车、房屋等耐用品或固定资产的投资可能减少，传统行业和市场中介将面临需求的减少，由此导致的营业收入的减少将直接减少国民生产总值（GDP），一些产业已经倒闭，如2016年1月，随着优步、Lyft等打车应用的快速崛起，美国旧金山最大出租车公司（Yellow Cab Cooperative Inc）正式申请破产保护。更进一步，英国商务部指出，分享经济有可能将英国转变为一个到处均为“微型企业家”（Microentrepreneurs）的创业国家。

**3. 分享电商面临巨大的挑战**

目前，多个国家对分享经济的发展进行了关注，一些国家将分享经济发展纳入国家战略，如2014年，英国宣布将打造分享经济的全球中心（Global Center for the Sharing Economy），澳大利亚悉尼将汽车分享作为城市发展规划“悉尼2030”的一个重要内容，韩国宣布拟将分享经济纳入制度层面管理，计划对分享经济企业进行支持和规范。还有多个国家已经开始启动对分享经济的监管和规范，2015年3月，英国分享经济组织(Sharing Economy UK, SEUK)正式成立,2015 年 6 月美国联邦贸易委员会(FTC)成立咨询研讨工作组,讨论如何对共享经济适用监管条例,2015 年 12 月中国互联网协会分享经济工作委员会成立。

但是,当前分享电商的发展面临着诸多的问题,一是来自公众的反对,如在短租领域中,房屋出租方的邻居往往会抱怨平静的住宅区有陌生人的往来而变得嘈杂,破坏当地秩序;二是来自传统产业的阻力,如传统旅馆业抱怨房屋分享平台违法经营抢生意;三是来自自身员工的阻力,2013 年,3 名优步司机向美国旧金山联邦法院起诉公司,称他们应当是优步的员工,公司应为其报销包括燃气和车辆维修等费用在内的相关费用;四是相关法律的阻力,对于电商企业,不同的区域有不同的法规,尤其是在美国内部,各州法规不一,有些州对共享电商实行了禁止令,如纽约州最高法院通过临时禁令申请,禁止 Lyft 公司在纽约市提供汽车分享服务,原因是有关服务不符合当地的交通法规要求,可能会威胁纽约市的公共交通安全;五是来自新兴技术的竞争,不断涌现的新兴技术将可能在未来和分享电商形成高度竞争,从而削弱分享电商刚刚建立起来的核心竞争力,如谷歌公司试图以无人驾驶汽车进军汽车出租领域,这已经引起优步的高度关注。

## (二) 农村电商

### 1. 农村电商引起关注

农村地区电子商务正在成为新的发展动力。电子市场研究公司(eMarketer)2015 年 7 月所做的市场预测显示,2015 年,在全球 1.67 万亿美元的电子商务市场中,增长中的一大部分来自农村地区(rural areas)消费者,他们通常通过移动手机进行在线购物,预计 2015 年将会新增 8 000 万农村地区消费者,这将极大地刺激电子商务的增长。这主要是由于当地市场的有效性匮乏,反而通过网络更容易获得商品。

联合国贸发会议《2015 年信息经济报告》也指出,电子商务对不发达国家和地区的发展具有重要意义,农村电子商务具有巨大的潜力,在生鲜食品、干燥的草本和动物制品、加工品(manufactured product)、手工艺品、旅游与餐馆服务等方面都大有作为。

农村地区由于电子商务基础设施不健全,网络、物流、金融等服务体系不完善,因而,农村电商的发展更得益于一些创新,如在移动与 O2O 结合、支付体系、物流体系多方面创新。如在撒哈拉以南的非洲地区,智能手机还不是很普遍,因此,需要基于功能性手机开发相应的解决方案,Esoko.com 公司在乌干达成立的食品网试点,通过简单的短信服务推动偏远地区的农村信息和电商发展。又如京东提出的“县级服务员＋乡村推广员＋京东帮服务店”的模式，形成物流、售后服务等一体化。

**2. 农村电商初步形成产业链**

电子商务已经渗透进金融、人才培训、农产品生产、农产品销售、农民生活等多个领域，这些领域共同形成了农村电商产业链。

在产业链的上游流域，主要包括农村地区发展的要素，如金融、人才培训、农业生产资料等，开始出现“互联网＋”式的融合。如德国的远程职业教育系统十分规范，规定了学习的进度与考试，考试不能通过则不能继续进行学习，这是其农村地区保障农业生产职业教育的有力手段。

在产业链的中游，主要包括了农产品生产或制造，如美国农村地区的信息化基础设施比较完善，在大量的农业生产中采用了物联网、大数据等技术，实施精准农业的生产，一些相关服务公司由此诞生，如多家公司(Climate Corporation、MySmartFarm、FarmLogs)的大数据系统可以使农民了解丰富的种植信息和气候信息，形成农业生产决策服务平台。

在产业链的下游，主要包括了农产品在线销售，这是目前影响力最大的部分之一。农村电商已经实现了多渠道融合，既有大量期货交易平台，也有大量的现货交易网站，既通过实体店与网络虚拟店进行线上与线下的融合，也有各种网络渠道的融合，如电商平台、短信、论坛、微博、微信等各种渠道，既有自营物流模式，也有第三方模式。如美国生鲜电商(Farmigo)、英国生鲜电商(Ocado)等公司采用与农户合作的方式，销售直接从农户购买的农产品，消费者直接在网站下单，在最短的时间内，农户将自己的产品送到中转站，再由电商公司将其送到消费者提取点。

农村电商的发展推动着农村生产和生活模式的改变，向智能化、规模化、生态化方向发展，进一步地促进农村地区的城市化发展。

**3. 农村电商的发展需要政策支持**

韩国、泰国、中国等多个国家都在支持农村电商的发展，主要表现在以下几个方面。一是农村地区信息基础设施的建设，如韩国。韩国是信息技术较为发达的国家，一直重视农村地区的信息基础设施建设，以支持农村电商的发展。2001 年，韩国提出《数字鸿沟法案》(*the Digital Divide Act*)，其中的信息网络村庄(the Information Network Village, INVIL)平台的建设是关键步骤，以消除城乡地区的数字差别。2001 年韩国信息网络村庄的数量不超过 30 个，而 2014 年已经超过了 350 个。2013 年，通过信息网络村庄平台，实现了 3 900 万美元的在线销售额，1 700 万访问者访问主站点，为农产品形成了高质量的可信的销售渠道，形成了 9 个中小型的农村电商企业，年销售额有 10 亿韩元。

二是电商物流体系的建设。农村地区“最后一公里”的末端配送乏力以及网络体系的不完善，给电商的发展带来较大的阻碍，目前各个国家和企业均在共同努力完善这一体系。如赞比亚国家农民联盟不仅为农户提供交易价格、买家等交易信息的短信服务，还通过网络提供电子货运系统的实时车辆信息和位置跟踪服务。又如全球最大的电商阿里巴巴提出将农村电商发展作为三大战略重点之一，其中其乡村物流是其重点计划之一，截至 2015 年 6 月，已经建成 1 803 个村店服务站。

三是人才的培训。人才的缺乏，尤其是具有互联网思维、创新意识、兼具技术的复合型人才是农村电商发展的严重制约之一。一些国家提供免费政府培训计划，如韩国农林水产信息中心免费为农民培训电商技能；美国政府每年不仅大量投资于物流建设，还积极进行农民电子商务教育培训，以帮助农民积极参与电商交易；中国团组织计划和阿里巴巴在未来 3 年内，开展电子商务培训合作，培养农村淘宝合伙人，启动“村淘掌柜金”资金支持计划，培育农村电子商务人才。

## （三） 二手车电商

### 1. 二手车电商市场潜力巨大

二手车交易市场规模巨大，据德勤公司《2015 中国汽车金融白皮书》显示，目前美国二手车交易量是新车交易量的 3.3 倍，德国为 2.3 倍。据美国最人的汽车电商之一(Truecar)数据显示，2015 年美国轻型乘用新车共销售 1 750 万辆，比上年增长 6.1%，2015 年 12 月的二手车销量约 242 万辆左右。这与 2014 年底预测基本一致。2014 年 12 月 Truecar 预计 2015 年美国新车交易量将超过 1 700 万辆，包括二手车在内的总销售量将会达到 3 840 万辆。

这一庞大的市场早已引起电商行业的关注，在 20 世纪 90 年代中后期，一些传统的汽车销售企业相继引入互联平台，如成立于 1950 年的美国最大的二手车拍卖公司之一美瀚(Manheim)的母公司 Cox 集团，于 1997 年推出了汽车交易(Autotrader)网站，1991 年成立的美国二手车连锁销售企业 Carmax 于 1996 年推出网站(carmax.com)。同时，也不断有新的电商平台出现，如 1995 年成立的在线汽车信息平台(Edmunds)，但这一时期，电子商务主要是功能为信息提供。此后，不断有新型的电商出现，如 2005 年成立的 TureCar 提供透明的底价式服务模式，对传统汽车销售模式形成了极大的影响，并于 2014 年上市，市值曾超过 20 亿美元。又如，2014 年成立的 Beepi 公司，建立 C2C 模式，实现买卖双方的直接交易，成为二手车电商的新标杆，先后获得多轮融资。

近年,中国、印度、马来西亚等新兴市场的二手车电商市场也开始起步。据咨询公司易观智库《中国二手车电子商务专题研究报告 2015》显示,2015 年中国二手车电商交易总额达到 592.0 亿元人民币,同比增长 74.0%,预计未来二手车电商仍将保持高速增长。一些新的电商企业纷纷出现,如中国的人人车、马来西亚汽车交易平台(Carsome)、印度塔塔集团下的贷款买车网上商城(cars.tatacapital.com)等等。

**2. 二手车电商模式多样**

目前,二手车电商企业众多。从交易双方来看,有 B2B、C2B、C2C 模式。B2B 模式即企业对企业的模式,完全由销售商或中间商主导,是较为传统的模式,多为原传统的二手车销售企业使用,如日本的二手车系统解决方案株式会社(Used car System Solutions, USS),是日本最大的二手车拍卖公司之一,将近 20 处线下拍卖场所与线上拍卖结合起来。C2B 即消费者对企业的模式,中间商直接收购二手车,随后进行拍卖或销售获取差价,如日本公司(GULLIVER)、美国公司(CarMax)。C2C 模式是近年新兴起的模式,完全抛弃销售商或中间商,直接对接二手车车源和个人买主,收取一定的佣金。

从电商平台的主要功能来看,目前主要有以下几种类型。一是信息平台型,这类电商是早期二手车电商的主要功能,目前,已经成为电商平台的基本功能之一,但仍有一些电商以信息服务为主要业务内容,如日本公司(Goo-NET)主要定位于相关信息的在线服务商,同时,还提供二手车情报杂志 Goo。二是拍卖平台型,在传统的二手车拍卖业务基础上,同时提供一定的增值业务,如日本二手车远程拍卖服务平台(Aucnet)、美国美瀚(Manheim)以二手车经销商为核心,同时提供网络拍卖和场地拍卖服务,也提供检测、金融信贷、整备质保等增值服务。三是寄售平台型,即个人车主将二手车信息提供给电商平台,电商平台作为交易平台,实现双方 C2C 式的直接交易,如美国公司(Shift、Beepi、Vroom),中国的瓜子网等。四是服务平台型,这类电商以二手车评估、金融、保养、保险等衍生服务为主,美国 Carvana 公司提供二手车的金融贷款服务,美国公司(kBB、Cars.com)、中国公司车 300、淘宝二手车评估频道等提供专门的二手车评估或评价业务。

**3. 服务体系成为发展关键**

美国的二手车电商市场发展较早,并不断引领二手车市场的发展,其服务体系也不断地发展,从早期的信息服务到交易、评估、金融、保养、保险等系列的服务体系,具有高效、透明、便捷的特点,成为二手车电商市场不断发展的关键。

精细化服务成为二手车电商企业的新竞争力。如美国公司(TrueCar)为客户提供近期的价格曲线，这些价格不仅包括平均价格，还包括工厂发票价格、厂商指导价等。同时，还为客户划分的价格区间，包括特价区间（Exceptional Price）、好价区间（Good Price）、公平价区间（Fair Price）和高于市场价区间（Above Market），并会推动一个合理的报价。这样的系统使得消费者获得极致的购车体验，推动了美国市场的快速发展。

增值服务体系推动产业链可持续发展。美国二手车市场的发展是其评估、融资、维修、保险等相关服务不断完善过程。如美国 Cox 集团的三大业务之一是汽车交易，其下属公司不仅有美国最大的二手车拍卖公司之一美瀚（Manheim），还有在线二手车网站“汽车交易”（Autotrader），同时还拥有美国二手车评估的领头羊二手车估价网站（KBB），估价网站在其 87 年车辆评估历史的基础上，形成了价格评估模型，旗下杂志《凯利蓝皮书》是北美地区二手车行业的权威期刊，形成了信息、交易、拍卖、评估完整服务体系。又如新兴公司（Beepi），提供上门检测、线上成交、送车上门等服务，同时还可以帮客户直接处理与车辆管理所有关的文书、清洗、维修保养等各种问题。这些服务将产业链上各个环节无缝链接在一起，共同推动了二手车电商市场的发展。

**参考文献**

[1] A.T.Kearney. *The 2015 Global Retail E-commerce Index™* [EB/OL]. https://www. atkearney. com/consumer-products-retail/e-commerce-index，2015-04/2016-04-29.

[2] Ecommerce Europe. Global B2C E-commerce Report 20157[EB/OL]. https://www.ecommercefoundation.org/reports，2015-12/2016-04-29.

[3] eMarketer. *Asia-Pacific Is Home to Majority of World Retail Ecommerce Market*，http://www. emarketer. com/Article/Asia-Pacific-Home-Majority-of-World-Retail-Ecommerce-Market/1013352 # sth [EB/OL]，2015-12-16/2016-04-29.

[4] eMarketer. *Most Digital Buyers Will Make Purchases via a Smartphone by 2017* [EB/OL]. http://www.emarketer.com/Article.aspx? R=1013590&dsNav=Ntk:basic%7cretail%7c1%7c，Ro:2，N:406—498 # sthash.o878mcx1.dpuf，2016-2-16/2016-04-29.

[5] PWC. *Global Annual Review 2015*[EB/OL]. http://www.pwc.com/gx/en/about/global-annual-review-2015.html，2015/2016-04-29.

[ 6 ] TrueCar. *U.S. new auto sales to reach record 17.5 million units in 2015 aided by double-digit boost in December* [EB/OL]. http://true.com/press-release/u-s-new-auto-sales-to-reach-record-17-5-million-units-in-2015-aided-by-double-digit-boost-in-december/,2016-01-05/2016-04-29.

[ 7 ] United States Department of Commerce. *Quarterly retail e-commerce sales 4rd Quarter 2015* [EB/OL]. https://www.census.gov/retail/mrts/www/data/pdf/ec_current.pdf, 2016-02/2016-04-29.

[ 8 ] UNCTAD. *Information Economy Report 2015: Unlocking the Potential of E-commerce for Developing Countries* [R]. Geneva: UNCTAD, 2015.

[ 9 ] 德勤.2015 中国汽车金融白皮书[EB/OL]. http://www.deloitte.com/cn, 2015-12/2016-04-29.

本章撰写:党倩娜

# 第六章　大宗商品交易市场发展动态

## 一、全球大宗商品交易市场发展态势

### （一）全球大宗商品成交量温和上扬，价格进入下跌周期

2014 年，全球大宗商品期货与期权成交量相对 2013 年温和上扬，延续了上年趋势。美国期货业协会（FIA）对全球 75 家交易所期货与期权成交量统计结果显示，2014 年全球交易所场内衍生品成交量同比微增 1.5%，合约总数为 218.67 亿手。其中，全球期货成交量仅增长 0.3%，为 121.65 亿手，而场内期权成交量相对增长较快，同比涨幅为 3.1%，至 94.07 亿手（图 6.1）。

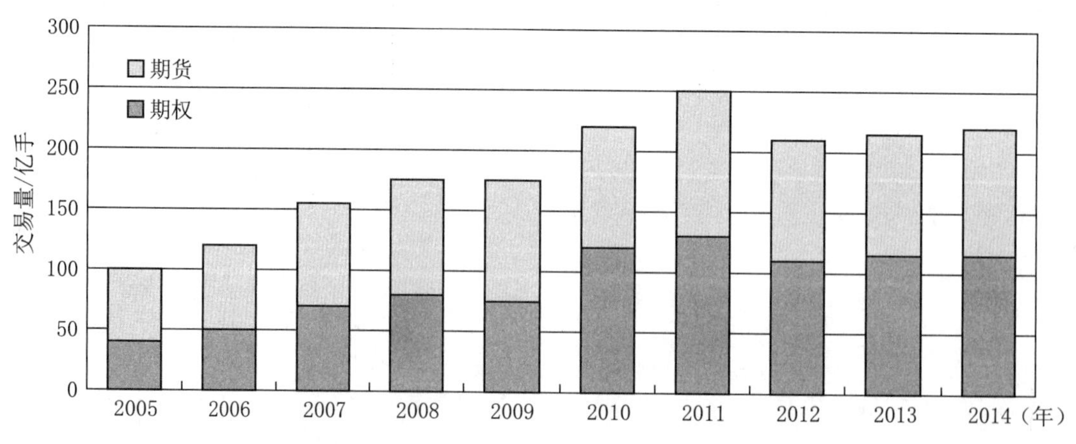


图 6.1　2005—2014 年全球交易所期货及期权成交量增长趋势

资料来源：美国期货行业协会（FIA）。

大宗商品交易市场在本世纪初开始经历了一轮近 10 年的价格上涨“超级周期”后，于 2014 年下半年转而开始进入下跌周期。从 2014 年下半年开始，国际货币基金组织(IMF)大宗商品价格指数呈现逐月下跌态势，一直到 2015 年依然延续这一趋势(图 6.2)。另一权威指数——国际商品研究局 RJ/CRB 综合价格指数 2014 年 12 月 31 日收于 229.96 点，较 12 月初下降 9.14%，较 1 月初下降 17.92%。

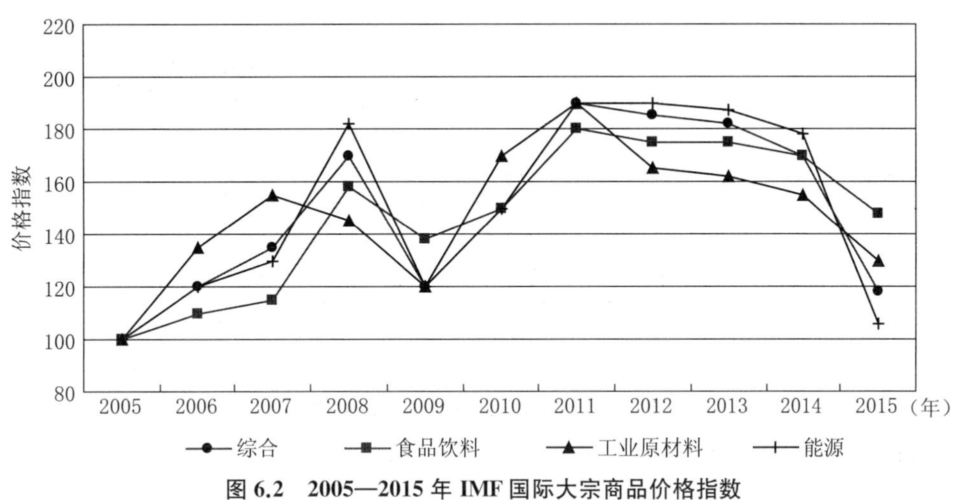


**图 6.2　2005—2015 年 IMF 国际大宗商品价格指数**

资料来源：国际货币基金组织(IMF)。

2015 年以来，世界经济和国际贸易增长放缓，全球投资活动低迷，商品市场需求疲软，而供应却持续增长，国际大宗商品市场持续弱势格局。2015 年前三季度，商品市场价格多次出现短期上扬，但未能改变市场低迷、价格下跌的大势，在经历第二季度温和走强后，第三季度再度下滑。大宗商品市场的弱势表现直接反映在各主要商品价格指数的下行态势中，2015 年前三季度，道琼斯期货价格指数(DJAIG)、RJ/CRB 指数、标普高盛商品指数(GSCI)分别下跌 16%、15.2%和 18.9%。与 2014 年同期相比，跌幅更大，三大指数分别下调 27.3%、28.9%和 40.2%。国际货币基金组织(IMF)编制的初级产品价格综合指数 2015 年 9 月较 2014 年 12 月下跌 21.4%，比 2014 年同期下跌 39%。其中，能源类指数跌幅最大(图 6.3)。

## (二) 大宗商品各品种成交量呈现明显分化

在各品种的表现方面，2014 年成交量情况继续呈现明显分化。农产品合约表现突出，仍呈现中国市场主导局面。在农产品成交量排名前 20 的合约中，一半的合约均是在中国期货交易所上市交易，特别是前 5 名最活跃的合约均是出自中国。其中，

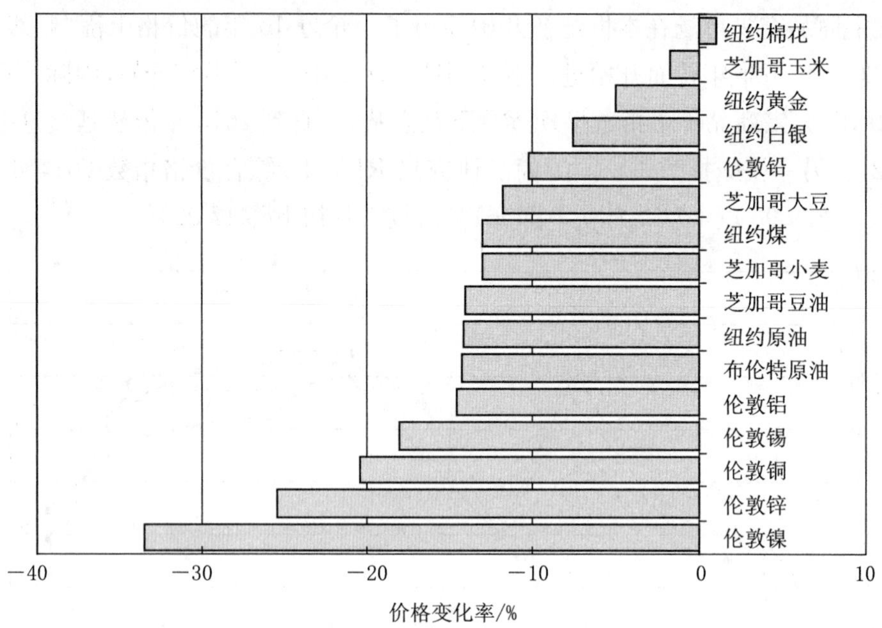


**图 6.3　2015 年前三季度主要大宗商品期货价格变化**

资料来源:国际货币基金组织(IMF)。

郑州商品交易所的菜粕期货合约 2014 年成交量大增 89.6%,至 3.03 亿手,居于首位;新品种大连商品交易所的鸡蛋合约于 2013 年 11 月上市,2014 年以 3 518.9 万手的成交量位于第九。除中国以外,美国的交易所拥有的农产品合约表现也比较活跃。

基本金属是 2014 年成交增长最大的品种,全年增长幅度达到 35%,中国交易所品种同样表现优异,上海期货交易所螺纹钢期货 2014 年成交合约 4.1 亿张,排名全球金属期货成交量第一,同比上涨 38.9%,同时锌和铝期货合约分别实现 234.6%和 321.3%的年度增长。2013 年 10 月新上市的大连商品交易所铁矿石期货成交量在 2014 年达到了 9 635.91 万手,在金属类交易榜上排名第三。

能源及贵金属的成交整体不尽如人意。能源行业 2013 年经历了巨大的价格波动,原油价格从 2013 年下半年开始断崖式下跌,能源合约成交量在 2014 年减少 11.8%。贵金属合约成交量下滑 14.5%(表 6.1),其中,代表性的纽约商业交易所 COMEX 黄金与白银合约成交量分别减少 14.3%和 5.4%。

**表 6.1　2013—2014 年全球各大类品种交易量比较**

| 品种种类 | 2013 年成交量/手 | 2014 年成交量/手 | 同比变化率/% |
|---|---|---|---|
| 个　股 | 6 390 404 778 | 6 493 177 097 | 1.6 |
| 股票指数 | 5 381 657 190 | 5 827 913 937 | 8.3 |

续表

| 品种种类 | 2013 年成交量/手 | 2014 年成交量/手 | 同比变化率/% |
| --- | --- | --- | --- |
| 利　率 | 3 330 904 991 | 3 268 154 625 | −1.9 |
| 外　汇 | 2 496 423 691 | 2 119 023 131 | −15.1 |
| 农产品 | 1 209 776 849 | 1 400 153 550 | 15.7 |
| 能　源 | 1 315 276 356 | 1 160 317 682 | −11.8 |
| 基本金属 | 646 349 077 | 872 601 162 | 35.0 |
| 贵金属 | 433 546 140 | 370 872 772 | −14.5 |
| 其　他 | 347 412 764 | 355 224 591 | 2.2 |
| 总　计 | 21 551 751 836 | 21 867 438 547 | 1.5 |

资料来源:美国期货协会(FIA)。

### (三) 北美和亚太地区市场继续领先

继 2013 年北美地区成交量增长拉动全球场内衍生品成交增长之后,2014 年北美再度成为全球成交量实现小幅增长的最重要因素。北美与亚太两个地区在市场争夺上异常激烈,2012 年北美地区成交量被亚太地区反超,2013 年又重返冠军位置,并在 2014 年继续拉开差距。虽然从绝对增长率来看,2014 年北美地区并不出彩,只有 4.9%的增长率,但是在欧洲地区增幅更小、亚太地区成交量微弱收缩以及拉美地区成交量大幅回落的环境下(表 6.2),北美地区成为全球成交量增长的主要拉动力。2014 年,全球期货及期权交易量地域分布分别为北美 37.56%、亚太地区 33.17%、欧洲 20.35%、拉美 6.92%,以及其他地区 2.00%(图 6.4)。

**表 6.2　2013—2014 年全球期货与期权成交量区域比较情况**

| 地　　区 | 2013 年成交量/手 | 2014 年成交量/手 | 同比变化率/% |
| --- | --- | --- | --- |
| 北　　美 | 7 830 496 564 | 8 212 951 665 | 4.9 |
| 亚太地区 | 7 301 581 335 | 7 252 376 703 | −0.7 |
| 欧　　洲 | 4 359 086 394 | 4 450 348 259 | 2.1 |
| 拉　　美 | 1 683 182 520 | 1 514 203 690 | −10.0 |
| 其他地区 | 377 405 023 | 437 558 230 | 15.9 |
| 全球总量 | 21 551 751 836 | 21 867 438 547 | 1.5 |

说明:交易所所在地按注册地划分;其他地区包括迪拜、以色列、南非以及土耳其。
资料来源:美国期货行业协会(FIA)。

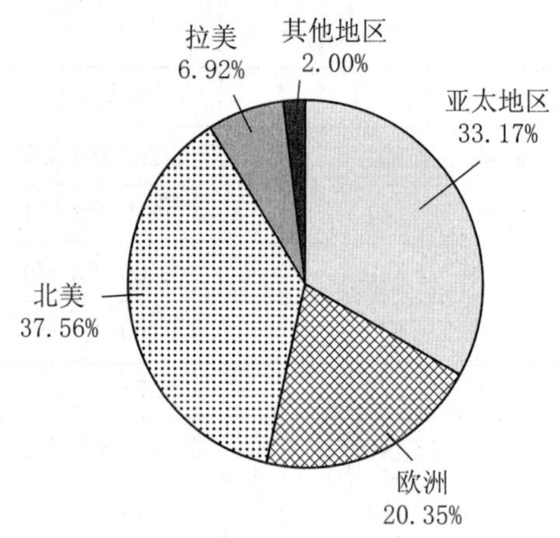


**图 6.4　2014 年全球期货及期权交易量地域分布**

资料来源:美国期货行业协会(FIA)。

## (四) 各交易所表现此消彼长，国内交易所成绩突出

根据美国期货业协会(FIA)对 2014 年全球各交易所期货与其他衍生品交易/清算的合约数量排名,位列前三甲的分别是芝加哥商业交易所集团(CME Group)、洲际交易所集团(Intercontinental Exchange,ICE)与欧洲期货交易所集团(EUREX Group)。第四和第五位分别是印度国家证券交易所和巴西证券期货交易所。过去很长时间里成交量稳居榜首的韩国交易所自 2012 年成交量下降 53.3%后,2014 年成交量继续大幅减少 17.4%,全球排名从 2012 年第 5 名下滑至 2013 年的第 9 名,进而在 2014 年下滑至第 12 名。2014 年,印度最大的衍生品交易所国家证券交易所交易量下跌 11.6%,至 18.8 亿手。另一家印度的交易所孟买证券交易所则合约激增 184.8%,2014 年交易量达到 7.26 亿手。

在中国内地和中国香港台湾地区的 6 家交易所交易量均保持增势,全部跻身全球前 20 名。中国的上海期货交易所和大连商品交易所首次跻身全球前 10,分别位列第 9 名和第 10 名。值得一提的是中国台湾期交所,2014 年交易量约 2.02 亿手,增幅高达 32%,主要得益于台湾加权股价指数期权交易量的强劲增长。被香港交易所收购的伦敦金属交易所(LME)2014 年的交易量约 1.77 亿手,较上年增长 3.5%(表 6.3)。

**表 6.3　2014 年全球交易所/交易所集团交易量前 20 位排名**

| 排名 | 交易所/交易所集团名称 | 2013 年成交量/手 | 2014 年成交量/手 | 同比变化率/% |
|---|---|---|---|---|
| 1 | 芝加哥商业交易所集团 | 3 161 478 638 | 3 442 766 942 | 8.9 |
| 2 | 洲际交易所集团 | 2 558 489 589 | 2 276 171 019 | −11.0 |

续表

| 排名 | 交易所/交易所集团名称 | 2013 年成交量/手 | 2014 年成交量/手 | 同比变化率/% |
|---|---|---|---|---|
| 3 | 欧洲期货交易所集团 | 2 190 727 275 | 2 097 974 756 | −4.2 |
| 4 | 印度国家证券交易所 | 2 127 151 585 | 1 880 362 513 | −11.6 |
| 5 | 巴西证券期货交易所 | 1 603 706 918 | 1 417 925 815 | −11.6 |
| 6 | 莫斯科交易所 | 1 134 477 258 | 1 413 222 196 | 24.6 |
| 7 | 芝加哥期权交易所集团 | 1 187 642 669 | 1 325 391 523 | 11.6 |
| 8 | 纳斯达克 OMX 集团 | 1 142 955 206 | 1 127 130 071 | −1.4 |
| 9 | 上海期货交易所 | 642 473 980 | 842 294 423 | 31.1 |
| 10 | 大连商品交易所 | 700 500 777 | 769 637 041 | 9.9 |
| 11 | 孟买证券交易所 | 254 845 929 | 725 841 680 | 184.8 |
| 12 | 韩国交易所 | 820 664 621 | 677 789 082 | −17.4 |
| 13 | 郑州商品交易所 | 525 299 023 | 676 343 283 | 28.8 |
| 14 | 中国香港交易所集团 | 301 128 507 | 319 577 388 | 6.1 |
| 15 | 日本交易所集团 | 366 234 062 | 309 732 384 | −15.4 |
| 16 | 南非约翰内斯堡证券交易所 | 254 514 072 | 304 003 143 | 19.4 |
| 17 | 澳大利亚证券交易所集团 | 261 790 908 | 244 070 858 | −6.8 |
| 18 | 中国金融期货交易所 | 193 549 311 | 217 581 145 | 12.4 |
| 19 | 中国台湾期货交易所 | 153 225 238 | 201 227 653 | 32.0 |
| 20 | 美国 BATS 交易所 | 151 814 889 | 201 985 667 | 33.0 |

资料来源:美国期货行业协会(FIA)。

## 二、主要大宗商品交易品种情况

### (一) 农产品板块

2014 年天气情况良好,农作物生长得到保障而实现丰产。经济持续不振和地缘政治冲突不断,成为了左右农产品走势的重要因素,农产品年度价格一路下跌。另外,年末俄罗斯受多国制裁,经济一度崩溃而卢布大幅贬值,为限制国内粮食外流,俄罗斯紧急采取限制粮食出口措施,受此刺激大豆、小麦、玉米等作物价格年末出现反弹走势。

据美国期货业协会(FIA)发布的统计显示,2014 在交易量排名前 20 位的农产品期货和期权产品被中美两国包揽，两国各占半壁江山。中国的期货品种菜粕、豆粕、白糖、天然橡胶、棕榈油期货位居前 5 位，豆油、鸡蛋、棉花、黄大豆 1 号和菜籽油期货分列第 7、第 9、第 10、第 13 和第 18 位。上述 10 个品种 2014 年交易量合计超过 9.4 亿手。芝加哥商业交易所集团(CME)旗下的芝加哥期货交易所(CBOT)也以农产品期货著称，其明星品种玉米和小麦 2014 年分别同比增长 8.0%和 26.9%。美国洲际交易所(ICE US)也有一个白糖期货入围。

从交易量上看，2014 年前 20 名农产品合约中，有 13 种合约的交易量呈现正增长，形势较 2013 年趋好。中国入围的 10 个品种中，郑州商品交易所菜籽期货 2014 年成交 3.0 亿张合约，拔得全球农产品期货交易量头筹，较 2013 年大幅上涨了 89.6%。大连商品交易所的豆粕期货成交量进一步下跌，2014 年成交 2.0 亿手，下跌 22.7%，屈居第二。2013 年 3 月新上市的鸡蛋期货 2014 年交易量为 3 518.9 万张合约，巨幅增长 1 703.3%。同期，芝加哥商业交易所集团(CME Group)9 个入围品种的交易量有 6 个上涨，3 个下跌(表 6.4)。

**表 6.4　2014 年全球农产品期货期权交易合约数排名前 20 名的品种**

| 排名 | 合　约 | 交 易 所 | 2013 年成交量/手 | 2014 年成交量/手 | 同比变化率/% |
|---|---|---|---|---|---|
| 1 | 菜粕期货 | 郑州商品交易所 | 160 100 378 | 303 515 966 | 89.6 |
| 2 | 豆粕期货 | 大连商品交易所 | 265 357 592 | 204 988 746 | −22.7 |
| 3 | 白糖期货 | 郑州商品交易所 | 69 794 046 | 97 726 662 | 40.0 |
| 4 | 天然橡胶期货 | 上海期货交易所 | 72 438 058 | 88 631 586 | 22.4 |
| 5 | 棕榈油期货 | 大连商品交易所 | 82 495 230 | 79 996 338 | −3.0 |
| 6 | 玉米期货 | 芝加哥商业交易所集团 | 64 322 600 | 69 437 304 | 8.0 |
| 7 | 豆油期货 | 大连商品交易所 | 96 334 673 | 64 082 631 | −33.5 |
| 8 | 大豆期货 | 芝加哥商业交易所集团 | 46 721 081 | 49 169 361 | 5.2 |
| 9 | 鸡蛋期货* | 大连商品交易所 | 1 951 323 | 35 188 187 | 1 703.3 |
| 10 | 棉花 1 号期货 | 郑州商品交易所 | 7 452 748 | 31 782 665 | 326.5 |
| 11 | 小麦期货 | 芝加哥商业交易所集团 | 24 993 158 | 31 722 024 | 26.9 |
| 12 | 11 号白糖期货 | 洲际交易所 | 29 813 680 | 29 396 597 | −1.4 |
| 13 | 大豆 1 号期货 | 大连商品交易所 | 10 993 500 | 27 197 413 | 147.4 |
| 14 | 豆油期货 | 芝加哥商业交易所集团 | 23 805 912 | 23 769 391 | −0.2 |
| 15 | 玉米期货期权 | 芝加哥商业交易所集团 | 23 534 308 | 21 246 732 | −9.7 |

续表

| 排名 | 合　　约 | 交　易　所 | 2013年成交量/手 | 2014年成交量/手 | 同比变化率/% |
|---|---|---|---|---|---|
| 16 | 豆粕期货 | 芝加哥商业交易所集团 | 20 237 181 | 20 637 382 | 2.0 |
| 17 | 大豆期货期权 | 芝加哥商业交易所集团 | 14 760 704 | 17 916 675 | 21.4 |
| 18 | 菜籽油期货 | 郑州商品交易所 | 11 853 858 | 13 897 650 | 17.2 |
| 19 | 活牛期货 | 芝加哥商业交易所集团 | 12 463 043 | 13 599 292 | 9.1 |
| 20 | 瘦猪肉期货 | 芝加哥商业交易所集团 | 112 777 038 | 10 656 944 | −5.5 |

说明:排名第9的大连商品交易所的鸡蛋期货合约为2013年3月新上市品种。
资料来源:美国期货行业协会(FIA)。

**1. 粮食品种**

2014年,国际市场粮价总体呈震荡下行走势,小麦、玉米等品种价格一度跌至5年低位。芝加哥农产品交易所的大豆期货年均价为1 246.51美分/蒲式耳(1蒲式耳≈35升),同比下跌11.39%;小麦年均价为588.90美分/蒲式耳,同比下跌13.96%;玉米年均价为415.99美分/蒲式耳,同比暴跌28.25%。

2014年初,乌克兰局势持续动荡,美国粮食主产区天气情况不理想,玉米、小麦价格连续上升。到6—9月,全球玉米、小麦主产区天气状况明显好转,国际机构连续上调作物产量预期,市场价格出现明显下跌。9月底玉米、小麦价格下降至5年低位。10月中旬开始,美国、澳大利亚、俄罗斯粮食产区出现不同程度恶劣天气,价格从低位小幅反弹。

受北美及南美大豆丰产的影响,2014年全球大豆总产量获得稳步提升,国际市场大豆价格总体呈现先升后降走势,下半年降幅较大。美国农业部数据显示,2014年全球大豆产量上调至3.1亿吨,较上一年度增加9.8%。全球大豆需求量上调至2.9亿吨,较上一年度增加5.6%。全球大豆期末库存量为8 987万吨,库存使用比为22.34%,为历史记录水平。

**2. 棉花**

2014/15统计年度,全球棉花产量下降,消费有所上升。其中,美国、土耳其等国棉花增产,中国、澳大利亚减产,印度则高位稳定。由于中国在全球棉花贸易中占比最大,随着国产棉价格下跌,进口棉优势减弱,加之配额发放减少,2014年度中国棉花进口量大幅减少,对国际市场形成压制。

在棉花价格方面,则全年高开低走,与原油走势十分相似。年初受中国棉花收储政策作用支撑,2014年1月2日芝加哥棉花价格报收84.04美分/磅(1磅≈0.45千克),

此后震荡走高。3—5 月的月均价都达到 90 美分/磅以上。年中俄罗斯受到经济制裁，原油刚出现下跌，棉花便随之跳水，7 月均价相对 6 月环比暴跌超过 20%。年末，美国农业部(USDA)公布数据显示，国际棉花库存处于近 5 年内高位，中国的棉花收储政策从 2015 年改成直接补贴棉农政策，多重压力下棉价节节下挫，至 12 月 24 日报收 61.63 美分/磅，触及 5 年内低位。

## (二) 能源板块

2014 年全球油价振荡剧烈，导致能源板块的成交量的下滑。据美国期货业协会(FIA)的数据，2014 年全球共交易 11.6 亿份能源期货和期权合约，同比减少 11.8%。能源期货期权交易仍主要集中在美国与欧洲，领先的交易所有芝加哥商品交易所(CME)集团旗下纽约商业交易所(Nymex)和欧洲洲际期货交易所(ICE)，两家分别在 2014 年能源期货交易量排名前 20 名的合约中占到 8 席和 5 席。新兴市场中，印度大宗商品交易所(MCX)的原油期货和天然气期货，莫斯科交易所布伦特油期货，以及大连郑州商品交易所焦煤期货和焦炭期货也进入前 20 名。另外，美国天然气基金上市交易基金(ETF)期权和石油基金上市交易基金(ETF)期权 2 个期权品种入围前 20 名。

从交易量上看，欧洲洲际期货交易所(ICE)的布伦特原油期货位居能源类期货第 1 位，合约数 1.6 亿张，同比微幅增长 0.8%。纽约商业交易所(Nymex)的轻质低硫原油期货和亨利港天然气期货分列第 2、第 3 位，2014 年成交合约为 1.5 亿张和7 420 万张，下调 1.7%和 12.0%。前 20 名品种中，有 6 个成交量上涨，14 个下跌。涨幅最大的是纽约商业交易所的布伦特原油最后交易日期货，年增长达到 100%，连续两年强势增长；跌幅较大的有莫斯科交易所的布伦特原油期货、印度大宗商品交易所的原油期货、大连商品交易所的焦炭期货以及纽约商业交易所的亨利港天然气掉期期货，年跌幅都超过了 40%(表 6.5)。

**表 6.5　2014 年全球能源期货期权交易合约数排名前 20 名的品种**

| 排名 | 合　　约 | 交易所 | 2013 年<br>成交量/手 | 2014 年<br>成交量/手 | 同比<br>变化率/% |
|---|---|---|---|---|---|
| 1 | 布伦特原油期货 | ICE 欧洲期货交易所 | 159 093 303 | 160 425 461 | 0.8 |
| 2 | 轻质低硫原油期货 | 纽约商业交易所 | 147 690 593 | 145 147 334 | −1.7 |
| 3 | 亨利港天然气期货 | 纽约商业交易所 | 84 282 495 | 74 206 602 | −12.0 |
| 4 | 焦炭期货 | 大连商品交易所 | 115 306 637 | 63 688 294 | −44.8 |

续表

| 排名 | 合　　约 | 交易所 | 2013年成交量/手 | 2014年成交量/手 | 同比变化率/% |
|---|---|---|---|---|---|
| 5 | 焦煤期货 | 大连商品交易所 | 34 259 550 | 57 605 436 | 68.1 |
| 6 | 汽油期货 | ICE欧洲期货交易所 | 63 964 827 | 52 800 084 | －17.5 |
| 7 | 纽约港RBOB汽油期货 | 纽约商业交易所 | 34 470 288 | 34 421 866 | －0.1 |
| 8 | 2号取暖油期货 | 纽约商业交易所 | 32 749 553 | 33 946 420 | 3.7 |
| 9 | 西得克萨斯原油期货 | ICE欧洲期货交易所 | 36 111 163 | 31 600 959 | －12.5 |
| 10 | 轻质原油期货期权 | 纽约商业交易所 | 31 478 060 | 31 107 783 | －1.2 |
| 11 | 欧式天然气期货期权 | 纽约商业交易所 | 21 053 064 | 20 936 070 | －0.6 |
| 12 | 原油期货 | 印度大宗商品交易所 | 39 558 169 | 20 731 880 | －47.6 |
| 13 | 布伦特原油最后交易日期货 | 纽约商业交易所 | 9 214 951 | 18 493 384 | 100.7 |
| 14 | 美国石油基金ETF期权* | — | 16 557 758 | 16 492 138 | －0.4 |
| 15 | 天然气期货 | 印度大宗商品交易所 | 23 828 800 | 15 628 773 | －34.4 |
| 16 | 布伦特原油期权 | ICE欧洲期货交易所 | 9 690 641 | 13 285 768 | 37.1 |
| 17 | 美国天然气基金ETF期权* | — | 7 988 602 | 9 254 832 | 15.9 |
| 18 | 布伦特原油期货 | 莫斯科交易所 | 18 170 809 | 7 084 451 | －61.0 |
| 19 | 碳排放许可(EUA)期货 | ICE欧洲期货交易所 | 7 261 175 | 7 008 526 | －3.5 |
| 20 | 亨利港天然气掉期期货 | 纽约商业交易所 | 11 459 837 | 6 332 365 | －44.7 |

说明:(*)ETF期权是指一种在未来某特定时间,以特定价格买入或者卖出的交易开放性指数基金的权利和合约。美国石油基金ETF期权和天然气基金ETF期权同时在美国多个期权交易所交易。

资料来源:美国期货行业协会(FIA)。

芝加哥商品交易所集团(CME)和洲际交易所(ICE)2014年在能源领域共产生了大约12亿美元的收入。为了打破两大交易所的垄断局面,纳斯达克(Nasdaq)计划推出一段较长的手续费减免期,以招揽交易员进入其新设的能源市场,此举对两家目前占据主导地位的石油和天然气期货交易所发起了有力挑战。新设立的纳斯达克期货交易所在2015年年中开始推出28种能源合约,目的是推动业务多元化。

**1. 原油**

2014年国际油价全年走势冰火两重天。上半年,美联储坚持量化宽松(QE)政策,利好刺激全球,此外克米比亚危机爆发引发原油供应担忧,原油价格受益震荡走高。下半年,美国页岩油丰产,但石油输出国组织(OPEC)并未减产应对,10月美联储退出量化宽松(QE),从而打击了经济复苏信心。随后,美国和欧盟多国就克米比亚纠纷轮番制裁俄罗斯，年末俄罗斯经济受重创，以致卢布一度大幅贬值。混乱而消极的环境导致了国际油价雪崩，下跌至5年前水平。即便如此，2014年国际两大油价基准——布伦特原油（Brent）和西得克萨斯轻质原油（WTI）在成交量上仍基本持平。与此同时，ICE欧洲期货交易所的布伦特原油期货期权成交量同比增长37.1%。

2014年12月，中国证监会正式批准上海期货交易所开展原油期货交易。这标志着国内首个国际化的期货品种原油期货上市进入了实质性推进阶段。上海国际能源交易中心原油期货的上市，有利于我国争夺原油国际定价话语权，也会带来跨市场和跨品种套利交易机会。综观全球的原油期货品种，目前以欧洲的布伦特原油和美国的西得克萨斯轻质原油最具影响力，两者已经成为全球原油贸易的重要基准定价标的。然而，随着原油消费重心的东移，中国乃至亚太地区正成为全球最大的原油消费地，而原油定价话语权的缺失导致该地区的进口价格很难客观反映供需基本面。此外，中东产油国对亚洲地区的原油销售价格常常高于对欧洲、美国的售价。由于中东地区是亚洲最大的原油来源地，按照上海国际能源交易中心原油期货设计方案，其交割标的是中质含硫原油，这与中东地区大部分原油品级较为接近。

**2. 煤炭**

国际局势动荡起伏拖累经济消费，能源结构转型挤压煤炭生存空间，2014年国际煤炭价格一路向下。2014年是中国将雾霾天气纳入污染范畴的第一年，也标志着中国正式推广环保能源计划。2014年5月，中俄签署价值4 000亿美元长达30年的超级天然气贸易合同。美国方面，一边推进天然气革命，一手主张开采页岩油，直接导演了国际能源市场严重供过于求的局面。

2014年从焦煤、焦炭期货主力合约走势来看，焦煤期货价格经历多次探底后，四季度逐渐进入区间震荡整理走势；而焦炭期货价格虽然也转为阴跌寻底走势，但在四季度仍然多次刷新低点。因此，2014年焦煤期货价格整体强于焦炭期货价格。2014年，大连郑州商品交易所焦煤期货和焦炭期货在成交量上也呈现截然相反的局面，焦煤期货全年交易5 760.5万手，大幅上涨68.1%，而焦炭期货全年交易6 368.8万手，大幅下降44.8%。

## （三） 金属板块

据美国期货行业协会（FIA）发布的统计显示，2014年全球金属期货期权交易主要集中在6家交易所和2个上市交易基金（ETF）。目前，上海期货交易所（SHFE）、伦敦金属交易所（LME）和纽约商品交易所（Nymex）是全球主要的金属期货定价中心，2014年分别有6个、5个和3个品种入围2013年交易量前20名。此外，印度大宗商品交易所

(MCX)和莫斯科交易所也分别有 2 个和 1 个品种入围前 20 名。从品种上看，螺纹钢、铁矿石、铜、铝、锌、镍、铅等是最活跃的工业金属，而黄金、白银是投资最多的贵金属。

从成交量上看，上海期货交易所螺纹钢期货 2014 年成交合约 4.1 亿张，排名全球金属期货成交量第一，同比上涨 38.9%；白银期货成交 1.9 亿张，排名第二，涨幅高达 11.7%；铜期货以 6 429.6 万张合约，排名第四，同比上涨 12.2%。大连商品交易所 2013 年 10 月新上市的铁矿石期货合约 2014 年交易量达到 9 635.9 万张，排名第三，巨幅增长 4301.5%(表 6.6)。

**表 6.6　2014 年全球金属期货期权交易合约数排名前 20 名的品种**

| 排名 | 合　　约 | 交易所 | 2013 年成交量/手 | 2014 年成交量/手 | 同比变化率/% |
|---|---|---|---|---|---|
| 1 | 螺纹钢期货 | 上海期货交易所 | 293 728 929 | 4 080 789 103 | 38.9 |
| 2 | 白银期货 | 上海期货交易所 | 173 222 611 | 193 487 650 | 11.7 |
| 3 | 铁矿石期货* | 大连商品交易所 | 2 189 215 | 96 359 128 | 4 301.5 |
| 4 | 铜期货 | 上海期货交易所 | 64 295 856 | 70 510 306 | 9.7 |
| 5 | 高级原铝期货 | 伦敦金属交易所 | 63 767 903 | 65 435 357 | 2.6 |
| 6 | COMEX 黄金期货 | 纽约商品交易所 | 47 294 551 | 40 518 804 | −14.3 |
| 7 | 锌期货 | 上海期货交易所 | 12 083 166 | 40 429 347 | 234.6 |
| 8 | A 级铜期货 | 伦敦金属交易所 | 40 486 017 | 38 807 667 | −4.1 |
| 9 | 特高级锌期货 | 伦敦金属交易所 | 30 270 370 | 30 321 911 | 0.2 |
| 10 | SPDR 黄金 ETF 期权** | — | 49 003 859 | 29 470 882 | −39.9 |
| 11 | 黄金期货 | 上海期货交易所 | 20 087 824 | 23 865 406 | 18.8 |
| 12 | iShares 银信托 ETF 期权** | — | 29 722 604 | 20 712 614 | −30.3 |
| 13 | 迷你白银期货 | 印度大宗商品交易所 | 33 611 357 | 20 187 418 | −39.9 |
| 14 | 原料镍期货 | 伦敦金属交易所 | 13 678 490 | 18 077 047 | 22.5 |
| 15 | COMEX 铜期货 | 纽约商品交易所 | 17 127 383 | 14 591 200 | 6.0 |
| 16 | 铝期货 | 上海期货交易所 | 3 305 575 | 13 926 276 | 321.3 |
| 17 | COMEX 白银期货 | 纽约商品交易所 | 1 447 593 | 13 696 961 | −5.4 |
| 18 | 标准铅期货 | 伦敦金属交易所 | 12 931 067 | 12 872 224 | −0.5 |
| 19 | 黄金期货 | 莫斯科交易所 | 15 892 846 | 11 519 763 | −27.5 |
| 20 | 迷你黄金期货 | 印度大宗商品交易所 | 20 267 222 | 10 016 910 | −50.6 |

说明：(*)排名第三的大连商品交易所铁矿石期货合约为 2013 年 10 月新上市品种；(**)ETF 期权是指一种在未来某特定时间，以特定价格买入或者卖出的交易开放性指数基金的权利和合约。SPDR 黄金 ETF 期权和 iShares 银信托 ETF 期权同时在美国多个期权交易所交易。

资料来源：美国期货行业协会(FIA)。

**1. 贵金属**

贵金属期货和期权 2014 年成交量整体下降 14.5%，纽约商品交易所的 Comex 黄金和白银期货成交量下降最为显著，分别同比下降 14.3%和 5.4%。然而上海期货交易所日益成为亚洲贵金属交易中心，其黄金和白银期货成交量同比分别增长 18.8%和 11.7%。

2014 年，国际金价呈现先扬后抑的走势。年初，因受暴风雪、美元疲弱等因素影响，金价以 1225 美元/盎司（1 盎司≈$2.8\times10^{-2}$千克）开盘后，节节攀升。此后随着乌克兰危机升级，黄金避显险需求凸显，国际金价借机上扬，3 月 14 日报收全年最高价为 1 379 美元/盎司。4 月、5 月地缘政治危机的反复令金价在区间价徘徊。后半年，强劲的美元主导了整个市场。房市、零售业和就业市场数据的持续回暖，以及美联储加息加息预期的不断升温，令金价受压。年终国际金价报收 1 173.5 美元/盎司，年内下跌 4.2%，全年均价为 1 265.99 美元/盎司，均价同比下跌 10.28%。

**2. 基本金属**

2014 年，基本金属期货成交量与贵金属期货呈相反态势，同比增长 35.0%，达 8.72 亿手，增长主要来自中国市场。中国内地上市的螺纹钢、铁矿石、铜期货位居前 4 位，锌和铝期货分列第 7 和第 16 位。上海期货交易所的螺纹钢期货的成交量创新高，达 4.08 亿手，同比增长 38.9%。伦敦金属交易所（LME）原铝期货 2014 年成交 6 544 万手，排名第 5，镍期货也值得一提，成交量同比增长 32.2%，达 1 810 万手。

在价格方面，基本金属涨跌互现。2014 年初，伦敦金属交易所（LME）铜期货以 7 439.5 美元/吨开盘后直线下跌，二季度出现反弹行情。下半年，因美元上涨、油价下跌和全球最大铜消费国中国需求前景不断减弱，盖过美国经济持续强劲对期铜的支持，伦敦金属交易所（LME）铜期货震荡下跌。伦敦金属交易所（LME）铜期货年终报收 6 361 美元/吨，年内下跌 14.5%，全年均价为 6 860.25 美元/吨，均价同比下跌 6.34%。

伦敦金属交易所（LME）2014 年铝期货迎来漫长的爬坡行情。年初，伦敦金属交易所（LME）铝期货以 1 755.5 美元/吨开盘后延续了一段震荡弱势格局，但随着中铝宣布减产，铝价得到提振；二季度欧美经济不断好转，铝价大幅上涨。年终伦敦金属交易所（LME）铝期货报收 1 834 美元/吨，年内上涨 4.47%，全年均价为 1 867.26 美元/吨，均价同比上涨 1.3%。

伦敦金属交易所（LME）2014 年锌期货受锌矿山减产、全球锌需求的逐步复苏、中国环保加强限制精锌产量以及中国精炼锌进出口形势改变等因素影响，总体呈现上涨行情。伦敦金属交易所（LME）锌期货年终报收 2 152.5 美元/吨，年内上涨

3.39%，全年均价为 2 161.83 美元/吨，均价同比上涨 13.22%。

**3. 铁矿石**

2014 年，全年铁矿石价格下跌幅度高达近 50%，主要是由于供过于求。世界铁矿石贸易保持着南矿北运的基本格局。澳大利亚和巴西继续坐稳全球铁矿石出口量前两名的交椅，中国仍然是最大的铁矿石进口国。需求方面，中国钢铁行业的发展已步入平稳期，钢产量增速放缓，铁矿石需求增速相应下降，其他国家需求增减不一，全球铁矿石整体需求量呈现持稳态势。供给方面，力拓、必和必拓、FMG 以及淡水河谷四大矿商延续增产趋势，凭借低成本抢占市场，而国际航运市场低迷进一步降低了铁矿石运输成本。

目前，印度、新加坡和中国已先后推出铁矿石期货。大连商品交易所 2013 年 10 月上市的铁矿石期货 2014 年全年成交量为 9 640 万手，巨幅增长 4 301.5%。2015 年，铁矿石期货成交量达到 2.60 亿手，同比再大幅增长 169%，交投进一步活跃。中国是铁矿石消费大国，期货等衍生品的发展对钢铁产业的未来变化及整个期货市场意义深远，大连商品交易所将继续推进铁矿石期货国际化和保税交割，以及期权、指数等衍生品。

## 三、主要国家和地区大宗商品交易市场现状

### （一） 美国

**1. 行业概况**

美国在全球大宗商品交易市场中一直处于领先位置。2014 年美国场内衍生品成交量较 2013 年增长 3.4%，达到 81.37 亿手，是全球场内衍生品成交量最大的国家。

芝加哥期权交易所集团（CBOE Group）、芝加哥商业交易所集团（CME Group）、纳斯达克 OMX 集团（美国市场）及洲际交易所集团（ICE Group）四大交易所集团是美国场内衍生品市场的绝对主力。目前，芝加哥商业交易所集团（CME Group）仍然占据着最主要地位，2014 年成交量占美国成交总量的 42%，比重仍有所上升。该集团旗下的三家交易所——芝加哥商业交易所（CME）、芝加哥期货交易所（CBOT）、纽约商业交易所（NYMEX）在 2014 年总成交量达到 34.42 亿手，同比上升 8.9%。三家交易所分工定位明确，芝加哥期货交易所（CBOT）在农产品、利率期货、期权合约中占据主导地位，纽约商业交易所（NYEMX）在能源期货、金属期货和期权品种中领先，芝加哥商业交易所（CME）则在美国外汇市场占据绝对的领先地位。芝加哥期权

交易集团(CBOE Group)则成为全美增长速度最快的交易所集团，2014 年同比增长率为 11.6%。相对而言，洲际交易所集团(ICE Group)的表现较为黯淡，2014 年成交量同比减少 11.0%。

**2. 政府对行业的监管与推动**

随着美国社会对金融机构参与商品交易对实体经济的负面溢出效应认识的不断深化，美国金融监管的重点正从体系内的行为转向体系本身。2014 年开始，在限制银行机构参与大宗商品交易，提升对该领域的监管力度方面，美国立法和监管部门执行力度明显加大，美国联邦能源监管委员会(FERC)、美国商品期货交易委员会(CFTC)以及美联储(FED)等机构均有参与。美国将禁止从事金融业务的机构，同时直接控制实体产业的生产和运输，拥有大量实际的仓库和供应链。

根据美国商品期货交易委员会(CFTC)工作年报，其执法部门在 2014 年共审理 67 起违法案件，并对超过 240 起违规行为立案调查。由于监管权下放和内部机构的改革，案件数量从近 4 年来看整体呈略微下降态势，但案件审结率(审理数量/立案数量)基本维持在 28%，说明办案效率并未明显降低。审理完成的 67 起案件多为之前积累的情节相对复杂的案件，最终取得成功的解决方式，包括庭外和解、法庭简易程序以及开庭判决等。针对美国日益活跃的期货市场，2014 年美国商品期货交易委员会(CFTC)的监管执法部门重点调查和起诉了影响力较大的几起案件，包括市场操纵、虚假报告、侵占客户资金、洗售等，监管对象既包括世界著名的金融机构，也包括庞氏骗局的操纵者。监管机构一方面加大对同类案件的处罚力度，和解或处罚金额屡创新高；另一方面加强了跨境监管合作，联手打击此类市场操纵行为。例如，美国商品期货交易委员会(CFTC)与澳大利亚证券与投资委员会签署谅解备忘录，进行合作与交换信息，以加强对在美国与澳大利亚拥有跨境业务的市场主体的监管工作。在持仓限制监管方面，美国商品期货交易委员会(CFTC)对于持仓超出限额的市场参与者进行了处罚，重点查处通过虚假报撤单试图操纵市场行为。

## （二） 欧洲

**1. 行业概况**

在经过 2012 年的大幅下滑、2013 年的小幅收缩之后，2014 年欧洲期货及期权市场总体成交量有所回升，3 年来首次实现正增长，达到 44.5 亿手，增幅为 2.1%。2014 年欧洲市场各品种合约的表现基本延续了 2013 年的情况，除了农产品类合约外，其他各品种均有进入全球成交量前 20 名的合约。

欧洲期货交易所、洲际交易所集团(欧洲市场)、莫斯科交易所这三大交易所/交易所集团的成交量份额占据欧洲市场总成交量近 90%。其中,欧洲期货交易所成交规模最大,2014 年成交量同比减少 4%,为 14.9 亿手,在欧洲市场中占比 33.5%;其次是莫斯科交易所,成交量同比增长 24.6%,为 14.13 亿手,占比 31.8%;洲际交易所集团(欧洲市场)以 9.94 亿手的成交量位列第 3,占比 22.3%。

**2. 政府对行业的监管与推动**

2014 年初,欧盟就金融市场全面改革达成协议,再次修订《金融工具市场法规》(MiFID),并将于 2016 年底正式实施。新的《金融工具市场法规》涵盖欧洲金融工具和金融市场等各个方面,与衍生品交易相关的内容主要包括:①建立持仓限制制度,限制大宗商品投机。欧盟限制银行和其他金融机构拥有的农产品衍生品的净头寸,并强制要求交易者向公众公开交易信息。对部分电力和天然气衍生品市场实行头寸限制,要求部分煤炭和原油衍生品通过清算所进行交易。②更加严格的管制高频交易。设置熔断机制,使合约买卖报价在一段时间内只能在熔断价格范围内交易。高频交易中使用的算法需要接受监管机构的测试与授权。③提高交易透明性。要求金融工具的买卖交易必须在接受管制的交易平台上进行,限制在"暗池"平台匿名进行股票交易的规模。监管机构可以在金融市场稳定受到威胁及投资者权益受到挑战的情况下,停止或取消特定的金融产品或服务。

此外,2014 年美国和欧洲还就名义总额 700 万亿美元的场外衍生品交易市场监管达成协议,投资者无须再担心监管规则冲突导致的市场割裂和交易费用上升。

## (三) 印度

**1. 行业概况**

印度的大宗商品市场正在崛起。2014 年印度市场的成交量主要集中在 3 家交易所。其中,印度国家证券交易所(NSE)成交量同比大幅减少 11.6%,至 18.8 亿手,在全球衍生品交易所/集团成交量排名中位列第 4;印度大宗商品交易所(MCX)成交量延续 2013 年的跌势,同比大减 49.5%,至 1.34 亿手,在全球位列第 24 位;孟买证券交易所(BSE)则实现了 184.8%的年度增长,成交总量达到 7.26 亿手,在全球衍生品交易所/集团成交量排名中跃居第 11 位。

**2. 政府对行业的监管与推动**

印度大宗商品监管机构远期交易委员会(FMC)和资本市场监管机构证券交易委员会(SEBI)拟将合并,旨在加强监管,促进机构投资者参与大宗商品期货市场。远期交易委员会(FMC)和证券交易委员会(SEBI)的合并将有效地降低大宗商品远期市场的投机行为。远期交易委员会(FMC)主要职责监管大宗商品市场,相比证券交易委员会(SEBI)而言,资源和监管权力有限。

2016 年,印度证券交易管理局将批准上市大宗商品的期权及指数新产品,并开放市场,允许新的参与者进入该市场。首先上市的品种主要为黄金、白银、原油期货等非农业产品,其次会推出农业类相关产品。印度还将发起建立国家农业市场(NAM),即一个将 8 个邦的 21 家批发市场联系起来的网上农产品交易平台。该平台的设立是印度农业的转折点,并且将提高行业透明度,从而使农民大大受益。这个电子平台意在整合全印度共 585 个批发市场,从而确保公开的价格发现机制并给农民带来更高的收益。最终,国家农业市场(NAM)会把所有邦的全部农业市场联系在一起,通过这个平台将生产商/农民直接和买家/消费者联系起来。目前,印度中央政府迫切地想要完成这项工作,如果地方政府配合的话这项工作将在 2017 年 3 月提前完成。印度政府将为此计划投资 3 亿卢比,它的软件将被免费提供给邦政府。eNAM 平台能使得农民能够监控商品成本,相关产品需求并且更为轻松地获得全国其他地方的市场信息,而这将促进竞争并挤出中间商。为了方便农民从平台上获取信息,政府将对此提供全天候的热线服务。

## (四) 中国

### 1. 行业概况

2014 年被誉为中国期货市场改革开放、行业创新发展的元年。全年中国市场成交量达 25.06 亿手,成交额为 291.99 万亿元,同比分别增长 21.54%和 9.16%。2014 年中国内地共上市 6 个新品种,上市品种数量合计达到 46 个,期货市场品种覆盖面进一步增强。此外,中国的期货私募基金和期货公司资产管理业务迅速发展,带动了投资者结构的优化,机构投资者比例显著上升。

中国内地的 4 家交易所和香港交易所在 2014 年均实现了较大的增长。其中,上海期货交易所受益于螺纹钢、锌以及铝合约,成交量增长 31.1%,至 8.42 亿手;大连商品交易所成交量增长 9.9%,至 7.7 亿手;郑州商品交易所因白糖、棉花以及菜粕合约成交活跃,成交量取得 28.8%的增长率,至 3.17 亿手;中国金融期货交易所因沪深 300 股指期货合约成交快速增长,在 2014 年成交量同比增长 12.4%;香港交易所成交量增加 9.5%,至 1.42 亿手,合并旗下的伦敦金属交易所成交量之后,位列全球交易所成交量排名第 14 位。

**2. 政府对行业的监管与推动**

2014年5月，中国出台《国务院关于进一步促进资本市场健康发展的若干意见》（新“国九条”），明确提出继续推出大宗资源性产品期货品种，发展商品期权、商品指数、碳排放权等交易工具，允许符合条件的机构投资者以对冲风险为目的使用期货衍生品工具，清理取消对企业运用风险管理工具的不必要限制，逐步丰富股指期货、股指期权和股票期权品种，逐步发展国债期货；9月，中国证监会发布《关于进一步推进期货经营机构创新发展的意见》；随后，中国期货业协会联合四家期货交易所和中国期货保证金监控中心召开了“期货经营机构创新发展研讨会”。一系列政策措施出台，大大地激发了中国期货市场创新发展的活力。

## 四、“一带一路”战略推动大宗商品市场发展

2013年国家主席习近平提出建设“新丝绸之路经济带”和“21世纪海上丝绸之路”的战略构想，“一带一路”即为该战略构想的延续。根据“一带一路”的纲领性文件《推动共建丝绸之路经济带和21世纪海上丝绸之路的愿景与行动》，“一带一路”将致力于亚欧非大陆及附近海洋的互联互通，建立和加强沿线各国互联互通伙伴关系，构建全方位、多层次、复合型的互联互通网络，实现沿线各国多元、自主、平衡、可持续的发展，其将建成世界最长跨度、最具活力、最有发展前景的大经济走廊，这将对沿线国家的大宗商品交易市场起到了极大的促进作用。

### （一）“一带一路”沿线国家大宗商品资源禀赋与期货市场概况

**1. “一带一路”沿线国家大宗商品资源禀赋**

“一带一路”沿线国家现货资源分布具有极强的互补性，不同地区资源禀赋的丰富程度和种类差异较大，能源化工主要分布在西亚和俄罗斯，有色金属主要分布在中东欧、东南亚和中国，农产品主要分布在南亚、东南亚，这样就促进了“一带一路”内的贸易往来。此外，“一带一路”沿线国家和地区的资源保有量呈现出中东欧发达经济体偏少，其他国家和地区较为丰富的情况，这恰好与目前的期货市场发展情况相反。

具体而言，能源化工主要分布在西亚和俄罗斯，其中西亚的原油储量占全球的47.9%，俄罗斯占全球的5.5%。此外，非洲、东南亚和中国也有少量储量，分别占全球的2.4%、1.85%和1.1%。

有色金属主要分布在中东欧、东南亚和中国。其中，中东欧主要集中在俄罗斯、乌克兰和波兰，且有色金属种类丰富；东南亚主要集中在印尼、马来西亚和泰国，种类以锡为主；中国有色金属也非常丰富，储量居世界前列的有稀土、钨等。

农产品主要分布在南亚、东南亚。南亚的粮食和棉花资源丰富，东南亚盛产棕榈油、橡胶和稻米，西亚虽然资源禀赋欠缺但农业科技发达。

因此，“一带一路”区域内现货贸易往来较为频繁。以中国为例，中国与“一带一路”沿线国家在大宗商品方面有着极强的互补性，诸多地区为中国重要的大宗商品进口来源国。中国原油进口中 63.74％源于“一带一路”沿线国家，主要集中于中东地区；有色金属进口中 64％源于“一带一路”沿线国家，主要集中于菲律宾、印尼等东南亚地区。

**2. “一带一路”沿线国家期货市场概况**

“一带一路”包括了 65 个国家，占世界总 GDP 近 70％。据《期货期权杂志》统计，全球 87 家期货交易所中有 30 家属于“一带一路”沿线国家，其成交量占全球交易量的 40％。但 97％源于中东欧地区、中国和印度，分别占全球的 14％、11.46％和 13.46％。特别是中国对“一带一路”沿线国家 GDP 贡献量及其期货市场发展程度都很高。65 个沿线国家中仅有不到 20 个有较为完善的期货交易所(表 6.7)，其余国家在期货市场方面建设尚处空白，特别是东亚、中亚、非洲地区。

**表 6.7　2014 年“一带一路”沿线国家主要期货市场情况**

| 国　家 | 主要期货交易所 | 持仓合约价值/GDP | 2014 年期货交易量/手 | 合计/手 | 交易量在全球交易量中占比/％ |
|---|---|---|---|---|---|
| 印　度 | 印度国家证券交易所 | 3.0％ | 1 895 074 861 | 2 942 993 874 | 14.13 |
| | 孟买证券交易所 | | 732 653 097 | | |
| | 印度联合证券交易所 | | 25 701 856 | | |
| | 印度国家商品及衍生品交易所 | | 30 046 790 | | |
| | 印度都市股票交易所 | | 125 179 857 | | |
| | 印度多种商品交易所 | | 133 633 043 | | |
| | ACE 衍生品及商品交易所 | | 704 370 | | |
| 中　国 | 上海期货交易所 | 1.0％ | 842 294 228 | 2 505 855 697 | 12.03 |
| | 大连商品交易所 | | 769 637 041 | | |
| | 郑州商品交易所 | | 676 343 283 | | |
| | 中国金融期货交易所 | | 217 581 145 | | |

续表

| 国　家 | 主要期货交易所 | 持仓合约价值/GDP | 2014 年期货交易量/手 | 合计/手 | 交易量在全球交易量中占比/% |
|---|---|---|---|---|---|
| 新加坡 | 新加坡交易所 | N/A | 119 546 069 | 119 546 069 | 0.57 |
| 泰　国 | 泰国期货交易所 | N/A | 42 415 217 | 42 415 217 | 0.20 |
| 土耳其 | 伊斯坦布尔交易所 | 0.5% | 21 059 201 | 21 059 201 | 0.10 |
| 以色列 | 特拉维夫证券交易所 | 5.1% | 16 238 985 | 16 238 985 | 0.08 |
| 马来西亚 | 马来西亚衍生品交易所 | 1.2% | 12 460 886 | 12 460 886 | 0.06 |
| 阿联酋 | 迪拜商品交易所 | N/A | 424 208 | 3 751 831 | 0.02 |
| | 迪拜黄金和商品交易所 | | 3 327 623 | | |
| 印　尼 | 印度尼西亚商品交易所 | N/A | 61 249 | 61 249 | 0.00 |
| 德　国 | EUREX | 69.08% | 1 490 775 353 | 1 491 438 021 | 7.162 3 |
| | 欧洲能源交易所 | | 662 668 | | |
| 俄罗斯 | 莫斯科交易所 | 0.41% | 1 413 222 196 | 1 413 222 196 | 6.786 7 |
| 法　国 | 泛欧(巴黎)交易所 | N/A | 77 330 497 | 78 297 590 | 0.376 0 |
| | PowernextSA | | 967 093 | | |
| 波　兰 | 华沙股票交易所 | 0.23% | 9 182 564 | 9 182 564 | 0.044 1 |
| 匈牙利 | 布达佩斯股票交易所 | 0.90% | 7 467 647 | 7 469 309 | 0.035 9 |
| | 匈牙利电力交易所 | | 1 662 | | |
| 比利时 | 布鲁塞尔证券交易所 | N/A | 1 076 987 | 1 076 987 | 0.005 2 |
| 罗马尼亚 | SIBEX-SIBIU 交易所 | N/A | 341 392 | 341 392 | 0.001 6 |
| 捷　克 | 中欧能源交易所 | N/A | 7 885 | 7 885 | 0.00 |
| 合　计 | N/A | N/A | 8 665 411 068 | 8 665 411 068 | 41.611 8 |

资料来源:中国期货业协会《中国期货》2015.04。

在"一带一路"沿线国家中,中东欧地区期货交易所更加发达和成熟。若以"持仓价值/GDP"来衡量期货市场的发达程度,中东欧地区该比重为26%(由于欧洲期货交易所EUREX设在德国,故德国该比重高达69.08%),而非中东欧地区该比重仅为2%;若以换手率来衡量成熟度,且换手率越低越成熟,中东欧地区换手率为13%,非中东欧地区为87%。中国和印度虽然成交量居前,但发达程度和成熟度还较低,中国两个指标分别为1%和144%,印度为3%和101%,而期货市场最为完善的美国这两个指标分别为85%和17%。

在已有期货交易所的国家和地区中，中东欧地区以外的期货交易所上市品种往往是当地资源较为丰富的品种。例如，在泰国、马来西亚上市的商品品种中，最为活跃的分别是橡胶、棕榈油等，而迪拜最活跃的为黄金和原油，新加坡作为国际重要的金融外汇中心，其包括股指、外汇在内的金融期货非常活跃，且已具备一定区域性定价功能。

## （二）“一带一路”战略为我国大宗商品交易带来新机遇

长久以来，国际大宗商品价格的主导权掌握在西方手里。“一带一路”国家战略，既为大宗商品市场服务实体经济提供了广阔舞台，也为期货行业创新业务发展提供了难得的机遇，为中国参与建立国际大宗商品交易新体系提供了契机。

“一带一路”战略利用多国间合作机制，促进区域合作蓬勃发展的工程，其连接了以哈萨克斯坦、土库曼斯坦为代表的能源和原材料市场，以中国、越南等为代表的生产基地，以德国、法国和意大利等为代表的欧洲终端消费市场，形成了一个以原材料、能源、生产和销售为核心的良性循环。各国可以在这个平台中极大地发挥自身拥有的自然资源、人口资源、地理位置等优势，在互惠互利中共同发展。而在这个共同发展的大方向下，“一带一路”建设强调的是“政策沟通、设施联通、贸易畅通、资金融通、民心相通”，其中与大宗商品市场密不可分的 3 个最重要方面是“设施联通、贸易畅通、资金融通”。

**1. “一带一路”设施联通建设将给中国带来巨大机会**

作为“一带一路”战略最重要的物质基础——基础设施的建立是优先且重要的任务。与此形成对比的是，“一带一路”沿线国家的基建缺口是巨大的。据统计，亚洲地区除中国、日本、韩国三国外，未来 10 年基础设施每年的投资需要为 8 200 亿美元，而自身仅能提供约 4 000 亿美元，超过 50%的缺口有待外部资本填补。近年来，东南亚地区的印尼、泰国等国家先后公布基建中长期规划，2011 年至 2020 年这 10 年间东南亚地区基建投资规模将达到 1.5 万亿美元，整个“一带一路”地区基建体量更是高达 4 万亿美元，这对迫切需要向外输出资金、技术、产业的中国来说无疑是一个巨大的机会。

**2. “一带一路”战略将促进大宗商品市场贸易畅通**

“一带一路”将建立一个连接多国的贸易畅通的市场，我国作为“一带一路”战略构想的发起国，在这一建设过程中也将极大地受惠。未来中国的“能源走廊”将衔接于陆上“丝绸之路经济带”和“21 世纪海上丝绸之路”途经的一些重要国家，如土库曼斯坦、缅甸等。2014 年中国进口天然气 580 亿米$^3$，其中 550 亿米$^3$ 来自土库曼斯坦的

3 条输气管道；同年中国进口的另外 30 亿米$^3$ 天然气就来自中缅油气管道，拥有极大地理位置优势的中缅油气管道，其设计年运输能力为 120 亿米$^3$ 天然气和 2 200 万吨原油，未来通过缅甸的油气进口量有望进一步加大。中国加强对"一带一路"国家的投资与建设，在满足自身能源进口需求、多样化能源输入途径、保障能源安全等方面需要的同时，也将对整个"一带一路"地区的贸易环境产生深刻的影响。国内即将上市的原油期货，以及未来可能出现的天然气期货，将对这一系列的能源通路运转产生巨大影响，期货行业也将在这一方面表现出巨大优势。

**3. "一带一路"国家资金融通将提升我国大宗商品定价权**

亚投行以及后来"丝路基金"的设立，将为沿线国家的建设提供资金支持，沿线国家积极参与到这些金融机构中来，体现出中国在国际金融方面正在上升的领导力。未来，在亚投行和"丝路基金"对"一带一路"建设支持的过程中，人民币将成为主要融资货币。这与推动人民币"走出去"的行动将会相互促进，极大提升人民币的国际化程度，全面提升大宗商品定价权，并提高中国对"一带一路"沿线国家金融行业新规则。

## （三）"一带一路"战略背景下中国大宗商品市场发展建议

根据目前"一带一路"沿线国家间大宗商品市场水平和现货资源禀赋的不同，中国应采取不同的合作战略。大宗商品市场合作推进的前提是现货贸易和基础建设的推进，在这个过程中，特别要综合考虑当地的经济和政治环境，在国家战略层面由易到难逐步推进。

对大宗商品期货衍生品市场尚处于空白阶段的国家和地区，包括东亚、中亚、非洲等，一方面逐步向该地区企业开放中国市场，促进该地区投资者来中国期货交易所进行交易；另一方面协助该地区建设期货市场，可在期货市场建设、交割库建设等方面给予全面支持，也可先选择合适的当地品种在中国期货交易所上市。同时，借鉴美国芝加哥商业交易所集团（CME）和洲际交易所集团（ICE）在欧洲能源市场的快速发展经验，鼓励中国期货交易所通过兼并收购、入股等形式，在上述国家和地区发展相关商品交易平台，例如在哈萨克斯坦发展原油交易平台等。

对大宗商品期货市场较为发达的国家和地区，即中东欧国家，应加强双方衍生品市场的合作共赢。中东欧国家的金融衍生品交易平台与发达国家融合得较为完善，参与非本国衍生品市场较为普遍、成熟。一方面可允许该区域投资者参与中国期货交易，设立交割库，申请交割品牌注册；另一方面可在中国期货交易所上市该区域发展较为成熟的商品期货。此外,在"一带一路"战略发展过程中,中国与该地区还可进一步探讨跨市场监管套利等问题。

## 参考文献

[1] 蔡进."一带一路"与国家供应链发展战略[J].中国物流与采购,2016(1):25—30.

[2] 蔡进.2014 大宗商品行业:平稳发展[J].中国物流与采购,2015(3):37—39.

[3] 美国期货协会(FIA). Annual Volume Survey 2014[R]. March 2015.

[4] 美国商品期货交易委员会网站.http://www.cftc.gov/index.htm.

[5] 孙大鹏.期现结合推动大宗商品市场联动发展[J].中国物流与采购,2015(11):56.

[6] 曾平.2014 年国际大宗商品走势分析及 2015 年预测[J].市场经济与价格,2015(1):28—32.

[7] 芝加哥商业交易所(CME)网站. http://www.cmegroup.com/cn-s/.

[8] 中国期货行业协会网站. http:// www.cfachina.org.

本章撰写:姚恒美

# 第七章　世界现代物流业发展动态

近期，世界现代物流业虽面临经济增速放缓的困境，但在石油价格下跌等因素的作用下，仍保持了平稳态势。同时，随着电子商务的兴起，以及自动驾驶车辆、无人机、3D打印、物联网等新兴技术和全渠道物流等新模式的涌现，传统物流业正面临新的挑战，现代物流业的革命蓄势待发。本章将对近期世界物流业发展态势进行综述，介绍老牌物流强国及后起之秀澳大利亚的物流业发展近况，并聚焦全渠道物流和自动化驾驶两大物流业发展热点。

## 一、世界物流业发展现状及态势

### （一）油价下跌抵消经济颓势，全球物流业发展平稳

近几年，受全球新兴经济体经济增速放缓、发达国家经济复苏步伐不一、地域政治关系紧张加剧等因素影响，全球商品贸易量增长较为缓慢，来自世界贸易组织（WTO）的数据显示，2014年、2013年和2012年的全球商品贸易年增长率分别只有2.5%、2.5%和2.2%，已连续3年低于3%。同时，强烈的汇率波动，例如自2014年初起美元兑一揽子货币约15%的升值，使国际贸易局势更加复杂。尽管有诸多负面因素，2014年世界石油价格的崩塌（在7月15日—12月31日下降了47%）却使运输业燃料普遍下降，给物流业带来利好（表7.1）。

在这一背景之下，世界物流业总体保持稳定增长态势。根据Marketline的报告，全球运输服务行业总值在2014年增长了5%，达到28 045亿美元，2010—2014年行业的年均复合增长率在达到4.5%（表7.2）。

表 7.1　2014 年全球主要运输燃料价格变化情况

| 燃　　料 | 主要应用的运输领域 | 2013 年 12 月价格 | 2014 年 12 月价格 | 2014 年价格增长率/% |
|---|---|---|---|---|
| 柴　　油 | 重型货道路运输 | 109.62 便士/升 | 94.18 便士/升 | −14.08 |
| 汽　　油 | 铁路货运 | 63.36 便士/升 | 47.95 便士/升 | −24.32 |
| 船用燃料* | 深海航运 | 1 415(指数) | 923(指数) | −34.77 |
| 航空煤油 | 航空货运 | 1 009.06 美元/吨 | 644.54 美元/吨 | −36.12 |

说明：*船用燃料的价格使用的是 Bunkerworld 指数(Bunkerworld Index)。
资料来源：国际货运协会(FTA)，2015.

表 7.2　2010—2014 年全球运输服务业总产值

| 年　份 | 总产值/亿美元 | 年增长率/% |
|---|---|---|
| 2010 | 23 551 | |
| 2011 | 24 677 | 4.8 |
| 2012 | 25 957 | 5.2 |
| 2013 | 26 710 | 2.9 |
| 2014 | 28 045 | 5.0 |
| 2010—2014 年均复合年均增长率 | — | 4.5 |

资料来源：上海科学技术情报研究所(ISTIS)根据 Marketline(2015)数据编制。

## （二） 区域物流表现不一，欧洲回暖、亚太减速

从区域分布来看，美洲依旧是全球物流业最为发达的区域。根据 Marketline 的数据，2014 年，全球运输服务业总产值达 28 046 亿美元，其中，美洲地区创造了全球运输服务行业总产值的近半壁江山，总产值达到 13 789 亿美元，占全球比重的 49.2%，亚太地区和欧洲分别占比 27.2%和 20.8%(表 7.3)。

表 7.3　主要地区 2014 年球运输服务业总产值

| 地　　区 | 总产值/亿美元 | 全球占比/% |
|---|---|---|
| 美　　洲 | 13 786 | 49.2 |
| 亚　　太 | 7 637 | 27.2 |
| 欧　　洲 | 5 839 | 20.8 |
| 中东和非洲 | 784 | 2.8 |
| 总　　和 | 28 046 | 100 |

资料来源：上海科学技术情报研究所(ISTIS)根据 Marketline(2015)数据编制。

但从增长趋势来看，欧洲地区物流业近期发展较为乐观，亚太区增速虽高但已呈明显放缓迹象。WTO的数据显示，2014年第四季度和2015年第一季度，欧元区的GDP增长率皆为1.6%，而2014年前三季度的平均GDP增长率仅为0.7%，表明欧元区正逐步显现经济回暖。但是，美国2015年第一季度的增长态势与2014年后三季度相比，显现出轻微疲软。相同情况也出现在新兴国家中。例如，2015年第一季度，中国的GDP增长正在减缓，虽然与其他国家相比增幅还是较大。而巴西则下滑了0.8%；俄罗斯的经济发展在2014年和2015年初都较为薄弱。

不同区域的经济状态对物流业发展产生了直接影响。以第三方物流为例，根据Armstrong & Associates公司的统计，2014年，欧洲地区的第三方物流收入达到1 744亿美元(仅次于北美的1 876亿美元)，年增长达到了10.3%，较前一年增长率提高了10个百分点；北美地区的收入增幅从2013年的2.9%提高到2014年的5.8%；而亚太地区的物流业收入增长幅度则基本与2013年持平，约为5.5%；而由于自然资源出口的下降，以及经济衰退影响，南美地区进出口值下降严重，直接导致该地区物流收入下降了6.7%，表现不佳(表7.4)。

**表7.4 主要地区第三方物流(3PL)收入情况(2006—2014年)**

| 地　　区 | 2013年3PL收入/亿美元 | 2014年3PL收入/亿美元 | 2014年增长率/% | 2013年增长率/% | 2012年增长率/% | 2006—2014年均复合增长率/% |
|---|---|---|---|---|---|---|
| 北　　美 | 1 773 | 1 876 | 5.8 | 2.9 | 6.7 | 4.3 |
| 欧　　洲 | 1 581 | 1 744 | 10.3 | 0.01 | −2.6 | 0.7 |
| 亚　　太 | 2 556 | 2 696 | 5.5 | 5.3 | 23.6 | 10.2 |
| 南　　美 | 449 | 419 | −6.7 | 3.0 | 12.4 | 8.1 |
| 其他地区 | 690 | 772 | 11.9 | −0.01 | 6.4 | — |
| 总　　和 | 7 049 | 7 507 | 6.5 | 2.7 | 9.9 | — |

资料来源：上海科学技术情报研究所(ISTIS)根据Armstrong & Associates(2015)数据编制。

## (三) 新技术、新模式涌现，传统物流或遭颠覆

近期，一大批新技术正在迅猛发展并有潜力颠覆传统物流行业。其中，3D打印技术已被不少物流企业引入应用，例如联合包裹(UPS)服务公司利用3D打印推出了一种全新的商业模式，将原来的高尔夫球球杆组装配送工作转变为直接利用Cloud-DDM 3D打印机打印制造，其流程是由合作公司提供可3D打印的部件，或需要3D打印部件简单装备的产品，待消费者下单后，由UPS打印和组装并直接发送给消费

者。TNT公司也已在德国的物流网点中成立了3D打印站点，以实验应用该项技术。

而另一个受到关注的方向是物联网技术的发展，其“在途可视化”功能或许会在未来物流中起重要作用。“在途可视化”的关键在于有效利用以云计算为基础(cloud-based)的GPS技术和射频技术(RFID)，以提供身份、位置和其他跟踪信息。通过对这些技术的数据集合，可以实现一项物品从制造商到零售商的全程可视化，协助供应链实现自动化和准点运输，还能使管理人员对温度控制等重要的细节进行监控，保证货物运输过程中的高效质量管理。DHL授权于2010年成立的Agheera公司便正在致力于研究物联网技术在物流跟踪方面的应用。

其次，自动化驾驶车辆与无人机技术等的迅速发展也正为物流运输的革命性转变带来契机。目前，特斯拉、沃尔沃、宝马、奔驰、大众、通用、丰田、日产等车企都在加紧研发自动化驾驶技术，搜索巨擘谷歌更是引领潮流，并提出了“全自动车上路”的口号。美、日、德、新加坡等国政府也都对自驾驶车的研发和政策研究投入了极大关注，尤其美国对于自动化车辆上路测试给予了巨大支持。而随着《维也纳道路交通公约》新修订法案于2016年3月正式生效，自动化驾驶汽车上路在国际层面也得到了认可，这无疑将进一步促进该领域的发展。与此同时，无人机的发展也如火如荼，利用无人机进行配送也正成为国内外企业的新尝试，亚马逊、顺丰、淘宝等都已进行了相关试验，但仍面临安全、隐私保护、电池续航能力等问题亟待解决。

此外，全渠道物流模式方兴未艾。在线下物流因网购兴起而受挫、部分类型商品的电子商务进入瓶颈期的背景下，各渠道零售和批发商都在寻求新的营销配送模式，从而促进了全渠道物流模式的出现。国外如John Lewis、梅西百货(Macy's)、沃尔玛等，国内如天猫、全家、京东、唐久便利、飞牛网、喜士多等都在尝试利用全渠道物流模式改进传统配送方式，从而提高配送效率、提升客户体验。

### (四) 多式联运需求扩大，外包活动愈加活跃

近年来，以港口为中心的多式联运正受到各国的重视，以此提高物流效率。在北美和欧洲，建立港口与大陆的高效运输网络正变得越来越重要。例如在北美，道路基建条件不佳和卡车司机的短缺问题，以及道路运营方对于铁路网络建设的强烈愿望正促进大型的以集装箱为运输单位的海铁联运的发展。而在欧洲，同样面临陆路司机短缺的英国正在积极发展建设伦敦门户(London Gatway)，以完善英国的以港口为中心的多式联运物流设施，并大力投资建设公路基础设施。欧盟于2014年1月设立的长期基础设施项目“TEN-T”项目正致力于扩大欧洲大陆多式联运货运的运营容量。澳大利亚

也于 2016 年 2 月发布《澳大利亚基础设施规划》，积极推动海铁多式联运等的发展，因其短海联运的地位不断攀升，铁路货运在国内货运中的比重正逐年上升。

此外，第三方物流继续增长也是近期国际物流业呈现的另一特点。根据 2015 年 Capgemini Consulting 公司、PennState 公司、Korn Ferry 公司等联合发布的一份调查报告，2014 年全球第三方物流的总收入达到 7 507 亿美元，较前一年增长 6.5%，增幅较前一年提高近 4 个百分点。73%的受访承运商表示他们正在增加外包物流服务，较前一年的比重提高了 5 个百分点。85%的受访第三方物流公司也证实，其出售给客户的外包物流服务正在增加。而在外包物流业务中，国内运输是最为普遍的一项外包业务，80%的使用外包业务的受访托运人都利用了该项业务，其他比较普遍的业务包括仓储、国际运输、货运代理、海关代理、逆向物流和交叉配货(cross-docking)等(表 7.5)。

**表 7.5　2014 年受访托运人的物流外包种类及比重**

| 外包服务种类 | 被受访者采用的比重/% | 外包服务种类 | 被受访者采用的比重/% |
|---|---|---|---|
| 国内运输 | 80 | 库存管理 | 25 |
| 仓储 | 66 | 商品标签、包装、组装、备料 | 22 |
| 国际运输 | 60 | 订单管理 | 19 |
| 货运代理 | 48 | 服务配件物流 | 12 |
| 报关 | 45 | 车队管理 | 12 |
| 逆向物流 | 34 | IT 服务 | 11 |
| 交叉配货 | 33 | 供应链咨询 | 11 |
| 货运单审计和支付 | 31 | 客户服务 | 7 |
| 运输规划与管理 | 28 | 第四方物流 | 6 |

资料来源：Capgemini Consulting、PennState、Korn Ferry, et al., 2015.

## 二、主要国家物流业发展动态

本报告在过去几年已相继介绍过新加坡、荷兰、美国、日本、比利时、德国等国家的物流业发展现状，这里将着重介绍两个岛国——英国和澳大利亚的物流发展动态。其中，英国是老牌发达国家，物流体系成熟完善，但目前也面临一些瓶颈；而澳大利亚虽起步较晚，但近期在物流基建等方面也在不断追赶。此外，两国政府对于物流业的激励措施或可对我国的现代物流发展有所启迪。

## （一） 英国

英国是物流业非常发达的国家，近期，英国的物流业发展平稳，不过，运输方式的结构正逐渐从公路运输向其他方式转变，并受到重型车人力资源短缺的困扰。为促进英国物流市场继续稳定发展，当局正通过道路管理改革、控制低排、投资基建等方式加以扶持，促进物流业的健康发展。

**1. 英国物流业发展现状及特点**

英国物流业非常发达，在世界银行评选的 2014 年全球物流表现排名中，位列全球第 4，较前一年上升 6 位。作为一个岛国，英国的物流系统非常完善、自成一体，其物流业发展呈现以下几大特点。

（1）物流发展平稳，市场信心提升

英国货运协会(FTA)的数据显示，2014 年，英国经济继续复苏步伐，全年 GDP 增长率 2.8%，较前一年提高超 1.1 个百分点。不过，是年，英国的出口出现一些不利因素，例如欧元的贬值导致英国出口货物价格变贵。同时，石油价格的走低则适度抵消了英国高昂的燃油税(英国在此税方面在欧盟地区最高)。在上述因素的综合影响下，与欧洲其他国家相比，2014 年的英国物流业发展较为平稳。根据 Marketline 公司的计算，2014 年，英国运输服务业总产值约 649 亿美元，占欧洲总产值的 11.1%，2010—2014 年的复合年均增长率为 0.9%，这与同期其他欧洲国家相比已算业绩较好(法国下跌 2.5%、德国增长 0.7%，法、德两国 2014 年的运输服务业总收入分别为 601 亿美元和 1 024 亿美元)(表 7.6)。

**表 7.6 2010—2014 年英国运输服务业总产值**

| 年　份 | 总产值/亿美元 | 年增长率/% |
|---|---|---|
| 2010 | 626 | |
| 2011 | 622 | −0.7 |
| 2012 | 632 | 1.7 |
| 2013 | 636 | 0.7 |
| 2014 | 649 | 1.9 |
| 2010—2014 年均复合增长率 | — | 0.9 |

资料来源：上海科学技术情报研究所(ISTIS)根据 Marketline(2015)数据编制。

英国货运协会(FTA)2014—2015 年度行业调查数据显示，60%的受访者认为英国的物流业将会趋好，这一数据较前一年提高了 10 个百分点，表明英国的物流市场信心正在重拾。根据英国货运协会 2016 年 1 月发布的调查报告，英国国内在零售、批发、配送与运输、公共事业等领域的受访者普遍表示 2015 年第四季度英国国内道路货物运输活动增长较快，多数领域受访者皆认为 2016 年一季度所在行业的道路货运活动会更加活跃，尤其公共事业、建筑领域的受访者更是表现出了较大的乐观预期，对于 2016 年一季度道路物流活动的季度涨幅预期都超过了 50%(图 7.1)。

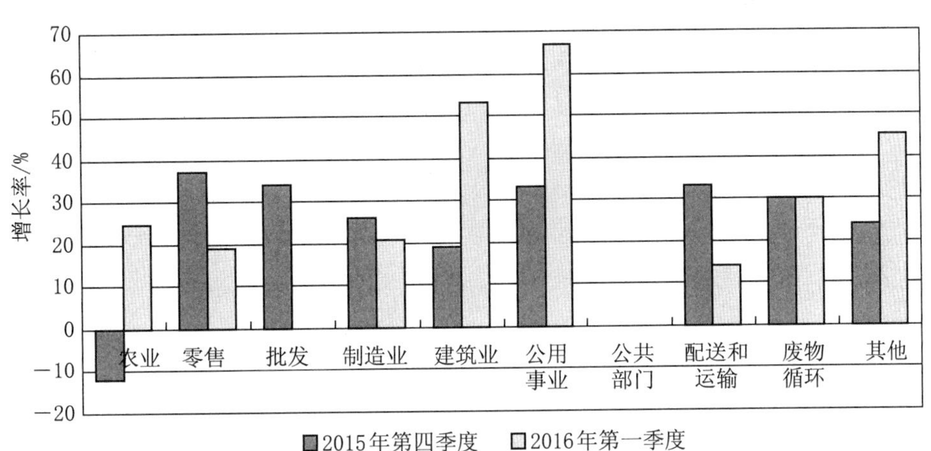


**图 7.1 英国各行业多数受访者认为国内道路货运活动将增长**

资料来源：FTA，2016.

(2) 路运依赖度下降，远东托扶海、空、铁

道路运输是英国运输服务业占主导地位的运输方式，根据 Marketline 公司的数据，2014 年英国道路运输总产值达到 558 亿美元，占行业总产值的 86%。其次是航空货运业，占比 7.9%，2014 年总产值达到 51 亿美元。铁路和海运的占比分别为3.6%和2.4%(图 7.2)。

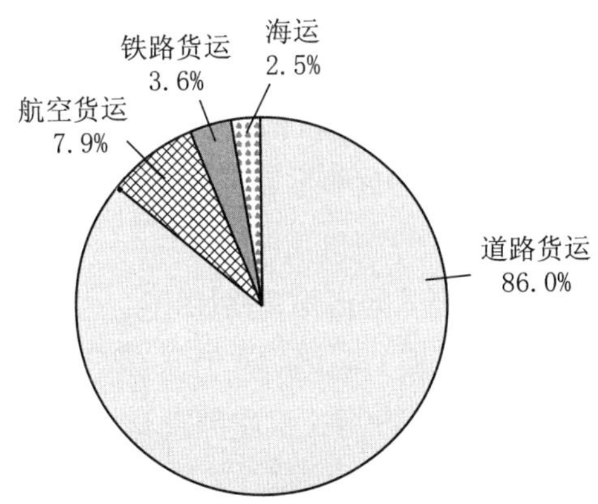


**图 7.2 英国货运服务业各运输模式的比重分布**

资料来源：上海科学技术情报研究所(ISTIS)根据 Marketline(2016)数据编制。

2014 年，英国道路运输发展较为平稳，英国货运协会（FTA）的数据显示，2014 年，英国道路运输的营运利润率稳定在 3%左右，与前一年基本持平。但是，英国道路交通条件正每况愈下。来自英国运输部的数据显示，2014 年 10 月、11 月和 12 月，英格兰 A 级公路的平均行驶车速较 2013 年同月分别下降了 2.3%、2.8%和 2.6%，英国货运协会的调查发现，许多物流运营商反映，其物流业对于道路运输的依赖程度正在骤降（图 7.3）。

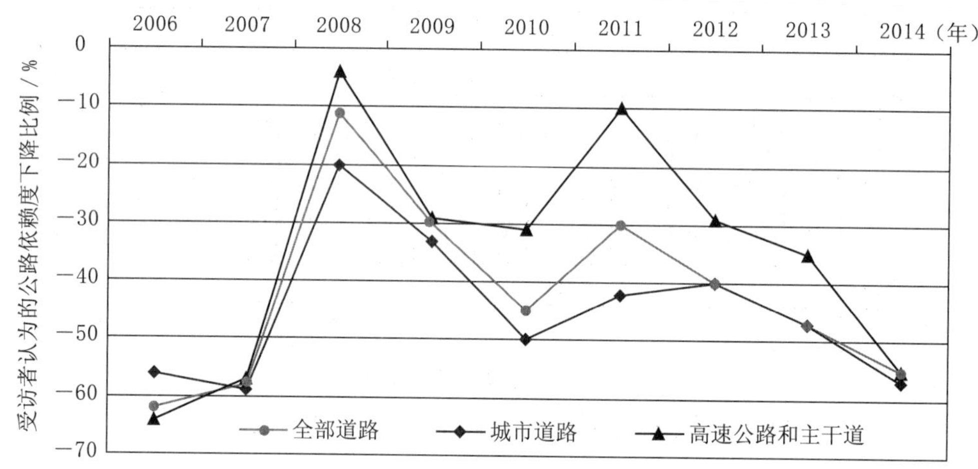


**图 7.3　英国物流对于道路网络的依赖度每况愈下**

资料来源：英国货运协会物流市场调查报告，2010/11—2014/15。

海运和航空货运方面，由于进出口贸易的改善，海、空货运整体都较以往几年有所改观。Marketline 的报告称，2014 年，英国海运航运总产值增长 1.2%，达到 16 亿美元。较前一年 8.5%的跌幅有较大改善。其中，集装箱货占据了绝大多数，按总产值划分，2014 年，英国海运的集装箱货占总海运货物的 96.8%，达到 15 亿美元，而其他干散货仅占 3.2%。2014 年，航空货运的表现依旧低迷，但跌幅较过去几年有所好转，全年总产值为 51 亿美元，较前一年降低 0.7%，2010—2014 年的年均复合增长率为－0.5%（表 7.7）。

但是，货物流向的增长情况在不同区域差别明显。受非洲地区经济发展不景气影响，尤其是自然资源进出口的萎缩，直接影响了非洲与英国间的进出口往来，导致英国与非洲的海、空货运活动都表现平平，而亚洲地区则成为支撑英国海、空货运业增长的重要因素，例如 2014 年，中国已成为英国第二大进口贸易伙伴，较 2004 年跃升了 5 位，并成为英国前十大出口贸易伙伴，排名第 7。因此，与该地区的海运和航空运输量都有较大幅度的提高。

**表 7.7 2010—2014 年英国海运和航空货运总产值变化表**

| 年　　份 | 海　　运 | | 航空货运 | |
|---|---|---|---|---|
| | 总产值/亿美元 | 年增率/% | 总产值/亿美元 | 年增率/% |
| 2010 | 21 | | 52 | |
| 2011 | 14 | −30.2 | 55 | 5.6 |
| 2012 | 17 | 19.3 | 55 | −1.2 |
| 2013 | 16 | −8.5 | 52 | −5.5 |
| 2014 | 16 | 1.2 | 51 | −0.7 |
| 2010—2014 年均复合增长率 | | 6.3 | | −0.5 |

资料来源：上海科学技术情报研究所(ISTIS)根据 Marketline(2015)数据编制。

铁路货运方面，同样受欧洲外地区，尤其远东地区进出口贸易状况改善的影响，使得远洋深海集装箱运输的提振也带动了多式联运国内铁路货运业的发展，英国这部分的铁路货运量在 2014 年增长了 3%。然而，由于电力需求对煤炭需求的减少，煤炭运输量的骤减导致以件杂货为主的铁路货运量在 2014 年较前一年下滑了 7%(图 7.4)。

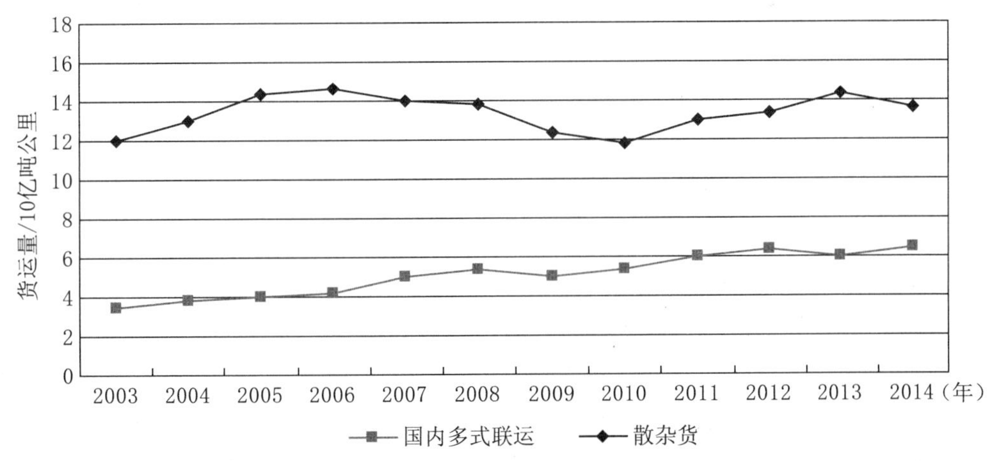


**图 7.4 2003—2014 年英国铁路货运量的变化情况**

资料来源：上海科学技术情报研究所(ISTIS)根据英国铁路和道路局(ORR)(2015)数据编制。

(3) 第三方物流长期合作向短期合同转变

近期，英国物流业发生的另一个变化是，市场对于第三方物流的运用向短期高灵活度方向倾斜。英国物流协会(FTA)曾经在 2013—2014 年发起调查时发现，多数业内受访者认为第三方物流服务将会普遍减少。但是，这一预期在 2014—2015 年的调查结果中得到反转。同时，2014—2015 年调查结果还显示，受访者对于长期第三方物流合同需求的平均预期增长比率正在降低，而对于短期的货车租用和第三方货运物流合同需求的平均预期增长比率有抬升趋势。英国物流协会 2016 年一季度的报告显示，这一预期趋势在 2015 年得到延续，不过，由于 2015 年圣诞节对于物流的井喷需求过后的调整，对于 2016 年第一季度短期物流活动的增长预期有所下降。这一调查结果表明，虽然英国目前的经济正在回暖，但市场对于未来经济走向仍信心不足，因此，更倾向于选择较为灵活、可控的物流模式(图 7.5)。

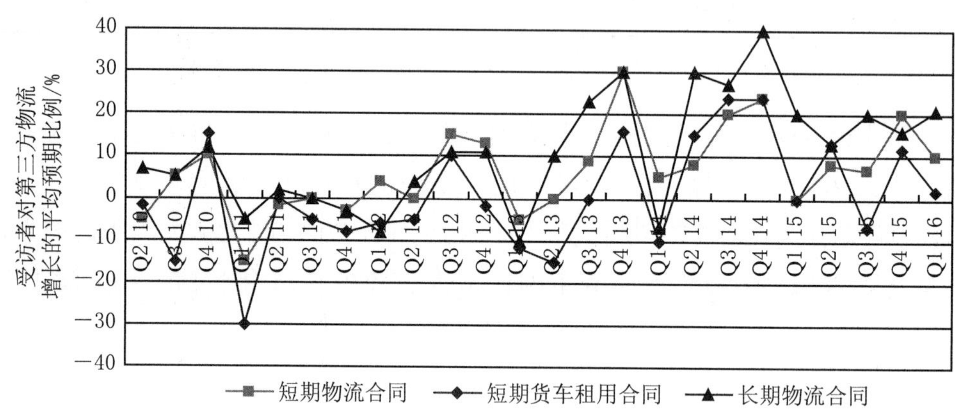


**图 7.5　英国市场对第三方物流活动增长预期**

资料来源：上海科学技术情报研究所(ISTIS)根据英国物流协会(FTA)(2016)数据编制。

### 2. 英国促进物流业发展举措

作为一个物流非常发达的国家，英国政府在物流业发展中也起到了一定的推动作用。近期，其主要的推进举措包括如下几点。

(1) 大规模加强基建投资力度

根据世界经济论坛(WEF)出版的《全球竞争力报告 2014—2015》，在全球 144 个国家中，英国的总体基础设施质量只有 27 名，尤其是道路系统的基础设施排名较过去下降 2 位，跌到 30 名；铁路网络和港口设施相对较好，排名第 16。道路状况的持续恶化，迫使英国当局做出了一个重大决策，2014 年 12 月，英国政府提出道路投资战略(Roads Investment Strategy)，该战略为 1 300 条高速公路和主干道上的新车道进行了规划，以缓解交通拥堵，并对于一些最棘手的和长期性问题提出了解决方案。英国交通大臣 Rt Hon Patrick McLoughlin MP 将该战略描述为“几十年来英国规模最大、最大胆的道路项目”，并指出，“它将大大改善英国的道路网络系统，释放英国的经济潜力”。

为实施该战略，英国政府计划投入 150 亿英镑来提高英国的道路设施水平，投资的项目包括：智能车道；快速车道；支持一个名为 Northern Powerhous 的项目；促进关键路线（如牛津至剑桥）间的道路衔接以及到其他一些终端地带（如 Mersey 港）的道路连接；促进道路安全和解决交通问题的项目（表 7.8）。

**表 7.8　英国道路投资战略提出的新建设项目一览**

| 地　　区 | 主　　要　　项　　目 |
| --- | --- |
| 西南部 | 投入 20 亿英镑扩容 A303 和 A358 车道向西南部的交通容量，包括在斯通亨治建设一个隧道 |
| 东北部 | 划拨 2.9 亿英镑完成对 AI 车道从伦敦到埃林厄姆之间段的扩容工程 |
| 西北部和约克郡 | 完成“智能高速公路”在 M62 车道从曼彻斯特到利兹之间段的建设，并改善从曼彻斯特到谢菲尔德的道路容量 |
| 西北部 | 改善通往利物浦港的道路条件，并将此列为 12 个改善国际门户项目中的一个 |
| 东南部 | 筹集 3.5 亿英镑完善 A27 公路南岸的建设，以解决阿伦德尔、沃辛和刘易斯的严重拥堵问题 |
| 英格兰东部 | 投资 3 亿英镑改善 Norfolk 的道路条件，主要通过扩容 A7 公路、改善 A7 公路与 AI 和 AII 道路间的衔接、建造 AII 道路伦敦至诺维奇之间的扩容道路 |
| 伦敦和东南部 | 改善 M25 公路三分之一的交叉路口条件 |
| 中陆地区 | 改善 M42 公路伯明翰东部端的行车条件 |

资料来源：上海科学技术情报研究所（ISTIS）根据英国货运协会（FTA）（2015）官网信息编制。

（2）改革英国道路管理制度

为使英国道路规划、管理能够更有效地适应物流业的发展，英国联邦政府正聚焦转变道路网络战略，力图通过设立新体制的道路运营机构提高工作效率、提供更好的客户服务和提高道路投资的价值。

为此，英国政府自 2015 年 4 月正式将原先的高速公路管理局（Highways Agency）改制为政府所有的战略型高速公路运营公司——“英格兰高速公路公司”（Highways England），使其能有充分的自由空间独立运营和管理日常工作。转制后的英格兰高速公路公司已正常运转，主要职能是接管原英国高速公路管理局的工作，负责全英国约 4 300 英里的高速路和主干道的维护和现代化。公司目前约有员工 3 500 人，在英国的吉尔福德、贝德福德、利兹、曼彻斯特、伯明翰、布里斯托尔和艾克赛特设立有 7 个区域办公室。由英国国家交通信息服务局向公司的国家交通运营中心和 7 个区域控制中心提供信息服务。

与此同时，为了监督英格兰高速公路公司，英国政府又设立了一个独立的监管机构,名为“聚焦运输”(Transport Focus),以代表道路使用者的诉求;同时,设立轨道和道路办公室(Office of Rail and Road)负责监督公司的公路运营工作。

(3) 立项立规缓解物流与城市发展矛盾

英国城市物流与交通安全的矛盾日益突出,为此,政府设立研究项目和认证计划以提高车辆运营水平和效率。以伦敦为例,根据英国交通运输研究实验室(TRL)[1]的研究,2008—2013 年,伦敦 55%的自行车车祸事故与重型运输卡车有关。为此,伦敦政府机构“Transport FOR London”(TFL)设立了建筑物流和自行车安全项目(CLOCS)致力于研究车辆装备标准和车辆供应商、承包商对于司机的培训。根据该项目的研究成果,TFL 调整了车队运营商认证计划(FORS)的部分规定,参考 CLOCS 项目研究成果提高了希望参与计划的车队运营商的准入要求。车队运营商认证计划(FORS)是一项自愿认证计划,旨在帮助车辆运营商测量和监控其车队运营表现和完善运营模式,该计划向各类车队运营商及其合同伙伴方开放。

此外,英国当局也在努力加大人力培训,并通过法规强制施行资格认证,以降低人为运输风险。早在 2009 年 9 月,英国政府便通过立法使司机 CPC 认证有效(Driver CPC)。这一体制目前在欧洲境内大量采用。根据欧盟指令,职业公交车、面包车和货车司机除了持有职业驾驶执照外,还必须持有 Driver CPC 资格证书。凡是载重超过 3.5 吨和车座大于等于 9 人的巴士司机必须持有该证书。其中,新驾驶员必须获得证书资格,才能上岗;而在该证书生效前已在岗的老驾驶员可以直接持证,但必须每 5 年接受累计 35 小时的培训,才能保持其 CPC 证书有效。这一政策导致 2014 年 9 月 10 日(即该政策实施 5 年节点)前,申请参加培训的驾驶员人数骤增。然而,需要指出的是,总体上看,这一政策加剧了英国大型货车驾驶员的短缺问题。由于大型货车驾驶员老龄化严重,加之该考核制度的实施,使大批大龄驾驶员放弃岗位,这使得英国陷入大型货车司机严重短缺的困境中。

(4) 着力推动低排车发展以实现物流环保

为降低物流车辆的碳排放,英国政府高度关注车辆燃料的替换。政府当局于 2011 年成立了低排放节能重型卡车行动小组,致力于研究和发展低排放道路货运技术。小组成员来自英国货运协会(FTA)、公路运输协会、物流运输特许协会、机动车制造和贸易商协会、低碳车辆合作组织(LowCVP)和运输知识网,并由英国运输部、低碳排放汽车办公室和英国环境、食物与偏远地区事务部(Defra)支持。该小组于

[1] TRL 于 1933 建立,初期为英国政府机构,至 1996 年私有化改制为独立的私有企业。目前,TRL 由非赢利组织——运输研究基金(TRF, Transport Research Foundation)全权拥有。

2014 年 3 月出台《对于重型车使用生物燃料的建议》，提出了一系列措施：重审政府对于天然气和生物燃料的财政支持；支持建立补给天然气燃料基础设施的战略框架；确保生物燃料在运输领域得到充分供给；考虑施用能够完善使用天然气的重型车的激励措施等。同时，英国政府还设立了跨政府机构——低排放汽车办公室（OLEV），旨在综合统筹政府决策和资金，简化低碳排放政策的实施流程。该机构由英国运输部、商务部（BIS）以及能源和环境部（DECC）的人员组成，主管部门是英国交通部。其核心目的是支持电动车和其他超低排放车辆（ULEVs）的初期市场化。

在建立相关机构的基础上，英国政府还出台了一系列碳排放控制政策。2014 年夏，英国立法出台节能机遇计划（ESOS），要求大型企业必须每 4 年进行能源审计。这一计划依据欧盟能源效率指令施行，第一次审计活动定于 2015 年 12 月 5 日进行。ESOS 计划的实施范围包括所有员工人数超过 250 人的公司，或者员工数少于 250 但年收入超过 5 000 万欧元、资产负债表超过 4 300 万美元的公司。这些公司必须计算由于运输、建筑活动和工业活动造成的总的能量消耗，施行能源审计公司对于节能方面的建议，以及向环保局提供相关报告。2014 年 12 月，英国低排放汽车办公室（OLEV）出台《低碳城市计划指南》，拨款 3 500 万英镑，授予那些竞标成功的城市用以增加超低排放车辆的使用。2016 年 1 月 26 日，英国政府宣布了得标城市名单，诺丁汉、布里斯朵、米尔顿凯恩斯和伦敦共同获得了这笔巨大资金以提高其环保车辆技术的发展。在 2015 年 11 月举行的法国巴黎气候变化大会上，英国政府已承诺到 2050 年实现所有车辆的零排放。

## （二） 澳大利亚

澳大利亚地广人稀、矿产丰富，超过 90％的国土面积被定性为外部、偏远地区。这种特殊的地理特征，造就了澳大利亚物流业沿海密、内陆疏的特点。在贸易稳增的背景下，澳政府努力通过智能化交通探索、升级基础设施、发展偏远物流、绘制全国货运关键路线图等方式提升本国物流效率、促进物流的进一步发展。

### 1. 澳大利亚物流业发展现状及特点

澳大利亚在世界银行评选的 2014 年全球物流表现排名中，位列全球第 16 位，其中，其海关的通关效率及基础设施排名突出，分列世界第 9、第 12 位。其物流业发展呈现以下几个特点。

（1）贸易稳增促物流平稳发展

澳大利亚统计局（ABS）的数据显示，2014—2015 财年，澳大利亚的货物和服务总贸易额为 6 600 亿澳元，较前一财年下降 1.5%。不过，从贸易总量来看呈增长态势，较前一财年增长 3.3%。自 2009—2010 财年以来，澳大利亚的贸易总值以平均每年 4.8%的速度递增，贸易总量以平均每年 4.3%的速度递增。

从贸易伙伴构成来看，位于南太平洋和印度洋之间的澳大利亚与亚太各国及近邻新西兰的贸易往来最为密切，亚太是澳洲国际物流的主要市场。其中，中国已成为澳大利亚第一大双向贸易伙伴，2014—2015 财年，占据了全澳 22.7%的贸易总值，其次是日本(10.7%)、美国(9.8%)。不过，澳洲对于中国的出口正逐年下滑，2014—2015 财年，澳大利亚对中国的出口贸易值为 903 亿美元，占全澳总出口贸易值的 28.3%，较前一年下滑了 16.0%；而对于美国的出口贸易值达到 205 亿美元，较前一年增长了 20%。进口贸易方面，中国和美国的贸易总值都在逐年提高(图 7.6、图 7.7)。

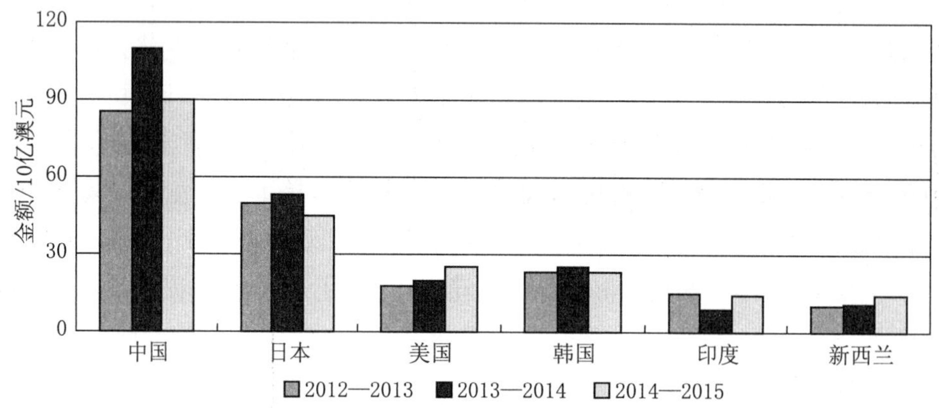


**图 7.6　澳大利亚主要货物和服务出口市场**

资料来源：上海科学技术情报研究所(ISTIS)根据澳大利亚统计局(ABS)(2015)数据编制。

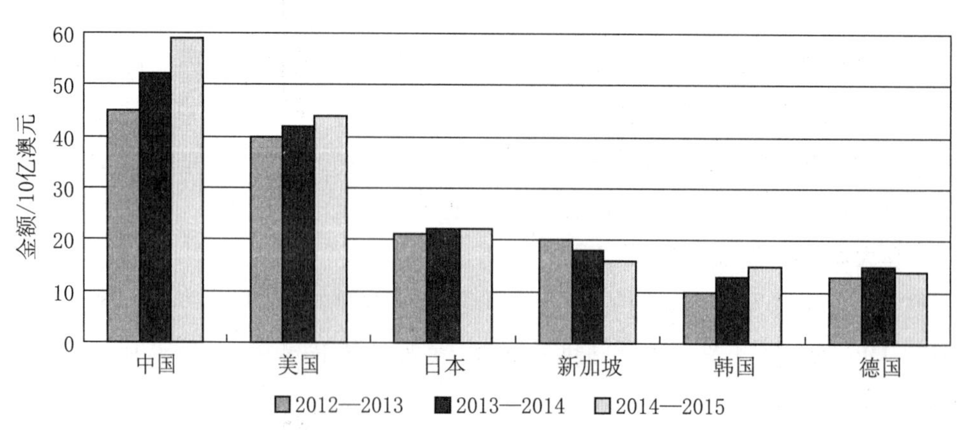


**图 7.7　澳大利亚主要货物和服务进口来源**

资料来源：上海科学技术情报研究所(ISTIS)根据澳大利亚统计局(ABS)(2015)数据编制。

贸易平稳增长促进澳大利亚物流业稳定发展。其中，铁路运输的增幅较大，并且占据澳大利亚国内货运量比重最大，其次是公路运输和海运。根据澳大利亚基础设施、交通和地区经济局（BITRE）发布的《2015 年澳大利亚基础设施统计年报》，2014 财年[1]，铁路货运量达到 12.98 亿吨，较前一年增长 24.77%，2010—2014 财年，铁路货运总量的年均增长率达到了 12.63%。是年，澳大利亚国内公路货运里程数为2 106 亿吨公里，较前一年增长 3.44%，2010—2014 年 5 年间，年均增长率为 3.01%。近海海运则增长较为缓慢，受本轮金融危机影响，澳大利亚近海货物运输的里程数严重下滑，2012 财年降幅一度达到 9.52%，之后有所好转，2014 财年微增 0.86%，总里程数为 1 054 亿吨公里，货运总量 5 200 万吨。相比较而言，远洋海运发展较好。2014 财年，澳大利亚的海运总吞吐量达 14.25 亿吨，较前一财年增长 12.1%，自 2009 财年以来，年均增长 8.1%。澳洲航空货运比重非常小，国内航空的年货运量常年保持在 20 万～30 万吨，货运里程数一直稳定在 3 亿～4 亿吨公里（图 7.8）。

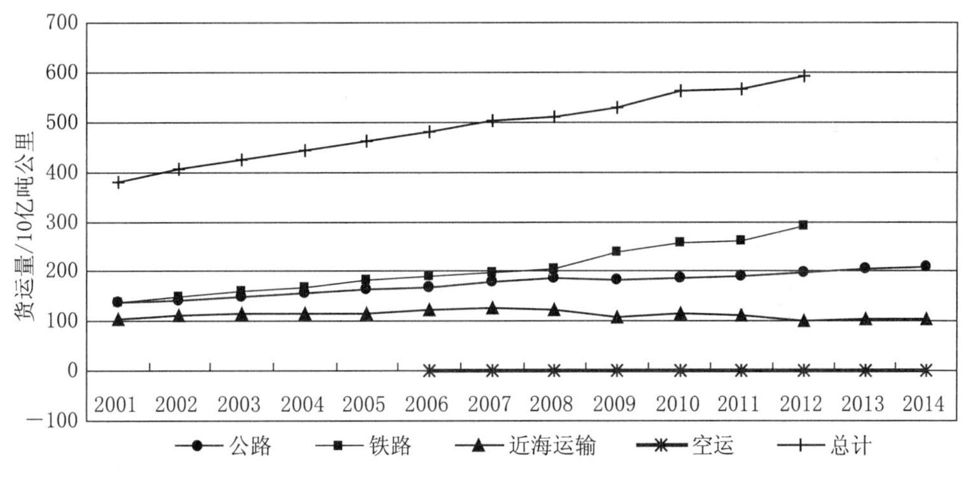


**图 7.8 2001—2014 财年澳大利亚国内货运增长情况**

资料来源：上海科学技术情报研究所（ISTIS）根据澳大利亚基础设施、交通和地区经济局（BITRE）（2015）数据编制。

（2）矿产物流推海铁设施升级

澳大利亚自然资源丰富，铁矿石、煤炭等是其重要的出口贸易货物，自然资源也是澳大利亚物流的主体之一。澳大利亚外事和贸易部的数据显示，2014 年，澳大利

[1] 澳大利亚的财年以前一年 11 月 1 日至次年 10 月 31 日为一周期。

亚前 3 位出口货物分别是铁矿石、煤炭和天然气，贸易值分别达到 660 亿澳元、380 亿澳元和 177 亿澳元，三者占澳大利亚总出口贸易值的 37.2%。

这种货品结构加之海岛地理特征，促使澳大利亚大力发展短途海铁联运，其铁路运输也因此在澳大利亚货运中占据越来越重要的地位，铁路货运比重正不断上升。澳大利亚基础设施、交通和地区经济局(BITRE)的数据显示，2014 财年，澳大利亚铁路承运了约 13 亿吨的货物，以散货为主，占据了铁路 98%的货源。其中，西澳的州内散货运输(尤其是铁矿石运输)占据了全国铁路货物总量的 70%。昆士兰州和新南威尔士州(主要是煤炭)分别占据了约 19%和 6%的货运总量。近年来，澳大利亚铁路的货运里程数占国内海、路、铁、海 4 种运输方式的比重量正逐年攀升，至 2012 财年已近半数(超过 49%)。而 2013、2014 财年的铁路货运量分别达到 10.40 亿吨和 12.98 亿吨，较前一年分别增长 11.94%和 24.7%，大大高于其他运输方式的货运量增长。表 7.9 展示了澳大利亚标志性短途海铁联运工程。

**表 7.9　澳大利亚标志性短途海铁联运设施工程**

| 建设时间 | 地　　点 | 服务类型 | 短途铁路至港口的长度/公里 | 说　　明 |
| --- | --- | --- | --- | --- |
| 1997 年 | 新南威尔士州部分地区/悉尼 | 为州政府所设 FreightCorp 公司服务 | — | 该设施受益于州政府提出的 PortLink 战略，从而获得区域货运码头设施或新的多式联运终端建设升级 |
| 1998 年 | 弗利曼特(Fremantle)、北奎(North Quay)铁路终端 | 码头铁路 | 41 | 为弗利曼特(Fremantle)的内部港口提供集装箱铁路运输服务 |
| 2000 年 | 新南威尔士州的明托(Minto) | 多式联运站点 | 57 | 是州政府 PortLink 战略的一项工程，主要功能是为去往 Botany 港的货物提供转运服务 |
| 2003 年 | 墨尔本的西斯万森(West Swanson)联运码头 | 码头内铁路 | — | — |
| 2003 年 | 南澳州巴尔克(Balco)的鲍曼斯(Bowmans) | 内陆港口 | 96 | 巴尔克在鲍曼斯开设了内陆港口——阿德莱德港(Adelaide)。本设施用于至该港口的多式联运和去墨尔本的转运 |
| 2003—2007 年 | 维多利亚州的 Altona North | 港口间转运 | 22 | 服务于在 Altona North 和墨尔本港间的货运 |

续表

| 建设时间 | 地点 | 服务类型 | 短途铁路至港口的长度/公里 | 说明 |
|---|---|---|---|---|
| 2007年 | 墨尔本的维多利亚码头 | 码头内铁路 | | 在维多利亚码头西门位置建设的双轨轨距铁路设施 |
| 2008年 | 新南威尔士州的 Yennora | 港口间转运 | 37 | 是在 Yennora 建设的多式联运终端,由铁行渣华澳大利亚公司(P&O Trans Australia)出资建设 |
| 2009年 | Ettamogah | 多式联运服务 | 316 | 服务于运往墨尔本的货物 |
| 2014年 | Penfield | 港口间转运 | 30 | — |
| 2015年 | Dubbo | 多式联运服务 | 468 | — |

资料来源:上海科学技术情报研究所(ISTIS)根据澳大利亚基础设施和区域发展部(2016.)官网信息编制。

(3) 区域格局沿海密、内陆疏

从澳大利亚国内物流的区域分布来看,沿海地区的物流活动较为繁忙,而内陆和北部地区则非常稀少。以公路货运为例,澳大利亚统计局(ABS)的数据显示,2014财年,澳大利亚87.3%的货运里程数都来自位于澳洲南部和东部的新南威尔士、维多利亚州、昆士兰州和西澳。这4个州也占据了88.7%的澳洲货运总量。主要的公路活动较多集中于州内的沿海区域。其中,以新南威尔士州为目的地的货运里程数占澳大利亚全国的25.9%(506亿吨公里),昆士兰州、维多利亚州和西澳分别占到23.7%(463亿吨公里)、19.3%(377亿吨公里)和18.5%(362亿吨公里)(图7.9、7.10)。

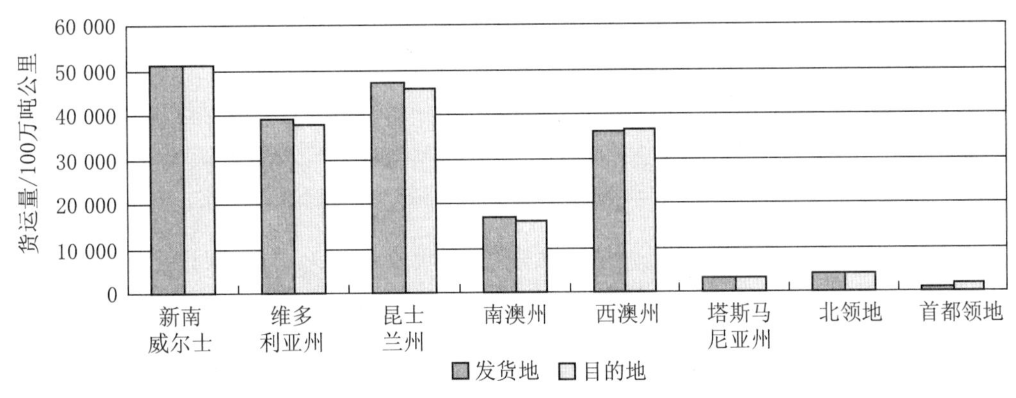


**图7.9 2014财年澳大利亚各州公路货运里程数的州际分布**

资料来源:上海科学技术情报研究所(ISTIS)根据澳大利亚统计局(ABS)官网数据编制。

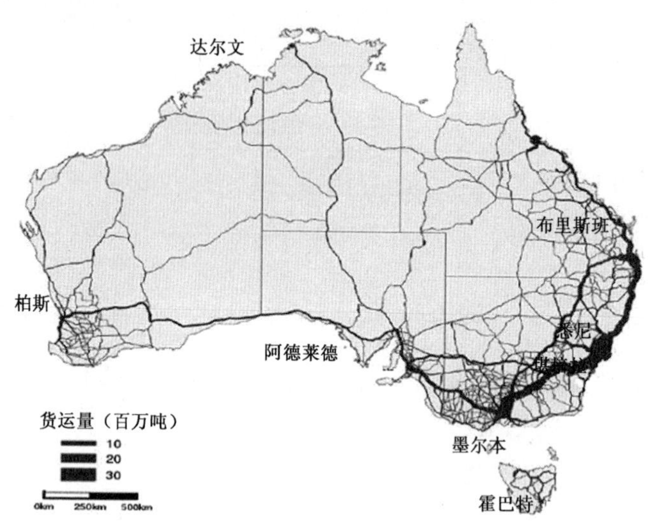


图 7.10　澳大利亚各州公路货运量的州际分布

资料来源：澳大利亚基础设施和地区发展部，2014 年。上海科学技术情报研究所(ISTIS)重新编制。

澳大利亚基础设施和地区发展部曾于 2014 年发布一项物流报告，其对全国重要货种的物流动向进行了跟踪，并绘制了澳洲各地区不同运输方式的货运的大致情况，制图所用数据虽然采集自 2012 财年，但大致体现了澳大利亚的主要物流活动分布。该图显示，澳大利亚的近海运输和铁路货运也主要集中于东南部沿海地区，而由于西澳盛产铁矿石，因此在西澳沿海地区的海铁运输也被带动起来(图 7.11)。

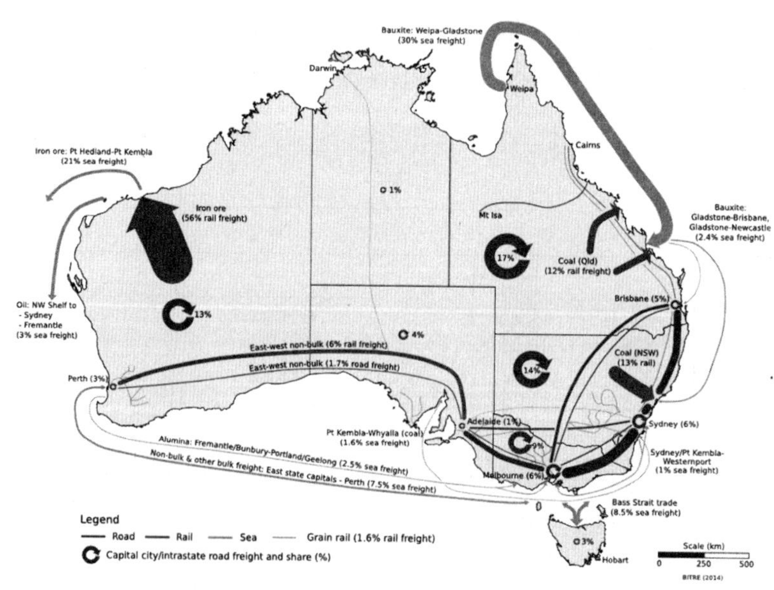


图 7.11　澳大利亚的货运走向概况

资料来源：澳大利亚基础设施和地区发展部，2014。

**2. 澳大利亚物流业发展举措**

为促进澳大利亚物流发展，澳政府做出了诸多努力，近期其主要举措包括：

（1）探索发展智能交通，保障运输安全

为提高运输安全，澳大利亚一直在努力探索发展智能运输系统，即 C-ITS 技术。该技术旨在使车辆与周边基础设施间实现有关位置、车速、方向等的信息交换。早在 2012—2013 年，澳大利亚政府内机构——澳大利亚国家运输协会（NTC）便开始着手研究 C-ITS 技术在澳洲本土实施的可行性，并在此期间从隐私、可靠性、司机分心和执行力等四个维度向关键领域和政府部门征询意见和展开讨论。根据设想，成熟实施的 C-ITS 技术需要能够在十字路口预警可能发生的车辆碰撞、告知司机附近的自行车情况、改善港口内和附近重型卡车与铁路的运输等。

目前，澳大利亚联邦政府和新南威尔士政府已经宣布为协同智能运输系统项目（CITI）提供资金，探索在通往 Kembla 港的高速公路上对该技术在重型货车物流应用方面进行测试，从而改善该区域的交通条件。此外，澳大利亚道路运输和交通部门 Austroads 还计划进一步拓展技术的应用面，正在以下领域进行勘察和可行性研究：①为智能交通系统安置 5.9 吉赫宽带并进行管理；②为 C-ITS 通信设备设立许可制度；③确定相关的技术要求和认证流程；④设立一个全国统一平台用于管理 C-ITS 日常运作；⑤建立监督机制。

（2）绘制货运数字地图，帮助合理规划

随着澳大利亚货运量的持续上升，澳政府意识到澳洲社区正面临更为复杂的货运挑战。业界与当局达成共识，认为非常有必要在全国范围内形成一套流畅、综合的多式联运运输和物流系统，以提高全澳的货运效率。而确定澳洲公路和铁路的分布和主要货运关键路线是整合全国物流系统的基础性一步。由此，澳洲全国于 2012 年开始着手绘制全国性货运关键路线地图，并于 2014 年 11 月发布了第一版地图。在第一版地图的基础上，2015 年 11 月，在阿德莱德召开的澳大利亚运输和基础设施协会会议又再一次就关键货运道路地图的数字化和完善进行了商讨。

目前在用的仍是 2014 年完成的第一版地图，由 40 个 PDF 形式文件组成，用以反映现有以州为基础的货运路线现状及战略规划，帮助当局进行下一步的物流布局和使业界及公众了解未来的物流规划，从而使全国的物流系统能更为贴切地朝政府的战略方向有序发展。该地图描绘了澳大利亚全国连接重要货运点的关键公路和铁路货运路线，也包括港口、航空港和多式联运站点。地图还提供了公路-铁路交接处的区域细节，并展示了这些站点连接关键路线和二级货运路线的详细情况。图 7.12 为 40 张地图中的一张，显示了澳大利亚全国境内的关键公路、铁路货运路线。

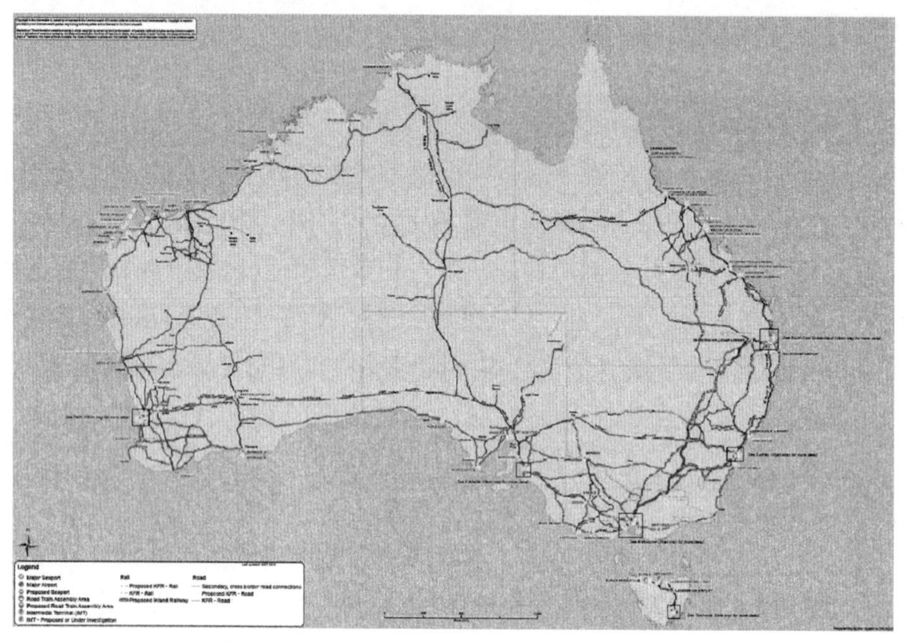


**图 7.12　澳大利亚各州和领地关键货运路线(公路-铁路)**

资料来源:澳大利亚运输与基础设施协会。

(3) 发展偏远地区物流,平衡区域发展

由于澳大利亚的经济发展集中于东部和南部沿海,因此物流活动也较多集中在这些经济活跃度高的区域,北部和内陆偏远地区物流欠发达。根据澳大利亚统计局的设定,超过 96%的澳大利亚土地被定性为外部或偏远地区(图 7.13),然而,这些偏远地区蕴藏着世界级自然资源和丰富的农产品,并已占据了澳大利亚 40%的 GDP。

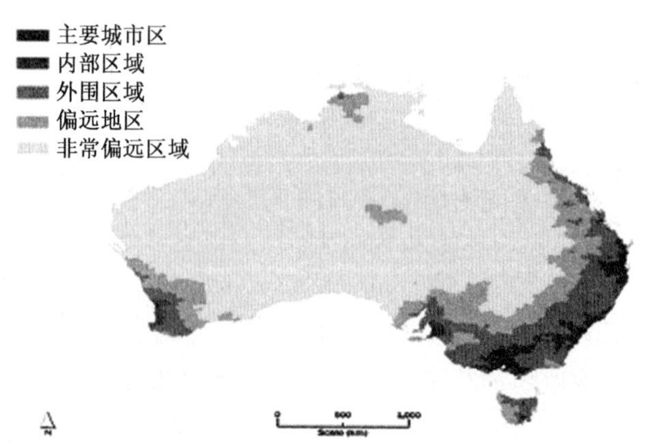


**图 7.13　澳大利亚区域等级划分**

资料来源:澳大利亚统计局(ABS),2011。

为发掘偏远地区潜力，平衡区域发展和促进物流的进一步产能提高，当局于2015年5月发布偏远地区运输战略草案，供公开征询意见。半年后，澳大利亚交通和基础设施委员会于2015年11月6日正式通过战略性文件《澳大利亚国家偏远和地区运输战略》。同年6月和7月，澳联邦政府还发布了发展北澳白皮书和农业竞争力白皮书，提出了一系列资金支持和激励措施，以改善澳洲偏远地区的运输状况，主要的投资项目包括：①提供50亿澳元的持续性贷款用以北澳基础设施建设；②承诺拨出6亿澳元用于北部地区优先道路项目；③划拨1亿澳元改善北部牛畜供应链发展；④提供500万澳元进行北澳货运铁路项目的研究；⑤承诺拨出370万澳元发展北澳管道运输基础设施；⑥划拨200万澳元与北领地政府在达尔文(Darwin)共建办公室攻克瓶颈、落实主要设施项目的审批；⑦提供100万澳元完善联邦科学和工业研究组织(CSIRO)的运输网络战略投资工具(TRANSIT)。

除了上述投资项目外，联邦政府还提出了一系列激励措施以促进偏远地区运输的发展和相关项目的顺利执行，如：①设立一个商业利益集团，用以规划和改善来往北澳的航空和路面运输；②通过澳大利亚政府委员会(COAG)对土著区域进行调查，研究土著区立法、监督、管理和运营系统及流程的改善方法；③近海运输制度改革；④在采购政策上将雇佣澳大利亚土著作为目标之一，在道路项目及其他相关支出方面也需要将当地土著的工作人群的年龄、人数考虑在内。

(4) 继续基础建设升级，提高物流效率

大力发展交通基础设施建设也是近期澳大利亚促进物流发展的重要举措之一。2016年2月，澳大利亚官网网站——澳大利亚设施(Australian Infrastructure)发布了战略文件《澳大利亚基础设施规划》，这是澳大利亚的第一版基础设施规划，今后每5年都将更新和修改。该规划对澳洲未来15年面临的基础设施挑战和机遇进行了阐述，并提出了促进经济发展的解决之道。规划针对目前澳洲的基建瓶颈和挑战提出了78条建议，罗列了一张优先基础设施建设名单，并每年更新。其中，发展维多利亚州的墨尔本与中央商务区间的交通设施、提高西澳的铂斯的货运网络容量成为2016年的重点优先项目。除优先项目外，规划还罗列了30条基础设施重点优先举措和61条优先举措。

与此同时，一些基础设施升级举措也在持续推进中。例如，当局于2003年根据《国家运输委员会法案2003》设立国家运输委员会(NTC)，其职责是发展、监管和维护澳大利亚全国公路、铁路和多式联运的统一运营，并为重型车辆的道路收费制定规则，2015年8月，国家运输委员会考评专家组发布《2015国家运输委员会评估报告》，再次确定了该委员会的法定地位不变。在该委员会的推动下，《国家港口战略》已于2011年正式发布，以促进海运业的综合发展。此外，澳大利亚当局正在考虑调整重型车的有关规定，以使该行业能适应新的发展，澳大利亚运输和基础设施委员会已同意调整重型车国家法（HVNL）中的权利义务条文。一些在战略框架下提出的基建项目，如北澳道路运输项目等，也于 2016 年 1 月底完成私有部门的征询程序，逐渐进入实施阶段。

## 三、全渠道物流发展模式及其现状

全渠道作为一种理想的物流模式，其理念正在为各大物流、百货企业等所认可和付诸实施。本节将着重探讨全渠道物流的概念及模式，呈现发展现状和所面临的挑战，并以梅西（Macy's）公司为例介绍该公司在全渠道物流方面的成功实践。

### （一） 全渠道物流的概念和模式

**1. 全渠道物流的兴起**

随着互联网、移动互联技术的迅速发展，电子商务突飞猛进，传统线下零售企业面临巨大冲击，亟须转型。与此同时，以线上为主的电商也逐渐进入瓶颈期，亟待寻求新的营销和配送手段，以增强自身竞争力，挖掘更多发展潜力。以欧洲为例，根据 Oliver Wyman 咨询公司 2015 年发布的一份研究报告，发展得如火如荼的电子商务虽在电子消费品、运动休闲领域仍处于快速上升期，但是其他业务（如娱乐、服装等）正接近成熟期和衰退期。还有一些业务，如宠物护理、汽车产品、食品等则处于震荡期（图 7.14）。Forrester 公司也预测，欧洲受互联网影响的线下销售将会增长，而纯线上销售将遇瓶颈，不会有很大变化（图 7.15）。在这一背景下，"全渠道物流"（omni-channel logistics）营运而生，其核心是最优化"客户体验"，让消费者随时、随地、随意、方便又快捷地知道、找到、买到想买的商品，在期许时间范围内得到所买的商品。

**2. 全渠道物流的理论模式**[1]

全渠道模式是一个理想模式，是将原先简单的零售逐步过渡到渠道融合的过程。传统的物流模式，如 B2B、B2C 等都是以单一模式为主，物流渠道也相对单一。而随着互联网的发展，商务模式出现多元化，对于兼容各种业务模式的全渠道物流系统的需求逐步提高，并且，全渠道模式正逐渐从 1.0、2.0 时代向 3.0 时代迈进。

---

［1］ 本小节主要参考上海海鼎信息工程股份有限公司的卢美红在 *China Computer & Communication* 杂志上发表的文章《打通全渠道物流，实现多场景配送》。

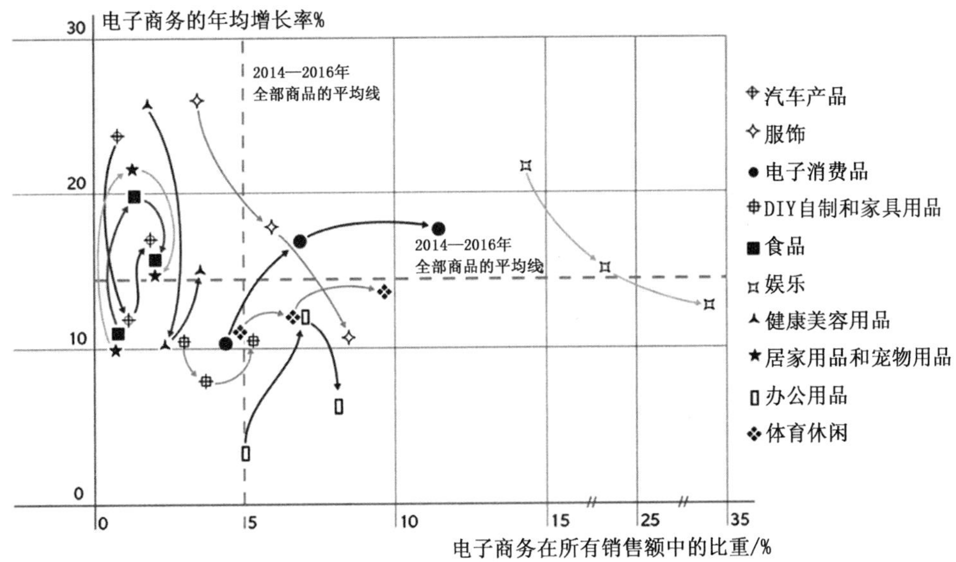


**图 7.14 欧盟地区电子商务不同业务中的发展**

说明:图中每一种商品变化轨迹中的 3 点均分别是 2008—2010、2011—2013、2014—2016 年电子商务比重的年均增长率。

资料来源:Oliver Wyman analysis, 2015.

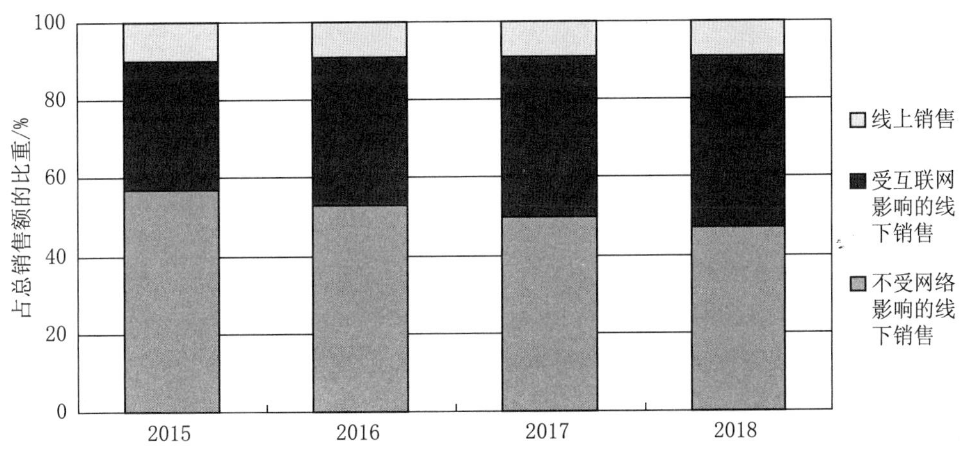


**图 7.15 2015—2018 年欧洲线上线下跨渠道零售比重预测**

说明:"受互联网影响的线下销售"是指在某种程度上现在网上搜索和预付款,然后购买活动在实体店完成的销售情况;"线上销售"是指通过网上付款的销售活动(即便收货在实体店完成);"不受网络影响的线下销售"是指完全通过实体店完成的购买活动,全程未进行网上搜索。

资料来源:上海科学技术情报研究所(ISTIS)根据 Forrester Research(2014)数据编制。

其中,1.0 模式是全渠道物流的初级阶段,在此模式下,仓储与配送仍各自独立,只是在最后一公里上进行融合。顾客可以到便利店或服务站自提包裹,也可以由便利店或服务站工作人员充当快递员角色送货上门(图 7.16)。

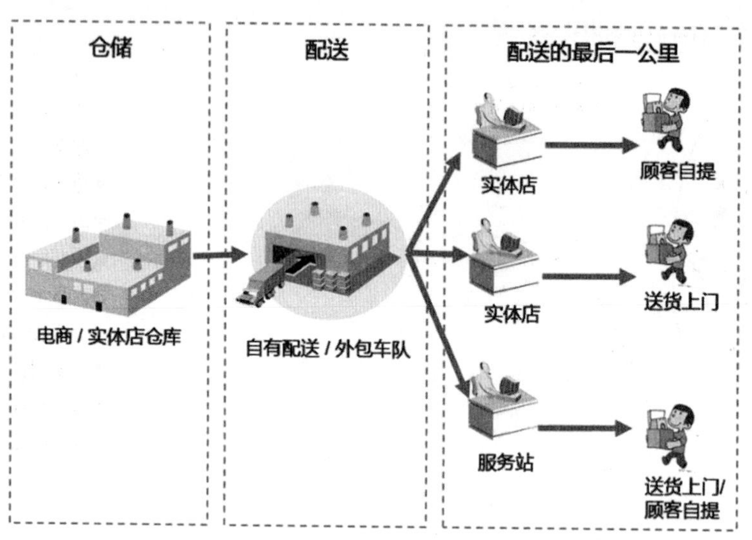


图 7.16　全渠道物流融合模式 1.0 模型

资料来源：卢美红.打通全渠道物流，实现多场景配送，China Computer & Communication，2014。

而 2.0 模式，则是将最后一公里的线上线下物流融合向前延伸，使得整体配送环节都得到融合，配送车辆实现共享。配送全程的融合可以在很大程度上降低配送成本。一方面，按照门店细度，而非客户订单细度操作，能够大幅度缩减仓库作业人员（如缩减仓库复核、打包人员）；另一方面，可提高客户订单的分拣效率，所获得的配送成本降低可用于让利门店，从而提高门店的参与度（图 7.17）。

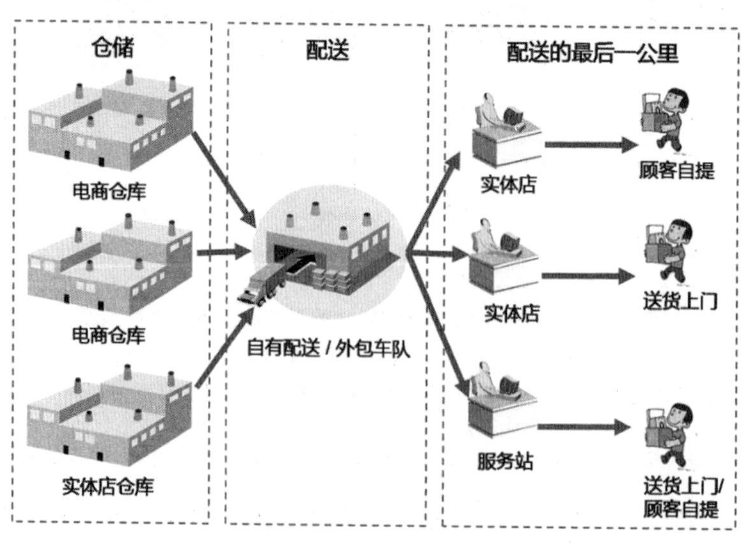


图 7.17　全渠道物流融合模式 2.0 模型

资料来源：卢美红.打通全渠道物流，实现多场景配送，China Computer & Communication，2014。

3.0 模式则是全渠道深度融合模式，是在 2.0 模式基础上，再进一步实现仓库库存的共享和优化配置，甚至可以从采购开始优化融合整条供应链(图 7.18)。此种深度融合模式下，不仅仓库的库存得到共享，任何有库存的地方(如门店)都能为全渠道共享使用。当线上客户有需求而仓库无库存时，可利用有库存的销售门店快速生产订单及配送；当顾客在门店购物时发现缺货，也能及时切换到线上渠道购买或提交购买需求，至附近有库存的门店快速生产订单和配送。

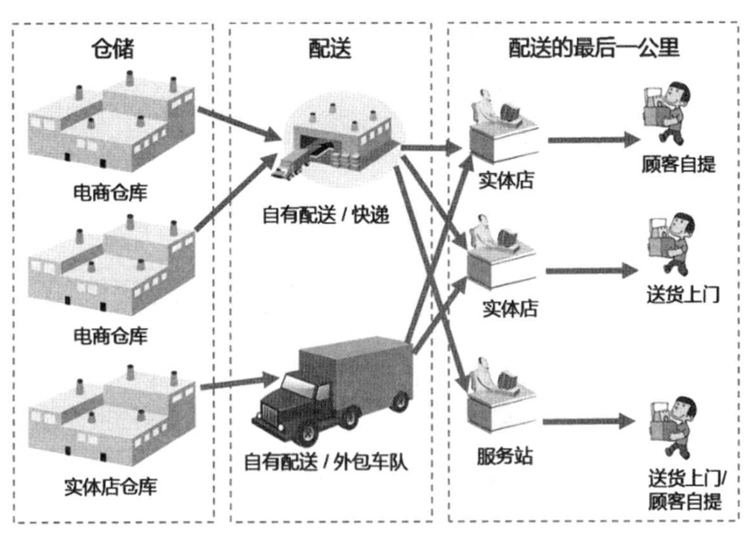


**图 7.18　全渠道物流融合模式 3.0 模型**

资料来源：卢美红.打通全渠道物流，实现多场景配送，China Computer & Communication，2014。

目前，全渠道物流从 1.0—3.0 模式都有企业在尝试，但真正实现所有渠道的有效融合仍然还只是一个理想状态，尚未能真正实现。随着 IT、供应链等各个环节的打通，全渠道物流理念将在物流业更快速地发展。

## （二） 全渠道物流的应用现状及挑战

### 1. 现状：企业积极探索全渠道物流

目前，国内外诸多企业在尝试全渠道物流模式。国内企业如天猫与全家便利店、社区服务站以及沃尔玛的合作，京东与唐久便利店、万家便利店的合作，飞牛网与喜士多便利店的合作等；国外公司如 John Lewis 公司，该公司较早地对其在英国 Milton Keynes 的配送中心进行了整体规划，将其线下百货、超市与线上销售等多渠道进行统一的物流规划，建设了 6.2 万米$^2$ 高度自动化的配送中心，每天能完成 17 万元的线下订单、5 万元的线上订单生产，可满足线下超市、百货商店、电商等多渠道的订单生产配送。为了对抗亚马逊，沃尔玛也进入全渠道物流探索行列，建设了专门的仓库来处理线上订单，以提高配送效率，其将各类商品（如将化妆品、鞋子和书）置于同一储存箱内，不同于传统分拣入库程序，而是先分类后入库，从而加快货物的入库信息确认，避免线上货物信息出现“缺货”提示，并为此设计了更为复杂的后续分拣配送流程。

DHL 公司 2015 年发布的一项调查报告显示，相当一部分公司已经开始投资全渠道物流相关项目。在所有受访企业中，63％的企业表示已启动了对于配送中心自动化的投资，超半数企业已在移动设备驱动的购物（如手机购物等）、网上点击和收藏模型（Click-and-collect models）、店铺数字化、当天配送等项目上开展了研究或已付诸施行，另有 43％的企业已实施了基于云技术的物流和供应链服务（图 7.19）。

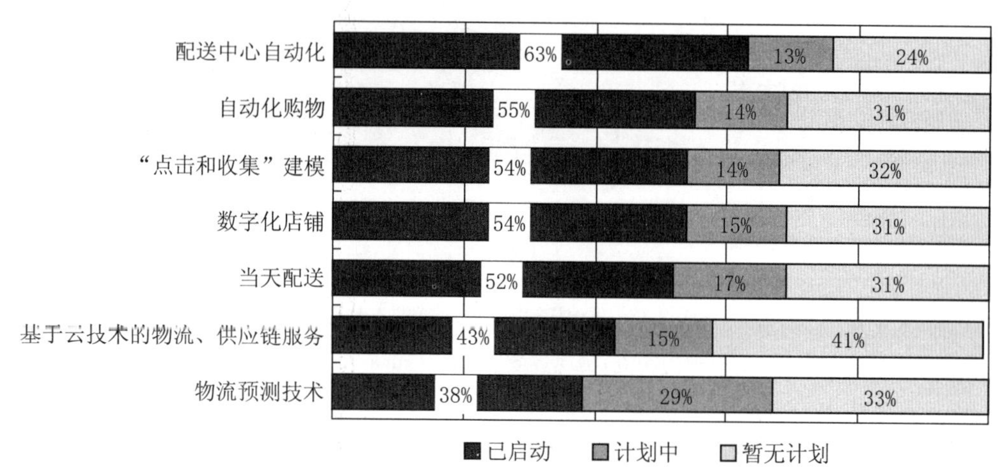


**图 7.19　全渠道物流相关项目的企业投资情况调查结果**

资料来源：上海科学技术情报研究所（ISTIS）根据 DHL（2015）数据编制。

**2. 挑战：如何应对客户需求不断升级**

虽然各方都在努力尝试，全渠道物流的发展仍需面临诸多挑战，其中，最主要的是要应对客户不断提高的需求。DHL 的 2015 年调研报告显示，多种付款方式、IT 后端基础（IT back-end integration）、客服、市场服务、配送中心自动化、提供多元化配送方案已成为目前客户端对物流服务商最看重的几大需求（图 7.20）。但要满足这些需求，势必会增加物流成本。为此，不少物流业界人士认为，要贯彻实施全渠道物流战略，需要针对投资回报率（ROI）进行合理的商业模式探索、应对成本压力、其他企业战略的干扰、已有基础设施和流程等的挑战（图 7.21）。

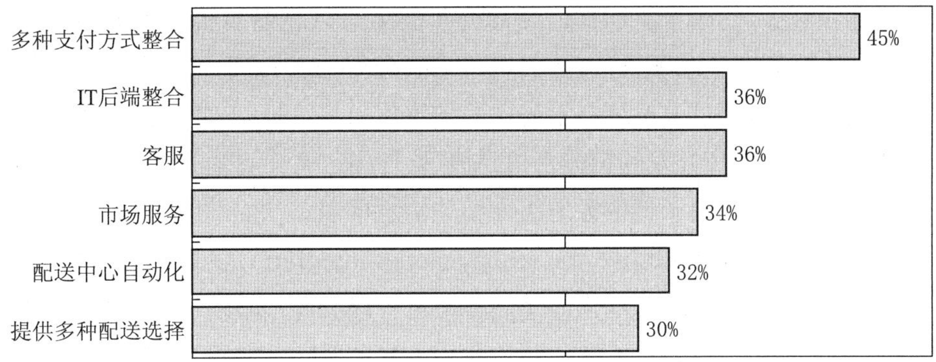


**图 7.20　客户对物流服务商的主要诉求调查结果**

资料来源:上海科学技术情报研究所(ISTIS)根据 DHL(2015)数据编制。

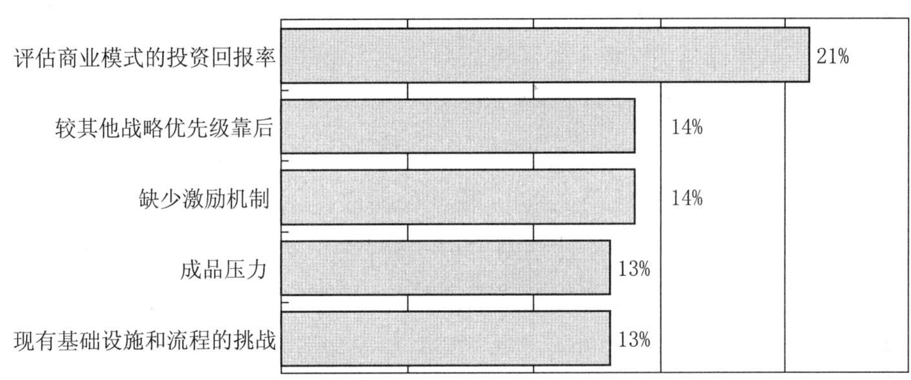


**图 7.21　物流从业者对全渠道物流战略所面临的挑战的调查结果**

资料来源:上海科学技术情报研究所(ISTIS)根据 DHL(2015)数据编制。

### 3. 案例:Macy's 公司的成功经验

美国著名连锁百货公司——梅西百货公司(Macy's)是较早尝试全渠道物流,并取得成功的企业之一。早在 2008 年,梅西公司就开始尝试建立全渠道物流,以期给客户更好的服务体验。该战略无疑取得了丰硕成果。2014 年,梅西百货公司的收入达到了 280 亿美元,在美国设立的店铺数达到 885 家。

此前,梅西公司曾进行了一项调查,结果显示三分之二的购物之旅源自客户的线上浏览搜索活动。顾客通过电脑或手机等终端在网上浏览后,会去商店进行实物体验后购买商品。这一调查结果暴露了当时梅西百货公司的物流渠道软肋,并使管理层明确了全渠道战略。在此期间,梅西公司发动了如下 3 场全渠道改革项目。

第一,"我的梅西坐标"(My Macy's Localization Program)项目:2009 年,梅西百货公司发起了名为"My Macy's Localization Program"的项目,为客户提供商品分类

和个性化购物服务,使顾客能够提前预知哪些商品可以在商店买到和促使他们做出购买决定。为顺利实施该项目,梅西公司与谷歌合作,成为谷歌地图 6.0 系统的零售商信息提供者之一,通过该系统展示公司的具体店内布置规划,并将该系统融合进梅西与其他辅助地图系统开发的智能手机 APP 软件中。客户可通过 Mashable.com 网站进行注册,进而获得基于其位置的店铺相关信息推送。

第二,全渠道整合(initiative for omni-channel integratin)项目:该项目将线上和实体渠道整合在一起,形成可视化的仓储跨渠道管理。此外,该项目还能够使店铺员工快速检查整个系统内的库存情况、货物地点,并迅速与店主确认配送或取货方案。当中心库存用尽时,该项目系统还可以帮助商店及时补货,从而满足零售网站上的线上订单需求。除了各渠道独立的工作小组外,梅西公司目前还拥有一个独立的跨渠道市场营销团队。该团队搜集各种客户数据(如客户偏好、客户付款模式等),从而360 度全方位了解每个客户,继而由零售商对这些数据进行分析研究,并将其用于建立实现无缝式客户体验的操作流程设计中。

第三,“网购店取”(Buy Online, Pick Up in Store initiative)项目:2014 年,梅西公司在全球启动了“网购店取”活动。当年,梅西公司取得了源自其实体店的约 10 亿美元的客户网购订单。正如该行动计划的名称一样,这一项目结合了线上和店内渠道,建立了一种新的客户获取和便利化模式,同时提升了客户体验,并从库存优化中获得了成本节约。

上述 3 项行动无疑为梅西公司在全渠道物流方面占得了先机并在营销过程中获得了实质性成功。

## 四、自动化驾驶的物流应用

自动化驾驶已成为目前各大车企和搜索巨擘公司的竞争焦点,并得到美国、德国、日本、新加坡等发达国家的积极支持。其在物流业方面的应用潜力巨大,但同时也面临技术、监管、伦理等方面的障碍。本节将着重介绍自动化驾驶的技术现状、产业动态,并讨论分析其产业化亟须解决的问题。

### (一) 自动化驾驶所需技术及其发展现状

自动化驾驶业已在军事、宇宙探测和公共交通(如地铁)等诸多行业中获得应用,其在物流业的应用潜力非常巨大,在仓储、户外物流、长途运输和最后一公里配送环节皆有很好的应用前景。虽然目前，离全自动化驾驶完全上路还有很长一段距离，但是，自动化驾驶的技术储备业已成熟，并已成为各大车企的攻克方向。

### 1. 自动化驾驶所需功能

理想的自动化驾驶车辆需要像人类一样，搜集信息并通过这些信息进行决策和执行。这些信息源自车辆的装备、周边的基础设施和电子化设施。其需要具备导航、情景分析、运动规划、轨迹控制等功能（图 7.22）。

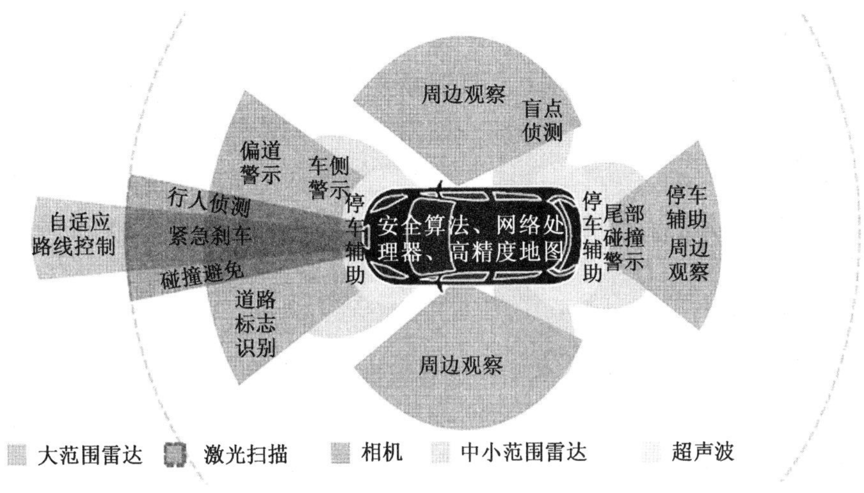


图 7.22 自动化驾驶车辆所需具备的功能

资料来源：国际运输论坛(ITF)(2015)，上海科学技术情报研究所(ISTIS)重新编制。

### 2. 自动化驾驶技术发展现状

从单纯的技术角度来看，当前在可控环境下的高自动化驾驶技术已非常成熟。这些车辆将最先进的传感器技术（如雷达、激光雷达、GPS 技术和照相视频系统等）与高精度地图的结合，使得车载系统能够精准识别导航路径、道路障碍和相关标识。但是，直至 2015 年，高自动和全自动驾驶技术的商用成熟度尚未达成行业共识。许多公司正在尝试进一步完善感应处理技术（sensor-processing technologies）、自适应算法（adaptive algorithms）、高精度地图定位技术（high-definition mapping），从而研发高自动化车辆，有些已经开始研究“车到车”（vehicle-to-vehicle）和“基础设施到车”（infrastructure-to-vehicle）通信技术。在美国，自动化车辆已经几乎能够实现全自动驾驶模式，在欧洲和日本也已成为主要的发展方向。

目前，还有待进一步发展的技术主要包括：①“车到 X 衔接”技术（V2X）：V2X 技术应用无线技术来实现车辆间（V2V）以及车辆与基础设施（V2I）间的实时、双相通信。基于感应技术的解决方案和 V2X 通信技术将提高自驾驶的水平。②决策和控制计算方法：这项技术包括对协同、安全、人机相容交通自动化等方面进行的决策、规划和控制的算法应用。③数字化基础设施：用于道路自动化的数字化基础设施包括对整个物流环境的静态和动态数字化展示，从而帮助自动化车辆反应和运营。需要解决的问题包括如何进行采购、处理、质量控制和信息传输。④人类因素研究：人类因素研究主要涉及理解人类（如司机、道路使用者或其他人员）对于自动化道路运输系统可能产生的反应和互动。这方面的知识和理论主要是社会心理学和行为学研究，将有助于推动人类与这些系统的互动，提高效率。⑤道路自动化评估：自动化车辆会对人们的生活方式以及整个社会产生潜在影响，在这方面的经济评价也将非常重要，从而了解自动化技术及其他运输投资对于公众的价值，为公共支出和此领域的基础设施和服务投入提供考量工具。⑥道路价值测评：该测评技术研究主要是为了寻找能够评判一辆自动化车辆是否在公共道路上行驶的标准，从而使自动化驾驶行业得到规范和监管。

**3. 各机构技术动态**

在传统车辆中引入自动化技术将会是一次革命性的飞跃。许多国家已致力于此。例如，荷兰、德国和奥地利共同合作设立了 ECoAT 项目。该项目聚焦于建立起一个能将荷兰、德国和奥地利间相互连通的信息服务测试平台，并为三国间的协同信息服务引入和绘制联合道路地图，以促进三国的信息技术服务的协同共享。项目第一期将发展两项信息技术服务——一是基于标准化和机器可读的警报数据对道路工作进行监管；二是开发能够提高交通管理的车辆与基础设施数据。目前，这两个项目仍处于 ECoAT 的现场试验阶段。与 ECoAT 类似，美国也在试验发展通信连接服务框架（connected service frameworks）。2016 年年初，美国总统奥巴马还提议斥资 40 亿美元推动研发自动驾驶汽车。日本早在 2012 年就由交通省召开定期企业例会，讨论在高速路上设立专用车道作为试验场所。新加坡加入了欧盟提出的 Citymobil2 计划，这个项目的目标是推动自动化交通系统的发展，将在 2016 年夏季开始测试 EZ10 无人驾驶公交车。

在市场需求和各国政府的积极推动下，各企业对于自动化驾驶车辆及相关装备的研究设计热情高涨。这一股研发热潮，较多集中于小汽车的自动化和半自动化技术上。其中，走在前列的当属谷歌。谷歌早在 2010 年就正式宣布已在开发自动驾驶汽车，并于次年以内华达州和加州的莫哈韦沙漠作为试验场对汽车进行了测试，同年被内华达州政府颁发了首例“自动驾驶”汽车牌照。2012 年，谷歌就宣布其自动驾驶汽车已经开了 20 万公里（离强制报废不远了）并已经申请和获得了多项相关专利。2015 年 11 月，谷歌又提交了新的自动驾驶汽车的设计草案，并表示这款汽车“不需要人类司机”。

图 7.23 为谷歌自动化汽车测试中心地图。与此同时，特斯拉公司也在加紧研发相关技术，不过主推方向为半自动。其与谷歌都使用了相似的传感器、地图技术及汽车软件技术，只是在车距探测技术方面，出现了差异：谷歌采用 LIDAR 激光测距系统，通过向目标发射探测信号（激光束），然后将接收到的从目标反射回来的信号（目标回波）与发射信号进行比较，来计算目标的相关信息，比如距离、方位、高度、速度、姿态，甚至形状等参数，从而高精度地计算汽车与周遭环境的位置关系；而特斯拉则通过前置摄像头、前置雷达、12 个超声波传感器来感知距离，其中摄像头用来识别车道，保证汽车按规则形式。摄像头与雷达的组合则是计算前车距离，控制当前车速。4 个超声波传感器感知汽车周围的车辆和其他障碍物。除了这两家公司外，沃尔沃、宝马、奔驰、大众、通用、丰田、日产等也都纷纷宣布了自己的自动驾驶开发计划。国内车企，如一汽、东风、上汽、广汽、奇瑞、比亚迪等也都在自驾驶领域开展了系列工作，百度也已于 2014 年 7 月宣布启动“百度无人驾驶汽车”研发计划，其与宝马合作以 BMW 3 系 GT 为基础研发的自动驾驶汽车已于 2015 年 12 月在城市、高速混合道路上进行了成功测试。

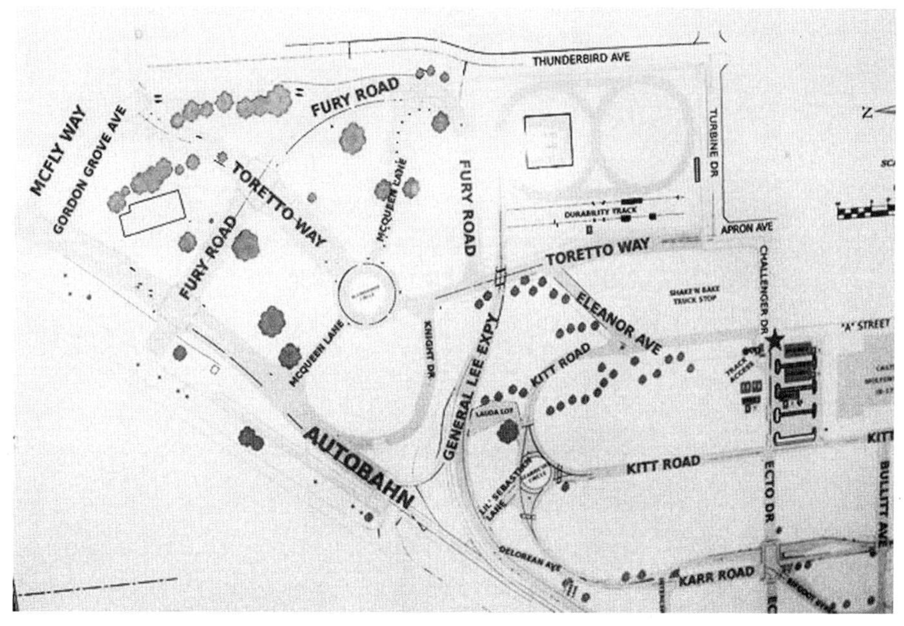


**图 7.23　谷歌自动化车辆测试中心地图**

资料来源：腾讯科技，2016。

此外，用于仓储、运输和配送的针对物流的自动化技术也在持续研发中。例如德国卡尔斯鲁厄理工学院（KIT）研制出了一套名为 KARIS PRO 的系统，能够部署多台小型自动化车辆进行室内的小型货物运输，并能使这些自动化车辆与其他车厢相连以形成灵活的传送带系统(图 7.24)。德国弗劳恩霍夫物流研究院(Fraunhofer IML)和德马泰克(Dematic)公司联合开发了 MultiShuttle Move 系统,能够在很大的空间范围内管理一系列自动化车辆进行小型托盘和承载器,这些车辆能通过无线电波和激光导航技术相互通信和协调工作,整个系统能够根据季节和每天的货物量、订单变化、客户偏好和产品结构调整容量。德国永恒力(Jungheinrich AG)叉车公司、Götting KG 公司、吕贝克大学(Lübeck)和汉诺威综合生产研究所(IPH Hannover)共同进行的研究项目"FTF out-of-the-box"利用视觉导航技术为叉车安装 3D 相机和智能图像识别软件,使得该叉车能识别环境、人和障碍物,自如地穿梭于仓库内。沃尔沃着手研发的运输护航系统也已初见端倪。作为一个名为"Sartre"项目的一部分,沃尔沃研发的系统能够使一辆车的司机同时掌控后续 4 辆车的方向。图 7.25 为沃尔沃试制成功的护航系统的试验现场照。

**图 7.24 KARIS PRO 系统实物照**

资料来源:卡尔斯鲁厄理工学院(KIT),2015.

**图 7.25 沃尔沃 Sartre 项目中的护航系统测试**

资料来源:DHL, 2015.

## （二） 自动化驾驶的商业化推广瓶颈

除了技术以外，使自动化驾驶真正实现商业化的更大障碍可能来自监管和伦理等因素。自动化驾驶是否能够上路？这已成为巨大争议，引起社会高度关注。虽然目前，公众舆论焦点集中于民用私家车的自动化问题上，但其对于物流业的自动化运输具有同样深远的意义。因此，立法规章的如何制定和放开、公众接受度如何提高是自动化驾驶，也是物流业全面实现自动化驾驶必须克服的两大瓶颈。

**1. 立法规章有待放开，责任分配亟须厘清**

（1）自驾驶车能否上路引争议

自动化驾驶在公路上的测试和施行目前受到非常严格的法律限制，但这一局面在多方推动下正在逐步放开。签署于 1968 年、获得 70 多个国家认可、被认为是国际道路交通基准的《维也纳道路交通公约》规定，驾驶员在驾驶汽车时必须时刻保持对车辆的控制。但 2014 年 5 月，联合国欧洲经济委员会（UNECE）对于自动驾驶汽车的规定进行了修正，并于 2016 年 3 月 23 日正式生效。新修正案规定，在全面符合联合国车辆管理条例或者驾驶员可以人工选择关闭该功能的情况下，将驾驶的职责交给车辆的自动驾驶技术可以明确地被应用到交通运输当中。委员会认为，人为失误是交通事故的主要原因，而由电脑控制的自动驾驶车辆将使未来的交通运输更为安全，同时在环保、节能以及无障碍使用等方面也具有更大的发展潜力。这意味着大部分包括欧美地区的 70 多个签约国可以从此实施这项法规，允许配有相关功能的汽车在特定期间自动驾驶。这项修正案的生效是自动驾驶首次在法律的层面上得到许可，驾驶的责任人不再一定是人，而可能是汽车本身，开了自动驾驶合法化的先河。不过这一法规尚有众多原则没有形成统一认识，一项正在讨论中的条例是关于自动转向系统技术，包括在特定驾驶条件下，驾驶员全程监督之下控制车辆，比如车道偏离辅助、自动泊车和高速公路自动驾驶等。而在是否废除 79 号条例的讨论中，是否禁止自动转向功能在车辆时速低于 10 公里开启的规定也没有定论。

与此同时，许多国家也在抓紧研究放开自动化驾驶车辆上路的问题，但面临诸多争议。以美国为例。美国是对自动化车辆态度最为积极和开放的国家之一，早在 2011 年，美国内华达州就通过了在该州测试自动驾驶汽车合法化的法律，并于 2012 年为谷歌颁发了首例“自动驾驶”汽车牌照，允许谷歌自动驾驶汽车上路测试。紧接着加利福尼亚州、佛罗里达州、密歇根州等也都通过了相关法律，并为自动驾驶汽车颁发测试牌照。即便如此，2015 年 12 月，加州制定了州规范，要求所有在州际公路行驶的自动驾驶汽车安装方向盘、油门和刹车，且驾驶者须将本人驾驶证置于驾驶员座位之上，以便出事故时检查。这一规范遭到谷歌强烈反对，并诉诸国会，期望能在全自动车辆上路方面获得许可。其他一些车企也表示，美国国家及联邦安全条例阻碍了这类车辆的测试和最终发展。

(2) 责任认定等一系列问题亟待明确

目前，对于自动驾驶的规定多数集中于考虑上路测试(on-road testing)和这些车辆的运营情况(例如发放汽车和驾驶执照等)。然而，司机和车辆执照不是唯一需要考量的方面，未来很有可能，自动化车辆会扮演公共交通的角色，更深入的立法规章有待完善和研究。需要考量的问题包括：是否将自动化车辆视为特殊车辆；政策先行还是在技术普遍之后再做规定；强调统一性还是灵活性等。

而尤其需要考虑的是自驾车辆的责任认定问题。过去，交通事故都是驾驶人通过保险或者自行承担的，而在自动驾驶情形下，事故风险要么由乘车人投保的保险承担，要么由生产销售汽车产品的软硬件厂商承担，风险将集中到汽车厂商、软件厂商身上。如果相关法律对自动驾驶系统过于苛刻，车主就会对自动驾驶技术开发商发起联合诉讼，导致研发公司彻底放弃自驾驶领域。而如果自动驾驶系统做的任何事情，法律都要追究车主责任，消费者可能就不敢去购买。因此，法律法规亟待在此问题上寻求到平衡点，既要能保障使用者和行人的安全，又不能严重打击自驾驶这个方兴未艾、充满前景的行业积极性。

**2. 公众接受度有待提高，伦理问题尚待研究**

除了立法屏障外，公众对自驾驶的质疑也是一大阻碍。在美国和德国，已经有很多调查研究试图衡量公众对于自动化驾驶的接受程度。这些研究发现，人们对于自驾驶车辆有着复杂交错的感受。博世(Bosch)于 2013 年展开的一项调查显示，很多人支持自动化驾驶，源于自驾的舒适度大大超出司机的人工驾驶。然而，研究也发现，60%的受访者认为人工判断会比计算机对路况的判断更为准确。对于“你是否愿意乘坐没有司机、并且不能干预行车路线的车?”只有 40%的人选择“愿意”，但当这个问题改为“你是否愿意乘坐能在紧急情况下再次由人工控制车辆的自驾驶车”，选择“愿意”的人数比例上升至 2/3。有 75%的受访者表示不愿意让自己的孩子乘坐自动化驾驶车辆去上学。57%的受访者对“是否愿意为购买含自动化驾驶技术的车辆多付出些钱”说“不”。这项调查充分说明公众对于自驾驶车辆安全问题的担忧。

此外，无人驾驶技术还面临社会信任危机和人工智能威胁这样的伦理问题。所谓社会信任危机，是指完全自动化将使得未来人类社会日常生活中某些重要东西的控制权被一个或者几个不透明的集团或政府所掌控，这种由技术垄断带来的“集权”会让公众产生恐慌，诸如“我的车”不是“我在掌控”，以及黑客等问题或许会在自动化车辆上路后发生。而人工智能威胁则指向自动驾驶汽车的智能化到底要达到什么样的程度才算合适呢？以图灵测试为底线还是别的标准？虽然这些问题带有科幻色彩，但的确是值得考量的一面。

总之，车辆的智能化、自动化是大势所趋，但是它将如何发展，其终极形态将会是怎样，取决于当前政府、企业和公众的态度和作为。相信在不久的未来，自动化驾驶能够进一步提高物流的效率，为人类带来更多便利，创造更多福祉。

**参考文献**

[1] 卢美红.打通全渠道物流，实现多场景配送[J]. China Computer & Communication，2014：24—28.

[2] Australian Government Department of Infrastructure and Regional Development. *Maritime Waterline 57*[R]. 2015.

[3] Australian Government Department of Infrastructure and Regional Development. *Railway Trainline 3*[R]. 2015.

[4] Australian Transport and Infrastructure Council. *Infrastructure Benchmarking Report*[R]. 2015.

[5] Capgemini Counsulting，PENNSTATE，PENSKE，Korn Ferry. *2016 Third-Party Logistics Study：The State of Logistics Outsourcing*[R]. 2015.

[6] DHL，Cisco Consulting Services. *Internet of Things in Logistics-A collaborative report by DHL and Cisco on implications and use cases for the logistics industry* [R]. 2015.

[7] DHL. *Omni-Channel Logistics：A DHL perspective on implications and use cases for the logistics industry*[R]. 2015.

[8] Freight Transport Association. *Logistics Report 2015* [R]. 2015.

[9] Freight Transport Association. *Quarterly Transport Activity Survey* [R]. 2016.

[10] IATA . *Annual Review 2015*[R]. 2015.

[11] International Transport Forum. *Automated and Autonomous Driving：Regula-*

*tion under uncertainty*[R]. 2015.
[12] MarketLine. *Global Railroads*[R]. 2015.
[13] UNCTAD. *Review of Maritime Transport 2015*[R]. 2015.
[14] World Trade Organization. *World Trade Report 2015*[R]. 2015.

本章撰写:汪逸丰

# 第八章　世界外国直接投资发展动态

2014—2015年,金融危机阴霾不散,全球经济活动虽有复苏迹象,但仍弱于2007年前的高峰期。发达经济体内部出现分化,美国经济复苏的势头较好,欧洲和日本则基本陷入停滞状态;而新兴经济体也面临着增速下滑的挑战。在国际经济持续走低的趋势下,外国直接投资(foreign direct investment, FDI,亦称国外直接投资、对外直接投资、外商直接投资等)的恢复也不甚明朗。虽然发展中经济体海外并购的投资模式被一致看好,但并没有在促进全球经济增长方面起到关键作用。世界各国和国际组织都在寻求改变。例如经济发展的结构性调整使得投资领域更倾向于服务业,还有国际社会更关注投资政策和制度的改革以及积极寻找新的热点。在这一环境下,中国的外国直接投资总体保持稳步增长,较为显著地促进了国家经济增长。但近几年中国在海外的并购活动亦遇到了前所未有的投资壁垒。如何在保持增长的同时突破这种困境,已成为当前最迫切要解决的问题。

## 一、世界外国直接投资总体发展态势

### (一) 世界外国直接投资规模有所下降

由于全球经济的脆弱性、投资政策的不确定、地域政治的高风险以及新的投资因一些大项目撤资而被抵消等原因,2014年全球外国直接投资陷入低迷状态。根据联合国贸易和发展会议(UNCTAD)2015年报告的数据:全球外国直接投资流入量在2013年小幅反弹之后,2014年下降了16%,为1.23万亿美元,已接近于2008年金融危机时期的最低点(图8.1)。

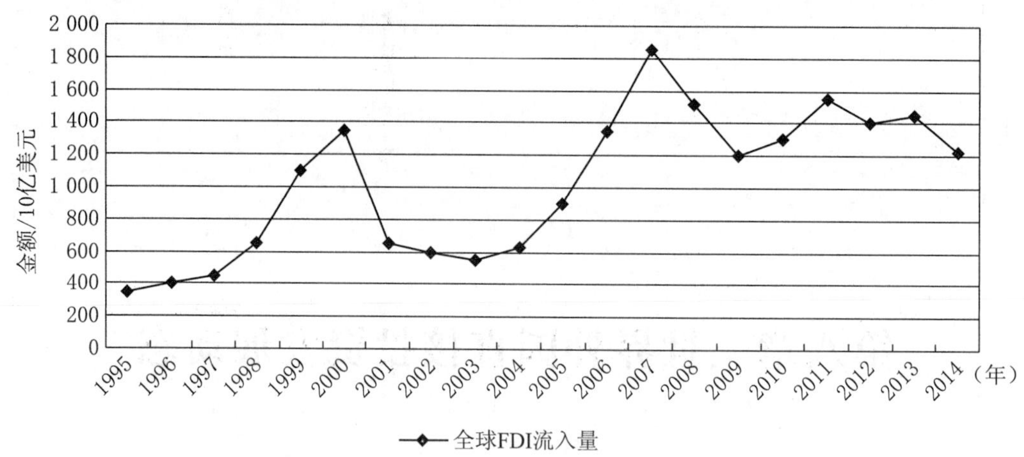


**图 8.1　1995—2014 年全球外国直接投资流入量数据**

资料来源：联合国贸发会议，*2015 World Investment Report*.

与外国直接投资萎缩形成鲜明对照的是全球经济的缓慢复苏。按照国际货币基金组织(IMF)2015 年的统计，全球国内总产值、贸易、固定资本形成总额和就业等宏观经济变量都有所增长(图 8.2)。虽然外国直接投资的恢复前景并不明朗，但随着美国等发达经济体的经济复苏加强，油价降低刺激需求增长以及包括宽松的货币政策、投资自由化在内的一系列促进政策的实施，将有利于外国直接投资的流动。对此，IMF 和贸发会议都预测在 2015 年和 2015 年后外国直接投资的流量将增加。贸发会议 2016 年 1 月最新发布的简报应验了这个预测：2015 年全球国外直接投资规模大幅

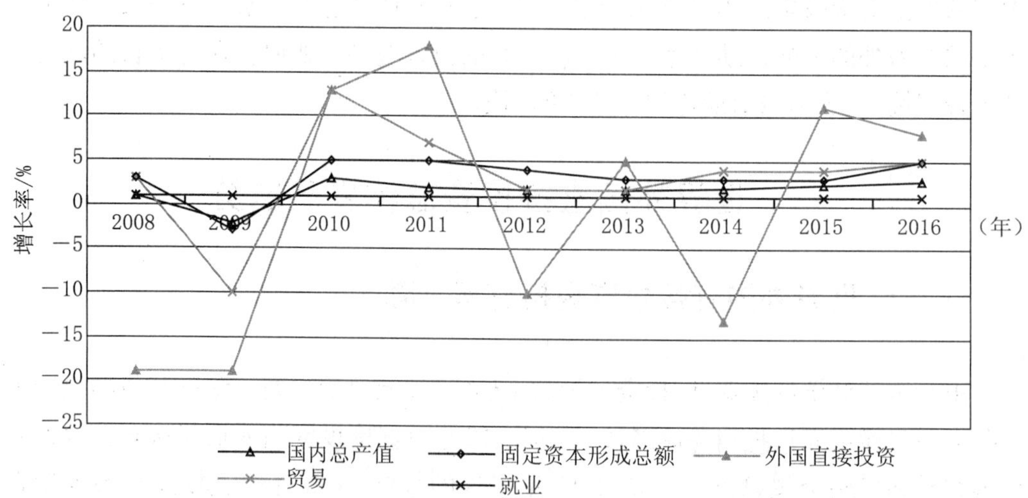


**图 8.2　2008—2016 年全球宏观经济主要指标及外国直接投资增长率**

资料来源：联合国贸发会议，*2015 World Investment Report*.

反弹，总量达到 1.7 万亿美元。但是，现有的一些经济和政治风险，包括目前欧元区的不确定因素、地缘政治紧张局势可能引起的外溢效应、新兴经济体的持续脆弱等，都可能扰乱全球国外直接投资复苏的趋势。

## （二） 全球外国直接投资重心向发展中经济体转移

在金融危机的长期影响下，发达经济体的外国直接投资流量进一步走低，而发展中经济体的外国直接投资规模则达到了历史新高(表 8.1)。

**表 8.1 2012—2014 年按区域分列的外国直接投资流量** （单位：10 亿美元）

| 区域 | 外国直接投资内流量 | | | 外国直接投资外流量 | | |
|---|---|---|---|---|---|---|
| | 2012 年 | 2013 年 | 2014 年 | 2012 年 | 2013 年 | 2014 年 |
| 全世界 | 1 403 | 1 467 | 1 228 | 1 284 | 1 306 | 1 354 |
| 发达经济体 | 679 | 697 | 499 | 873 | 834 | 823 |
| 欧洲 | 401 | 326 | 289 | 376 | 317 | 316 |
| 北美洲 | 209 | 301 | 146 | 365 | 379 | 390 |
| 发展中经济体 | 639 | 671 | 681 | 357 | 381 | 468 |
| 非洲 | 56 | 54 | 54 | 12 | 16 | 13 |
| 亚洲 | 401 | 428 | 465 | 299 | 335 | 432 |
| 东亚和东南亚 | 321 | 348 | 381 | 266 | 292 | 383 |
| 南亚 | 32 | 36 | 41 | 10 | 2 | 11 |
| 西亚 | 48 | 45 | 43 | 23 | 41 | 38 |
| 拉丁美洲和加勒比 | 178 | 186 | 159 | 44 | 28 | 23 |
| 大西洋 | 4 | 3 | 3 | 2 | 1 | 0 |
| 转型期经济体 | 85 | 100 | 48 | 54 | 91 | 63 |
| 结构薄弱、脆弱和小型经济体 | 58 | 51 | 52 | 10 | 13 | 10 |
| 最不发达国家 | 24 | 22 | 23 | 5 | 7 | 3 |
| 内陆发展中国家 | 34 | 30 | 29 | 2 | 4 | 6 |
| 小岛屿发展中国家 | 7 | 6 | 7 | 2 | 1 | 1 |
| 备忘录：占全世界外国直接投资流量的百分比 | | | | | | |
| 发达经济体 | 48.4 | 47.5 | 40.6 | 68.0 | 63.8 | 60.8 |
| 欧洲 | 28.6 | 22.2 | 23.5 | 29.3 | 24.3 | 23.3 |
| 北美洲 | 14.9 | 20.5 | 11.9 | 28.5 | 29.0 | 28.8 |

续表

| 区　　域 | 外国直接投资内流量 | | | 外国直接投资外流量 | | |
|---|---|---|---|---|---|---|
| | 2012 年 | 2013 年 | 2014 年 | 2012 年 | 2013 年 | 2014 年 |
| 发展中经济体 | 45.6 | 45.7 | 55.5 | 27.8 | 29.2 | 34.6 |
| 非洲 | 4.0 | 3.7 | 4.4 | 1.0 | 1.2 | 1.0 |
| 亚洲 | 28.6 | 29.2 | 37.9 | 23.3 | 25.7 | 31.9 |
| 东亚和东南亚 | 22.9 | 23.7 | 31.0 | 20.7 | 22.4 | 28.3 |
| 南亚 | 2.3 | 2.4 | 3.4 | 0.8 | 0.2 | 0.8 |
| 西亚 | 3.4 | 3.0 | 3.5 | 1.8 | 3.1 | 2.8 |
| 拉丁美洲和加勒比 | 12.7 | 12.7 | 13.0 | 3.4 | 2.2 | 1.7 |
| 大西洋 | 0.3 | 0.2 | 0.2 | 0.1 | 0.1 | 0.0 |
| 转型期经济体 | 6.1 | 6.8 | 3.9 | 4.2 | 7.0 | 4.7 |
| 结构薄弱、脆弱和小型经济体 | 4.1 | 3.5 | 4.3 | 0.7 | 1.0 | 0.8 |
| 最不发达国家 | 1.7 | 1.5 | 1.9 | 0.4 | 0.6 | 0.2 |
| 内陆发展中国家 | 2.5 | 2.0 | 2.4 | 0.2 | 0.3 | 0.4 |
| 小岛屿发展中国家 | 0.5 | 0.4 | 0.6 | 0.2 | 0.1 | 0.1 |

资料来源：联合国贸发会议，*2015 World Investment Report*.

2014 年，发达经济体的外国直接投资内流量减少到 4 990 亿美元，下降 28%。由于受大规模撤资影响，流入美国的外国直接投资减少到 920 亿美元。同样，对欧洲的外国直接投资也减少到 2 890 亿美元，下降了 11%，相当于 2007 年高峰期的三分之二。发达经济体外国直接投资的颓势并没有影响到发展中经济体。2014 年流入发展中经济体的外国直接投资创历史新高，为 6 810 亿美元，增长 2%，一举超越发达经济体。发展中经济体在全球外国直接投资流动格局中的地位逐渐增强，占全球总量的一半多。亚洲对发展中经济体内流量的贡献最大，FDI 规模有 4 650 亿美元，比上年增长 9%，占到了发展中经济体的三分之二以上，非洲与上年基本持平，拉丁美洲和加勒比地区有所下降。中国内地首次超过美国成为世界上最大的 FDI 流入国。在世界前十大外资流入地区中，发展中国家或地区占据 5 席，包括：中国内地、中国香港、新加坡、巴西和印度。转型经济体俄罗斯外国直接投资流入量下降 70%，呈现大幅下降趋势，这与地缘政治因素、石油等初级商品价格低迷等因素影响有关。

在投资外流方面，发达经济体 2014 年的外国直接投资外流有小幅下降，为 8 230 亿美元，相比上年减少 1%。发展中经济体的外国直接投资外流则增长迅猛，达 4 680

亿美元，增加 23%，达到了历史最高水平。发展中经济体在全球外国直接投资流出量中所占比例从 2007 年的 13%增加到三分之一以上。亚洲首次超过北美洲和欧洲，成为世界上最大的对外投资方。在世界前 20 名对外投资来源地中，有 9 个是发展中经济体和转型经济体，包括：中国香港、中国内地、俄罗斯、新加坡、韩国、马来西亚、科威特、智利以及中国台湾。2014 年，中国内地对外投资大幅增长 15%，达 1 160 亿美元，仅次于美国和中国香港，居全球第 3 位。

### （三） 跨境并购强劲反弹

作为外国直接投资主要形式之一的跨境并购(cross-border M&A)在 2014 年出现了较大幅度的增长，相比上年其净价值增加了 28%，达到了 3 990 亿美元(图 8.3)。拥有大量现金储备的跨国公司为了在竞争压力中找到新增长点以及通过协同和规模经济来削减成本，成为驱动这种交易的重要因素。大型交易的重新出现则是跨境并购交易活动价值增加的一个关键要素。2014 年，跨国公司并购案例价值大于 10 亿美元的数量从 2013 年的 168 个上升至 223 个。同时，跨国公司也有过几次大的撤资，相当于收购总价值的一半。

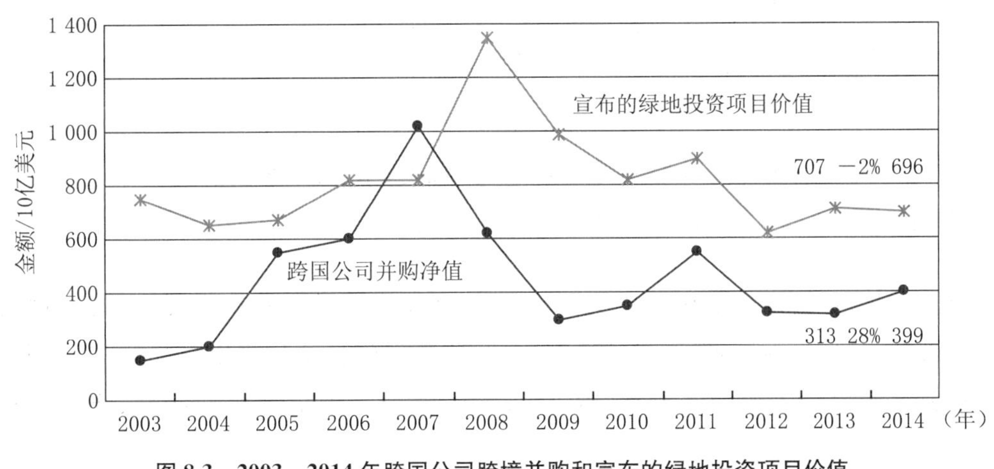


**图 8.3 2003—2014 年跨国公司跨境并购和宣布的绿地投资项目价值**

资料来源：联合国贸发会议，*2015 World Investment Report*.

另一种跨国投资方式——绿地投资(Greenfield)则相对显出疲态。2014 年，全球绿地投资相比上年下降 2%，达 6 960 亿美元。发达经济体跨国公司的绿地投资略有增加，而发展中经济体和转型期经济体跨国公司的绿地投资则有所减少。不过，发展中经济体在 2014 年宣布的跨境绿地投资仍占到了全球的 30%。

## （四） 向服务业投资的长期转变仍在继续

目前，服务公司的国际化程度要远低于工业公司。在很多情况下，服务并不能够像一般商品那样进行跨国贸易，这些服务公司需要通过对外直接投资扩张。近年来，服务业公司已经在全球对外直接投资中处于主导地位。在有据可循的 2012 年，服务业占全球外国直接投资存量的 63%，相当于制造业占比的 2.5 倍，更是第一产业占比的 9 倍(图 8.4)。在 2001 年，服务业的比重是 58%，世界外国直接投资向服务业较长期的相对转变仍在继续。由于服务业占全球附加值的 70%，因此原则上服务业外国直接投资在世界外国直接投资中的比额可能会进一步上升。

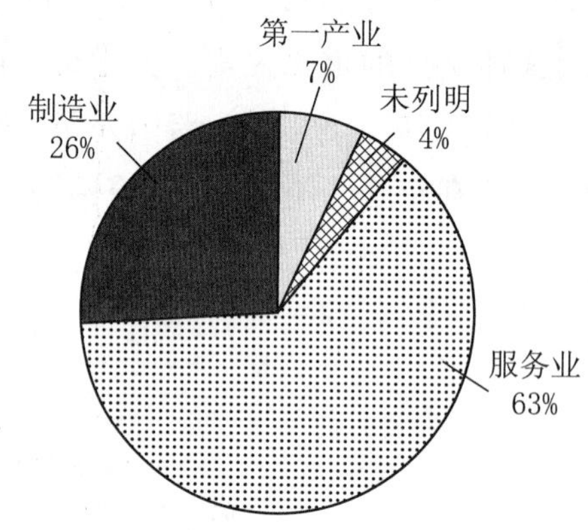


**图 8.4　2012 年按部门分列的全球外国直接投资内流存量**

资料来源：联合国贸发会议，*2015 World Investment Report*.

除了世界经济结构变化的长期趋势以外，在服务业外国直接投资额和比例增加的背后还有一些其他因素，其中包括：东道国服务部门自由化程度提高；使服务更易于交易的信息和通信技术发展；全球价值链的兴起推动了制造业方面的服务国际化。

## （五） 主要投资主体发展总体乐观

2014 年，全球私募股权公司(private equity firms)、主权财富基金(sovereign wealth funds)等外国直接投资投资主体规模增长显著，国有跨国公司(State-owned MNEs)的投资有所下降。

私募股权公司在 2014 年的跨境并购交易有 2 358 件，总额达到 2 000 亿美元，同比增长 18.3%。私募股权投资价值的上涨趋势可能还会因以下若干因素而继续下去：投资者的现金和认购额特别高，估计约 3 600 亿美元；发达经济体的低利率使杠杆化债务更有吸引力；全球金融市场波动，预期会产生更多的跨境投资机会。

主权财富基金的外国直接投资流量相比上年增长翻了一番，达到 160 亿美元，是 5 年来的最高点。全球主权财富基金有 100 多家，它们管理的资产规模超过 7 万亿美元，约占管理下的世界总资产的十分之一，但外国直接投资只是这些资产中的小部分。有些主权财富基金通过外国直接投资，包括跨境公司收购和海外房地产采购等从事长期投资。一半以上的主权财富基金已经开始或者扩大了对基础设施的外国直接投资，这是它们一个重要的资产类别，因为该部门有很多大规模投资的机会，而且它的回报较稳定。

相反，国有跨国公司 2014 年的跨境并购和绿地项目分别达到 690 亿美元和 490 亿美元，下降了 39%和 18%，是全球金融危机爆发以来的最低点。国有跨国公司的后退，部分原因是战略决定，如一些发达经济体的公司决定合并它们在一些经济体的资产，同时在其他经济体予以出售。政策因素也影响到国有跨国公司的国际化，例如采掘业对外国所有权的控制更加严格。

## 二、主要地区外国直接投资发展动态

### （一） 亚太地区

亚太地区的外国直接投资主要来自亚洲发展中经济体。2014 年，亚洲发展中经济体外国直接投资流入量再创新高，增长 9%，接近 5 000 亿美元。其作为全球外国直接投资最大流入地区的地位进一步加强。亚洲基础设施领域吸引的外国投资也不断上升。2014 年，东亚和东南亚基础设施领域的跨境并购较上年增长近 3 倍，达 170 亿美元；绿地投资高达 190 亿美元。此外，截至 2014 年底，以非股权方式对东亚、东南亚基础设施的外国投资累计达 500 亿美元。中国企业在亚洲的基础设施投资日益活跃，成为区域基础设施最大投资方之一。

#### 1. 跨国投资增强亚洲内部的连接

发展中亚洲外国直接投资的流入量在 2014 年达到了 4 650 亿美元的历史最高水平。流向东亚的外国直接投资增加到了 2 480 亿美元，上升 12%。中国内地已成为世界上最大的外国直接投资接受地，占东亚总量的一半以上；中国香港的流入量上涨 39%，达到 1 030 亿美元。东南亚的外国直接投资流入量增加 5%，达到 1 330 亿美元。增加的主要来源是新加坡，它现在是世界第五大接受经济体，流入量达到 680 亿美元。东南亚其他经济体的外国直接投资也有强劲增长，如印度尼西亚的流入量增加了 20%，达到 230 亿美元。

跨国企业对基础设施的投资增加，使得亚洲特别是东亚和东南亚的连接进一步加强。例如，城市太平洋投资公司（中国香港）成为菲律宾最重要的基础设施投资公司，在电力、铁路、公路和水资源方面的业务资产 2013 年总计达 45 亿美元。在泰国，辉光能源（法国）在电力行业扮演了一个重要角色，总资产和销售分别达 38 亿美元和 21 亿美元。在移动通信行业，印尼和泰国有显著的市场，中国移动和新加坡电信也已成为该区域中的重要力量。

另外，深化区域一体化的政策努力正在推进东亚和东南亚经济体之间紧密联系。区域内的商品、服务、信息及人员流动更加便利，交易成本继续降低。一些原有的区域合作倡议，如大湄公河次区域经济合作倡议加强了有关国家在高速公路、铁路、电力等基础设施的联通。东盟内部的经济走廊，如印尼—马来西亚—泰国经济增长大三角也促进了地区互联互通。区域内国家提出的一些新的倡议，如中国的“一路一带”战略及倡导建立的亚洲基础设施投资银行、韩国提出的亚欧倡议以及日本承诺的亚洲基础设施投资也将进一步强化亚洲的互联互通及经济一体化。

**2. 南亚地区聚焦开发制造业**

2014 年，流入南亚的外国直接投资增加到 410 亿美元。印度占这一数字的四分之三，达 340 亿美元，比上年增长 22%。该国在外国直接投资流出量方面也占主要地位，增加了 5 倍，达到 100 亿美元，从上年急剧下降中恢复了过来。其他的一些南亚国家，如巴基斯坦和斯里兰卡等，它们从中国接受的外国直接投资也有所增加。在吸引制造业外国直接投资方面，特别是在资本密集型行业中，南亚落后于东亚和东南亚的经济体，但是也出现了一些成功的事例，如汽车业。

在南亚，印度是外国直接投资汽车工业的主要接受者。印度提出“印度制造”（Make in India）倡议和“印度 2020 计划”，确定了使印度成为潜在世界领导者的 25 个行业，包括汽车、化工、医药和纺织等行业。政府还对环保汽车推出了一项新计划，为混合动力和电动汽车提供财政奖励。印度鼓励外国投资的改革方法有：废除需要获得政府批准（自动投资路径）；提高外国投资者允许购买的股份规模。印度的溢出效应可能出现在南亚其他国家。2013—2014 年，孟加拉国，尼泊尔，巴基斯坦和斯里兰卡都有外国公司绿地投资汽车工业的记录。

**3. 亚太地区是绿地投资的主要内流地**

英国《金融时报》集团旗下 fDi Intelligence 的数据显示，2014 年流入亚太地区的绿地投资项目总额达 2 490 亿美元，同比上升 35%；对外投资规模 2 220 亿美元，上升 25%。亚太地区的绿地投资内流规模大于外流。其中，流入中国大陆的项目资金增长 9%，增幅不大但仍在亚太地区保持领先。同时也表明了受经济增长放缓以及成本上升因素影响，流向中国大陆的绿地投资可能进入了一个增长平台期。印度、马来西亚和越南的绿地投资项目数量与上年相比均出现大幅增长。印尼、新加坡和泰国吸引的项目数量也有所增长。中国内地亦是亚太地区绿地投资的最大来源地，占项目总额的 29%。韩国、中国台湾、马来西亚的投资都比上年有较大幅度的增加。2013 年排在第一的日本则下降到了第二的位置。印度流向海外的绿地投资也下降了 19%（表 8.2）。

**表 8.2　2014 年亚太地区绿地投资排名情况**

| 按投资目的地金额排名 | | | 按投资来源地金额排名 | | |
|---|---|---|---|---|---|
| 国家/地区 | 项目金额/10 亿美元 | 份额/% | 国家/地区 | 项目金额/10 亿美元 | 份额/% |
| 中国大陆 | 75 | 30 | 中国大陆 | 64 | 29 |
| 越　南 | 24 | 9 | 日　本 | 50 | 23 |
| 印　度 | 23 | 9 | 韩　国 | 23 | 10 |
| 马来西亚 | 19 | 7 | 新加坡 | 16 | 7 |
| 印　尼 | 17 | 7 | 印　度 | 13 | 6 |
| 澳大利亚 | 14 | 6 | 中国台湾 | 12 | 5 |
| 新加坡 | 11 | 5 | 中国香港 | 11 | 5 |
| 韩　国 | 10 | 4 | 澳大利亚 | 11 | 5 |
| 泰　国 | 8 | 3 | 马来西亚 | 9 | 4 |
| 日　本 | 8 | 3 | 泰　国 | 4 | 2 |
| 其　他 | 40 | 16 | 其　他 | 8 | 4 |
| 总　计 | 249 | 100 | 总　计 | 222 | 100 |

资料来源：THE fDi REPORT 2015.

**4. 亚洲高管投资意向强烈**

咨询公司科尔尼（A.T. Kearney）2015 年发布的外国直接投资信心指数报告显示，亚洲的投资者在恢复外国直接投资规模到经济危机前的水平有强烈的意愿，在新领域能够承担较大的风险。报告指出亚洲业务高管最关心发达经济体和发展中经济体地缘政治紧张或政治危机增加的可能性。有 8 成的亚洲投资者对新兴市场的维护、关心或增加投资保持浓厚兴趣(图 8.5)。即使是在俄罗斯，亚洲总部公司仍然看好在其国内进行中期的投资。

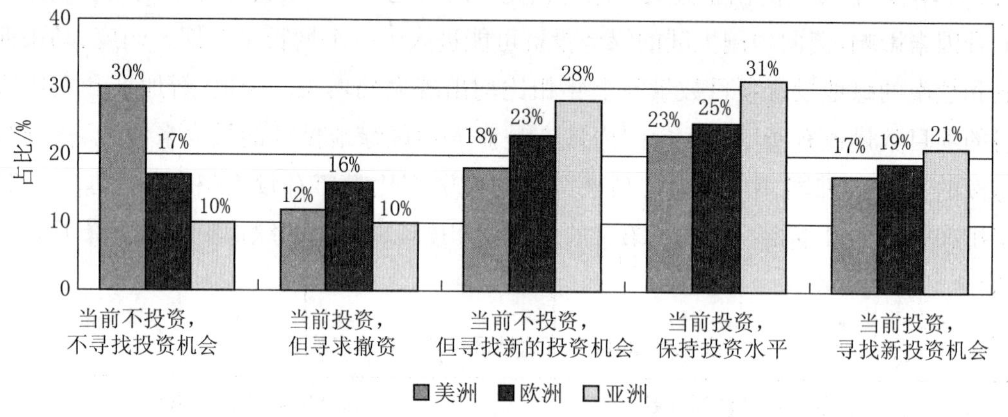


**图 8.5　新兴市场投资者兴趣偏好**

说明：纵轴为调查对象回复的百分比。
资料来源：A.T. Kearney 外国直接投资信心指数报告，2015.

## （二）北美洲

在北美洲，美国的外国直接投资外流量达到 3 370 亿美元，比上年增长了 3%；加拿大跨国公司的积极资产收购增加了加拿大的外国直接投资的外流量，达到 530 亿美元，比 2013 年上升了 4%。美国在 2014 年重大项目中的撤资抵消了投资流量，使得北美的 FDI 看起来都只是略有增加。此外，北美吸收来自日本的外国直接投资下降了 16%，结束了为期 3 年的增长势头。

**1. 美国跨国公司对外国直接投资的影响加大**

在本世纪初，由货物贸易引发的美国财政赤字开始增长。到 2006 年，赤字已经占美国国内总产值的 5.8%，触发了对财政可持续性的担忧。此后，服务贸易和原始收入开始弥补财政赤字；到 2014 年，赤字占国内总产值的比重下降到了 2.4%。

美国跨国公司内部的贸易，即母公司和国外子公司之间的交易导致了货物贸易的赤字和服务贸易的盈余。公司内部的货物贸易在整个赤字中相对较小，但在近几年有所增长。在服务贸易方面，公司内部交易占美国 2012 年出口总额的 22%。一般的公司内部服务贸易出口是知识产权的使用费，如工业过程和计算机软件，这表明公司内部服务贸易是知识密集型的性质。

美国跨国公司母公司的出口值与国外子公司提供的货物和服务价值相比则相形

见绌(图 8.6)。国外子公司的所有销售是美国出口价值的好几倍。外国直接投资显然是美国公司获取国外市场的一个重要方式。由于国外子公司有可能使用一些来自美国出口的投入,它们收入的部分将进入美国收支平衡表的支出项,以货物和服务的出口形式给美国跨国公司的国外子公司。另一种途径是通过投资收益。2014 年外国直接投资收入合计 4 740 亿美元,是公司内部货物贸易赤字的数倍。相比较而言,投资收益付款(在美国国外子公司的收入)合计为 1 780 亿美元。因此,在外国直接投资的投资收益是抵消货物贸易赤字的一个重要因素。

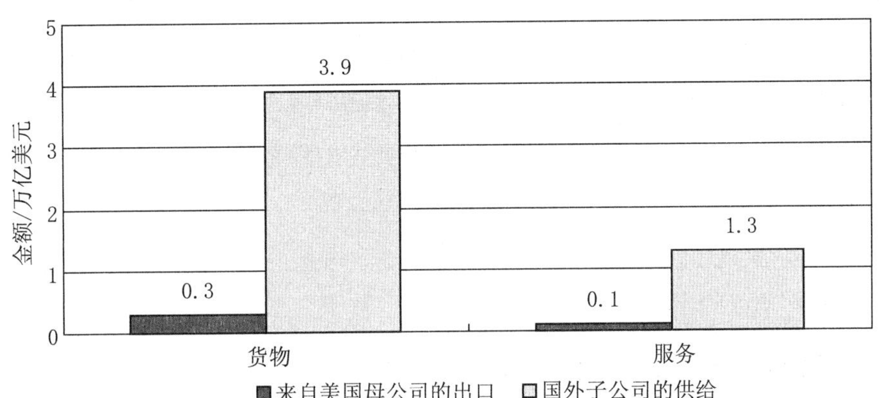


**图 8.6　2012 年美国跨国公司:母公司和国外子公司货物和服务出口值**

资料来源:联合国贸发会议,*2015 World Investment Report*.

### 2. 北美绿地投资规模小幅增长

2014 年,流入北美的绿地投资项目总额增长了 3%,达 620 亿美元。安大略省继续第二年保持排名第一的位置。弗吉尼亚州 2014 年增速较快,项目金额增长 351%,其中包括来自中国山东泉林纸业的 20 亿美元的投资。北美流向海外的绿地投资在 2014 年增长了 9%,达 1 420 亿美元。加利福尼亚州继续在项目总额上领跑,其中德国汽车制造商宝马(BMW)宣布将投资 10 亿美元在加利福尼亚州扩展制造设备(表 8.3)。

**表 8.3　2014 年北美地区绿地投资排名情况**

| 按投资目的地金额排名 | | | 按投资来源地金额排名 | | |
|---|---|---|---|---|---|
| 国家/地区 | 项目金额/10 亿美元 | 份额/% | 国家/地区 | 项目金额/10 亿美元 | 份额/% |
| 安大略省 | 7 | 12 | 加利福尼亚州 | 23 | 16 |
| 加利福尼亚州 | 6 | 10 | 纽约州 | 13 | 9 |
| 德克萨斯州 | 4 | 6 | 密歇根州 | 13 | 9 |

续表

| 按投资目的地金额排名 | | | 按投资来源地金额排名 | | |
| --- | --- | --- | --- | --- | --- |
| 国家/地区 | 项目金额/10亿美元 | 份额/% | 国家/地区 | 项目金额/10亿美元 | 份额/% |
| 南卡罗来纳州 | 4 | 6 | 安大略省 | 11 | 8 |
| 弗吉尼亚州 | 3 | 4 | BC省 | 7 | 5 |
| 纽约州 | 3 | 4 | 德克萨斯州 | 7 | 5 |
| 田纳西州 | 2 | 4 | 华盛顿州 | 7 | 5 |
| 魁北克省 | 2 | 4 | 科罗拉多州 | 6 | 4 |
| 路易斯安那州 | 2 | 3 | 阿尔伯塔省 | 5 | 4 |
| 伊利诺伊州 | 2 | 3 | 康涅狄格州 | 5 | 16 |
| 其　他 | 27 | 43 | 其　他 | 45 | 32 |
| 总　计 | 62 | 100 | 总　计 | 142 | 100 |

资料来源：*THE fDi REPORT 2015*.

**3. 美国连续3年位于投资信心榜首位**

在咨询公司科尔尼2015年发布的外国直接投资信心指数排行榜上，美国的领先优势与第二位的中国有所缩小，但仍然超过其他国家（图8.7）。据调查，45%的企业高管认为他们对美国的经济前景比一年前更乐观，只有10%的人说他们比较悲观。总部设在亚洲公司最看好美国经济，44%的人预测美国国内总产值在未来3年的增长将超过3.6%。

美国正在积极地通过“选择美国”项目吸引外国投资者，该项目旨在使投资成为美国经济发展的首要驱动力，强调美国作为经营地和投资地所提供的诸多优势：从广阔的国内市场、到透明的法律体系、到世界上最具创新性的公司，推广美国是适合做生意的国家。

## （三）欧洲

联合国贸发会议将欧洲划分为两大区域。一是由西欧国家组成的发达经济体地区，二是由东欧国家组成的转型经济体地区。两大区域呈现出不同的发展态势。

**1. 欧洲发达经济体外国直接投资内流减少**

流入欧洲的外国直接投资继续着自2012年以来的下降趋势，为289亿美元。

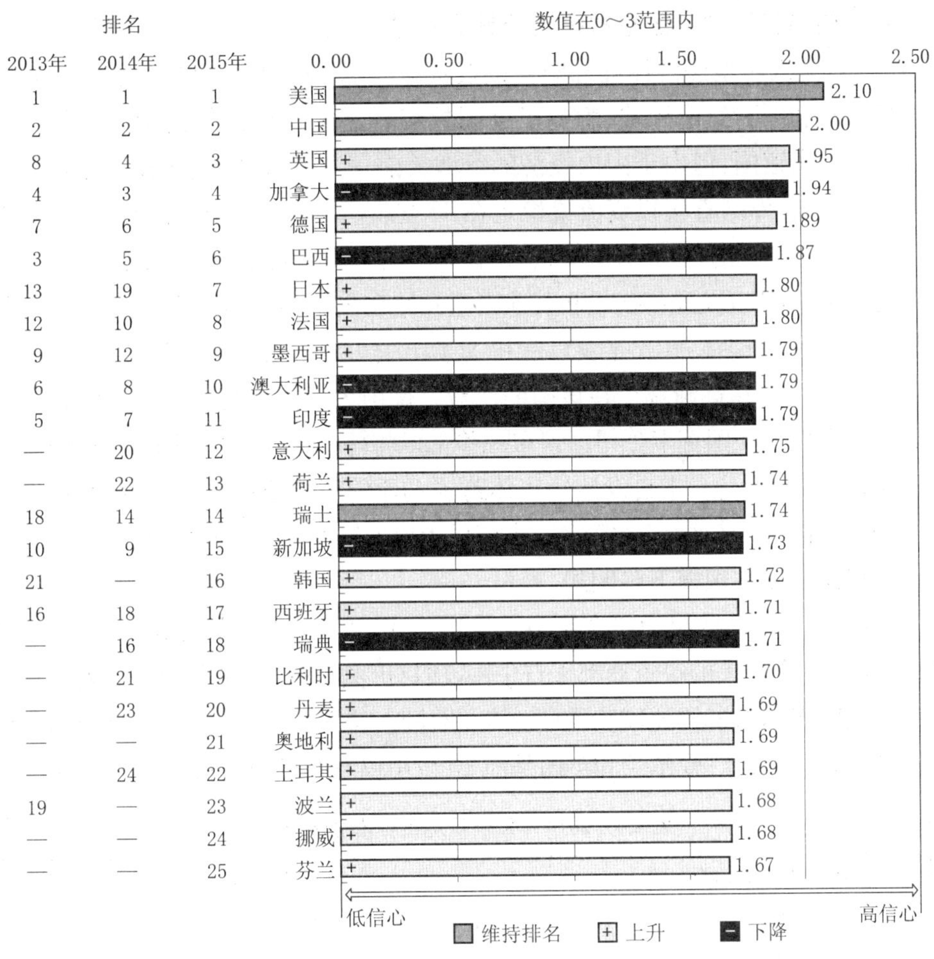


**图 8.7　2015 年外国直接投资信息指数排行榜**

资料来源：A.T. Kearney 外国直接投资信心指数报告，2015.

2014 年收益最大的欧洲国家是 2013 年出现负流入量的那些国家，如芬兰和瑞士等。对英国的外国直接投资规模飙升至 720 亿美元，在欧洲占据最大接受国的地位。与此相反，2013 年外国直接投资量大的接受国，它们的内流量急剧下降，如比利时、法国和爱尔兰等国。从欧洲流出的外国直接投资大致不变，保持在 3 160 亿美元。从德国流出的外国直接投资几乎增加了两倍，成为欧洲最大的直接投资国。法国的外流量也大幅度增加，但来自其他主要投资国的外国直接投资却急剧减少。

驱动欧洲外国直接投资的是一系列电信行业的重大并购，这些交易由欧盟委员会资助。欧盟委员会宣布要鼓励 100 家跨欧洲的公司巩固和增加基础设施投资。作为其 2015 年议程，欧盟还优先考虑在一部分地区形成一个单一的数字通信市场以促进经济增长。

**2. 欧洲转型经济体外国直接投资流量大幅减少**

2014 年,流入转型经济体的外国直接投资减少 52%,为 480 亿美元。区域冲突、石油价格下跌和国际经济制裁,削弱了外国投资者对当地经济体的信心。俄罗斯是该区域最大的东道国,但由于国内经济的负增长前景,它的外国直接投资流量下降了 70%。在东南欧,外国直接投资流量稳定在 47 亿美元。外国投资者的目标大都对准制造业,因为该地区制造业的生产成本具有竞争力,而且进入欧盟市场较容易。

在俄罗斯,制裁以及经济疲软和其他因素开始在 2014 年下半年影响外国直接投资的流入,这种趋势预期在 2015 年及以后将继续下去。寻求市场的外国投资者,例如在汽车和消费行业,正在逐渐减少在该国的产量。德国大众汽车公司将减少它在卡卢加市(Kaluga)的产量;美国百事公司已宣布一些工厂将停产。在俄罗斯国内,投资者的来源地分布正在发生变化。来自发达经济体跨国企业的新投资在放慢,但这种损失有一部分正在由其他国家来填补。2014 年,中国成为俄罗斯的第五大投资国。

**3. 欧洲绿地投资规模下降明显**

2014 年,流入欧洲的绿地投资项目总额减少了 8%,为 320 亿美元。其中,排名第二的俄罗斯有 5 个最大的投资商都来自中国,项目价值超过 50 亿美元。流入土耳其的绿地投资下滑严重,金额同比减少 49%,其在欧洲的排名也因此从 2013 年的第 4 位下降到 2014 年的第 9 位。爱尔兰和英国是前 10 位中仅有的投资增长的国家(表 8.4)。

**表 8.4 2014 年欧洲绿地投资排名情况**

| 按投资目的地金额排名 | | | 按投资来源地金额排名 | | |
|---|---|---|---|---|---|
| 国家/地区 | 项目金额/10 亿美元 | 份额/% | 国家/地区 | 项目金额/10 亿美元 | 份额/% |
| 英 国 | 35 | 28 | 德 国 | 47 | 20 |
| 俄罗斯 | 12 | 10 | 法 国 | 40 | 17 |
| 西班牙 | 9 | 7 | 英 国 | 33 | 14 |
| 德 国 | 7 | 5 | 西班牙 | 16 | 7 |
| 波 兰 | 6 | 5 | 荷 兰 | 15 | 6 |
| 法 国 | 6 | 4 | 意大利 | 14 | 6 |
| 荷 兰 | 5 | 4 | 瑞 典 | 12 | 5 |
| 罗马尼亚 | 5 | 4 | 希 腊 | 10 | 4 |
| 土耳其 | 5 | 4 | 比利时 | 7 | 3 |
| 爱尔兰 | 5 | 4 | 卢森堡 | 6 | 3 |
| 其 他 | 32 | 25 | 其 他 | 37 | 16 |
| 总 计 | 127 | 100 | 总 计 | 238 | 100 |

资料来源:*THE fDi REPORT 2015*.

## （四） 拉丁美洲和加勒比地区

拉丁美洲和加勒比地区经济委员会(CEPAL)的《拉丁美洲和加勒比地区外国直接投资报告 2015》数据显示,2014 年拉美和加勒比地区吸引外国直接投资下滑了 16%,为 1 588.03 亿美元,这也是近 10 年来第三次出现下滑,此前仅在 2006 年和 2009 年出现负增长。下降的主要原因是该地区经济增长低迷和基础出口产品价格下降。2003 年至 2013 年,进入该地区的外国直接投资从 469.37 亿美元攀升到 1 899.51 亿美元。

**1. 拉美和加勒比地区外国直接投资开始下降**

联合国贸发会议的报告认为,流向拉美和加勒比地区外国直接投资减少的主要原因是中美洲的跨境并购减少 78%以及大宗商品价格下降使得对南部拉丁美洲采掘业的投资减少。其中,中美洲和加勒比地区的外国直接投资下降 36%,为 390 亿美元,部分原因是墨西哥的一次跨境巨额交易造成 2013 年格外高的流量;向南部拉丁美洲的流动连续第二年减少,下降 14%,为 1 210 亿美元,除智利以外,所有的主要接受国的外国直接投资都出现负增长。

2014 年巴西仍然是该地区吸收外资最多的国家,为 624.95 亿美元,但巴西政府发布的最新数据为 968.51 亿美元;其次为墨西哥,达 227.95 亿美元,比 2013 年减少 49%,第三和第四分别为智利(220.02 亿美元)和哥伦比亚(160.54 亿美元),秘鲁居第五,为 76.07 亿美元。

从行业来看,2014 年拉美和加勒比地区 17%的外资进入了自然资源开发领域,比 2013 年 23%的比重有所下降;制造业占 36%,基本稳定,而服务业占比上升到 47%。高科技外资项目还很少,但是中高技术水平的项目在增长。在过去两年里,巴西和墨西哥的汽车工业吸收外资金额打破了历史纪录。

从投资来源国来看,欧洲和美国依然是拉美的主要投资来源国,来自亚洲的直接投资从 5%提高到 6%。中国企业也是该地区大型并购项目的主角,如中国企业以 70.05 亿美元收购秘鲁的拉斯邦巴斯铜矿项目。

**2. 拉美和加勒比地区绿地投资骤减**

2014 年,拉美和加勒比地区的绿地投资项目流入规模骤减,降幅为 39%,达 910 亿美元。在该地区,墨西哥是吸引绿地投资项目的领先国家;安提瓜则是由于亿达国际投资集团宣布的一个 20 亿美元投资混合使用休闲中心而进入了前 10 名。另一方面,拉美和加勒比地区流向海外的绿地投资同样减少了 57%,为 90 亿美元。墨西哥取代巴西成为该地区绿地投资排名第一的来源国家。墨西哥和巴西合计占地区投资总额的 55%(表 8.5)。

**表 8.5　2014 年拉美和加勒比地区绿地投资排名情况**

| 按投资目的地金额排名 | | | 按投资来源地金额排名 | | |
|---|---|---|---|---|---|
| 国家/地区 | 项目金额/10 亿美元 | 份额/% | 国家/地区 | 项目金额/10 亿美元 | 份额/% |
| 墨西哥 | 33 | 36 | 墨西哥 | 3 | 33 |
| 巴　西 | 18 | 20 | 巴　西 | 1 | 11 |
| 巴拿马 | 8 | 9 | 百慕大 | 1 | 11 |
| 智　利 | 7 | 7 | 委内瑞拉 | 1 | 11 |
| 秘　鲁 | 5 | 6 | 智　利 | 1 | 11 |
| 阿根廷 | 3 | 4 | 开曼群岛 | 0.5 | 6 |
| 哥伦比亚 | 3 | 3 | 秘　鲁 | 0.4 | 4 |
| 安提瓜和巴布达 | 2 | 2 | 哥伦比亚 | 0.3 | 3 |
| 洪都拉斯 | 2 | 2 | 牙买加 | 0.2 | 2 |
| 多米尼克 | 1 | 1 | 巴拿马 | 0.1 | 1 |
| 其　他 | 9 | 10 | 其　他 | 0.3 | 3 |
| 总　计 | 91 | 100 | 总　计 | 9 | 100 |

资料来源：*THE fDi REPORT 2015*.

## (五) 中东和非洲地区

受全球经济危机和地区冲突的影响，中东地区自 2009 年以来吸引 FDI 持续下降，2014 年中东地区吸引外国直接投资 430 亿美元，同比下降 4%。而流向非洲的外国直接投资在这几年整体上稳定在 540 亿美元。

### 1. 中东地区不稳定因素影响外国直接投资

中东的安全局势导致外国直接投资流量连续 6 年减少。该区域部分地区私人投资减弱由公共投资增加予以补偿。在海湾合作委员会经济体中，由国家牵头对建筑的投资着重于基础设施以及石油和气体开发，为外国承包商通过非股权模式在该区域从事新的项目开创了机会。从该区域流出的外国直接投资减少 6%，为 380 亿美元，这是因为科威特和卡塔尔这两个该区域最大的投资国的流出量有所下降。

从行业流向看，中东地区房地产业吸引外国直接投资增长 29%，占总流入的比重达25%。制造业在2013年大幅下滑后出现反弹，2014年吸引30亿美元，增长了30%。而公共设施和金融服务则分别下降了44%和55%，外国直接流入分别达10亿美元和20亿美元。

**2. 非洲服务业外国直接投资具有潜力**

在非洲的外国直接投资流入存量中，服务业所占的比重最大，而且集中在个别国家，如摩洛哥、尼日利亚和南非。金融业在非洲服务业外国直接投资存量中所占的部分最大；到2012年，一半以上的非洲服务业外国直接投资存量是在金融业，其次相继是运输、仓储和通信以及商业活动(图8.8)。

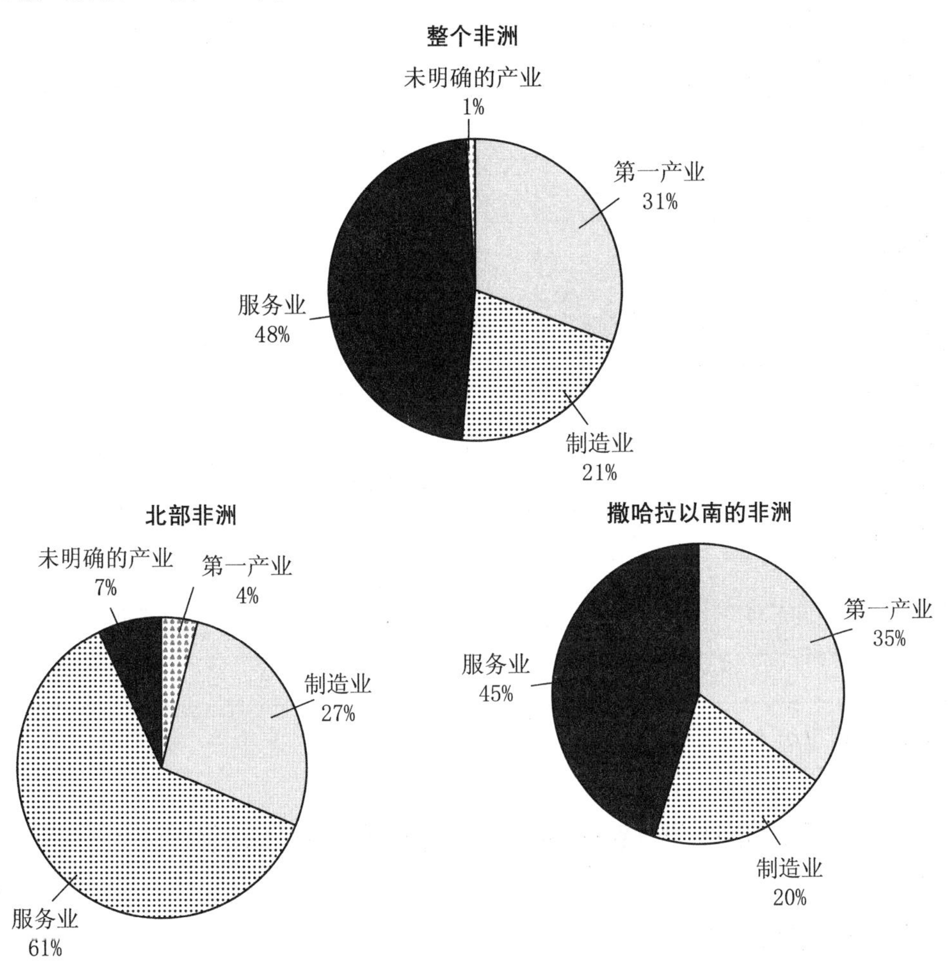


**图8.8　2012年非洲外国直接投资内流存量各领域占比**

资料来源：联合国贸发会议，*2015 World Investment Report*.

**3. 中东和非洲地区绿地投资单一项目体量较大**

2014年，非洲的外来绿地投资创下历史最大增幅，较2013年增加了65%，达

1 220 亿美元。埃及、安哥拉、摩洛哥、加纳和赞比亚全都进入该地区前十大投资目的地之列，取代了伊拉克、约旦、埃塞俄比亚、阿尔及利亚和肯尼亚等受到地缘政治不确定性或安全问题影响的国家。加纳、尼日利亚和南非的项目数量则出现下降。在中东，以项目数量计算，阿联酋是最大的投资目的地国，2014 年项目数量增加 11%。饱受战争蹂躏的伊拉克 2014 年项目数量减少了一半。卡塔尔和沙特阿拉伯在项目数量上都出现了两位数的下降（表 8.6）。

**表 8.6　2014 年中东和非洲地区绿地投资排名情况**

| 按投资目的地金额排名 | | | 按投资来源地金额排名 | | |
|---|---|---|---|---|---|
| 国家/地区 | 项目金额/10 亿美元 | 份额/% | 国家/地区 | 项目金额/10 亿美元 | 份额/% |
| 埃　及 | 18 | 15 | 阿联酋 | 19 | 50 |
| 安哥拉 | 16 | 13 | 南　非 | 5 | 13 |
| 阿联酋 | 13 | 11 | 以色列 | 2 | 5 |
| 尼日利亚 | 11 | 9 | 毛里求斯 | 2 | 5 |
| 沙特阿拉伯 | 10 | 8 | 埃　及 | 2 | 5 |
| 莫桑比克 | 9 | 7 | 沙特阿拉伯 | 2 | 5 |
| 摩洛哥 | 5 | 4 | 摩洛哥 | 1 | 3 |
| 加　纳 | 4 | 4 | 尼日利亚 | 1 | 3 |
| 南　非 | 4 | 3 | 吉布提 | 1 | 3 |
| 赞比亚 | 3 | 2 | 津巴布韦 | 1 | 3 |
| 其　他 | 29 | 24 | 其　他 | 4 | 11 |
| 总　计 | 122 | 100 | 总　计 | 38 | 100 |

资料来源：*THE fDi REPORT 2015*.

## 三、外国直接投资政策新进展及发展新热点

### （一）投资政策

全球 FDI 投资政策仍然聚焦在投资的自由化和便利化。2014 年，80%以上的 FDI 投资政策措施以改善准入条件和减少限制为目标，其中的一个重点是投资便利化和具体领域（如基础设施业和服务业）的自由化。但是，新的投资限制也在一些领

域中逐渐显现，尤其是涉及国家安全方面的问题和战略行业，如运输、能源和国防等。另外，关于针对可持续发展的重要部门的投资，其措施仍然较少。

**1. 投资促进、便利化和自由化治理趋势明显**

联合国贸发会议的数据显示，2014 年有 37 个国家和经济体采取了至少 63 项影响外国投资的政策措施。其中，涉及投资自由化、促进和便利化的政策有 47 项，实行对投资的新限制或监管有 9 项，其余为中性措施。2014 年，国家的自由化和促进政策比重显著增加，占到了总数的 84%，相比 2013 年的 73%增加了 11 个百分点(图 8.9)。一些国家实行或修正了它们的投资法律或准则，以给予新的投资奖励或者使投资程序便利化。若干国家放松了对外国所有制的限制，或者向外国投资者开放新的商业活动领域，如基础设施业和服务业。

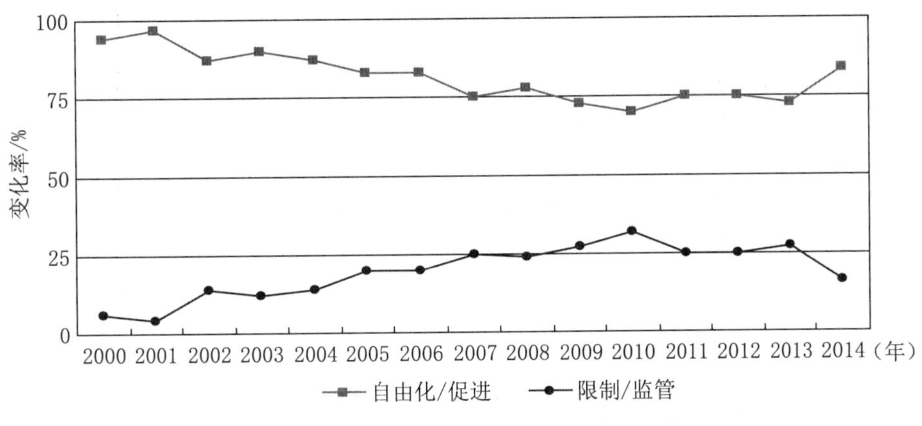


**图 8.9 2000—2014 年国家投资政策的变化**

资料来源：联合国贸发会议，*2015 World Investment Report*。

**2. 一些新的投资领域或规则显现**

在各国新实行的投资限制或监管政策中，主要针对了涉及国家安全方面以及战略行业如运输、能源和国防等领域的投资活动。例如，法国延长了外国直接投资内流审查机制覆盖额外六项活动，包括能源供应，水供应，传输网络和服务，电子通信网络和服务，建筑和设施防御性操作，公共卫生保护。意大利则在国防和国家安全部门建立与投资相关的特殊权力行使程序。俄罗斯的审查机制应用于对国防和国家安全具有战略意义的商业实体，覆盖面扩大到交通部门及相关服务，且该国还修改了相关联邦法律。2015 年，加拿大修改了国家安全投资规则，以提供政府可以灵活地延长可能危害国家安全的投资审查时间。

**3. 面向可持续发展的投资力度不足**

在 2010 年至 2014 年的所有投资政策措施中，涉及可持续发展的政策措施的份额较少，只有8%的政策是专门为了私营部门参与可持续发展的关键领域(基础设施、卫生、教育、气候变化减缓)而采取的。联合国贸发会议报告建议：各国应致力于投资便利化，将更多的投资引导到对可持续发展特别重要的领域中去，同时必须建立一个健全的监管框架，以争取使投资对发展的积极影响最大化，并在这些对政策敏感的领域保护公共利益，以使所涉及的风险最小化。

## (二) 国际投资制度

近年来，随着地区层面的投资合作愈加紧密以及国际投资协定的领域不断扩大，各国和地区继续深入探讨对国际投资协定制度的改革。同时，面对经济危机和可持续发展的挑战，国际投资协定制度本身亦进入了一个反思、审查和修订的时期，使之适用于所有利益相关方。另外，全球就跨国公司财政贡献问题开展了激烈的辩论，焦点主要集中在避税问题和可持续发展目标的资金需求上。

**1. 国际投资协定的领域在继续扩大**

截止到2014年底，国际投资协定制已达3 271项条约，其中双边投资条约2 926项，其他国际投资协定345项，相比2013年又增加了31项。2014年，缔结国际投资协定最积极的国家是加拿大，为7项，随后的哥伦比亚、科特迪瓦和欧盟各为3项。在国际投资协定中，尽管双边投资条约的数量每年递减，但仍然有越来越多的国家在地区层面开展国际投资协定谈判。例如，当前在《跨太平洋伙伴关系协定(TTP)》、《跨大西洋贸易和投资伙伴关系协定(TTIP)》、区域全面经济伙伴关系、三方和关于加强经济关系的太平洋补充协定的谈判等5项努力中有近90个国家的参与。

**2. 国际投资协定改革行动菜单出台**

对全球国际投资协定制度当前的运作情况的不安越来越严重，再加上可持续发展的当务之急，政府在经济中的作用扩大，以及投资格局的演变等，都触发了对国际投资规则的制定进行改革的举动，以使之更好地适合于今天的政策挑战。为响应关于改革的呼吁，《2015年世界投资报告》提供了一份行动菜单，明确了改革什么、如何改革以及改革的范围。这份行动菜单根据重要的历史经验，确定了改革的五种挑战，分析了各种政策选择，为各层面的决策提供行动方面的指南和建议。

历史经验得出的总结包括：国际投资协定会适得其反，可能会有预见不到的风险，因此需要制定保障措施；国际投资协定作为一种投资促进和便利化的工具，有其局限性，但还有未经充分利用的潜力；国际投资协定对政策和系统一致性以及能力建设有更广泛的影响。

五大挑战有：①为推行可持续发展目标保障监管权；②改革投资争端解决机制；③投资促进和便利化；④确保负责任的投资；⑤加强系统一致性。应对上述挑战的政策选择涉及国际投资协定改革的不同方面，如国际投资协定的实质性条款、投资争端解决等，还有面向改革的决策的不同层面，如国家、双边、区域和多边等，这些政策选择处理国际投资协定所涉及的标准内容，并与国际投资协定中找到的典型条款相匹配。

行动菜单的指导原则是：利用国际投资协定促进可持续和包容性增长；确定最有效的保障监管权的手段，同时提供投资保护和便利化。改革应聚焦于关键领域，纳入各层面的行动，采取系统和有顺序的方法，确保包容性和透明度，并利用多边支助结构。

行动菜单还包含了改革方法、准则、工具、解决办法和路线图，汇总了贸发会议和其他机构最近几年就国际投资协定改革的方方面面所作的各种贡献。各国可以根据各自的改革目标，挑选各自的改革行动和方案，以组成改革一揽子方案。

**3. 国际税务和投资政策的一致性正在调整中**

目前，国际社会正在就跨国公司的财政贡献问题开展激烈的辩论和具体的政策工作。焦点主要是在避税问题上，尤其是在 20 国集团关于税基侵蚀和利润转移(BEPS)[1]的项目中。同时，特别是鉴于可持续发展目标的资金需求，全球经济增长和发展需要有持续的投资。政策方面的当务之急是对避税行为采取行动，以支持国内筹集资源，并继续为促进可持续发展的生产性投资提供便利。

贸发会议将跨国公司的外国子公司对发展中经济体政府预算的贡献估计为约每年 7 300 亿美元，占公司贡献总额的约 23%，占政府总收入的 10%。这种贡献的相对数量各国和各区域有差别。尽管跨国公司发挥了向政府收入作贡献的总体作用，但它们像所有其他公司一样，其目的是尽量少缴税。对避税问题的投资视角聚焦于离岸投资中心作为全球投资主要参与者的作用。据贸发会议统计，全球跨境投资有约 30%经过离岸中心，发展中经济体因通过离岸投资中心的避税行为而损失的收入约达 1 000 亿美元。因此必须采取行动，处理避税问题，同时认真考虑对国际投资的影响。

关于协调的国际税务和投资政策的一套准则可能有助于在投资政策和反避税倡议之间实现协同。《2015 年世界投资报告》提出了协调国际税务和投资政策 10 条准

[1] 税基侵蚀和利润转移，是指跨国企业利用国际税收规则存在的不足，以及各国税制差异和征管漏洞，最大限度地减少其全球总体的税负，甚至达到双重不征税的效果，造成对各国税基的侵蚀。

则(图 8.10),其关键目标包括:消除作为投资促进杠杆的冒进式税务策划机会;考虑反避税措施对投资的潜在影响;在承认投资东道国、母国和过境国之间的共同责任方面采取一种伙伴关系的方法;管理国际投资和税务协定之间的互动;加强投资和财政收入对可持续发展的作用,并提高发展中经济体处理避税问题的能力。

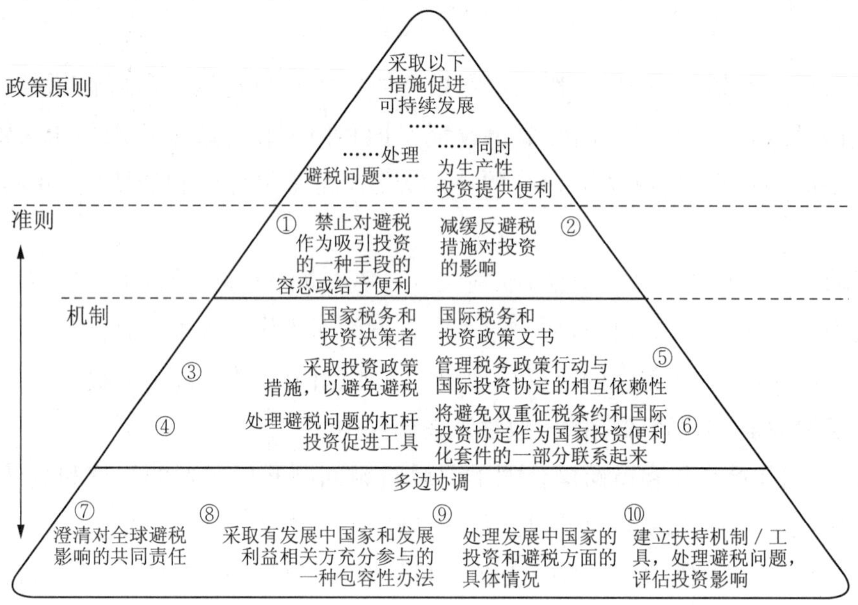


**图 8.10 关于协调国际税务和投资政策的准则**

资料来源:联合国贸发会议,*2015 World Investment Report*。

## (三) 外国直接投资的发展新热点

近几年,外国直接投资趋势主要有 3 个方面:一是投资活动逐渐转向了知识密集型的服务贸易;二是新兴市场跨国公司日益频繁;三是以数据中心为代表的数据产业成为投资新领域。

**1. 知识密集型外国直接投资**

技术和创新能力在外国直接投资无形资产中的重要地位不言而喻。技术扮演的角色随着技术发展步伐的加快而显得越来越重要。这里的技术不仅仅是指一些能够看得到的知识(如专利),还指一些储藏在人们脑中的隐性的知识。广而言之,技术还包括产品和工艺(如"个性化灵捷制造")。技术越"软",越潜藏在人脑中。这些隐性知识或技术在服务业中的重要作用尤为明显。

在多数国家，研发(R&D)支出的10%～20%源于公共财政资助，剩余的部分则来自企业。在企业之间，跨国公司是主要的“技术生产者”和“技术仓库”。最大的几家跨国公司研发集中在少数几个领域，主要是医药、生物技术、技术硬件和设备以及汽车。这些领域占去了一半的研发支出。经济合作与发展组织(OECD)的一份报告称这一现象为“专利爆炸”(patent bursts)。这些领域包括IT管理、先进制造、气候环保、健康和食品安全等。技术的融合为进一步研发提供了可能性。

外国直接投资的东道国期望从中获益。因此，一些国家积极寻求促进技术转移和建设创新能力。例如，2009年，在爱尔兰的外国子公司的研发支出占该国企业总研发支出的71%。贸发会议报告数据显示，中国已在2012年底前吸引了大约1 800家研发机构。仅上海就已经吸引了360家研发企业，甚至连非洲也正成为研发机构的落脚点，例如IBM就在肯尼亚内罗毕设立了研究实验室。而且，研发机构也正逐渐从发达经济体撤出，例如在2006—2008年，就有多家跨国公司关闭了在日本的研发机构。

据fDi Markets的数据，2003—2014年，有5 020个FDI项目在亚太地区、拉美和加勒比地区、中东和非洲地区设立研发中心，占全球总数的55%，且这一比重在十多年间基本保持不变。相对而言，美国在2003—2013年基本保持了13%的比重。而西欧则从前几年的29%下降到了2013年的22%。

总之，发展中经济体对外国投资者的吸引力越来越大，包括吸引知识密集型的投资。这是由这些国家改革外国直接投资结构的结果，如改进监管框架和努力吸引高技术投资等。更进一步，需要意识到他们的努力正在被竞争激烈的外国直接投资市场和日益一体化的国际生产网络框架所取代，这就使得外国直接投资比给外国市场提供商品和服务方面的贸易更重要。

**2. 新兴市场跨国公司并购**

新兴市场的跨国公司使用并购作为进入外国市场的重要模式。其中，有三分之二的并购有第三方新兴市场的共同参与，包括最初由总部设在发达经济体的跨国企业控制的企业。这些交易越来越多地涉及发达经济体和所有行业。

来自新兴市场外国直接投资的特征是国家控制实体的参与，特别是国有企业(SOEs)的参与，但是主权财富基金也在一些国家(例如中国、俄罗斯、新加坡和一些阿拉伯国家)交易中发挥了作用。但是这也有两个方面的限定：首先，主权财富基金的流出存量已经微乎其微；其次，虽然新兴市场国有企业的外流正在上升，但仍不如发达经济体国有企业。更具体地说，全球最大的200家非金融跨国企业中的49家是国有企业(2010年统计)。这49家企业在国外的资产总和达1.8万亿美元。其中有

20 家国有企业总部设在发达经济体(国外资产总和 1.4 万亿美元),29 家企业总部在新兴市场(国外资产总和 0.4 万亿美元)。换句话说,新兴市场跨国企业有数量优势,而发达经济体跨国企业则体量更大。不过,国家控制实体在新兴市场外流 FDI 中的这种地位已经促使针对改变现状的相关政策的出台。

在新兴市场中,国家控制实体的对外投资,政府的支持可能是这些实体的竞争优势,但也有人就担心这些实体可能会追求除商业利益外的其他目标,从而对国家安全产生风险。因此,监管部门已经开始关注国家控制实体的外国直接投资。例如,美国的外国投资和国家安全法案规定,如果在美国的一个并购涉及外国国家控制实体,那么相关调查必须由美国的外国投资委员会进行审核。

对新兴市场跨国企业来说,它们都太“年轻”,缺乏在国外市场的运作经验。如在当地寻找合作伙伴的困难,当地消费者对品牌的认知不足,缺乏国际化管理能力,很难获得金融资源,文化冲突以及缺乏对当地法规的了解。这都需要引起新兴市场国家政府和企业本身的重视。

**3. 数据中心投资项目**

近几年,全球对以大数据、云计算为代表的新兴信息技术热度不减。随着企业(社交媒体、电子商务)对信息技术依赖的不断增强,数据中心就成为了投资的新领域。

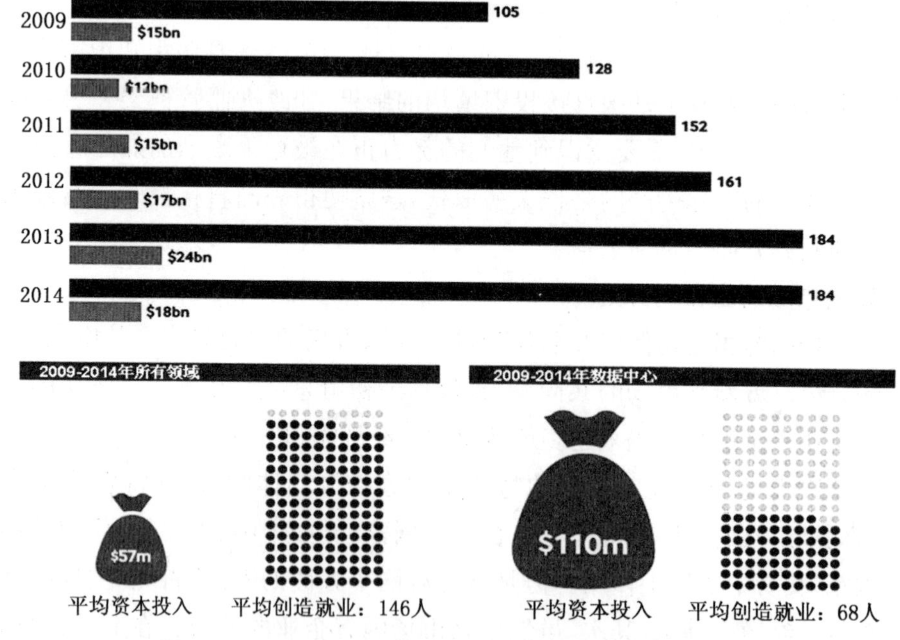


**图 8.11　2009—2014 年数据中心 FDI 项目数量和投资金额**

说明:图中“bn”表示单位为 10 亿美元;“m”表示单位为百万美元。

资料来源:*THE fDi REPORT 2015*.

数据中心是一整套复杂的设施，它不仅仅包括计算机系统和其他与之配套的设备（例如通信和存储系统），还包含冗余的数据通信连接、环境控制设备、监控设备以及各种安全装置。数据中心的外国直接投资在近几年有明显的增长。据 fDi Intelligence 调查研究，2009—2014 年，数据中心领域的外国直接投资以每年 12%的速度强势增长（图 8.11）。

## 四、中国外国直接投资的机遇与挑战

2014 年，中国外国直接投资的外流规模已经接近了内流。与此同时，政府倡议和自由贸易协定也进一步在推动中国外商投资和“走出去”中起到了积极的作用。然而，中国对外投资的迅速崛起也面临着越来越显著的制约因素，特别是全球投资保护主义的抬头可能会阻碍中国企业“走出去”的战略实施。

### （一） 中国外国直接投资总体发展态势

#### 1. 投资外流首超内流

2014 年，中国内地外国直接投资流入创纪录地达到 1 195.56 亿美元，比 2013 年增长 1.7%。外商投资新设企业 23 778 家，同比增长 4.4%，扭转了自 2012 年以来连续两年下降的局面。2014 年实际投入外资金额排名前 10 位的国家和地区有中国香港、新加坡、中国台湾、日本、韩国、美国、德国、英国、法国、荷兰，合计投入 1 125.9 亿美元，占全国实际使用外资金额的 94.2%，同比增长 2.7%。其中，韩国和英国对华投资增长较快，实际投入金额分别为 39.7 亿美元和 13.5 亿美元，同比增长 29.8%和 28%。

2014 年，中国内地外国直接投资外流创 1 231.2 亿美元新高，比上年增长 14.2%。中国内地 FDI 外流已实现连续 12 年高速增长，并且首次超过内流（图 8.12）。海外并购已经成为中国企业国际扩张的一个越来越重要的手段。例如，在 2014 年 10 月至 2015 年 2 月间的短短 5 个月内中国安邦保险集团就有 5 起跨境并购：接手美国纽约华尔道夫酒店（19.5 亿美元），收购比利时的 FIDEA 保险（收购金额未公开），收购德尔塔 · 劳埃德银行（Delta Lloyd）（219 百万欧元），收购荷兰的 Vivant Verzekeringen（171 百万美元），收购韩国通扬生活（Tong Yang Life）（10 亿美元）以及从黑石集团（Blackstone Group）手中购买了纽约的 26 层办公大楼。随着国家“一带一路”战略的全面实施，中国内地外国直接投资外流快速增长很可能会持续，特别是在基础设施和服务相关的行业。

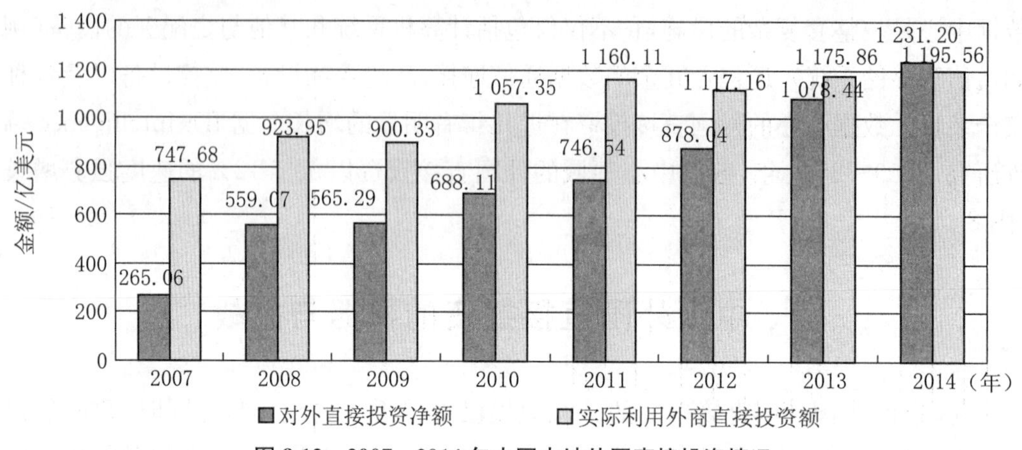


**图 8.12　2007—2014 年中国内地外国直接投资情况**

资料来源：中华人民共和国国家统计局，2015。

**2. 服务业 FDI 流入快速增长**

2014 年，占中国 GDP 总量大头的服务业增加值继续保持增长，且影响了外国直接投资结构的转变，服务业占用外国直接投资的比重也已超过了制造业。2014 年，服务业实际使用外资金额 662.4 亿美元，同比增长 7.8%，在全国总量中的比重为 55.4%（图 8.13）；其中分销服务业、运输服务业实际使用外资规模较大，分别为 77.1 亿美元、44.6 亿美元。农、林、牧、渔业实际使用外资金额 15.2 亿美元，同比下降 15.4%，在全国总量中的比重为 1.3%。制造业实际使用外资金额 399.4 亿美元，同比下降 12.3%，在全国总量中的比重为 33.4%；其中通信设备、计算机及其他电子设备制造业，交通运输设备制造业，化学原料及化学制品业实际使用外资规模较大，分别为 61.5 亿美元、38.2 亿美元、31.8 亿美元。

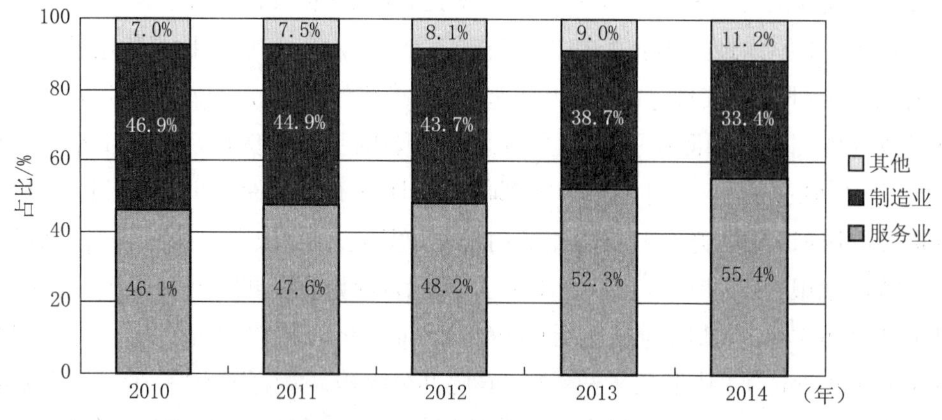


**图 8.13　2010—2014 年中国外国直接投资分领域情况**

资料来源：KPMG, *China Outlook 2015*.

### 3. 民营企业海外并购规模扩大

过去,中国的对外直接投资活动主要在资源开采领域并由大型国有企业主导。如今,除了获取自然资源以外,中国公司的对外直接投资活动越来越多地转向创新驱动和产业升级以适应可持续增长。因此,投资者中出现了一大批民营企业,这些企业都是经历国内市场挑战和竞争的佼佼者。

2014 年,中国的民营企业对外直接投资资金占到了总量的 41%,这一数据在 2013 年为 31%,而在 2010 年只有 10%(图 8.14)。2014 年排在前十的并购交易中,民营企业占据 5 席,而在 2010 年排名前十的交易中只有 1 个涉及民营企业。从这一趋势可以看出,中国民营企业正变得越来越雄心勃勃,期望在海外完成更大型的交易。

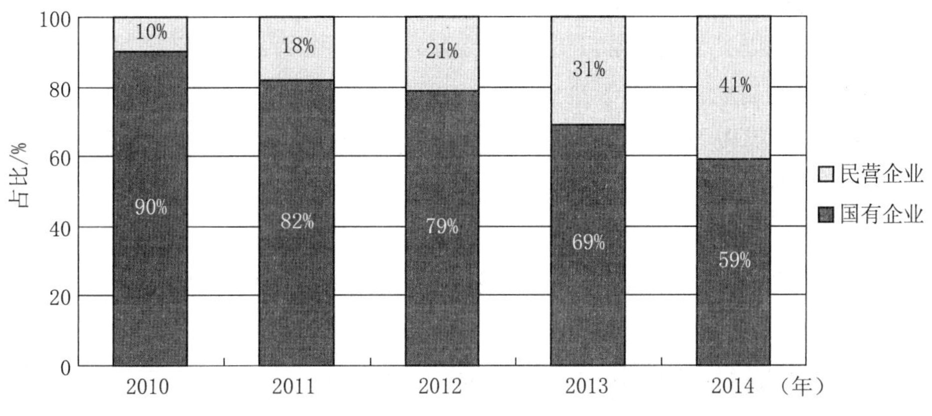


**图 8.14　2010—2014 年中国海外并购交易情况**

资料来源:KPMG, *China Outlook 2015*.

## (二) 政府倡议和自贸协定对中国外国直接投资的影响

中国外国直接投资的重大机遇来自投资环境的改善。这不仅是应对不断变化的内外部环境的长期调节,更是一个主动促进发展的过程。特别是近几年来政府出台了重大战略倡议以及积极谈判签署多个自贸协定,可以看到政府监管政策的逐渐开放化。

2014 年,中国在稳步推进外商投资管理体制改革方面做了不少工作。例如,修订了《外商投资产业指导目录》,进一步放开外资股比限制,大幅减少限制类条目并增加透明度;在医疗、养老、电子商务、教育、商贸物流等领域研究出台有关扩大开放文件,提高开放程度;积极推进 CEPA 框架下服务业开放,在广东省对港澳基本实现了服务贸易自由化;在中国(上海)自由贸易试验区开展外商投资管理体制改革试点,指导试验区完善外商投资备案工作,加强事中事后监管等。

与此同时,“一带一路”战略、亚洲基础设施投资银行(AIIB)和丝路基金等一系列战略举措的实施,大规模地促进了丝绸之路沿线国家和地区的基础设施投资。“高铁外交”作为国家的一个经济和外交工具,也发挥了中国的技术专长,让更多的中国企业参与世界各地的高速铁路建设项目中。2014 年以来,中国-韩国自由贸易协定、中国-澳大利亚自由贸易协定、中国-巴基斯坦自由贸易区服务贸易协定银行业服务议定书等自贸协定相继签署和生效。截至 2015 年底,中国已签署 14 个自贸协定,其中已实施 12 个,涉及 22 个国家和地区,自贸伙伴遍及亚洲、拉美、大洋洲、欧洲等地区。此外,正在推进的多个自贸区谈判包括:中国-海湾合作委员会自贸区、中日韩自贸区、中国-斯里兰卡自贸区和中国-马尔代夫自贸区等,中国-新加坡自贸区升级谈判、中国-巴基斯坦自贸区第二阶段谈判和《海峡两岸经济合作框架协议》后续谈判也已启动。这对于推动区域全面经济伙伴关系(RCEP)和亚太自由贸易区(FTAAP)进程以及加快亚太地区经济一体化进程、实现区域共同发展和繁荣具有十分重要的意义。

## (三) 投资壁垒和风险对中国外国直接投资的影响

中国对外投资的日益增长的同时,遭遇的投资壁垒也逐渐增加。外国政府对中国投资项目进行审查时,常常容易对国有企业主导的项目进行严格审查,同时也更加注重企业的利益分享和社会责任承担。

据美国外国投资委员会(Committee on Foreign Investment in the US, CFIUS)提交给美国国会的年度报告显示,最近几年美国以国家安全理由审核的外国投资案件数量一直在增加。2014 年,CFIUS 总共收到 147 份申请审核文件,创历史新高,而 2013 年为 97 份。提出申请最多的国家是中国,有 24 份,其次是英国的 21 份,然后是加拿大的 15 份。来自中国的投资成了审查的头号目标。例如,中国国有企业中国化工对瑞士先正达(Syngenta)420 亿美元的拟以收购以及重庆财信企业集团对芝加哥证券交易所(Chicago Stock Exchange)的收购申请都已经引起了美国国会要求审查的呼吁。2016 年 2 月,清华紫光投资美国硬盘驱动生产商西部数据(Western Digital)37.8 亿美元的计划就因 CFIUS 的介入审核而终止。

在美国以及其他部分发达国家,放行国外投资仍旧争议不断。特别是在中国企业海外并购加速之时,给美国等急需引进外资创造价值的国家来说出了一道难题。

反过来说，海外并购已成为中国企业跨境投资的重要力量，但缺乏海外投资经验仍是中国企业“走出去”的最大瓶颈，中国企业全球化过程中将面临多方面风险与挑战。除了国家安全方面的审查外，中国企业还会面临政治、法律、金融、文化等风险。

首先，新兴市场对中国企业走向海外是个机遇，但是其中的政治风险不可忽略。拉丁美洲和非洲的政治不稳定性较大。例如 2014 年 10 月，墨西哥在宣布中铁建联合体中标后的第三天单方面取消了中标结果。在亚洲，中国企业在斯里兰卡首都填海造地，建造科伦坡港口城，但 2015 年 2 月政府换届之后，表示要对项目进行重新评估。而欧洲作为成熟的资本市场，也存在一定的政治风险。如 2015 年 9 月希腊大选之后，新政府宣誓就职当天叫停了最大港口比雷埃夫斯港的私有化计划，这个港口 67%的股权原本已经确定出售给中国公司。

其次，法律风险亦成为中国企业产品出口或海外投资并购环节都不得不重视的问题。企业国际化在某种意义上意味着要接受全球标准、理解当地监管法规。电信设备制造商中兴通讯就曾在 2016 年 3 月因涉嫌违反美国对伊朗的出口管制政策遭到美国商务部的限令。另外一个法律方面的风险是海外发达经济体对于知识产权保护的重视。一旦侵权，侵权者不仅需要赔偿知识产权所有人的损失，还会遭遇惩罚性赔偿，惩罚性赔偿将远远高出实际侵权损失。中国企业在“走出去”的过程中频遭遇知识产权风险，一方面是海外各个国家完善的知识产权保护制度和强有力的执法，另一方面也是中国企业对海外知识产权战略重视不足。

再者，海外税务、汇率等金融风险已成了影响中国企业能否顺利进行投资并最终获取商业利益和回报的不可忽视的重要方面。中国走出去企业面临的税务风险多种多样。据汤森路透 ONESOURCE 统计，仅 2014 年一年，北美地区间接税规定就有 5 000 处变化；而在拉美，间接税变化的个数高达 17 000 处。若企业对于投资当地的税制和税收征管制度不了解，对适用税种不清楚，则可能导致某些原先预计可以获得较好利润的商业项目最终仅获微利甚至无利可图。汇率风险也成为中国企业走出去的重点考虑因素之一。尤其是在一些发展中经济体，由于货币币值的波动性较大，汇率风险往往要比发达经济体大得多。对于跨国企业而言，能否避免汇率风险，直接关系到企业在海外的投资或经营成果。

最后，在海外投资时，中国企业除了要尽量规避上述风险之外，还要关注投资目标国在民族、文化、习俗和语言等方面与中国的差异。在项目投资或并购的整个过程中，以及后期的运营和管理中，中国企业都需要充分了解和尊重当地文化和习俗，投资才可能成功。

## 参考文献


[ 1 ] 中华人民共和国商务部等.中国对外直接投资统计公报(2015)[R], http://www.mofcom.gov.cn.

[ 2 ] AIM & Columbia Center. *AIM INVESTMENT REPORT 2015: Trends and Policy Challenges*[R], 2015.

[ 3 ] ATKearney. *Connected Risks: Investing in a Divergent World*[R], 2015.

[ 4 ] fDi Intelligence. *THE fDi REPORT 2015: Global greenfield investment trends*[R], 2015.

[ 5 ] KPMG. *China Outlook 2015*[R], 2015.

[ 6 ] UNCTAD. *World Investment Report 2014*[R], 2015.


本章撰写:曹　磊

# 第九章　世界文化创意产业发展动态

在当今知识经济快速发展的背景下，文化创意产业作为以创造力为核心的新兴产业，已经成为新的经济增长点。文化创意产品贸易的繁荣，不仅助推文创产业自身发展，也以“软实力”的方式有效提升国家形象，发挥国际影响力。本章从全球产业发展动态、代表性国家发展现状两个层面分析世界文创产业发展态势，剖析其贸易特征。此外，电子游戏业虽然在文创产业中市场体量相对较小，但增长显著、发展极为活跃。因此，本章选取电子游戏业这一产业分支进行深度解析，分析其贸易情况及其未来发展的趋势。

## 一、世界文化创意产业的总体态势

### （一） 世界文化创意产业的市场规模

2013 年，全球文化创意产业创造的产值达 2.25 万亿美元，相当于全球国内生产总值(GDP)的 3%，远大于全球电信服务业的总产值 1.57 万亿美元，也超过了印度当年的 GDP 1.9 万亿美元。文创产业中，营收最高的 3 个产业部门依次是：电视业，收入总计 4 770 亿美元，占全球文创产业产值的 21.2%；视觉艺术产业，收入总计 3 910 亿美元，占全球文创产业产值的 17.4%；报纸杂志业，收入总计 3 540 亿美元，占全球文创产业产值的 15.7%。

全球文化创意产业提供 2 950 万个就业岗位，相当于雇用全球 1%的劳动人口。这一数量超过韩国 2 660 万的总就业人数，也多于巴黎、纽约和伦敦 3 个城市的人口总和。其中，就业拉动力最大的 3 个子产业部门依次是：视觉艺术产业，创造岗位共计 673 万个，占 22.8%；音乐产业，创造岗位共计 398 万个，占 13.5%；图书业，创造岗位共计 367 万个，占 12.4%。

通过比较全球文创产业 11 个产业部门的收益和就业情况(表 9.1)，可以看出：电视业和视觉艺术产业是文创产业的经济价值重心，营收和就业量都占全球份额的三分之一以上；报纸杂志业、广告业和建筑业是文创产业收入的重要来源，占比超过 38%，但创造就业的能力表现一般，不足 22%；音乐、电影、表演艺术和图书业则聚集大量劳动力，岗位数量之和约占 46%，而销售表现较弱，只有约 18%；广播和游戏业是文创产业中最小的部门，销售额只占 6%，就业份额不足 4%，但在活跃的市场中会不断变化。

**表 9.1　2013 年全球文创产业各部门的收益与就业情况**

| 文创产业部门 | 收益/10 亿美元 | 就业岗位数量/1 000 个 |
|---|---|---|
| 电视业 | 477 | 3 527 |
| 视觉艺术产业 | 391 | 6 732 |
| 报纸杂志业 | 354 | 2 865 |
| 广告业 | 285 | 1 953 |
| 建筑业 | 222 | 1 668 |
| 图书业 | 143 | 3 670 |
| 表演艺术 | 127 | 3 538 |
| 游戏业 | 99 | 605 |
| 电　影 | 77 | 2 484 |
| 音　乐 | 65 | 3 979 |
| 广　播 | 46 | 502 |
| 总计(去除重复计算) | 2 253 | 29 507 |

资料来源：上海科学技术情报研究所(ISTIS)根据“*Cultural times. The first global map of cultural and creative industries*”(December 2015)数据分析整理。

## (二) 文化创意产业发展新特征

### 1. 文创产业与数字经济融合发展

在数字时代，数字经济是文创产业的一种重要经济形式，两者是协同共进、融合发展的关系。在任何时间任何地点任何设备上获得文化内容的庞大需求，让文创产业生产出适应数字平台的文化内容新样式；文创产业的蓬勃向上，拉动数字经济的稳步增长。

2013 年,文创产业为数字经济直接贡献了近 2 000 亿美元的销售额。其中,数字文化产品是数字经济最大的收入来源:数字文化内容 B2C 销售额(电子书、音乐、视频、游戏)达到了 656 亿美元;在线媒体和免费流媒体网站(如 YouTube)的广告收入达到了 217 亿美元。与此同时,更多的文化产品和活动票务通过数字零售商和在线分类在互联网平台售卖,创造了 263 亿美元收入,推动了在线经济的增长。此外,在线广告为广告代理商创造了 851 亿美元收入(图 9.1)。

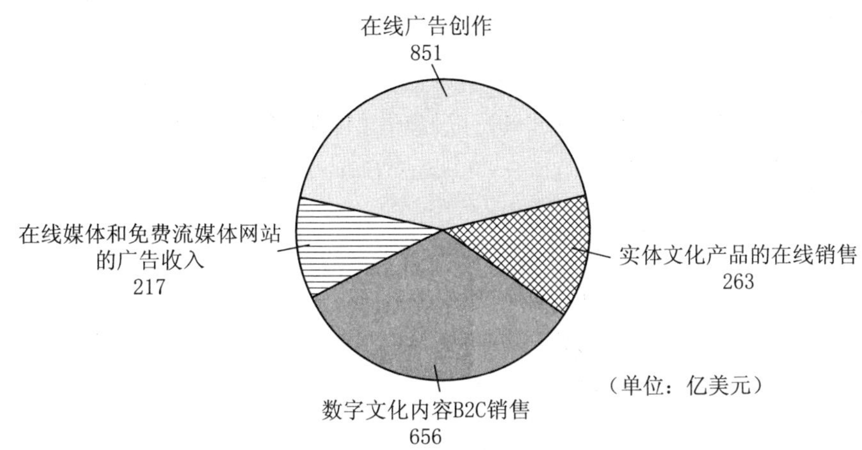


**图 9.1　2013 年全球数字经济销售收入来源**

资料来源:上海科学技术情报研究所(ISTIS)根据"*Cultural times. The first global map of cultural and creative industries*"(December 2015)数据编制。

在数字文化内容 B2C 销售版块,在线游戏和手机游戏是全球销售最佳的数字内容,其销售额为 338 亿美元,紧随其后的是数字电影(130 亿美元)、音乐(103 亿美元)和书籍(85 亿美元)。其中,录音制品从实体销售到数字销售的转变最为明显,数字内容销售占全球总销量的 45%。在线游戏和手机游戏销售额占全球 34%。电影产业和视频点播的销售额达到了 26%。而电子书的销售额只占全球图书销售额的 7%(图 9.2)。

文化创意内容、产品及服务带动了文化专用设备(culture-dedicated devices)(如电视机)的销售,也带动了可获得文化产品和服务的多功能设备(如平板电脑、智能手机)及娱乐性数字设备(如智能手机、平板电脑、电子书阅读器、DVD 播放器)的销售。2013 年,数字设备销售达 5 323 亿美元(图 9.3)。文化内容也是高带宽电信服务(4G 和 5G 网络,光缆线路等)发展的关键推动力。

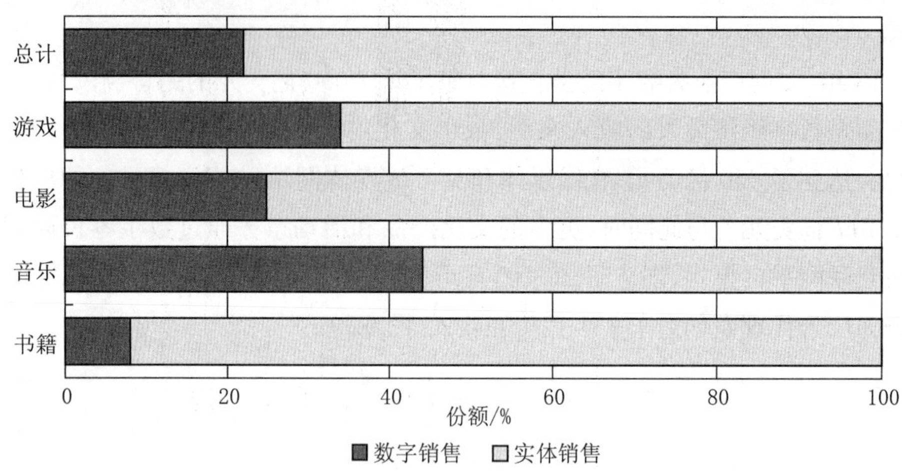


**图 9.2　2013 年数字文化内容 B2C 数字销售与实体销售的份额对比**

资料来源：上海科学技术情报研究所(ISTIS)根据“*Cultural times. The first global map of cultural and creative industries*”(December 2015)数据编制。

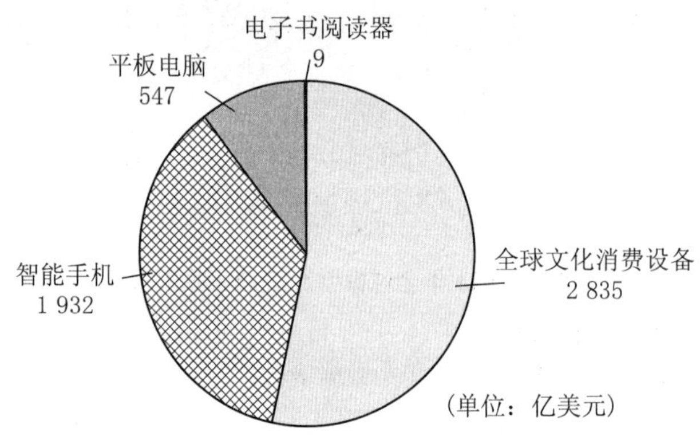


**图 9.3　2013 年文化相关电子设备的全球销售情况**

资料来源：上海科学技术情报研究所(ISTIS)根据“*Cultural times. The first global map of cultural and creative industries*”(December 2015)数据编制。

### 2. 文创产业发展助力地方旅游经济

丰富的文化生活对于游客具有较强的吸引力。发展文化基础设施对于新兴国家尤为重要，到 2030 年这些地区将会吸引超过半数的国际游客。为此，一些城市正着力开发一些文化区域。例如，佐鲁商业中心(Zorlu Center)建设在离伊斯坦布尔中心地带不到一公里的区域，包括一个 10.5 万米$^2$ 的高端购物中心和酒店，还包括一个 5 万米$^2$ 的大型文化中心，带有两个剧院和展览厅。开幕季(2014—2015)的演出达到了 400 场，吸引了 50 万观众。在日本东京，御台场人工岛是东京最新的娱乐场所集中地，将商业、娱乐和文化基础设施紧密联系在一起。该岛上的两个博物馆和馆内文化活动(动漫展和高达节吸引了国际游戏、漫画和动画爱好者)巩固了东京该地区的成功吸引力。其中,动漫展每两年举办一次,在 3 天活动中吸引了将近 50 万观众。此外,还有香港的西九龙文化区、阿姆斯特丹的 NDSM 艺术区、伦敦的斯特拉特福德市等都是一些很有特色的文化区。

其次,文化遗产、活动与庆典都是推动城市化发展的加速器,在城市复兴方面扮演主要角色。在法国,以文化为基础的旅游业(节日、现场音乐演出、歌剧和展览,但不包括历史遗址)在 2013 年创造了 26 亿美元收入。“西南偏南艺术节”将美国得克萨斯州的奥斯汀地区放到了全球文化地图上,该节日在 2014 年吸引了 37 万游客,并为本地经济创造了 3.15 亿美元收入。

此外,建设世界级的文化基础设施也助推城市发展的。建造博物馆通常会为参与大型城市发展项目提供机会,也可以围绕文化和创意产业打造新的“城市品牌”。这些旗舰级项目吸引的游客、人才和高技术工作者。在西班牙北部的比斯开省首府毕尔包,古根海姆博物馆成为西班牙城市文化重建项目的标志。20 世纪 90 年代,毕尔包遭受高失业率(约 25%)的打击,之后便投入 7 亿美元实施重建计划,提高城市吸引力,在巩固现存 4 400 个工作机会的同时又创造了 1 000 多个全职工作机会。自重建计划实施起,游客参观总数增长 8 倍。

**3. 关注文创产业中的“非正式经济”**

隐藏在官方视线背后的文创产品和服务贸易,都属于非正式经济(informal economy),主要包括盗版和灰色经济。盗版对文创产业的危害显而易见:它打破了传播渠道,使得创作者获得少量报酬或几乎没有报酬。根据“西班牙盗版和数字消费习惯观察报告”的统计,2014 年,西班牙有 88%的在线文化内容消费是非法的。咨询公司 Tera Consultants 与亚维侬论坛于 2014 年联合发布的一份报告显示,2008—2011 年盗版导致欧盟 5 个最大的经济体损失了 250 亿美元以及 18.96 万个工作岗位。在美国,音乐盗版导致 125 亿美元的经济损失,且每年预计损失 7.1 万个工作岗位,减少了音乐产业 27 亿美元的收入,美国政府也损失了 4.22 亿美元税收。

灰色经济不同于盗版,它只是创作者利用非正规传播渠道来传播文化活动和内容而已,不被视为犯罪行为。在发展中国家,灰色经济占据文化内容传播的主要地位。在亚太地区、非洲和拉丁美洲,盗版文化商品和服务的非正规贸易(通常价格更低)十分普遍,且不支付任何费用给创作者,其范围包括盗版 CD、电影和电子游戏、非法书籍复制品和演出以及利用非法途径来订阅电视节目等。2013 年,发展中国家的灰色文创产业收入预计达到 330 亿美元,提供了 120 万个工作岗位。其中,表演艺术产业是非正式经济中最大的就业领域,提供非官方的音乐和剧院表演(如不付给作者版权费用的街头表演、节庆和音乐会，婚礼或葬礼上的私人表演等）通常都是免费的。在非洲，这些表演有时会有慈善家赞助。

文创产业中的“非正式经济”已经得到众多经济体的重视，大家认识到在官方无法提供适当文创产品与服务的领域，“非正式经济”就会应运而生，危及文创产业的可持续发展。发展中国家应该借鉴该领域的成功经验，最大限度地遏制“非正式经济”的蔓延。

## （三） 全球五大地区文创产业现状

总体而言，文创产业在全球的分布呈现多极化。按区域划分，亚太地区文创产业的营收与就业岗位数量均为全球最大。亚太市场的成绩得益于庞大的消费人群。紧随其后的是欧洲和北美市场。如今，拉美、非洲（包括中东）也列入了排名，因为一些文创产业看中这两大地区的巨大发展机会（表 9.2）。尽管全球文创产业是共生相连的，但每一个地区依然具有各自的特点。

**表 9.2　全球文创产业区域性表现**

| 地　　区 | 文创产业收入情况 | | 文创产业就业量/万人 |
|---|---|---|---|
| | 规模/亿美元 | 在地区 GDP 中占比/% | |
| 北美地区 | 6 200 | 3.3 | 470 |
| 欧洲地区 | 7 090 | 3.0 | 770 |
| 亚太地区 | 7 430 | 3.0 | 1 270 |
| 拉美和加勒比海地区 | 1 240 | 2.2 | 190 |
| 非洲和中东地区 | 580 | 1.1 | 240 |

资料来源：上海科学技术情报研究所（ISTIS）根据“*Cultural times. The first global map of cultural and creative industries*”（December 2015）数据编制。

**1. 亚太地区**

亚太地区是世界上最大的文创产业市场，2013 年营收达到 7 430 亿美元，占全球文创产业销售总额的三分之一；创造就业岗位 1 270 万个，占全球文创产业工作总量的 43%。

近几十年来，亚洲国家经济日益繁荣、人民受教育水平逐步提高，形成最为庞大的消费者基础，促成文创产业的复兴。这在中国表现尤为明显，在印度尼西亚、菲律宾等人口众多的新兴经济体也是如此。亚太地区是一些文创产业领头人的总部，如腾讯——游戏领域和即时通信中的关键企业，其 2013 年的收入达 200 亿美元。同时，日本的读卖新闻是世界上最畅销的报刊之一，一天要发行 1 000 万份报纸。印度书籍产业于 2014 年成为第十大书籍市场，在全球书籍销售总收入中增长速度最快。亚太地区消费者尤其喜爱报刊和电子游戏，比全球平均水平各高出 14.2 和 0.7 个百分点。20 多年来，日韩以及后起的中国，都站在数字硬件革新的前沿，在游戏产业具有重要竞争优势。经济的强劲发展，也刺激了建筑业的腾飞。2013 年的亚太地区建筑业同比增长达 13%。但也可以看到，有些文化子产业在亚太地区尚在初级阶段。表演艺术比重很少，只占全球市场的 11%，音乐产业也只有 23%(图 9.4)。

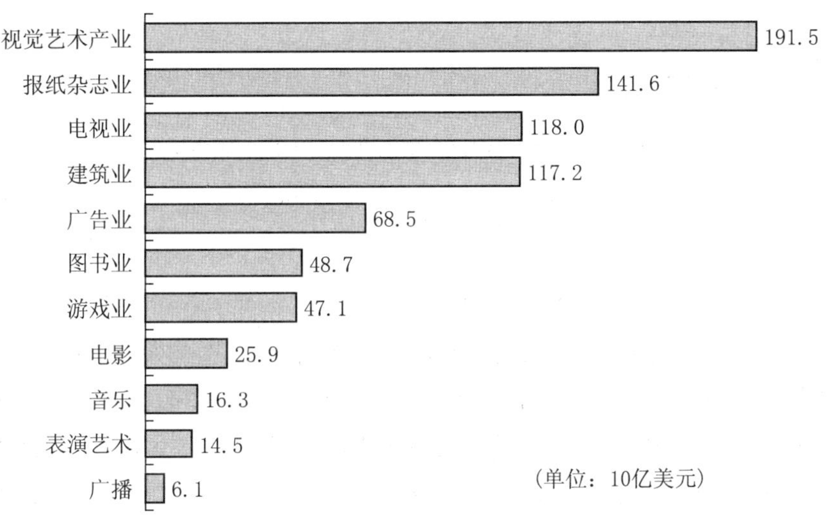


**图 9.4　2013 年亚太地区文创产业各部门的收益情况**

资料来源：上海科学技术情报研究所(ISTIS)根据"*Cultural times. The first global map of cultural and creative industries*"(December 2015)数据编制。

**2. 欧洲地区**

欧洲是文创产业第二大市场，2013 年创造了 7 090 亿美元收入(各文创产业部门的营收情况见图 9.5)，占全球收入的 32%；提供 770 万工作岗位，占文创产业全部工作数量的 26%。

欧洲创意产业发展得到强劲的公众支持，从购买到财政激励措施到补贴再到公开招聘，每个国家力度不同。2013 年，欧盟 28 个国家政府在文化服务板块投入将近 686 亿美元。但现在受到了公共开支削减的威胁，使得一些创作者创作艰难。

欧洲文化经济植根于它的历史：该地区对于文化遗产和艺术机构尤为重视，背后有着古老而多样化的历史。全世界 10 家最人气博物馆中有 7 家在欧洲(3 家在巴黎，2 家在伦敦)，69 个联合国教科文组织颁布的"创新城市"中有 30 个是欧洲城市，这使得欧洲成为世界级文化目的地，在 2013 年吸引了国际上 52%的游客。

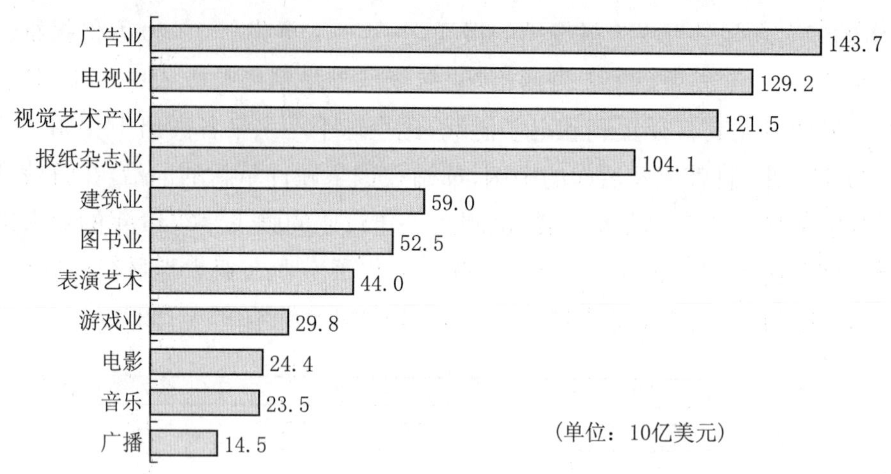


**图 9.5　2013 年欧洲地区文创产业各部门的收益情况**

资料来源：上海科学技术情报研究所(ISTIS)根据"*Cultural times. The first global map of cultural and creative industries*"(December 2015)数据编制。

欧洲文创经济建立在两条学习道路上：一条是对创作者(作家、作曲家等)的极大关注，另一条是文化艺术学校的密集分布。欧洲的文化劳动力包括 50 多万作家和 100 万音乐作曲家、作词家。欧洲比起其他地区拥有更多创作者。艺术中心和文化培训机构促进了欧洲文化经济。欧洲特别关注学院和大学对文创产业技能的教授。欧洲有超过 5 500 所大学、本科和研究生学校。有些艺术文化学院是全球最佳的学校，为欧洲文化产业知名度做出贡献，也促使其吸引全球创新专业人才。众多的高端文化劳动力，人口密集而教育程度较高，强劲的文化市场，世界级的文化遗产，这一切使得欧洲成为文创产业中的佼佼者。无论是国际企业、中型企业还是成功的新兴产业，很多欧洲企业都是业界引领者，例如环球音乐企业领导音乐产业，恩得莫企业领导电视产业。在出版界，培生集团、阿歇特图书集团、阿克塞尔·施普林格集团(Axel Springer)等都是欧洲巨头。育碧集团(Ubisoft)和 Supercell 在电子游戏产业一枝独秀，Publicis 和 WPP 是广告产业龙头企业。在线音乐服务平台和分享网站——瑞典的 Spotify 和法国的 Deezer 创造并发展了新型商业模式。

**3. 北美地区**

北美地区是第三大文创产业市场，2013 年销售额达到 6 200 亿美元(各文创产业部门的营收情况见图 9.6)，占全球收入 28%；岗位数量为 470 万个，占总工作数量的 16%。

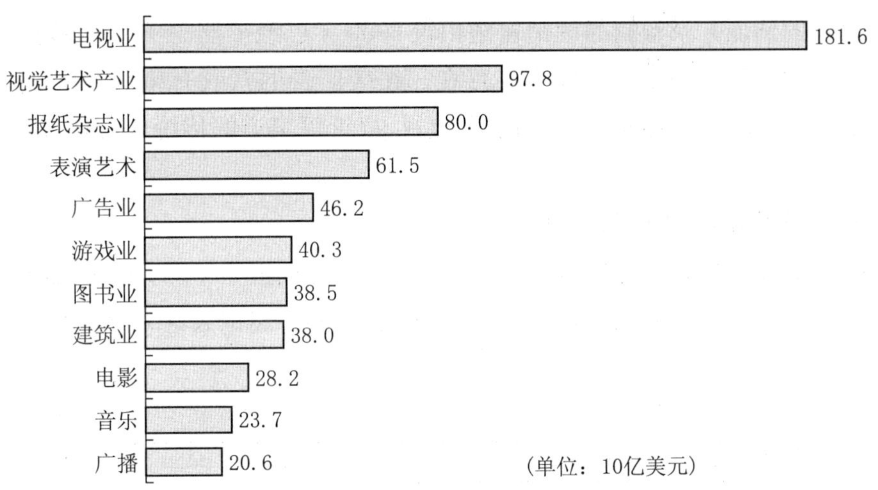


**图 9.6 2013 年北美洲文创产业各部门的收益情况**

资料来源：上海科学技术情报研究所(ISTIS)根据“*Cultural times. The first global map of cultural and creative industries*”(December 2015)数据编制。

文化需求推动北美文创产业发展。北美是视听产业最大市场，电视内容销售收入 1 820 亿美元，电影收入 280 亿美元，电台收入 200 亿美元。游戏产业和音乐产业也占很大比重：音乐产业(录音制品和现场音乐)年收入占全球 36%，达 237 亿美元。由于对音乐表演的需求大，北美在表演艺术产业也占领先地位(615 亿美元)。这可以从“超级碗”(Super Bowl)中场演出(以及其独特而昂贵的电视广告)的成功中看出。而安大略、加拿大的现场音乐产业兴起，自 2010 年起每年增长 6.5%。

北美地区文创产品输出的增长仍然强劲。美国以版权为基础的文化产品销售，包括在海外市场销售的电影、电视、视频、录制音乐、报纸、书籍、杂志和软件在 2013 年总计收入 1 563 亿美元。比起美国其他主要产业，包括化学产品(1 478 亿美元)、航空产品(1 283 亿美元)、农产品(689 亿美元)和药品(516 亿美元)，上述文创产品占国外销售排名第一。艺术文化附加值产业在 2012—2013 年增长 3.8%。游戏产业预计 2013—2018 年每年增长 6.1%。电影娱乐产业每年增长 4.4%。广告产业于 2013 年复苏，该年美国广告代理商招募了 3 万员工。美国动画电影和电视产业包括 10.8 万家企业，在全球仍有竞争力。北美观众贡献了全球电影制作和分布 39%的收入，而欧洲观众只占 23%。

北美数字文化内容的消费者数量群体最庞大，数字发行的收入达 300 亿美元，占据全球 47%的份额，遥遥领先于占比为 25%的亚洲和占比为 24%的欧洲。不过，传统的文创行业也因数字变革遭受重创。在 21 世纪第一个 10 年中，唱片业的崩溃就是一个很好的例证。录音制品的销售额相较 2000 年已经下挫 59%，许多处在商业街和购物中心的音乐零售工作已经不复存在。在线广告的营收有望从 2013 年全球份额的 27%提高到 2019 年的 41%，而借助电视、报纸等渠道的传统广告业务收益将持续萎缩。

**4. 拉丁美洲和加勒比海地区**

在拉丁美洲和加勒比海地区，2013 年文创产业也创造了 1 240 亿美元收入（各文创产业部门的营收情况见图 9.7），全球收入总额的 6%；岗位数量为 190 万个，占总工作数量的 7%。

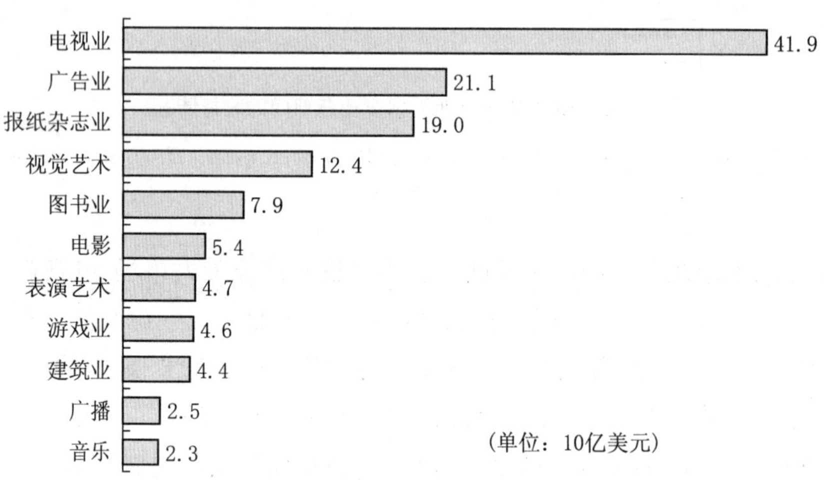


**图 9.7　2013 年拉丁美洲和加勒比海地区文创产业各部门的收益情况**

资料来源：上海科学技术情报研究所（ISTIS）根据"*Cultural times. The first global map of cultural and creative industries*"（December 2015）数据编制。

电视产业是目前拉丁美洲最活跃的文创产业部门，创造了 420 亿美元收入，超过该地区文创产业总收入的 1/3。付费电视在拉丁美洲渗透颇深，2012 年 2 月 46%的家庭拥有付费电视。巴西的 Grupo Globo、墨西哥的 Grupo Televisa 和阿根廷的 Grupo Clarin 在电视、电台和出版物行业占据较大份额，吸引了大量观众并制作了独特的电视节目。电视产业中的商业和生产技术推动了电影制作的发展。阿根廷、巴西和墨西哥的电影输出尤为活跃，是该地区最大的 3 个市场，在 2013 年总共制作了 400 部电影。电视节目和电影越来越倾向于出口，尤其是在阿根廷，每 15 000 小时的节目中有 2 000 小时的节目被出口至国际市场，且越来越多赢得观众喜爱。连同英国、美国和西班牙，阿根廷和哥伦比亚名列电视节目和剧本五大出口商之列。拉丁美洲电视节目在法国、俄罗斯和北美都很受欢迎。此外，拉丁美洲音乐和舞蹈风格也是该地区最好的文化输出项目之一。

在拉丁美洲也诞生了很多国际知名且商业成功的作家，包括加布里埃尔·加尔西亚·马尔克斯、耗尔赫·路易斯·博尔赫斯，以及新近成名的巴西作家保罗·科尔贺。拉丁美洲和加勒比海地区拥有丰富的文化和自然遗产，有 131 处景观被纳入世界遗产名录，其中有 91 个为“文化”地区。受到良好保护的世界遗产地区对社会和经济发展做出贡献，吸引了想要探索印加、玛雅和阿兹特克文化遗产的游客，以及想要了解拉丁美洲城市和牧场生活的游客。

**5. 非洲和中东地区**

2013 年非洲和中东地区在文创领域创造了 580 亿美元的收入（各文创产业部门的营收情况见图 9.8），占全球总收入 3%，提供岗位 240 万个，占全球工作总数 8%。

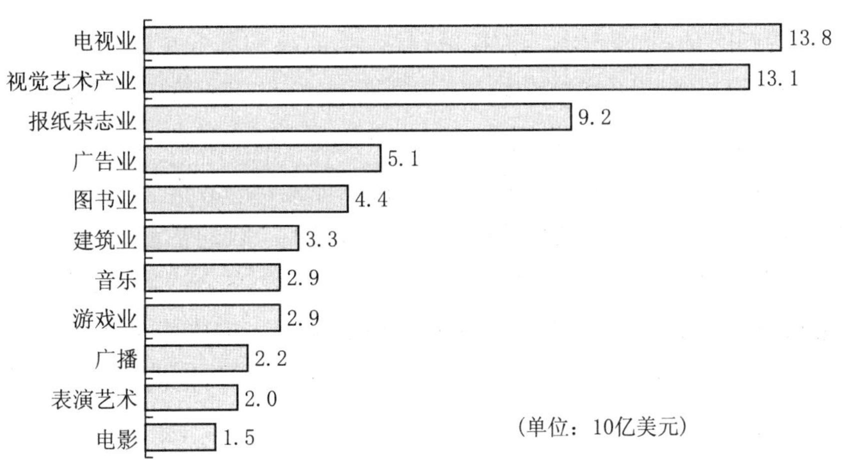


**图 9.8　2013 年非洲和中东地区文创产业各部门的收益情况**

资料来源：上海科学技术情报研究所（ISTIS）根据“*Cultural times. The first global map of cultural and creative industries*”（December 2015）数据编制。

非洲音乐对推动北美、南美甚至欧洲的流行音乐都发挥了重要作用。近几十年来，南非和西非的合唱歌手和北非的当代音乐歌手建立联系，在伦敦和巴黎录音工作室发展传统音乐的新形式，能够吸引非洲和欧洲两地的消费者。传统非洲艺术、雕塑和音乐的丰富性在非洲和欧洲都受到欢迎。非洲音乐节，包括科特迪瓦首都阿比让的 MASA 音乐节和布拉柴维尔的 FESPAM 音乐节都吸引了大量观众。

在非洲和中东地区，电台是该地区听众最易获得信息和文化的渠道。非洲共有 100～150 个电台，社区电台尤为普及。小型、本地化以及植根于社区的电台，帮助巩固并发展非洲文化的拼接。电视在该地区也影响甚广，在南非达到了 90%的潜在观众。2015 年推出了数字地面电视,又开拓了视听新领域。南非率先推出付费电视,预计该地的付费电视业务会在 2013—2018 年每年增长 7.4%。报纸杂志产业在非洲和中东地区出版甚广。它们通常是为本地读者服务的,采用短版印刷技术;西非则从补贴中受益。但人们对于信息需求大,阅读习惯深入人心:每份复制品平均被 8～10 人阅读过。此外,非洲也跃进到移动技术的领先行列,为很多视频、游戏和音乐产业提供了很多机会。

非洲的电影产业正在迅速发展。非洲法语地区例如科特迪瓦和塞内加尔各自有 25 个制作企业。诺莱坞(Nollywood)在尼日利亚英语地区兴起,现在已经招募了 30 万员工;电影产业在南非的兴起,得益于良好的基础设施和干燥的气候,开普敦成为拍摄商业广告和电影的热门地,也由于声音技术、资金和设备获得了良好名誉。

但必须看到的是,非洲市场结构松散,且文化商品和服务主要由灰色经济提供。2013 年,54.8 万人供职于灰色经济领域,并创造了 42 亿美元收入。文化生活贫乏导致了非正规文化经济的诞生与发展。人们习惯免费参加节日活动、演出和剧院活动。艺术家依赖其他财政收入,例如赞助商,来维持生计。非洲对于文化的态度促使了音乐、视频录制和其他艺术形式的免费但非法复制,知识产权通常会被忽视。设备处于低端水平(在非洲撒哈拉地区互联网普及率只有 16.9%,在全球属于最低水平),文化基础设施缺乏(很多非洲电影院在 20 多年前就歇业了),法律分布网络贫乏(非洲很少有合法经营的音乐商店),非洲人只能获取很少文化资源,同时以非法或非正规形式获取这些资源。

## 二、代表性国家文化创意产业发展态势

鉴于亚太地区、欧洲和北美地区是全球最大的文创产业区域性市场,因此选取 3 个地区各自最大的经济体,即中国、德国和美国,较为详细地介绍其文化创意产业的发展动态。

### (一) 中国

#### 1. 文创产业发展的概貌

中国政府将文创产业视为“国家软实力”,是提升其国际影响力和海外形象的重要工具。近年来,中国政府已经开始对文创产业进行战略性投资,不断壮大的中产阶

层逐步能负担起娱乐消费并追求娱乐产品和服务的质量与多样性，这使得中国文创产业增长速度全面超越整体经济，2010—2014 年的文创产业收入年均增幅近 13%。2014 年，中国拥有 6.32 亿移动互联网用户和 2.05 亿家庭宽带用户，WiFi 免费且广泛分布，为文创产业的转型注入动力，为文创产业的增长创造机遇。未来，拥有 13 亿人口的庞大中国市场，将继续成为文创经济的高地（表 9.3）。

**表 9.3　中国文创产业各部门发展（2010—2014）情况及其展望（2015—2019）**

| 项　目 | 产业规模/100 万美元 | | | | | | | | | | 2014—2019 年均增长率/% |
|---|---|---|---|---|---|---|---|---|---|---|---|
| | 2010 年 | 2011 年 | 2012 年 | 2013 年 | 2014 年 | 2015 年 | 2016 年 | 2017 年 | 2018 年 | 2019 年 | |
| 图　书 | 11 512 | 11 718 | 11 947 | 12 162 | 12 315 | 12 418 | 14 545 | 12 698 | 12 889 | 13 127 | 1.29 |
| 报纸杂志业 | 8 670 | 9 241 | 10 070 | 10 924 | 11 672 | 12 387 | 13 079 | 13 762 | 14 441 | 15 144 | 5.35 |
| 电　影 | 2 088 | 2 647 | 3 295 | 3 782 | 4 981 | 5 712 | 6 543 | 7 491 | 8 575 | 9 815 | 14.53 |
| 广　告 | 22 315 | 27 917 | 30 914 | 35 105 | 40 293 | 45 698 | 51 545 | 57 261 | 62 828 | 67 675 | 10.93 |
| 音　乐 | 619 | 645 | 682 | 725 | 790 | 860 | 917 | 970 | 1 015 | 1 049 | 5.85 |
| 付费电视 | 7 103 | 8 300 | 9 723 | 11 683 | 14 051 | 16 449 | 18 813 | 20 906 | 22 644 | 24 105 | 11.40 |
| 电子游戏消费 | 4 601 | 5 437 | 6 302 | 7 276 | 8 220 | 8 904 | 9 568 | 10 229 | 10 945 | 11 757 | 7.42 |
| 总　计 | 56 908 | 65 905 | 72 933 | 81 657 | 92 322 | 102 428 | 115 010 | 123 317 | 133 337 | 142 672 | 9.10 |

资料来源：上海科学技术情报研究所（ISTIS）根据“*China entertainment and media outlook 2015—2019*”分析整理。

从表 9.3 可以看到，中国的文创产业规模将以领跑的姿势继续扩张，未来 5 年的年均复合增长率保持在 9%以上，超过全球 5.1%的年均复合增长率。7 个产业部门依据未来发展态势大体可以分为“爆发式增长”“稳步增长”以及“小幅增长”3 个梯队。

（1）第一梯队：爆发式增长

未来能以每年超过 10%的高速实现增长的产业为电影、付费电视、广告 3 个产业部门。中国票房的大幅增长与电影制作行业的迅猛发展，使中国成为全球第二大电影市场。电影将是未来增幅最大的中国文创产业领头羊（表 9.4）。2014 年，中国的票房收入达到 43.1 亿美元，较 2013 年有 36%的上涨幅度。票房预计将继续大幅上升，2019 年达到 88.6 亿美元，年均复合增长率为 15.5%。相对于电影票房的势不可挡，家庭电影的收入十分微小，但仍有巨大潜力，特别是对电子家庭电影而言。2014 年，中国有 4.6 亿在线视频观众，预计到 2016 年，这一数字将突破 7 亿。

**表 9.4　中国电影收入(2010—2014)及其展望(2015—2019)**

| 项　　目 | 电影业收入/100 万美元 | | | | | | | | | | 2014—2019 年均增长率/% |
|---|---|---|---|---|---|---|---|---|---|---|---|
| | 2010 年 | 2011 年 | 2012 年 | 2013 年 | 2014 年 | 2015 年 | 2016 年 | 2017 年 | 2018 年 | 2019 年 | |
| 电影票房 | 1 656 | 2 135 | 2 735 | 3 167 | 4 311 | 4 986 | 5 760 | 6 652 | 7 679 | 8 862 | 15.50 |
| 家庭电影 | 432 | 512 | 560 | 615 | 670 | 726 | 783 | 839 | 896 | 953 | 7.29 |
| 总　　计 | 2 088 | 2 647 | 3 295 | 3 782 | 4 981 | 5 712 | 6 543 | 7 491 | 8 575 | 9 815 | 14.53 |

资料来源:上海科学技术情报研究所(ISTIS)根据“*China entertainment and media outlook 2015—2019*”分析整理。

**表 9.5　中国广告业收入(2010—2014)及其展望(2015—2019)**

| 项　　目 | 广告业收入/100 万美元 | | | | | | | | | | 2014—2019 年均增长率/% |
|---|---|---|---|---|---|---|---|---|---|---|---|
| | 2010 年 | 2011 年 | 2012 年 | 2013 年 | 2014 年 | 2015 年 | 2016 年 | 2017 年 | 2018 年 | 2019 年 | |
| 互联网广告 | 4 652 | 7 870 | 10 342 | 13 286 | 16 616 | 20 260 | 24 034 | 27 692 | 30 955 | 33 549 | 15.09 |
| 报刊广告 | 6 210 | 7 642 | 7 500 | 7 926 | 8 480 | 9 034 | 9 602 | 10 203 | 10 861 | 11 582 | 6.43 |
| 户外广告 | 4 454 | 4 545 | 4 658 | 4 905 | 5 400 | 5 924 | 6 554 | 7 217 | 7 882 | 8 622 | 9.81 |
| 广播广告 | 1 496 | 1 679 | 1 824 | 1 982 | 2 176 | 2 366 | 2 572 | 2 796 | 3 047 | 3 301 | 8.69 |
| 电视广告 | 4 949 | 5 592 | 5 950 | 6 307 | 6 860 | 7 280 | 7 871 | 8 358 | 9 000 | 9 458 | 6.64 |
| 电子游戏广告 | 111 | 137 | 162 | 186 | 211 | 244 | 280 | 319 | 363 | 399 | 13.54 |
| 电影广告 | 48 | 56 | 64 | 74 | 84 | 95 | 107 | 120 | 134 | 149 | 12.26 |
| 目录广告 | 395 | 396 | 414 | 439 | 466 | 495 | 525 | 556 | 586 | 615 | 5.70 |
| 总　　计 | 22 315 | 27 917 | 30 914 | 35 105 | 40 293 | 45 698 | 51 545 | 57 261 | 62 828 | 67 675 | 10.93 |

资料来源:上海科学技术情报研究所(ISTIS)根据“*China entertainment and media outlook 2015—2019*”分析整理。

未来增速仅次于电影业的是付费电视产业。据预测，中国将在 2019 年成为全球付费电视收入第二多的国家，仅次于美国。但从付费电视户数来看，中国已经是全球最大的付费电视市场，2014 年中国付费电视总户数已达 2.507 亿户，是第二名美国的两倍多。

广告业作为第一梯队中的第三名，其收入情况预计将从 2014 年的 402.9 亿美元增长到 2019 年的 676.8 亿美元，年均增幅达 10.93%（表 9.5）。中国的互联网广告市场亚洲最大，全球第二，仅次于美国。2014 年的互联网广告总收入为 166.2 亿美元，预计到 2019 年将达到 335.5 亿美元。中国的总体经济实力，无疑使互联网广告的市场前景乐观，成为全球互联网广告市场增长最快的国家，年均复合增长率突破 15%。中国互联网络信息中心 2016 年初发布的统计结果显示，开展互联网营销的企业占比从 2013 年的 20.9%提高到 2015 年的 33.8%，其中使用率最高的互联网营销渠道是“即时聊天工具”，使用比例为 64.7%，居二、三位的是“电子商务平台”（48.4%）和“搜索引擎”（47.4%），之后为“电子邮件营销”（3704%）、“软文营销”（32.8%）、“网站展示型广告”（28.1%）、“微博”（24.7%）、“网络联盟广告”（17.5%）、“团购类网站”（16.8%）、“网络视频贴片广告”（13.9%）。中国的报刊广告收入在 2012 年受到房地产、汽车和零售业表现的影响，短时滞缓，此后保持增长态势，未来的年均增速为 6.4%。2014 年，中国户外广告总收入为 54 亿美元，位居世界第三位，较 2010 年增长了 20%以上。中国经济的繁荣、城市化进程的推动汽车保有量和航空旅行人数的增加，刺激户外广告市场的发展。预计未来该市场将保持年增速 9.8%的强劲态势，到 2019 年实现总收入 86.2 亿美元。这也意味着，在 2017 年，中国可能取代日本，成为世界第二大户外广告市场。

（2）第二梯队：稳步增长

未来年均复合增长率处在 5%～10%的产业部门为电子游戏消费、音乐以及报纸杂志业，同列稳步增长的第二梯队。

在游戏领域，根据中国音像与数字出版协会及游戏出版工作委员会统计，2014 年中国游戏玩家达到 5.17 亿人，比 2013 年增加 4.6%。同期的电子游戏消费总收入达 82.2 亿美元，较 2013 年的 72.8 亿美元增长了近 13%，未来的年均复合增长率则预计为 7.4%（表 9.3）。由于中国的游戏机禁令至 2014 年才取消，所以，若将“灰市”游戏机收入计算在内，则总收入将更高。长达 14 年的外国游戏及销售禁令的解除，为索尼、微软、任天堂等公司进入中国市场铺平道路，也将刺激未来几年内游戏机销售量的增长。

中国音乐产业收入情况的变化与预测如表 9.6 所示，2014 年中国音乐市场价值 7.9 亿美元，较上年增长 9.0%，相比 2010 年的 6.19 亿美元收入来说，有较好发展，

2019 年的音乐收入预计可达 10.5 亿美元，年均复合增长率为 5.85%。可见，中国的音乐市场正在觉醒，释放出积极信号。华纳音乐集团在 2014 年完成对金牌大风音乐集团的收购，并授权腾讯控股发行华纳所有曲目和向中国所有音频服务（移动运营商除外）发行新曲。索尼音乐娱乐公司也授权腾讯在网上发行索尼旗下中国艺人的音乐。音乐巨头企业在华市场的新动向为中国唱片业注入强心剂。国内市场对国际一流摇滚和流行音乐品牌的接受度较高。现场演出的蓬勃发展和乐队巡回表演，促进了中国现场音乐的再次复兴。

**表 9.6　中国音乐收入（2010—2014）及其展望（2015—2019）**

| 项　目 | 音乐产业收入/100 万美元 | | | | | | | | | | 2014—2019 年均增长率/% |
|---|---|---|---|---|---|---|---|---|---|---|---|
| | 2010 年 | 2011 年 | 2012 年 | 2013 年 | 2014 年 | 2015 年 | 2016 年 | 2017 年 | 2018 年 | 2019 年 | |
| 现场音乐 | 156 | 165 | 177 | 190 | 204 | 219 | 235 | 253 | 271 | 290 | 7.27 |
| 录音制品 | 463 | 480 | 505 | 534 | 586 | 641 | 682 | 717 | 743 | 759 | 5.34 |
| 总　计 | 619 | 645 | 682 | 725 | 790 | 860 | 917 | 970 | 1 015 | 1 049 | 5.85 |

资料来源：上海科学技术情报研究所（ISTIS）根据“*China entertainment and media outlook 2015—2019*”分析整理。

就报纸发行的情况来看，中国是报纸销量最大的市场，2014 年日平均单位发行出版量超过 1.4 亿份，免费日报发行量 540 万份，数字报纸的日平均单位发行量增速最快。日平均单位发行出版量预计未来将以 5.0%的年均复合增长率增长，到 2019 年达到近 1.8 亿份；而数字报纸将以 57.9%的年均复合增长率增长，在五年内达到 2 110 万份。但中国报纸发行总收入落后于日本和美国，这主要是因为中国日报的平均售价较低，2014 年每份约 0.12 美元。但从 2014 年到 2019 年，印刷报纸发行收入将从 61.7 亿美元增长到 87.3 亿美元，年均增速为 7.2%（表 9.7）。杂志收入则包括消

**表 9.7　中国报纸杂志业收入（2010—2014）及其展望（2015—2019）**

| 项　目 | 报纸杂志业收入/100 万美元 | | | | | | | | | | 2014—2019 年均增长率/% |
|---|---|---|---|---|---|---|---|---|---|---|---|
| | 2010 年 | 2011 年 | 2012 年 | 2013 年 | 2014 年 | 2015 年 | 2016 年 | 2017 年 | 2018 年 | 2019 年 | |
| 报纸发行 | 4 564 | 4 602 | 5 164 | 5 681 | 6 172 | 6 664 | 7 153 | 7 658 | 8 166 | 8 730 | 7.18 |
| 消费类杂志 | 3 721 | 4 200 | 4 428 | 4 715 | 4 930 | 5 100 | 5 246 | 5 366 | 5 480 | 5 566 | 2.46 |
| 行业性杂志 | 385 | 439 | 477 | 527 | 571 | 623 | 679 | 738 | 795 | 849 | 8.25 |
| 总　计 | 8 670 | 9 241 | 10 070 | 10 924 | 11 672 | 12 387 | 13 079 | 13 762 | 14 441 | 15 144 | 5.35 |

资料来源：上海科学技术情报研究所（ISTIS）根据“*China entertainment and media outlook 2015—2019*”分析整理。

费类杂志收入和行业性杂志收入。2014年,中国消费类杂志广告总收入达10.1亿美元,但发行收入才是消费类杂志收入的主要来源,占比达79.6%。随着宽带和智能手机渗透率的不断上升,消费类数字杂志的发行和广告支出迅猛增长,未来的年均复合增长率分别可达32.4%和19.4%,而数字行业性杂志收入的增速预计更将达到47.9%,其2019年的发行收入将达1.52亿美元。

(3) 第三梯队:小幅增长

图书业未来年均复合增长率最小,仅为1.29%,位列第三梯队。图书业中,增长最快的是专业书籍。2014年,专业书籍总收入为22.7亿美元,较2010年15.6亿美元的收入增长46%。这主要得益于中国政府的支持:一方面是增强研发投入力度,另一方面开展反腐运动,有效监督研发支出,促进了专业书籍收入的增长。预计,专业书籍总收入到2019年将达到30.2亿美元,年均复合增长率为5.9%,领跑图书业各子部门(表9.8)。大众书籍则得益于市场繁荣。中国市场上新的图书种类每年都在持续增加。越来越多的西方作者对其原著进行删减并在华出版,以覆盖全球最大的图书受众群。与此同时,中国消费者越来越多阅读海外图书也为欧洲出版商提供了巨大机遇。企鹅出版集团、培生集团、阿歇特出版公司、麦格劳-希尔出版社、里德爱思唯尔集团、贝塔斯曼集团等国际出版商纷纷进驻中国市场。中国出版商近年来也从德国、法国、日本、韩国进口图书。预计,2019年大众书籍总收入将从2014年的44.1亿美元增长至44.7亿美元,年均复合增长率为0.3%。教育书籍占据中国出版市场的最大份额。绝大多数出版商生产某类教科书或学习教具,售出约50%的图书。2014年,教育书籍总收入占图书业的46%。中国政府是教育书籍的大买家,一些教育出版商主要依赖政府采购维持生计,因此预计未来教育书籍市场发展近乎与现在持平。

**表9.8　中国图书业收入(2010—2014)及其展望(2015—2019)**

| 项　　目 | 图书业收入/100万美元 | | | | | | | | | | 2014—2019年均增长率/% |
|---|---|---|---|---|---|---|---|---|---|---|---|
| | 2010年 | 2011年 | 2012年 | 2013年 | 2014年 | 2015年 | 2016年 | 2017年 | 2018年 | 2019年 | |
| 专业书籍 | 1 558 | 1 714 | 1 880 | 2 071 | 2 268 | 2 403 | 2 543 | 2 688 | 2 846 | 3 015 | 5.86 |
| 大众书籍 | 3 979 | 3 989 | 4 211 | 4 362 | 4 411 | 4 438 | 4 453 | 4 459 | 4 464 | 4 475 | 0.29 |
| 教育书籍 | 5 975 | 6 015 | 5 856 | 5 728 | 5 636 | 5 578 | 5 549 | 5 550 | 5 579 | 5 637 | 0.004 |
| 总　　计 | 11 512 | 11 718 | 11 947 | 12 162 | 12 315 | 12 418 | 14 545 | 12 698 | 12 889 | 13 127 | 1.29 |

资料来源:上海科学技术情报研究所(ISTIS)根据"*China entertainment and media outlook 2015—2019*"分析整理。

**2. 文创产业的发展动向**

(1) 文创产业贸易的数字化转向

随着网络建设的推进,智能数码设备的普及,消费者日益看重文化创意内容和服务在消费时间和方式选择上的灵活性和自由度。文创产品,不论是从介质还是营销渠道,都在实现数字化的转向。

移动设备阅读已越来越受欢迎。在图书领域,消费者越来越享受直接从设备上购买图书的便利,电子书收入在大众书籍总收入的比重将不断攀升。预计,大众电子书籍在 2019 年的收入可以达到 5.01 亿美元,在大众书籍中收入中的占比提高至11.2%,年均复合增长率为 27.6%。根据中国互联网信息中心的统计,2015 年中国有 4.82 亿手机新闻读者,比上年增加 16.0%。网络新闻用户规模也从 2014 年的 5.19 亿增加到 2015 年的 5.66 亿,同比增长 8.8%。在帮助互联网和移动设备获取内容方面,中国的报纸和杂志高度参与数字化进程。除了网站,许多主要报纸和大多数知名杂志在过去两三年中纷纷推出了独立的 APP。所有的 APP 都是免费下载,且新闻内容不会额外收费,但杂志可能不允许读者访问最新版本的内容。互联网公司经营的新闻聚合 APP 加剧了市场竞争的白热化。例如,搜狐手机新闻 APP 将超过 3 000 家报纸和网络媒体整合到一个平台,让读者选择各种新闻内容及免费订阅。除开发 APP 外,报纸杂志正尝试使用现有的社交媒体,尤其是微博和微信。几乎所有主要媒体都有官方微博账户,以便于发布最新内容以及与读者互动。中国三大移动运营商推出了电子书、报纸和杂志移动阅读平台。虽然内容会滞后于最新刊,但读者可在权衡之后以更便宜的价格访问最新刊的内容。

销售渠道数字化是中国杂志数字化的另一个重要方面。杂志商继续与杂志铺和淘宝等电子商务网站合作,方便消费者以比传统中国邮政更低的价格和更高的效率获得杂志。到 2019 年,电子商务平台预计在杂志销售方面将更受欢迎。

户外广告向数字化过渡正在中国如火如荼地进行着。一方面,数字屏幕在交通广告中的应用日益增多。另一方面,数字化户外广告通过消费者的智能手机与消费者实现直接交互。2014 年,数字化户外广告的收入为 16.6 亿美元,为户外广告总收入的 30.7%,预计到 2019 年将持续强劲增长,年均复合增长率达 16.8%,2019 年实现收入 36.1 亿美元。

(2) 力求不断满足对娱乐及媒体行业持续增长的体验需求

消费者需求在转向视频和移动业务的同时,对娱乐和媒体行业体验的需求在持续增长。发挥移动业务在消费者体验中的核心地位,打造销售渠道的无缝消费关系,是文创产业发展与增长的重要驱动力。

通过移动设备观看视频日益流行:根据"中国互联网信息中心"的统计,2015 年中国共有4.05亿移动视频用户，较上年增长29.5%。传统电视频道正将其注意力转移到开发移动APP和互动上来。二维码也是一种连接传统电视屏幕和移动设备的重要途径。在中央电视台2015年广告招标会上，全国观看人数最多的天气预报节目的二维码广告位售出了约1 300万美元的价格。社交媒体业已成为电视广告的延伸平台，几乎所有电视台都开通了微博和微信账号，与观众互动。同时，在线视频运营商争相从传统电视台购买真人秀、电视剧、综艺节目及其他栏目，并加大自制节目的投资力度，使自身更加独立于传统电视。

为了更好地利用车内广播听众，热门电视节目还推出了广播版本。“FM中国好声音”于2013年推出，投资额约为1 640万美元，以求效仿电视版的成功，形成电视与广播的叠加效应。

WiFi和4G的发展，推动了网络电台APP市场，特别是一体化广播平台，例如蜻蜓FM、阿基米德FM、喜马拉雅FM。蜻蜓FM在iOS和安卓平台上均可收听来自国内外3 000多个无线电网络和电台的音频流，以及长达300万小时的有声内容点播。至2014年底，蜻蜓FM用户量超过800万，喜马拉雅FM的活跃用户量突破600万，单日累计播放次数高达2 000万次。

移动设备是数字音乐收入的一大推动力。移动音乐收入目前占到数字化录音制品总收入的最大比重：2014年移动音乐收入为4.82亿美元，占比为85%；预计2019年将以每年4.4%的速度上涨至5.98亿美元，届时的占比将为80%。

在游戏领域，由于第一代网络游戏玩家变得成熟，手机游戏的盛行，以及产品存在期限(例如更新周期又长又慢)，使得中国网络游戏付费人数自2010年起增长放缓。但APP社交/博弈游戏的收入表现强劲。由于中国免费WiFi覆盖面广，超过一半的手机游戏玩家在免费WiFi环境下玩游戏，随着智能手机用户数量的不断增多，未来5年4G服务将为手机市场带来更多信心。

## (二) 德国

### 1. 文创产业发展的概貌

2014年，德国文创产业的总营收达680.4亿欧元，较上一年的662.3亿欧元增加2.73%。这一增速超过了当年德国整体经济1.6%的同期增长率。但各个产业部门表现不尽相同，其中，报纸、杂志、图书和电影的收入同比均出现了下滑；音乐、广播的收入小幅增加；互联网广告、互联网接入、电子游戏和电视的营收有显著提高，尤其是体育部门，增长率一枝独秀，同比涨幅几近30%(表9.9)。

**表 9.9　德国娱乐和媒体行业发展(2010—2014)及其展望(2015—2019)**

| 项　目 | 娱乐和媒体行业收入/100 万欧元 | | | | | | | | | | 2014—2019 年均增长率 /% |
|---|---|---|---|---|---|---|---|---|---|---|---|
| | 2010 年 | 2011 年 | 2012 年 | 2013 年 | 2014 年 | 2015 年 | 2016 年 | 2017 年 | 2018 年 | 2019 年 | |
| 报　纸 | 8 673 | 8 692 | 8 441 | 8 102 | 8 025 | 7 983 | 7 994 | 8 027 | 8 039 | 7 966 | −0.15 |
| 户外广告 | 843 | 897 | 868 | 891 | 926 | 953 | 979 | 1 004 | 1 029 | 1 052 | 2.59 |
| 电　影 | 2 659 | 2 746 | 2 827 | 2 863 | 2 756 | 2 840 | 2 758 | 2 712 | 2 646 | 2 617 | −1.03 |
| 互联网接入 | 10 657 | 11 926 | 12 869 | 13 475 | 14 066 | 14 865 | 15 648 | 16 307 | 16 729 | 17 005 | 3.87 |
| 电视业 | 11 733 | 12 023 | 12 511 | 12 946 | 13 836 | 14 134 | 14 594 | 15 046 | 15 475 | 15 903 | 2.82 |
| 音　乐 | 1 489 | 1 483 | 1 435 | 1 452 | 1 479 | 1 543 | 1 559 | 1 564 | 1 567 | 1 568 | 1.19 |
| 广　播 | 3 501 | 3 507 | 3 497 | 3 588 | 3 598 | 3 527 | 3 539 | 3 555 | 3 575 | 3 600 | 0.01 |
| 互联网广告 | 3 769 | 4 249 | 4 677 | 5 231 | 5 669 | 6 093 | 6 549 | 6 968 | 7 392 | 7 818 | 6.64 |
| 杂　志 | 5 832 | 5 824 | 5 690 | 5 609 | 5 473 | 5 389 | 5 337 | 5 309 | 5 288 | 5 283 | −0.71 |
| 图　书 | 9 734 | 9 601 | 9 520 | 9 536 | 9 322 | 9 294 | 9 350 | 9 447 | 9 532 | 9 616 | 0.62 |
| 电子游戏 | 2 013 | 2 096 | 1 967 | 1 932 | 2 028 | 2 132 | 2 218 | 2 285 | 2 349 | 2 450 | 3.85 |
| 体　育 | 1 018 | 870 | 1 013 | 1 025 | 1 331 | 1 183 | 1 392 | 1 331 | 1 691 | 1 527 | 2.80 |
| 总　计 | 61 671 | 63 599 | 64 926 | 66 231 | 68 041 | 69 403 | 71 321 | 72 894 | 74 583 | 75 617 | 2.13 |

资料来源:上海科学技术情报研究所(ISTIS)根据“*German entertainment and media outlook 2015—2019*”分析整理。

2014年,德国文创产业的总收入中约四分之一来自广告市场,创纪录地达到了169亿欧元,同比增长2.9%。鉴于持续回暖的经济环境,2015年的广告收益预计可以继续保持2.9%的涨幅。广告收益的主要拉动力来自于互联网广告,印刷广告的收入比重将持续下降,但下降速度会逐步放缓:2014年,报纸杂志中的印刷广告收入占广告总收入的份额从2013年的34.7%减少至33%。预计文创产业2015—2019年将保持每年2.1%的稳定增长,2019年的营收将达到756.17亿欧元。鉴于数字广告的强劲增长表现,广告市场2015—2019年将实现每年2.6%的扩张,成为引领性的经济增长点。推动德国文创产业增长的根本动力来自数字媒体。2014年,数字媒体的营收在整个市场的占比为35%;到2019年,这一份额将提升到43%。

德国文创产业发展中,各子行业的发展有以下一些特点值得关注。

(1) 流媒体音乐是音乐市场增长的核心驱动力

流媒体音乐的订阅收入占2014年全球数字化收入的23%。在德国,流媒体市场红火依然,2015年的前7个月,流媒体音乐订阅收入同比增长高达87.4%。车载流媒体音乐订阅将成为市场的关键驱动力。

(2) 电影受挫于视频点播的竞争

消费者对高品质的视频、在不同设备上灵活观影的需求越来越大。视频点播满足了这类需求。虽然影院收入在2010—2014年与视频点播收入相比仍占大头,但是这是建立在影片拥有大量铁杆粉丝、市场行销良好的基础上的。但每部影片视频点播的价格仅为电影门票的一半左右,视频点播的价格优势将对未来电影票房构成不可忽视的影响。

(3) 尽管视频点播不断增长,付费电视也将继续扩张

尽管竞争激烈,但德国的付费电视供应商在2014年创造了新的纪录,营收同比增长10.3%,付费电视用户数量增加到约700万。增长的驱动力主要来自对额外的付费电视服务、体育节目转播、外语节目、更佳的画面质量(超高清视觉效果)以及更多电视频道的需求。

(4) 云游戏紧随流媒体音乐与视频实现增长

得益于更为智能化的终端设备以及更好的连接性,云游戏服务在今后几年将释放出巨大潜力。相比流媒体音乐和流媒体视频只需建立在单向性通信的基础上,云游戏则要复杂得多——需要在玩家和服务供应商之间建立双向通信。由于延迟性、画面质量、数据安全问题尚未突破,云游戏领域此前的努力成绩寥寥。随着宽带网络基础设施的投资力度加大,移动网络的普及化,这些障碍在逐步消除,设备制造商和电信公司加深合作、建立合适的定价模式,将使得云游戏供应商的收益显著增长。

(5) 社交/博弈游戏的收入将获得最高速的增长

技术性能的不断提升,智能手机和平板电脑的进一步推广,社交/博弈游戏在2013—2014 年的发展情况堪称繁荣,成为 2014 年游戏领域增长最快的细分市场,其市场营收从 2013 年的 9 500 万欧元增长至 2014 年的 2.63 亿欧元,同比增长 176.8%。这一涨幅也成为该细分市场历年来最高的增长速度。究其原因,主要有:游戏质量的提升,游戏复杂程度的加深,让玩家群体不断扩展,同时玩家也有更高的付费意愿。

(6) 社交媒体作为新闻平台的意义在不断提高

在脸书(Facebook)、YouTube、推特(Twitter)等社交媒体上阅读新闻的消费者人数在不断增加,这是在新闻消费领域发生的一个根本性变化。为了触及更广大读者,特别是年轻人,新闻机构和出版商必须与社交媒体建立联系。由此,掌控消费者获取信息路径的控制权就从新闻机构和出版商手中转移到了发布信息的平台——社交媒体手里。

(7) 高质量的新闻和照片是促成消费者购买的关键因素

杂志中那些别致的主题内容和照片,特别是与烹饪、园艺、钓鱼、潜水、马术等爱好相关的内容,成为营销增长的推动力量。读者对杂志的质量及其内容是非常信赖的。

(8) 数字内容的付费问题是一大挑战

在德国,为网络内容付费的意愿在不断增强。2014 年,有 34%的互联网用户为网络编辑内容付费,较 2013 年提高了 9 个百分点,月均支出为 15.1 欧元,较 2013 年增加了 1.5 欧元。但也有 6 成网民拒绝付费,他们认为免费内容已足够使用,而付费内容质量尚属欠佳,性价比不高,且网上支付操作过于复杂。出版商必须推出高品质的内容和有效的战略,确保在网络平台上能产生收益,从而应对网络终端灵活获取在线内容所带来的挑战。

(9) 广告商必须加紧激发移动互联网广告的潜力

尽管 2014 年移动互联网的普及率已经达到 62%,移动互联网广告的营收同比增长达到 34.3%,但移动互联网广告的效益在互联网广告总收入中的占比仍然微小,仅占互联网广告总收入的 5%。为了激发这一细分领域的市场潜力,广告商一方面加强在高品质广告展现方面的投资,另一方面正基于数据引导和算法,积极开发适应于各种平台,尤其是社交网络平台的广告形式。

(10) 积极应对广告屏蔽问题

目前已有 24.7%的互联网用户使用广告拦截器;21.5%的网页广告被屏蔽。使用广告屏蔽软件的消费者数量不断攀升,引起了互联网广告商对于收益的担忧。许多互联网广告商表示,广告拦截器使用的增长,会造成免费内容质量和可用性的下降,也会增加付费障碍,对广告拦截器用户形成信息隐瞒。因此,问题在于消费者是否能接受这一现实,是否愿意以此来作为对互联网广告商损失的弥补。

**2. 文创产业的发展动向**

(1) 数字化、移动化将成为文创企业的业务核心

2014年,德国使用移动APP的人数占比达到三分之一,超过半数人口拥有一部智能手机,2018年这一比例将达到80%。对于消费者而言,各种移动终端无缝连接的使用体验将变得越来越重要。未来几年中,技术创新将加速这一趋势的进程。在消费者周围,各种智能化的移动终端将连接成个性化的网络,在用户与内容供应商、通信服务商之间形成主动式、智能化的信息交换。每个接入的设备都能在这个个性化的网络中与其他接入的设备形成实时关联交互。不少文创企业如媒体企业正紧跟这一潮流,例如流媒体音乐供应商在与通信企业合作之后,又与汽车企业合作,将流媒体音乐带入汽车内。通过与各种内容供应商扩大合作,脸书、谷歌等社交媒体企业将社交媒体变成消费者获取所有数字内容的枢纽与核心。在云游戏领域也在加深合作:云游戏供应商、设备制造商和通信服务供应商正在合作加速云游戏的开发和市场的引入。在用户方面,消费者对于网络内容付费的接受度在不断提高,希望能高效购买到所需要的数字化内容,并保持用户友好的使用体验。

(2) 技术创新在改变文创产业发展的市场环境

紧随硅谷的步伐,柏林发展成为对欧洲技术初创企业具有强大吸引力的城市。蓬勃发展的技术初创企业产生了大量创新。这些创新深刻影响着文化创意行业产品与服务的革新与流通。2015年,智能手表、虚拟现实头盔、车辆通信、苹果支付、3D打印、3D Touch、骨传导耳机刷新用户体验之后,消费者的期望又将提升:希望在内容和渠道方面有更多选择,并且费用更为低廉乃至免费。

技术创新对文创企业而言既是巨大的商机,也会带来凭以往经验仍无法预见的风险。一些创新在市场上取得成功,创造了媒体使用的新形式,例如流媒体技术、社交网络、程序化购买。但也有一些创新被市场抛弃。创新要想取得成功,必须满足一些条件,包括将用户体验放在核心位置,为用户和供应商提供便捷的操作,为消费者提供全程跟踪陪同,能够获得全球市场的欢迎等。

## (三) 美国

**1. 文创产业发展的概貌**

美国国际知识产权联盟(IIPA)用"版权产业"来涵盖文创产业的下属分支行业,并根据世界知识产权组织的定义将版权产业分为如下4类。

(1) 核心版权产业

主要目的在于创造、生产、分发和展示版权材料的行业,包括图书、报纸与期刊、

电影、录音制品、广播、电视、软件、电子游戏等。

(2) 部分版权产业

创造的产品中只有某些部分或某些方面能够获得版权保护的行业，涉及纺织、珠宝、家具、玩具和游戏等。

(3) 非专用支持版权产业

那些把版权或非版权保护材料分发给企业和客户的行业，例如运输服务、电信、批发和零售贸易。

(4) 相互依存版权产业

那些生产、制造和销售设备，以促进创造、生产或使用受版权保护作品的行业，包括CD播放器、电视机、VCR、个人电脑和使用相关产品(如空白录音材料，特定种类的纸)的制造商、批发商和零售商等。

2013年，美国逐步从2008—2009年经济衰退的余波中走出来，大部分美国产业重新迎来销售额与利润额的增长。在此，版权产业为美国经济的复苏做出重要贡献：2013年，版权产业整体为全美GDP贡献的增加值为1.92万亿美元，占美国经济整体的11.44%，2009—2013年均增速为4.04%，超过同期GDP 3.90%的年均增速；其中，核心版权产业2013年的增加值为1.13万亿美元，年均增速更是达到4.23%，拉动整个版权产业的发展(表9.10)。2009—2013年，美国真实GDP的年均复合增长率为2.25%，而其总体版权产业增加值的年均复合增长率则达到3.45%。

**表9.10　2009—2013年美国版权产业增加值及其在全美GDP占比变化**

| 项　　目 | 2009年 | 2010年 | 2011年 | 2012年 | 2013年 |
|---|---|---|---|---|---|
| 核心版权产业/10亿美元 | 954.4 | 988.8 | 1 030.0 | 1 092.2 | 1 126.6 |
| 全美GDP/10亿美元 | 14 417.9 | 14 958.3 | 15 533.8 | 16 244.6 | 16 799.7 |
| 占比/% | 6.62 | 6.61 | 6.63 | 6.72 | 6.71 |
| 项　　目 | 2009年 | 2010年 | 2011年 | 2012年 | 2013年 |
| 总体版权产业/10亿美元 | 1 640.1 | 1 708.3 | 1 769.9 | 1 862.3 | 1 921.7 |
| 全美GDP/10亿美元 | 14 417.9 | 14 958.3 | 15 533.8 | 16 244.6 | 16 799.7 |
| 占比/% | 11.38 | 11.42 | 11.39 | 11.46 | 11.44 |

资料来源：上海科学技术情报研究所(ISTIS)根据“*Copyright Industries in the U.S. Economy: The 2014 Report*”分析整理。

核心版权产业创造的增加值份额在总体版权产业中最高，是其最主要的构成。以2013年为例，核心版权产业增加值比重为58.63%；其次为增加值达到3 835亿美元的非专用支持版权产业，占比为19.96%；位列第三的是相互依存版权产业，增加值为 3 759 亿美元，占比为 19.56%；份额最小的是部分版权产业，其增加值为 357 亿美元，权重仅为 1.86%(图 9.9)。

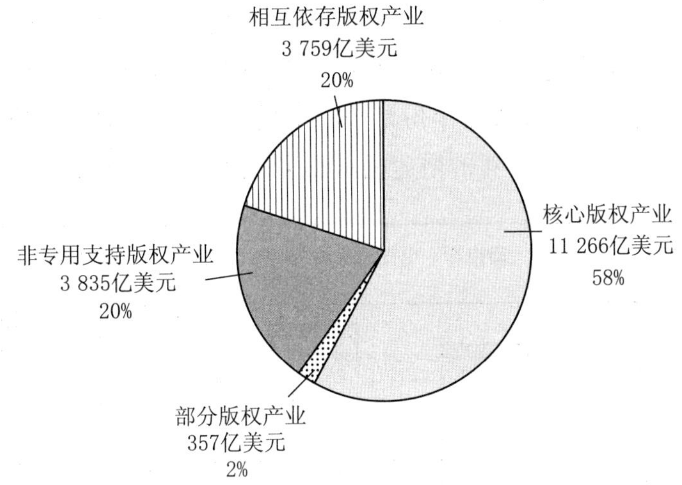


**图 9.9　2013 年美国版权产业各类分支增加值情况**

资料来源：上海科学技术情报研究所(ISTIS)根据"*Copyright Industries in the U.S. Economy: The 2014 Report*"分析整理。

从就业创造来看，美国版权产业 2013 年总雇用员工超过 1 120 万人，占美国就业总人口数的 8.26%，占私人雇佣总数的 9.85%。在核心版权产业实现就业的员工超过 547 万人，占整个美国劳动力的 4.03%，占美国私人雇佣总数的 4.81%。2009—2013 年，美国就业人数呈先减后增的变化态势，版权产业的就业人数变化与之保持同步，但核心版权产业的员工数量一直保持稳定的增长势头，在全美就业总量中的占比从 2009 年的 3.92%提高到 2013 年的 4.03%，堪称就业引擎(表 9.11)。

**表 9.11　2009—2013 年美国版权产业就业情况及其在全美总体就业占比变化**

| 项　目 | 2009 年 | 2010 年 | 2011 年 | 2012 年 | 2013 年 |
|---|---|---|---|---|---|
| 核心版权产业人数/1 000 人 | 5 126.3 | 5 180.3 | 5 272.8 | 5 371.7 | 5 470.7 |
| 全美总体就业人数/1 000 人 | 130 859.3 | 129 911.1 | 131 499.8 | 133 736.2 | 135 637.0 |
| 占比/% | 3.92 | 3.99 | 4.01 | 4.02 | 4.03 |
| 项　目 | 2009 年 | 2010 年 | 2011 年 | 2012 年 | 2013 年 |
| 总体版权产业人数/1 000 人 | 10 731.5 | 10 591.6 | 10 803.5 | 10 981.3 | 11 206.8 |
| 全美总体就业人数/1 000 人 | 130 859.3 | 129 911.1 | 131 499.8 | 133 736.2 | 135 637.0 |
| 占比/% | 8.20 | 8.15 | 8.22 | 8.21 | 8.26 |

资料来源：上海科学技术情报研究所(ISTIS)根据"*Copyright Industries in the U.S. Economy: The 2014 Report*"分析整理。

国际市场非常欢迎来自美国的创意产品。2009—2013 年,美国版权产业在对外销售和出口方面一路上扬。美国最具代表性的 4 类版权产业(录音制品,电影、电视、录像,软件,报纸、图书、期刊)外贸出口额从 2009 年的 1 295.3 亿美元增长到 2013 年的 1 563.2 亿美元,年均复合增长率达 4.81%(图 9.10)。从年度变化上看,美国版权产业在海外市场销售增长最快的年份是 2011 年和 2013 年,同比增速分别为 6.00% 和 7.56%,而 2010 年与 2012 年的增速相对较缓,分别为 3.46%和 2.31%。

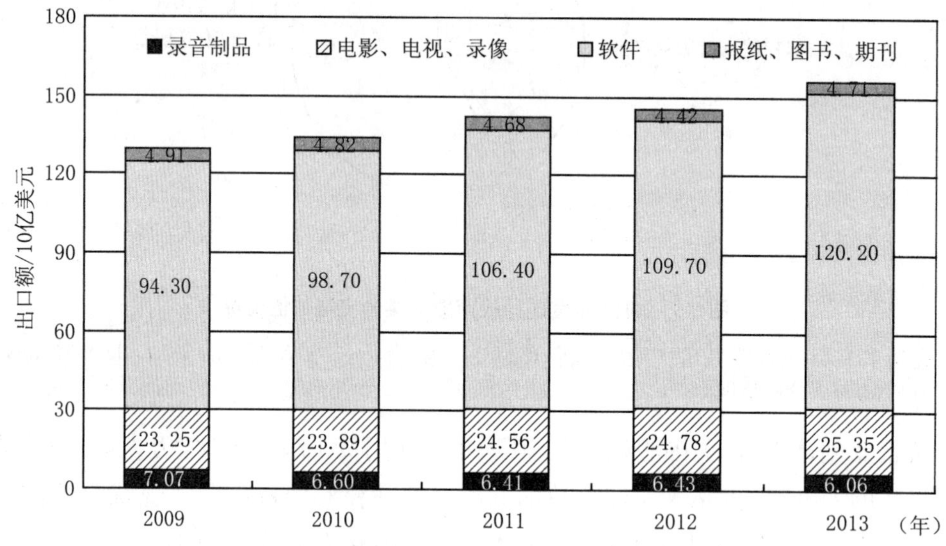


**图 9.10　2009—2013 年美国 4 类代表性版权产业外贸出口额变化情况**

资料来源:上海科学技术情报研究所(ISTIS)根据"*Copyright Industries in the U.S. Economy: The 2014 Report*"分析整理。

此外,美国版权产业的外贸出口规模已经超过众多主要产业。2012 年,美国代表性版权产业的海外销售情况为 1 453 亿美元,仅次于 1 463 亿美元的化工业(不含医药制品);而到了 2013 年,代表性版权产业成为对外销售和出口规模最大的产业部门,达到 1 563 亿美元,领先于化工业(不含医药制品)(1 478 亿美元)、航空航天产品及零部件(1 283 亿美元)、农产品(689 亿美元)、食品(688 亿美元)和医药制品(516 亿美元)(表 9.12)。

**表 9.12　2012—2013 年美国 4 类代表性版权产业及部分行业的出口贸易情况比较**

(单位:10 亿美元)

| 产　　业 | 2012 年 | 2013 年 |
|---|---|---|
| 4 类代表性版权产业(录音制品,电影、电视、录像,软件,报纸、图书、期刊) | 145.3 | 156.3 |
| 化工业(不含医药制品) | 146.3 | 147.8 |

续表

| 产　　业 | 2012 年 | 2013 年 |
|---|---|---|
| 航空航天产品及零部件 | 118.4 | 128.3 |
| 农产品 | 70.9 | 68.9 |
| 食　品 | 64.9 | 68.8 |
| 医药制品 | 51.2 | 51.6 |

资料来源：上海科学技术情报研究所（ISTIS）根据“*Copyright Industries in the U.S. Economy: The 2014 Report*”分析整理。

**2. 文创产业的发展动向**

(1) 金融危机后，美国文创贸易发展向好

文化创意产业是美国支柱产业，目前已从经济萧条中逐步复苏。2013 年，美国的文创领域拥有超过 65.6 万家文艺企业和 9.5 万个非赢利艺术组织，有 221 万名艺术家活跃在该领域，还有 76.6 万名自雇艺术家。消费者用于购买文创产品的支出在金融危机后有所回落，从 2008 年的 1 469.95 亿美元缩减至 2009 年的 1 417.78 亿美元，但此后逐步增加，达到 2013 年的 1 517.14 亿美元。美国经济大环境在今后几年继续向好，能有效带动就业，提高消费者的购买力，预计美国的文创产业也将随之延续这一良好的回升势头。

美国电影、绘画、珠宝等艺术产品的出口额从 2010 年的 640 亿美元增长至 2012 年的 750 亿美元，增长 17.19%。而美国 2012 年文创产品的进口额仅为 250 亿美元，形成了巨大的贸易顺差。同时，海外游客对美国的文创产品贸易也贡献良多。美国商务部的报告显示，美国艺术画廊和博物馆访客的国际游客占比从 2003 年的 17%增长至 2013 年的 24%，欣赏音乐会和喜剧表演的国际游客占比也从 13%增长到 17%。

(2) 科技改变观众的参与形式和艺术的交付模式

毫无疑问，科技的发展显著提高了文创产业效率，但文创产业究竟是从中获益还是受损，就要取决于科技触及的是产业链的哪个环节。比如，公众依然在听音乐，但是自 2003 年以来，美国的录音制品商店已经消失了一半，而单曲的下载量从 2004 年 1.39 亿次迅猛增加到 2013 年的 13.3 亿次，2013 年网络下载的营收占当年音乐产业销售额的 37%。此外，诸如 Pandora、Spotify 等流媒体供应商贡献了 27%的录音制品销售份额。类似的情况是，图书销量在增加，但图书出版商的销售额在减少，这是由于自助出版、按需出版、电子书的风靡，以及降价压力的提升所造成的。非赢利艺术机构正在借助相关技术来扩大观众基础，丰富观众的艺术体验，例如纽约大都会歌剧院推出高清直播项目，即把歌剧院内的演出以高清直播的方式在影院里同步呈现。这一项目每年直播于

66 个国家的 2 000 个剧场影院，卖出 300 万张票。但是技术也会引发负面效应——这种高清直播的形式可能会蚕食部分大剧院现场票务的销售额和演出上座率。技术已经改变了传统的艺术商务模式。例如在音乐领域，越来越多的音乐家选择绕开唱片公司、票务和宣传业务，选择在网上直接出售音乐作品、众筹出版专辑或发布巡回演出日程。

## 三、文化创意产业新兴领域：电子游戏

电子游戏是文创产业中规模相对较小、发展历史相对较短的新兴领域。但近年的经济表现十分抢眼，全球电子游戏行业稳步增长，游戏市场不断扩张，已经成为文创产业的重要“爆发点”。本节选取该行业进行重点介绍，分析其发展现状，并探究产业的未来趋势。

### （一） 全球电子游戏市场发展现状与预测

2015 年，全球电子游戏业的销售额达到 918 亿美元。预计 2016 年的销售额同比增长 8.5%，达到 996 亿美元。预计，到 2019 年全球电子游戏业的营收可能突破 1 186 亿美元，该市场在 2015—2019 年将实现年均复合增长率 6.6%（图 9.11）。

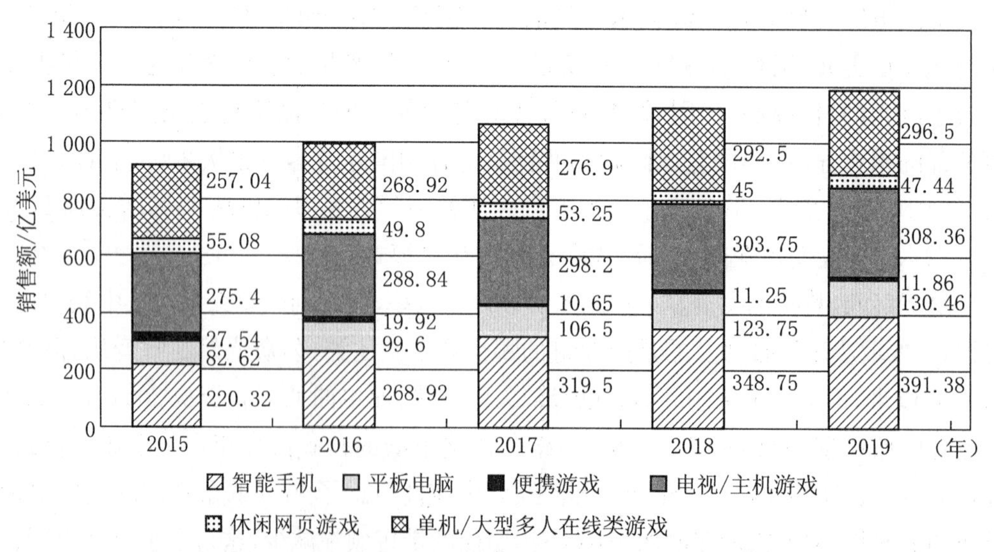


**图 9.11　2015—2019 全球电子游戏市场销售情况及预测**

资料来源：上海科学技术情报研究所（ISTIS）根据“*Global Games Market Report*”数据编制。

从分类上看，智能手机和平板电脑构成了电子游戏中比重最大的分类——移动

游戏。2015 年，移动游戏的营业额为 304 亿美元，占游戏市场近三分之一的比重，预计其营业额自 2016 年起将以 14.64%的年均复合增长率增长，至 2019 年达到 525 亿美元，为全球游戏市场贡献 44.27%的营收。电视/主机游戏在电子游戏市场中的份额紧随移动游戏，位居第二。其 2015 年销售额约 275.4 亿美元，在游戏市场中权重为 30%。至 2019 年，销售额缓慢增长至 308.4 亿美元，但其在游戏市场中的比重则逐步减少至 26%。单机/大型多人在线类游戏是游戏市场的第三大分类，其发展趋势与电视/主机游戏大体一致，预计其销售额从 2015 年的 257 亿美元增加至 2019 年的296.5 亿美元，但市场占比从 2015 年的 28%缩减至 2019 年 25%。休闲网页游戏的销售额在游戏市场中的占比则预计从 2015 年的 6%逐步减少到 2019 年的 4%。而便携游戏，不论从销售额变化还是销售额在游戏市场中的份额上看，总体都是在缓慢缩减的。

从地区来看，预计 2016 年亚太地区的电子游戏销售额将达到 466 亿美元，占全球游戏市场的 47%，同比增长 10.7%。2016 年，58%的全球游戏市场增长额依赖于亚太地区。值得注意的是，亚太地区电子游戏超过一半的营收来自中国，2016 年中国电子游戏的销售额预计达 244 亿美元，超过销售额为 235 亿美元的美国，进一步巩固自身作为全球第一大电子游戏市场的地位(图 9.12)。中国的电子游戏市场从 2012 年到 2015 年走过一段爆发式增长时期，年均复合增长率达 28.5%。从 2016 年起，作为全球最大电子游戏市场的中国将继续迎来蓬勃发展的阶段，销售额预计将以每年增长 8.1%的速率，到 2019 年可以攀升至 289 亿美元。值得注意的是，中国移动游戏的增长情况更为可观。2012—2015 年，中国移动游戏堪称井喷式增长，移动游戏的

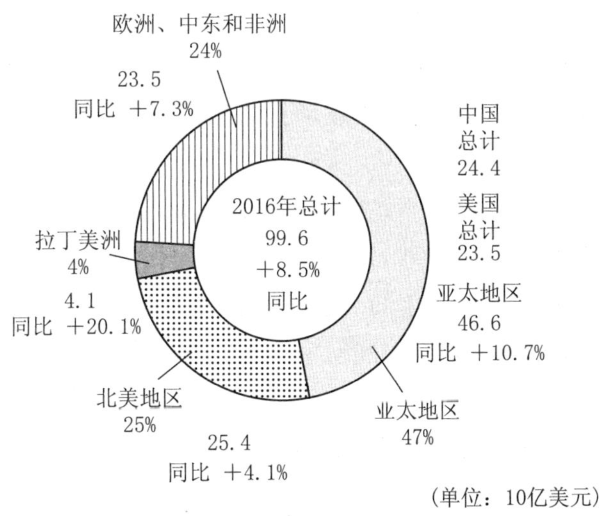


**图 9.12　2016 年全球电子游戏市场地区销售额详解**

资料来源：上海科学技术情报研究所(ISTIS)根据“*Global Games Market Report*”数据编制。

销售额从 11 亿美元飙升至 71 亿美元，年均增速达 86.2%，为中国游戏市场创造的经济贡献占比从 11%提升到 33%。但自 2016 年起，移动游戏的增速将相对放缓，以 18.3%的年均复合增长率上涨，至 2019 年达到 139 亿美元，占中国游戏市场销售额的 48%(图 9.13)。

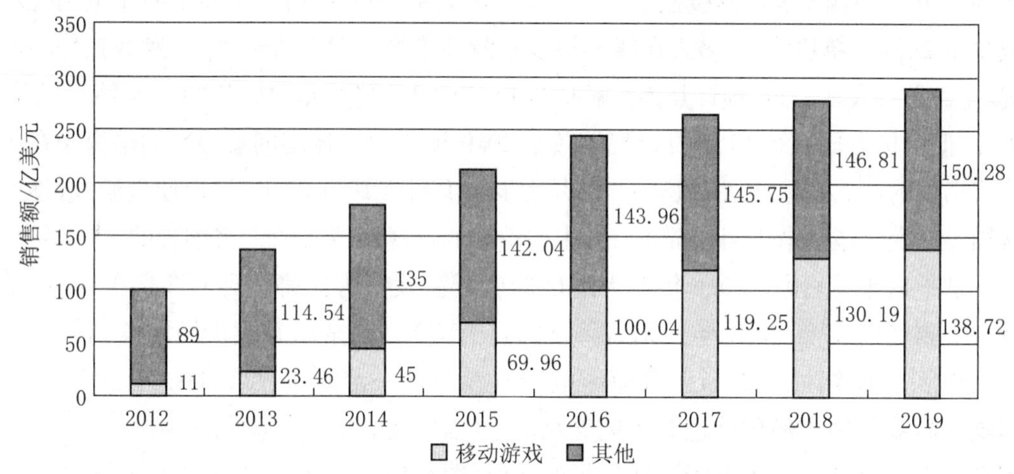


**图 9.13　2012—2019 年中国电子游戏市场销售情况及预测**

资料来源：上海科学技术情报研究所(ISTIS)根据"*Global Games Market Report*"数据编制。

北美地区电子游戏销售额在 2016 年将达到 254 亿美元，仅次于亚太地区，实现同比增长 4.1%，占全球市场的 25%。北美地区的此番增长主要依赖于移动游戏的良好发展，以及电视/主机游戏的稳定增长。

欧洲、中东和非洲市场的电子游戏销售额为 235 亿美元。由于东欧地区对移动游戏的市场反响较好，补足西欧地区市场增长的相对较弱，整体市场还是实现了销售额同比增长 7.3%的好成绩。

拉丁美洲从经济逆行和汇率下跌的阵痛中逐步复苏，迎来了大环境的整体向好。2016 年，拉美游戏市场的营收达到 41 亿美元，实现同比增长 20.1%的大跃进。移动游戏的销售额显著提高，从 2015 年的 9 亿美元增长到 2016 年的 14 亿美元，但仍具有极大的市场潜力：拉美地区的移动游戏玩家达 1.9 亿人，但其付费意愿仍属低迷。

## （二）电子游戏产业的未来发展趋势

对电子游戏产业未来发展趋势的预测和洞察，能帮助更好地把握市场动向，瞄准先机。从越来越多爱玩游戏的父母，到更加透明化的游戏设计，未来 5 年电子游戏产业的发展趋势如下。

**1. 游戏玩家方面**

(1) 父母成为游戏的倡导者

从小玩游戏长大的父母会将自身对游戏的热情和知识传递给孩子。市场研究公司 Nickelodeon 对英国家庭的一份最新调研结果显示,75%的受访家长称会与孩子一起玩视频游戏,而年龄未满 10 周岁的孩子普遍玩父母推荐的游戏。随着越来越多千禧一代成为家长,父母与孩子共同游戏的市场将有可能迅速增长。

(2) 老龄玩家越来越多

随着人口老龄化进程持续,越来越多人会在退休后将游戏发展成为一门兴趣爱好。老龄玩家是一个规模庞大,值得开发者探索的目标群体。开发者可以利用游戏,更加注重或扩展老年玩家的生活体验,来帮助老年人缓解孤独感、获得快乐感。

(3) 玩家成为创作者

在未来,玩家不会仅仅是观察游戏开发过程,同时也会做出自己的贡献。Kickstarter 上面越来越多的众筹项目允许玩家成为游戏的创意支持人员,譬如配音演员或编曲。而在《马里奥制造》和《迈阿密热线 2》等游戏中,开发商为玩家提供包括地图编辑器在内的功能强大的创作工具,允许玩家自建关卡,并在网上分享。

游戏模组一直是单机游戏很重要的一部分,但玩家生成的内容将很有可能会对主机游戏产生冲击,开发者将新内容外包给忠实粉丝的创作模式将开拓出一个全新的领域。在 Steam 创意工坊的最新版本中,就允许游戏模组制作者向其他玩家销售他们创作的内容。

**2. 游戏开发与制作方面**

(1) 独立开发团队尝试让玩家"动起来"

除了动视和迪士尼等业内名企之外,随着 3D 打印技术和近场通信技术(NFC)变得越来越实惠,一些中小团队也致力于为玩家创造可与玩具联动的游戏体验。例如,中国台湾"猴子灵药"(Monkey Potion)工作室就开发了一款幻想题材的策略桌游 Project Legion,它的每一个零件中都有 NFC 芯片,进行游戏时可以通过配套的 APP 进行交互,每一步行动都会展示在屏幕上。Hi-Rez 工作室提供 3D 打印服务来让玩家可以购买游戏《神之浩劫》中的 3D 打印人偶,此外还希望玩家去亚马逊买游戏,看到 3D 打印的主题产品时也一并买了,以此来展现游戏中很酷的元素。此外,独立开发者也在探索将数字和体感的游戏方式结合起来。

(2) 透明化游戏设计时代到来

过去 3 年里,很多开发者使用 Kickstarter 等众筹网站为新项目研发吸引资金,同时打造铁杆用户群体。此外，“Steam 抢先体验”和“Xbox 预览”等项目也允许玩家购买尚未制作完成的游戏，并对游戏后续研发提出建议。在未来，随着小型工作室摆脱传统发行模式的束缚，并在新的项目立项前寻求资金保障，这会变得越来越普遍。通过视频流媒体直播，某些工作室希望让游戏研发过程变得更透明。荷兰独立工作室 Vlambeer 就是一个例子，他们通过在线直播分享了游戏研发的整个过程。其视频大约拥有 1.2 万名订阅用户每月付费观看直播，既为工作室带来了收入，也让他们能够即时与用户进行互动。

(3) 创作人共享工作空间

由于很多小型游戏工作室缺乏足够的资金支持，租用同行办公空间的这种现象将变得越来越频繁。在伦敦，很多独立开发团队通过合租办公室降低创业成本，同时也实现了创意和资源的分享。一些专用场地像英国布鲁斯托尔的 Games Hub，皇家利明顿矿泉市的 Arch Creatives 和伦敦的 Playhubs 都提供便宜的共享工作空间，让众多创作人可以分享各自的想法和资源。这些处于大学创业育成中心的地方，可以给不愿依赖发行商和投资基金的新一代开发者提供便利，或许可以催生具有更丰富实验性的项目。

(4) 独立开发者成为大玩家

数字分销模式及 Unity 等廉价游戏研发工具催生了新一代独立开发者。时至今日，独立开发团队不再仅仅专注于为铁杆用户创作小众游戏，而是会与主机平台公司或 Steam 合作，创作真正意义上的大作。Mike Bithell、Hello Games、Full Bright 和 thatgamecompany 等工作室或许规模很小，但通过高水准游戏锁定广大用户。随着独立开发成为主流，其定义正在发生改变。游戏研发越来越民主化，很多单人或两人团队都拥有了将游戏产品推向大众用户所需的资源。

(5) 平台迁移

越来越多开发者倾向于从一个平台转移另一个平台。开发者的每一次平台迁徙都有特定的目的，例如从移动平台转移到单机平台是因为后者用户获取成本相对较低，单机转移到主机平台是为了提高产品的曝光率，而从主机转移到移动平台则通常是为了创作更廉价的游戏。

(6) 虚拟现实(VR)和增强现实(AR)逐渐成为商业现实

在虚拟现实技术层面，虚拟现实头戴设备 HTV Vive、Oculus VR 相继问世，索尼 Morpheus 头盔则有可能于 2016 年第二季度登场。在增强现实技术层面，微软公司正在为 AR 头盔 Hololens 出炉做准备，而谷歌公司则投资了同一领域的厂商 Magic Leap。此外，育碧等大型游戏发行商也在研究 VR 和 AR 领域。

**3. 游戏行业的业态变化**

（1）全方位的体验游戏

平板电脑和智能手机在少年儿童中的渗透率不断提高，游走于虚拟与现实世界之间，可以激发他们全方位体验游戏的需求。目前，《莫西怪兽》《象鼻虫乐园》和《愤怒的小鸟》都既有游戏产品，也有数码玩具、周边商品，而以《小龙斯派罗》《迪士尼无限》和任天堂 Amiibo 为代表的产品也证明了将游戏与实体玩具相结合的互动市场的巨大潜力。这并不一定会受限于统一品牌。未来，有望在游戏、电影、电视以及网络上看到更多的"硬核"题材，共享更多的数字化产品。

（2）游戏与社交媒体之间的界线变得模糊

《莫西怪兽》和《企鹅俱乐部》等很多虚拟世界既是游戏，也是社交平台。但以《我的世界》为代表的新一代游戏正充分利用宽带连接和联网功能，为用户提供更动态的社交体验。与此同时，当代家用游戏机都有内置社交分享系统，因而玩家可以轻松地拍摄游戏截图和视频，并通过社交网络与朋友分享——在整个过程中不必离开游戏。一款叫做《字母熊》的最新文字解谜游戏将分享机制植入了玩法本身，允许玩家创作怪异、有趣的句子并立即通过推特分享。这是一项堪称完美的口碑营销功能。

（3）观看视频成潮流

在 Twitch 和 YouTube 知名游戏主播频获关注的今天，游戏开发者需要考虑如何让自家游戏的视频被更多用户观看。《模拟山羊》《萌萌小人大乱斗》和《极速奔跑者》等游戏之所以大获成功，YouTube 和 Twitch 主播们通过有趣视频对它们进行的宣传都功不可没。此外，索尼等企业开始设想将视频教学、视频引导以及制作视频的工具并入游戏本身。这样的话玩家就不需要在游戏外寻找提示、技巧和攻略视频。

（4）主流游戏成为服务提供商和平台商

Rovio、Zynga 和 Supercell 等智能手机游戏开发商通过即时响应分析数据，并基于此调整游戏难度，增加可下载内容等方式，将自家游戏打造成了平台，而非持续推出续作。今天，主流主机和单机游戏研发商也对这一趋势做出了响应。Bungie 工作室旗下的《命运》这款在线射击网游，强调多人协作玩法，工作室内部有一支团队专门负责跟踪和解读服务器数据及玩家反馈，并基于这些数据对游戏体验做出调整。对于《命运》，动视公司无意发布续作，而是专注于持续推出更新内容。Free-to-play 模式和风气开始影响顶级游戏，开发者们正在学习如何使用用户数据改进游戏。在用户获取成本持续增长的大趋势下，留住当前用户才是关键所在。

（5）电子竞技化身体育赛事

截至目前，游戏发行商倾向于允许自家游戏的视频内容在 Twitch 和 YouTube

等平台免费播出，但在未来，视频直播内容将有可能为游戏公司创造收入。就电竞产业来说，目前用户可以免费观看主流电竞赛事，而这与传统体育项目付费转播和收看的模式是相悖的。体育赛事转播通常通过卫星或者有线电视，对转播权进行收费而且观众是需要付费订阅观看的。职业游戏赛事或许可以从中找到相似的模式。前不久，Twitch 已经允许合作频道收取订阅费用，美国竞技游戏联盟已经把其可订阅的内容放到自己的电子竞技流媒体平台，相信在未来，这种做法将普遍化。

(6) 众筹的演变:从背离到规范

从《精英:危机四伏》到《莎木 3》，很多大型游戏都通过 Kickstarter 等众筹平台检验游戏的受欢迎程度。对这些游戏的开发团队来说，众筹不再是研发资金的唯一来源，而更像是一种市场宣传，以及吸引后续资金注入的手段。主要的电子竞技游戏像 Dota2 和《神之浩劫》都通过众筹来提高他们职业赛事中提供的奖金。但还需要看到的是，随着众筹模式的不断演变，监管机构也开始加大对众筹的监管力度。前不久，美国联邦贸易委员会就公布了对首个众筹发起者未履行承诺事件的处理结果，该机构裁定涉事开发者不仅未能完成项目的开发，同时还曲解了筹资意图。

## 参考文献

[1] EY. *Cultural times-The first global map of cultural and creative industries* [R]. Paris: CISAC, December 2015.

[2] Keith Stuart, Jordan Erica Webber. *16 trends that will define the future of video games* [EB/OL]. https://www.theguardian.com/technology/2015/jul/23/16-trends-that-will-change-the-games-industry, 2015-06-23.

[3] Newzoo. *Global Games Market Report*[R]. Amsterdam: Newzoo HQ, 2016.

[4] Newzoo. https://newzoo.com/.

[5] PWC. *China entertainment and media outlook 2015—2019* [R]. HK: PWC, 2015.

[6] PWC. *German entertainment and media outlook 2015—2019* [R]. Düsseldorf: PWC, 2015.

[7] Roland J. Kushner, Randy Cohen. *National Arts Index 2016: An Annual Measure of the Vitality of Arts and Culture in the United States: 2002—2013* [R]. Washington DC: Americans for the Arts, 2016.

[8] Stephen E. Siwek. *Copyright Industries in the U.S. Economy: The 2014 Report*[M]. Washington DC: International Intellectual Property Alliance, 2014.

[9] *The global games market reaches $99.6 billion in 2016, mobile generating 37%* [EB/OL]. https://newzoo.com/insights/articles/global-games-market-reaches-99-6-billion-2016-mobile-generating-37/, 2016-04-21.

[10] U.S. Department of Commerce, International Trade Administration, Industry & Analysis(I&A). *2015 Top Markets Report: Media and Entertainment—A Market Assessment Tool for U.S. Exporters* [R]. Washington DC: International Trade Administration, 2015.

本章撰写:陆　颖

# 第十章　国际贸易中心城市的发展经验分析

以城市为载体加快推进国际贸易中心建设，是上海服务于国家战略的必然选择，是上海建设“四个中心”的重要内容，也是当前上海实现调结构、促转型的有效途径。本章考察几个有代表性的国际城市近年来在商务贸易方面的发展情况，分析其作为国际贸易中心的发展经验，以期对上海国际贸易中心建设有所借鉴。

## 一、作为国际贸易中心的国际化城市

学术研究认为，对于国际贸易中心的认识，从国际化城市或世界城市（world city）的视域去把握会更准确、更具有全局性。全球化城市的本质属性主要表现为在全球化中的连通性，即，一个城市是否具有全球化城市的功能，关键在于它融入各类世界网络体系的程度。从国际贸易中心的发展历史看，它是全球化城市在商贸流通网络化的关键节点，一般都是全球或区域商贸要素高度聚合、商贸环境开放宽松、法律环境公正严密、金融和航运及配套服务业高度发达、本土跨国公司总部密集、国际跨国公司地区总部数量众多、对外贸易辐射全球、零售服务吸纳国际、商贸经济总量全球居前、人文环境等国际化程度高的世界性著名大都市。

根据国际贸易中心城市的辐射力和吸纳力等综合影响力，国际贸易中心城市大致可分为两大类，即，全球性国际贸易中心城市和区域性国际贸易中心城市。目前，世界公认的全球性国际贸易中心城市以美国纽约、英国伦敦、日本东京等为代表；而区域性的国际贸易中心城市则有新加坡和中国香港等为代表。

进入 21 世纪，经济全球化和信息化的进程加快，国际贸易中心城市的发展有了一些新特征，主要表现为：①与国际金融中心相生相伴；②服务经济发达，服务贸易比重高；③跨国公司总部或重要地区总部集聚；④拥有完善且有保障的航运物流运输网络；⑤高度开放与国际化的现代贸易制度；⑥信息化程度高，电子商务领域发展成熟。国际贸易中心普遍以国际大都市为依托，以现代信息技术为手段，以货物贸易、服务贸易和离岸服务为核心，以高度自由化的贸易体制为基础，经济发展能级高，对周边国家和地区的辐射能力强，在世界城市网络体系中起到中枢功能。

根据世界贸易组织（WTO）公布的统计数据，综合各国（地区）货物贸易额与服务贸易额排名以及数据的可获得性，结合国际贸易中心城市应具备的各类特征，本章选取日本东京、中国香港与英国伦敦作为分析对象，分别介绍其作为国际贸易中心城市的一些基本现状，并分析各自发展的特殊经验。3 个城市所在国家（地区）近期的货物贸易和服务贸易情况见表 10.1。

**表 10.1　2014 年日本、中国香港与英国的货物贸易额及服务贸易额排名**

| 国家或地区 | 货物贸易额 | | 服务贸易额 | |
|---|---|---|---|---|
| | 进口排名 | 出口排名 | 进口排名 | 出口排名 |
| 日　　本 | 4 | 4 | 6 | 7 |
| 中国香港 | 7 | 9 | 18 | 15 |
| 英　　国 | 5 | 10 | 5 | 2 |

资料来源：《国际贸易统计 2015》，世界贸易组织；上海科学技术情报研究所（ISTIS）分析整理。

## 二、东京国际贸易中心的发展现状及经验

### （一） 东京国际贸易中心的发展现状

东京是日本的首都，是日本经济、贸易、文化和行政中心，同时也是重要的国际性大都市，是全球金融、贸易、航运中心。2012 年“安倍经济学”出台，在其刺激下，日本及东京的经济经历了两个年度的正增长，但在 2014 年度再度疲软，增速重回负值。显示出日本及东京的经济在刺激政策失效后，依旧没有找到稳定增长的有效模式。目前，东京面临的最大困难就是少子高龄化的威胁。虽然东京是日本为数不多持续保持人口增长的地区，但出生率低、高龄老人快速增长的现实依旧没有改变，所谓的人口增长也仅是靠外来人口的迁入。其次，第三世界国家的迅速崛起也会对日本及东京的经济造成一定的冲击。不过，访日游客数量的快速增长，以及以创意产业为代表的第三产业的成长，将会给东京的经济带来新的活力。尽管如此，根据东京产业劳动局的公布的数据，

东京的国内生产总值(GDP)、人均收入、就业人口等经济指标均排名日本第一。作为国际贸易中心城市,东京的贸易、港口物流及金融等方面的发展现状如下。

**1. 货物贸易**

根据东京海关公布的2014年贸易年报[1],东京2014年货物出口额为146 946亿日元,相较2013年增长6.9%(图10.1),占日本全国货物出口总额的20.1%;货物进口额为243 472亿日元,相较2013年增长8.4%(图10.2),占日本全国货物进口总额的28.3%,货物进口额创历史新高。其中,通过海运实现的进出口额分别占49.7%和43.3%,通过空运实现的进出口额则分别占50.3%和56.7%。

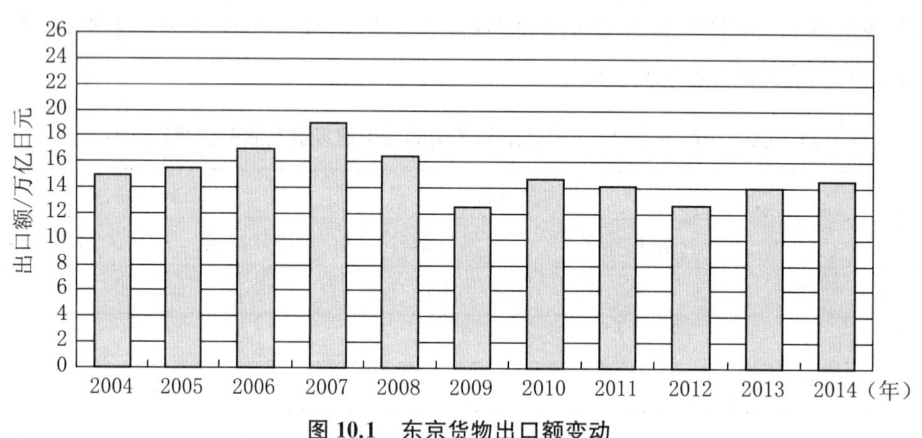


**图10.1 东京货物出口额变动**

资料来源:《2014年度贸易年表》,东京海关。

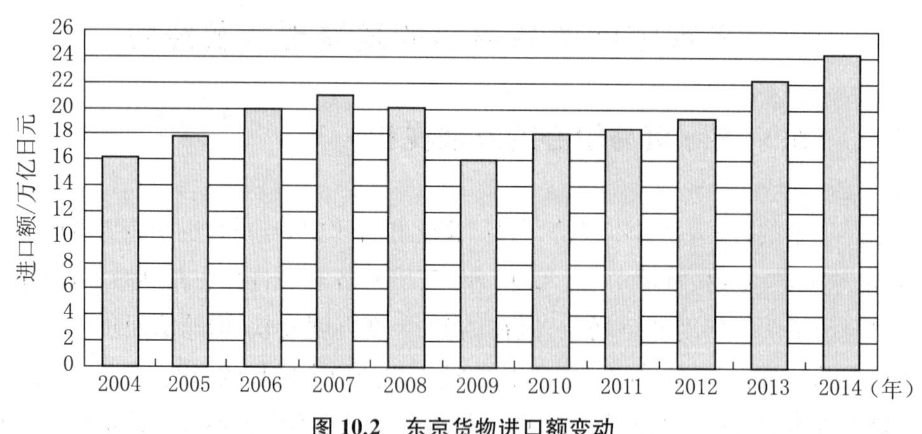


**图10.2 东京货物进口额变动**

资料来源:《2014年度贸易年表》,东京海关。

[1] 东京海关所管辖的范围除东京都内的东京港、羽田机场和成田机场外,还包括新潟港、新潟机场、酒田港、柏崎港、直江津港等东京都外的港口机场。但由于东京都外港口机场发生的贸易额仅占辖区总额不到2%,因此这里不从所引用的东京海关数据中剔除。

值得注意的是，东京是日本的批发零售业中心。2012 年，东京批发业与零售业销售额分别达到 147 万亿日元与 15.2 万亿日元，是排名第二的大阪府的 3.2 倍与 1.8 倍，企业数量也大大超过其他地区(图 10.3)。尤其是批发业销售额占日本全国的 40.2%(表 10.2)，成为日本全国商品流通的中心。发达的批发零售业带来巨大的货物流通，支撑了东京货物贸易的发展。

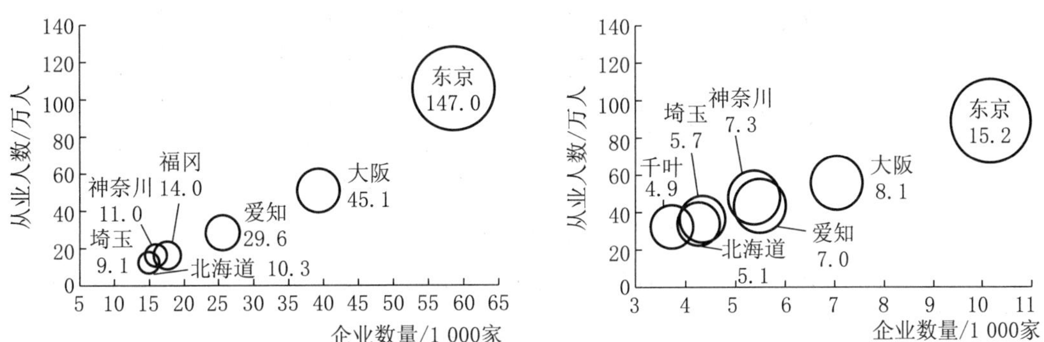


**图 10.3　2012 年日本批发业(左)与零售业(右)从业人数、企业数与销售额比较**

说明：圆圈大小表示销售额规模(单位：万亿日元)，仅选取日本全国排名前 7 位的都道府县。
资料来源：《东京的产业与雇佣就业 2014》，东京都产业劳动局。

**表 10.2　东京历年批发零售额及全国占比**

| 年　份 | 批　发　业 | | 零　售　业 | |
|---|---|---|---|---|
| | 销售额/万亿日元 | 全国占比/% | 销售额/万亿日元 | 全国占比/% |
| 2002 | 160.0 | 38.7 | 16.7 | 12.4 |
| 2004 | 160.1 | 39.5 | 16.8 | 12.6 |
| 2007 | 164.9 | 39.9 | 17.3 | 12.8 |
| 2012 | 147.0 | 40.2 | 15.2 | 13.3 |

资料来源：《东京的产业与雇佣就业 2015》，东京都产业劳动局；上海科学技术情报研究所(ISTIS)分析整理。

**2. 服务贸易**

据 I-TIP 网站[1]数据显示，日本 2014 年服务贸易总额达到 3 480 亿美元，比上一年度增长 14.3%(图 10.4)。东京作为日本服务业的中心，为此做出了重要贡献。在东京的产业体系中，第三产业总产值占比达到 87.5%(2012 年)，而日本全国为

[1] 由世界贸易组织(WTO)与世界银行(WORLD BANK)联合创立的网站，主要提供各类服务贸易数据。

72.4%。整个东京的第三产业总产值在日本全国占比超过 1/5(图 10.5),这也从一个侧面反映,东京为日本服务贸易的增长做出了更多的贡献。

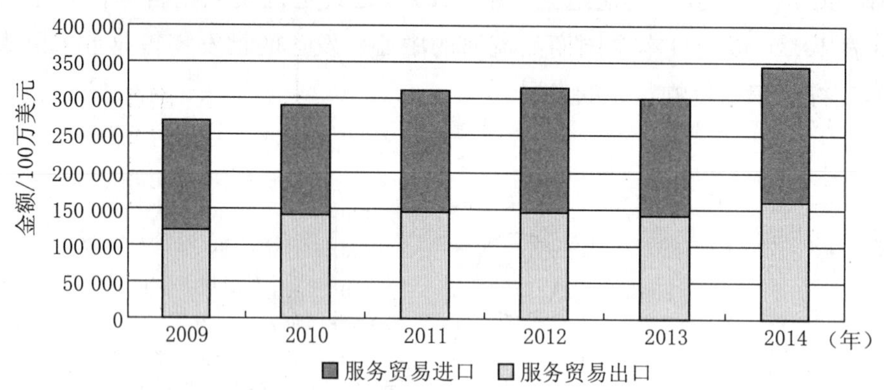


**图 10.4　日本服务贸易额变动**

资料来源:世界贸易组织与世界银行 I-TIP 数据网站,http://i-tip.wto.org/services/;上海科学技术情报研究所(ISTIS)分析整理。

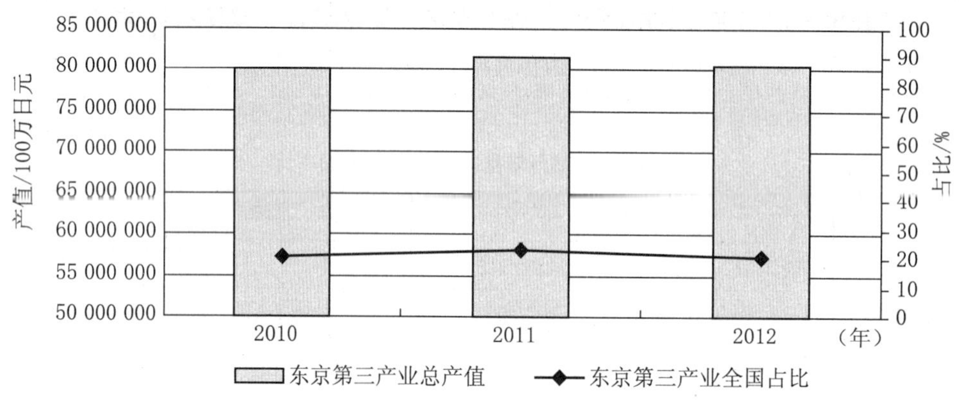


**图 10.5　东京第三产业总产值与全国占比**

资料来源:《县民经济计算——县内总生产》,日本内阁府;上海科学技术情报研究所(ISTIS)分析整理。

### 3. 港口机场及其货物吞吐量

东京都内的东京港、成田机场及羽田机场等 3 处贸易口岸,2014 年合计货物贸易额占日本全国 23.7%(表 10.3),是日本国内最为繁忙的货物进出口岸。其中,东京港与羽田机场的进口额与出口额双双创出历史最高值,3 处口岸的贸易额逆差均创出历史最高值。在"东京圈"内生活工作着 3 000 多万人口,3 处口岸共同担负着为东京都市产业圈及其纵深腹地的工厂企业与居民提供生产生活物资进出口的重要职责。

**表 10.3　2014 年通过东京各港口机场运输的货物贸易额**

| 港口机场 | 进出口 | | | 进　口 | | 出　口 | |
|---|---|---|---|---|---|---|---|
| | 金额/万亿日元 | 增长率/% | 全国占比/% | 金额/万亿日元 | 增长率/% | 金额/万亿日元 | 增长率/% |
| 东京港 | 17.1 | 10.5 | 10.8 | 11.0 | 9.6 | 6.1 | 12.0 |
| 成田机场 | 19.8 | 4.9 | 12.4 | 11.7 | 6.1 | 8.1 | 3.2 |
| 羽田机场 | 0.8 | 17.9 | 0.5 | 0.6 | 23.5 | 0.2 | 4.7 |
| 东京全部 | 37.7 | 5.3 | 23.7 | 23.3 | 8.4 | 14.4 | 6.9 |

说明:"增长率"为与 2013 年数据比较后的数值。
资料来源:《2014 年度贸易概况》,东京海关;上海科学技术情报研究所(ISTIS)分析整理。

### 4. 金融业

20 世纪 80 年代至 90 年代初,日元的国际化提升了东京成作为区域和国际金融中心的地位。目前,东京是日本的金融中心城市,也是重要的全球性金融中心。东京都的金融保险业在日本占据着绝对核心地位,总产值超过全国的 1/3,是第二名大阪府的 5.4 倍(图 10.6)。在一些重要的金融指标上,东京也显示出了在日本金融领域内的主导地位(表 10.4)。东京的金融中心地位,为其国际贸易中心的建设提供了源源不断的新鲜血液。

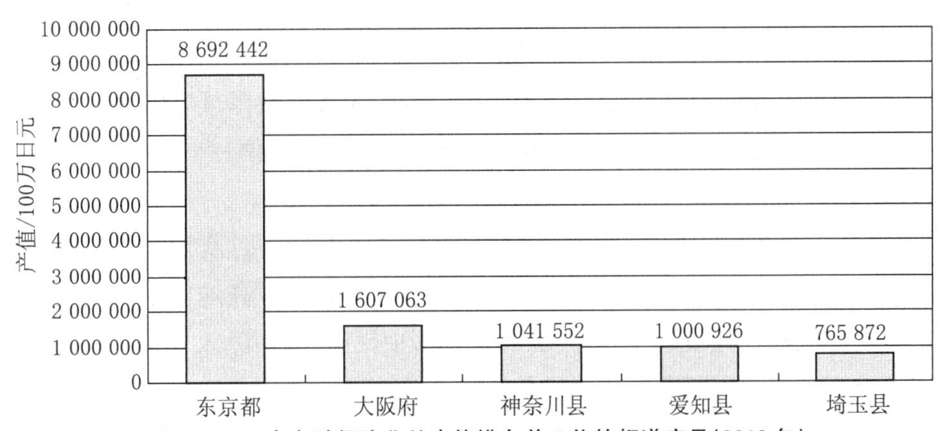


**图 10.6　日本金融保险业总产值排名前 5 位的都道府县(2012 年)**

资料来源:《县民经济计算——县内总生产》,日本内阁府;上海科学技术情报研究所(ISTIS)分析整理。

**表 10.4　东京主要金融数据与全国占比**

| 项　目 | 数据(全国占比) |
|---|---|
| 股票成交量(2014 年) | 7 091 亿股(99.9%) |
| 国内银行存款额(2015 年) | 208 万亿日元(30.9%) |
| 国内银行贷款额(2015 年) | 189 万亿日元(41.8%) |

资料来源:《东京的产业与雇佣就业 2015》,东京产业劳动局;上海科学技术情报研究所(ISTIS)分析整理。

## （二） 东京国际贸易中心的发展经验

### 1. 走“品质化”之路

东京作为国际性大都市，已经跨越了侧重发展某一方面城市机能的阶段，迈入了“综合性建设”的阶段，以城市的“品质化”来吸引资金流、人才流、信息流、贸易流等资源。在 2014 年公布的《东京都长期规划》中，东京政府提出八大城市战略，主要目标是提升城市魅力、国际化程度、市民生活质量以及基础设施水准等方面，以此来全方位提升东京的国际竞争力。

在《东京都长期规划》中，东京提出了颇有雄心的目标：打造全球第一的城市。东京希望借助 2020 年奥运会的召开，建设一座可持续发展的国际大都会，并提出了八大战略目标，包括：举办一届成功的奥运会、使用者视角的基础设施体系、东京魅力的宣传与展示、安全且能够安心居住的城市、先进的福利型城市、全球领先的国际化大都市、环保型新一代城市、对东京辖区内岛屿的开发利用等。为保障战略目标的实现，《东京都长期规划》确定了 25 项政策措施，不仅涵盖了医疗、治安、基础设施建设、环保、旅游、文化等领域，更是制定了“让外国人能够舒适安心居住”“支撑起日本经济的国际经济都市”等政策，对于全球人才及资本具有很大吸引力。

“品质化”的发展模式，为东京在全球贸易和经济领域发挥重要作用提供了必要的基础，确保东京能够继续在国际大都市竞争中占据重要地位。

### 2. 重视人才的引进与培养

在全球各国际贸易中心的竞争中，人才始终是争夺的重点资源。拥有更多高素质的国际贸易相关人才，才能占据国际贸易中心发展的人才高地。东京长期来重视人才对于国际大都市建设的重要作用，出台了多项措施，从国际人才引进以及本土人才培养两方面确保国际贸易中心建设始终保持活力。

在海外人才引进方面，东京政府于 2015 年启动了一项新的国际人才引进措施——“国际人才确保支援事业”。具体措施包括：①开设网站“TOKYO CAREER GUIDE”，为国际人才提供了解东京工作信息的渠道；②开通咨询热线及邮箱，为在东京工作的外国人提供就业政策等的指导；③在海外举行宣讲会，吸引更多的国际人才前往东京工作；④为希望引进国际人才的中小企业提供支持。同时，在《东京都长期规划》中，已经将引进与培养国际化人才列入建设目标，并明确要求完善城市的多语种应对体系（如信息服务台、指示标志等），为外国人士提供无障碍语言交流环境。

在本土人才培养方面，东京实施 GLOBAL10[1] 计划，在计划高中实行英语教育改革，与英语国家高中开展交流，提高学生的英语水平与国际化意识。同时，在中小学推行东京单独使用的英语辅助教材，为部分小学配备从国外招募的“外语活动指导员”，使英语教育更适应国际大都市的发展。此外，在高中开展“新一代领袖道场”，鼓励更多的学生出国留学就业，积累全球业务的知识经验，成为东京建设国际大都市的可用之才。东京提出的最终目标包括：建成培养国际化人才的教育环境、高中毕业生具备日常英语会话能力、高中毕业生有 50%希望从事与国际业务相关的工作。

总之，在构建国际化高端人才高地的竞争中，东京无疑是一个强有力的竞争者，由此形成了东京国际贸易中心的显著优势。

**3. 积极发展总部经济**

跨国公司的总部通常拥有最强的全球资源调配能力，对于维持国际贸易中心的地位具有重要意义。东京长期占据世界 500 强总部最多城市的地位，直到 2014 年才被北京超越，但仍以超过 40 家的数量排名全球第二。不过，由于周边国家尤其是中国的经济实力及国际竞争力的不断增长，东京必须有新的动作，才能维持对跨国公司总部的吸引力。

为此，在日本政府制定的特区政策中，将东京的 5 片区域列为“亚洲总部特区”，予以政策支持，以吸引跨国公司总部入驻。在“亚洲总部特区”构想中，东京的目标是在 5 年内吸引至少 50 家跨国企业的亚洲区业务或研发总部落户东京，并为东京带来至少 500 家新的跨国企业。东京对于这些跨国企业的所在行业目标明确，集中在信息通信、生物医学、精密仪器、航空航天、金融证券、内容创意等产业。优惠扶持措施包括降低综合税率(41%降至 25%左右)、放宽办公楼容积率要求、提供企业咨询注册一站式服务等措施。

此外，东京还有一系列为外籍人士提供生活便利的政策。包括放宽外籍医生行医限制、增加国际学校、放宽外籍律师执业限制、完善医院的英语服务、推广各类服务设施的英语服务等。

## 三、中国香港国际贸易中心的发展现状及经验

### （一） 中国香港国际贸易中心的发展现状

香港是国际商业枢纽，有便利的经商环境、完善的法律制度、自由的贸易制度、竞争环境公平开放、服务业发达、人口教育水平良好等优势。目前，香港是世界第十大

[1] “GLOBAL10”计划：东京为培养国际化人才，选取 10 所高中施行强化英语教育。

贸易实体，以集装箱吞吐量计算，香港的港口是全球最繁忙的集装箱港口之一。但是，随着世界经济中心的东移，与香港处于同一区域的东京、上海、新加坡等国际性大都市在金融、贸易、航运等领域发展迅速，香港国际贸易中心的发展正面临着不小的挑战。同时，由于香港制造业不断萎缩，“产业空洞化”的形势加剧，且科技基础薄弱，致使其经济结构显得单一，其抵御经济风险的能力还有待加强。

**1. 货物贸易**

2015 年，全球经济环境持续低迷，需求疲弱，致使全球贸易活动增速放缓，香港同样受此影响。2015 年香港的货物进口与转口贸易额自 2009 年以来首次出现负增长，香港本地产品出口额则创下 2009 年以来最低值(表 10.5)。尽管如此，香港的货物贸易规模仍然在全球所有经济体中跻身前 10 名内。

**表 10.5　香港货物贸易进出口额变动(2009—2015 年)**

| 年份 | 进口额/亿港元 | 出口额/亿港元 | | |
|---|---|---|---|---|
| | | 整体出口额 | 香港产品出口额 | 转口额 |
| 2009 | 26 924 | 24 690 | 577 | 24 113 |
| 2010 | 33 648 | 30 310 | 695 | 29 615 |
| 2011 | 37 646 | 33 373 | 657 | 32 716 |
| 2012 | 39 122 | 34 343 | 588 | 33 755 |
| 2013 | 40 607 | 35 597 | 544 | 35 053 |
| 2014 | 42 190 | 36 728 | 553 | 36 175 |
| 2015 | 40 464 | 36 053 | 469 | 35 584 |

说明：“整体出口额”为“香港产品出口额”与“转口额”总和。

资料来源：《香港货物贸易统计 2015 年周年附刊》，香港特别行政区政府统计处；上海科学技术情报研究所(ISTIS)分析整理。

就货物贸易而言，中国内地是香港最重要的货物贸易伙伴，2015 年香港对内地的货物贸易中，出口与进口分别占香港整体货物出口及整体货物进口的 54%和 49%。东盟则是香港地区第二大的货物贸易伙伴，排名甚至超越欧盟。其中，越南与新加坡是东盟成员国中香港地区货物出口的两个最大市场。近年来，随着经济不断的发展，印度已经成为香港地区货物出口的第四大市场[1]。

**2. 服务贸易**

香港是高度城市化的经济体，第一产业对 GDP 增加值贡献很小。而且自 20 世

[1] 数据来自香港特别行政区政府香港经济近况网站。

纪80年代后期以来，随着人力、租金等成本不断上升，香港的第二产业也逐渐萎缩。[1]2013年制造业仅占香港GDP的1%，建筑业及水电燃气业分别为4%和2%。与之相对的是，第三产业占据了香港经济93%的绝对主导地位，并且吸纳了88.5%的就业人口。

香港发达的服务业也带动了服务贸易的繁荣，强化了它作为国际贸易中心城市的地位。2014年，香港服务贸易总额14 004亿港元；其中，服务贸易输出8 270亿港元，服务贸易输入5 734亿港元。贸易服务总额与输出额较2013年小幅增长0.3%与1.8%，贸易服务输入额则小幅下降1.7%。值得注意的是，香港服务贸易差额自2009年起连续出现顺差并且持续增长，呈现出良好的发展态势（图10.7）。

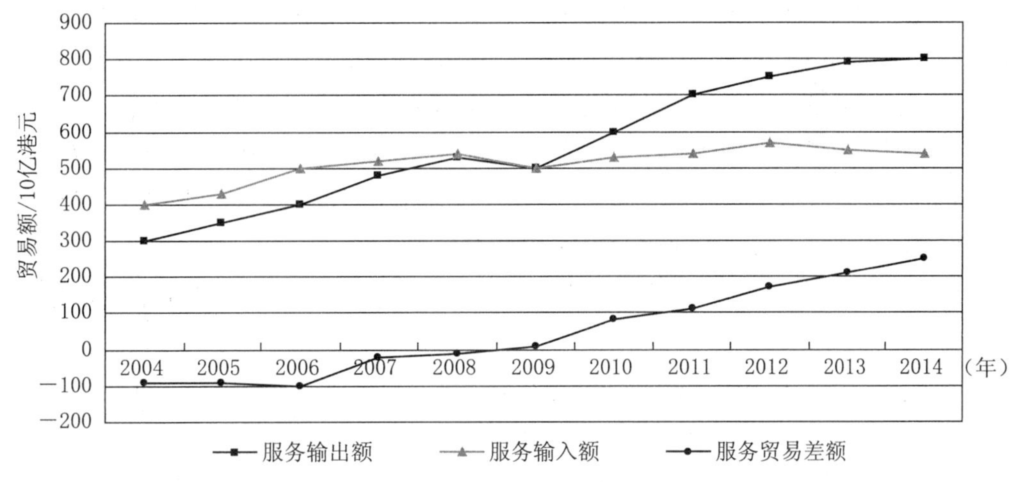


**图10.7 香港服务贸易统计（2010—2014年）**

资料来源：《2014年香港服务贸易统计》，香港特别行政区政府统计处；上海科学技术情报研究所（ISTIS）分析整理。

**3. 港口机场及其货物吞吐量**

得益于优越的地理位置，香港成为经济快速发展的中国内地与世界各地的贸易中转枢纽。香港拥有世界级的港口基础设施、高效的物流信息系统、出色的供应链管理、完善的物流服务以及海陆空多式联运体系，使之成为全球重要的航运中心，促进了香港作为国际贸易中心城市的发展。

香港的货物运输主要通过海运、河运与空运等3种方式完成。其中，海运为主要运输方式，其次为河运（表10.6）。空运货物吞吐量虽然相对较少，但按照香港特区政府统

［1］ 数据来自《香港年报2014》。

计处的数据，香港国际机场的国际空运货物吞吐量排名 2014 年全球机场第一位。

表 10.6　香港海运、河运及空运货物吞吐量统计　（单位：万吨）

| 项　目 | 2015 年 | 2014 年 | 2013 年 |
| --- | --- | --- | --- |
| 海运货物吞吐量 | 16 859 | 19 732 | 18 424 |
| 河运货物吞吐量 | 8 797 | 10 042 | 9 182 |
| 空运货物吞吐量 | — | 438 | 413 |

资料来源：香港特别行政区政府统计处网站及《香港统计月刊——空运货物统计》；上海科学技术情报研究所（ISTIS）分析整理。

**4. 金融业**

在金融全球化的背景下，中国香港因其地位独特，毗邻经济发展蓬勃的中国内地，语言文化一脉相连，成为连接中国内地与世界各地的桥梁。同时，香港处于亚洲中心，与纽约和伦敦连成 24 小时运作不息的中国交易系统。香港与整个亚太区紧密联系，又有公平的营商环境和健全的监管制度。香港金融市场在高效透明且符合国际标准的监管下运作，资金进出自由，投资者得到充分的保障，这些香港的优势进一步巩固香港作为亚洲主要国际金融中心的地位。

另一方面，香港劳动人口教育水平高，外地专才来港工作遭遇的制度障碍极小，因此香港可谓人才济济。同时，由于市场流通性高，不少跨国金融机构均积极地来港拓展业务。各种要素聚集香港作为国际金融中心的竞争力备受肯定。根据 2015 年 9 月发表的全球金融中心指数（GFCI）[1]，中国香港位列全球第三，仅次于伦敦与纽约（表 10.7），为香港国际贸易中心的发展营造了高效的金融环境。

表 10.7　全球金融中心指数 GFCI（2015 年 9 月发表）

| 城　市 | 本期排名 | 上期排名 | 城　市 | 本期排名 | 上期排名 |
| --- | --- | --- | --- | --- | --- |
| 伦　敦 | 1 | 2 | 首　尔 | 6 | 7 |
| 纽　约 | 2 | 1 | 苏黎世 | 7 | 6 |
| 香　港 | 3 | 3 | 多伦多 | 8 | 11 |
| 新加坡 | 4 | 4 | 旧金山 | 9 | 8 |
| 东　京 | 5 | 5 | 华盛顿 | 10 | 12 |

资料来源：Z/YEN 集团官方网站，http://www.zyen.com/；上海科学技术情报研究所（ISTIS）分析整理。

[1] 全球金融中心指数（GFCI）是由英国 Z/YEN 集团发布的衡量国际金融中心地位的指数。2007 年 3 月开始，该指数开始对全球范围内的 46 个金融中心进行评价，并于每年 3 月和 9 月定期更新以显示金融中心竞争力的变化。

## （二）中国香港国际贸易中心的发展经验

### 1. 以“自由港”繁荣国际贸易

香港作为自由港，其历史悠久，发展历程独特。在进一步完善自由贸易港的过程中，香港特区政府奉行积极不干预政策，借助立法完善竞争规则，依靠市场机制来调节经济运行、配置社会资源，确保人员、商品、资金等经济要素能够真正自由地进出，营造自由通航、自由贸易、自由竞争、自由投资的良好环境，使香港成为全球重要的自由贸易港。特殊的历史背景造就了香港独特的发展经历，也使香港具备了国际航运中心、国际贸易中心和国际金融中心的功能，这些功能紧密地结合在一起，形成了巨大的能量。

香港自由港建设具备以下特征：①高效的行政体系。体现在企业注册效率高且条件宽松。企业注册一般只需 3 个步骤就能拿到公司执照，对公司注册资本金额没有限制。②开放的投资环境。香港特区拥有开放的投资制度，对外来及本地投资者一视同仁，没有任何歧视措施。同时，积极寻求对外投资的机会，对在境外投资同样不设专门的限制。③开放的金融市场。香港实行自由汇兑制度，本地资金和境外资金均可自由进出、自由流动，这些制度为香港提供了金融保障。④国际航运自由，运输工具进出不受海关限制。船只从海上进入或驶离港口都无须向海关结关，进出或转运货物在港内装卸、转船和储存不受海关限制。⑤海关监管高效，报关通关便利快捷。除豁免报关的商品外，承运人只需于货物输入或输出后 14 日内向海关详细呈报商品资料和报关单。通关环节，香港推出了“海易通计划”[1]和“认可经济营运商计划”[2]，使通关渠道多样化、便捷化。此外，香港的低税负水平、健全的法律体系以及便利的人才流动模式，同样是香港自由港制度的重要组成部分。

正是以上的特点，使得香港在国际贸易中心建设中形成了独特优势，对于要求快捷、高效、便利的跨国企业来说，有着巨大的吸引力。

### 2. 强化中小贸易企业的活力

香港作为国际贸易中心城市，虽然大型贸易企业依旧占据主导地位，并具有资

[1] 海易通计划，目的为简化现时的海关清关程序，为海运货运代理提供一个电子渠道，以 Excel/CSV 档案，预先向海关提交提单数据（海运模式的入境/转运货品）。

[2] “香港认可经济营运商计划”于 2010 年开始运作，是一个公开及自愿参与性质的认证制度，由香港海关执行。根据该计划，本地公司如已符合既定的安全标准，不论规模，均可成为认可经济营运商，并享有相关便利通关安排。所有涉及国际供应链的相关各方，均可参加这个伙伴计划。

金、信用，以及遍布全球的贸易资源等方面的优势，但是香港中小贸易企业的力量不容小觑。香港贸易发展局数据显示，截至 2015 年 6 月，香港约有超过 10 万家进出口贸易公司，其中员工超过 100 名的公司不足 300 家。香港的中小贸易公司的平均雇员人数仅在 10 人左右，大多数会专攻某个领域，并担任外国品牌的代理或分销商。香港的中小贸易公司大致可分为 3 类：①“左手交右手”：这些贸易公司主要为买卖双方配对，在整个过程中没有提供多大增值。②提供基本增值服务：不少贸易公司为其供应商采购原材料，并使用客户开出的信用证作为担保，为其订单融资。还有一部分公司与多家工厂建立外包关系，并对这些工厂的生产进行管理以及品质控制。③提供高增值服务：有些企业为供应商的工厂设计并生产零部件，以供生产制成品作出口之用。这些企业的增值大部分来自其设计队伍，而其竞争优势在于有能力设计在目标市场销路畅旺的产品。

形成中小贸易企业为主这一局面的原因在于政府采取自由企业制度，个人可以通过极为简单的手续设立贸易公司，且开办费用低廉。中小贸易企业优势在于适应性强，经营独立灵活。因此，国际贸易中心城市的形成不仅仅是靠吸引大型贸易企业或跨国企业总部，有数量庞大、经营灵活的中小贸易企业构成的市场基础，对于国际贸易中心的建设也是非常重要的。

**3. 转口贸易转向离岸贸易**

随着全球经济格局的变化和中国大陆经济的崛起，香港转口贸易所依赖的港口设施、清关便利、地理位置等传统优势不断弱化，而离岸贸易所依托的全球贸易网络优势却得到强化。为进一步降低成本，越来越多的香港贸易企业选择将中国内地生产的产品在当地直接起运，而无须在香港转口。随着全球贸易商在香港的大量集聚，使香港在控制全球贸易网络、实施全球价值链管理等方面的优势得到凸显，香港贸易企业的核心功能转向强调其全球运营功能，并通过离岸贸易方式对全球原料、中间品、产成品的交易进行整合配对，由此带动了离岸贸易的不断发展。

香港从 1988 年开始每 3 年进行一次离岸贸易调查，2000 年后香港特区政府发现这是很重要的数据，于是进行了一套更完整的研究。根据香港特区政府统计处的数据，自 2006 年起香港每年的离岸贸易货值都高于转口货值，2013 年离岸贸易货值接近 5 万亿港元，相当于同期香港转口贸易货值的 1.4 倍。从 2002 年至 2013 年，离岸贸易货值增幅达到 240%，远高于同期转口贸易货值 145%的增幅(图 10.8)。香港已经从转口贸易转型至离岸贸易阶段。

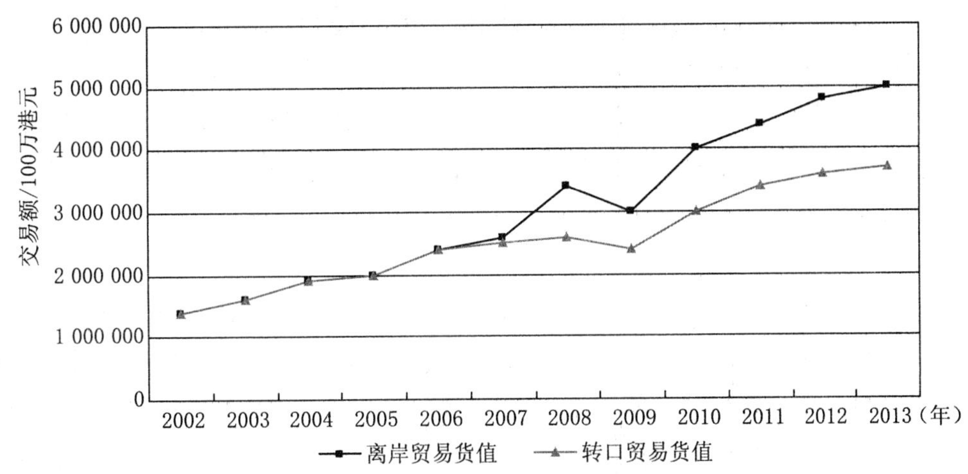


**图 10.8　中国香港离岸贸货值与转口贸易货值比较**

资料来源：中国香港特区政府统计处网站；上海科学技术情报研究所（ISTIS）分析整理。

转型离岸贸易为香港国际贸易中心发展带来了新动力。其一，带动了香港服务业的升级。贸易中间商在离岸贸易模式中扮演着供应链管理、整合和优化的角色，通过对与贸易有关的服务的外包和集成，实现交易环节成本的最小化。这些服务环节的外包，促使新的贸易服务部门不断涌现，如贸易信息资讯服务、贸易展示服务、与国际贸易有关的研发设计服务等，由此推动了香港服务贸易结构的升级。其二，巩固了香港国际贸易中心的地位。香港贸易企业通过离岸贸易方式，将商品由货源地直接销往客户所在地，发挥其全球运营功能，增强了对全球贸易的影响力。离岸贸易的快速增长及境外生产投资规模不断扩大，推动了香港从传统国际贸易中心向现代国际贸易中心的转型，巩固了国际贸易中心的地位。

## 四、伦敦国际贸易中心的发展现状及经验

### （一）伦敦国际贸易中心的发展现状

英国首都伦敦是世界上重要的金融、贸易、航运中心之一。大伦敦地区面积达 1 572 公里$^2$，由伦敦金融城——“伦敦市（City of London）”以及 32 个自治市组成。伦敦是英国的政治和经济中心，大伦敦地区的总增加值（GVA）[1]以及人均总增加值

［1］总增加值（Gross Value Added，GVA）是衡量一个地区经济规模的指标，英联邦国家使用较多。其与 GDP 的换算关系为 GDP=GVA+产品税收－产品补贴。

都排名英国首位。2014 年,伦敦的 GVA 超过了英国 GVA 的 1/5,伦敦人均 GVA 则是整个英国人均的 1.73 倍。

英国经济在本轮金融危机后实现了快速的复苏,这也为伦敦的发展带来了许多助力。但伦敦如今面临越来越多的国际竞争,英国如果走上脱离欧盟的道路,将会对伦敦的国际地位产生较大影响。

**1. 货物贸易**

近年来,发展中国家经济增速较快,货物贸易增长迅速,相比而言发达国家经济维持稳定,货物贸易亦无太大增长。伦敦的货物贸易虽然在全球范围内并非排名靠前,但依然可以依靠良好的贸易软环境在全球贸易中心城市中占有一席之地。根据英国税务海关总署统计,英国全国的进出口贸易总额自 2012 年与 2013 年连续增长后出现回落,而伦敦的进出口贸易额则基本呈现稳定态势,并且在英国全国的占比近年来持续维持在 14%以上,是英国重要的货物贸易中心(表 10.8)。

**表 10.8　英国与伦敦的进出口货物贸易额**　　(单位:亿英镑)

| 项 | 目 | 2011 年 | 2012 年 | 2013 年 | 2014 年 | 2015 年 |
|---|---|---|---|---|---|---|
| 英国 | 进口额 | 3 947 | 4 063 | 4 111 | 4 078 | 3 982 |
| | 出口额 | 2 953 | 2 963 | 2 986 | 2 866 | 2 793 |
| | 总　额 | 6 900 | 7 026 | 7 097 | 6 944 | 6 775 |
| 伦敦 | 进口额 | 703 | 758 | 722 | 683 | 697 |
| | 出口额 | 351 | 351 | 327 | 287 | 324 |
| | 总　额 | 1 054 | 1 109 | 1 049 | 970 | 1 021 |

资料来源:UK Regional Trade in Goods Statistics, HM Revenue & Customs;上海科学技术情报研究所(ISTIS)分析整理。

**2. 服务贸易**

2014 年,伦敦 GVA 最高的产业是金融保险业,其次为专业与科技服务、房地产相关活动、信息通信服务、批发零售与车辆维修等产业,这 5 个主要产业构成了伦敦经济的核心,合计占伦敦当年 GVA 比重达到 60.5%,而整个第三产业占比更是达到了 91%(图 10.9)。由此可见,伦敦是一个以服务经济为支柱的国际化大都市。

虽然没有关于伦敦服务贸易的直接数据,但由于伦敦各服务行业在英国整体服务行业中所占比重较高[1],因此从英国整体的服务贸易情况可大致推出伦敦的服务

[1] 2014 年,伦敦五个主要行业在英国该行业整体中占比分别为:金融保险业 51.8%,房地产相关活动 24.7%,专业与科技服务 34.3%,信息通信服务 37.8%,批发零售与车辆维修 15.8%。

贸易情况。英国整体服务行业发达，服务贸易出口不断增长，服务贸易顺差持续扩大，服务贸易呈现良好的发展态势（图 10.10）。

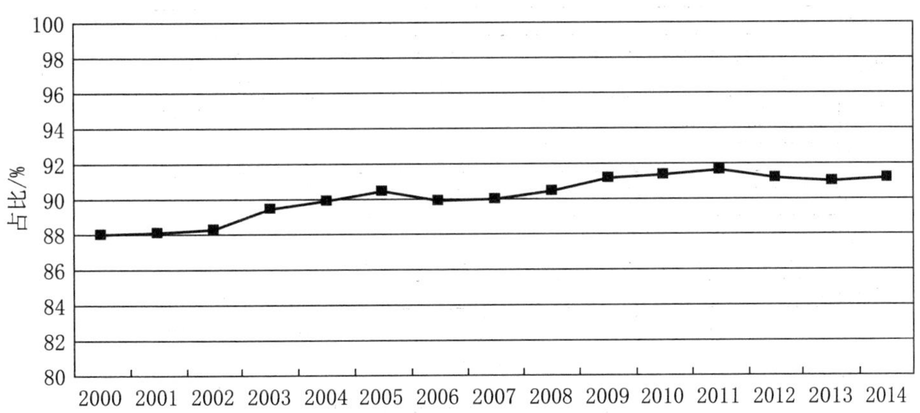


**图 10.9　第三产业在伦敦经济中所占比重变化**

资料来源：Regional Gross Value Added（Income Approach） reference tables，Office for National Statistics；上海科学技术情报研究所（ISTIS）分析整理。

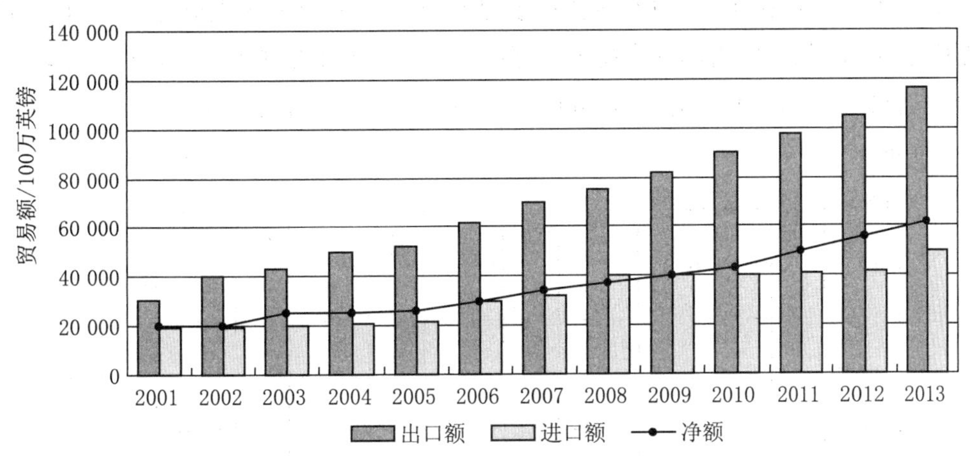


**图 10.10　英国服务贸易额**

资料来源：International Trade in Services—2013，Office for National Statistics；上海科学技术情报研究所（ISTIS）分析整理。

### 3. 港口机场及其货物吞吐量

伦敦港位于英国东南沿海泰晤士河下游的南北两岸，从河口开始向上游延伸，经蒂尔伯里（Tilbury）港区越过伦敦桥直指特丁顿（Teddington）码头。沿河两岸有众多船坞、码头等设施。伦敦港曾经是世界上最大的港口，但如今已被不少港口赶超。2014 年，伦敦港口的货物吞吐量为 4 450 万吨，比 2013 年小幅增长 3%，但难以扭转伦敦港货物吞吐量下降的趋势（图 10.11）。

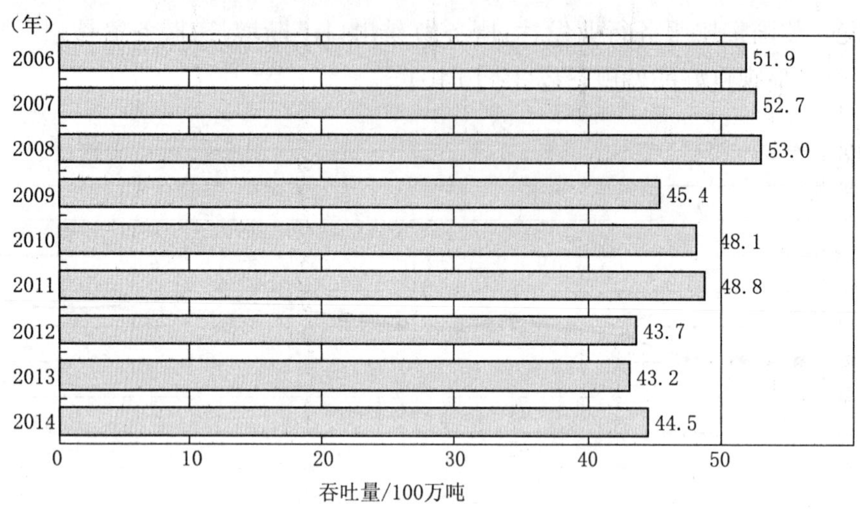


**图 10.11　伦敦港货物吞吐量**

说明：该数据不含尚未完全建成的伦敦门户港(London Gateway)。
资料来源：伦敦港务局《2014 年年报》。

伦敦共有 5 座机场，其中希斯罗机场是欧洲客运量最大的机场之一。但在机场货物运输方面，伦敦的机场并未排入全球前 10 位，如希斯罗机场 2014 年货物运输量为 150 万吨(图 10.12)，仅为香港国际机场(当年为 438 万吨)的 34%左右。

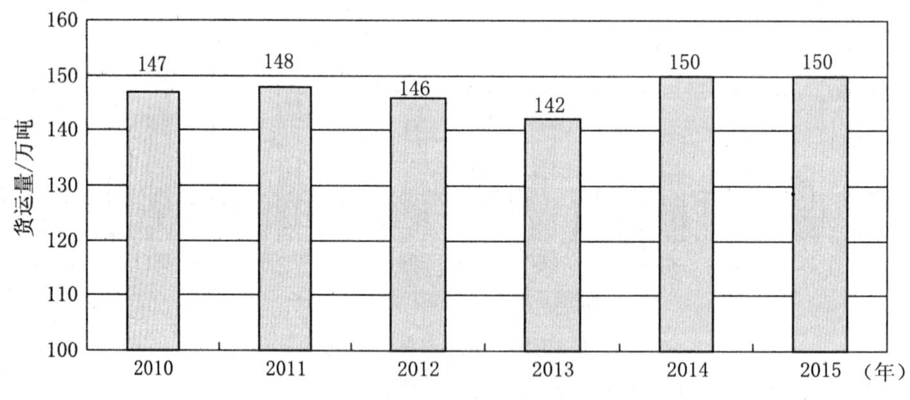


**图 10.12　伦敦希斯罗机场货物运输量**

资料来源：希斯罗机场官方网站，http://www.heathrow.com/company/；上海科学技术情报研究所(ISTIS)分析整理。

## 4. 金融业[1]

英国在多个金融交易市场方面占据着全球最大的份额，而作为英国金融心脏的

[1] 本小节中的数据来自张懿的“伦敦国际金融中心的创新”以及 theCityUK 发布的报告“Key facts about the UK as an international financial centre”。

伦敦，在全球多个金融中心城市不断崛起的情况下，依然得以在国际范围内保持着很强的竞争力(表 10.9)。

**表 10.9　各国(地区)全球金融市场份额**

| 项　　目 | 英国 | 美国 | 日本 | 法国 | 德国 | 新加坡 | 中国香港 | 其他 |
|---|---|---|---|---|---|---|---|---|
| 跨国银行贷款占比(2013 年 9 月)/% | 17* | 10 | 11 | 9 | 9 | 3 | 4 | 37 |
| 外汇交易额占比(2013 年 4 月)/% | 41* | 19 | 6 | 3 | 2 | 6 | 4 | 19 |
| 交易所交易合同数量占比(2012 年)/% | 7 | 34* | 2 | — | 8 | — | 1 | 48 |
| 场外利率衍生品交易额占比(2013 年 4 月)/% | 49* | 23 | 2 | 7 | 4 | 1 | 1 | 13 |
| 海事保险净保费收入占比(2012)/% | 22* | 5 | 8 | 4 | 5 | 1 | 1 | 54 |
| 资产管理规模占比(2012)/% | 8 | 45* | 7 | 3 | 2 | — | 1 | 34 |
| 对冲基金占比(2013)/% | 18 | 65* | 2 | 1 | — | 1 | 1 | 12 |
| 私募股权投资价值占比(2012)/% | 10 | 48* | 1 | 5 | 2 | 1 | — | 33 |

说明：带 * 号的数字代表全球首位。
资料来源：*Key facts about the UK as an international financial centre*, the City UK.

在银行业务方面，绝大多数全球大型银行机构选择在伦敦开展业务。伦敦共有各类外资银行分行或子行超过 250 家，居全球首位。伦敦是全球最大的保险市场之一，其在海事保险上的优势尤为明显。伦敦的再保险市场占据全球 10%的份额，全球主要再保险经纪公司的总部大多数设在伦敦。伦敦拥有最具国际化的金融市场，截至 2014 年 10 月，伦敦证交所挂牌上市的外国企业 529 家，居世界主要证交所之首；伦敦的国际债券交易量占全球的 70%，同时也是欧元债券发行中心；伦敦是全球最大的外汇交易市场，外汇交易量约占全球总量的 40%。

## (二) 伦敦国际贸易中心的发展经验

### 1. 以强大的金融实力为后盾

伦敦自 17 世纪起逐步发展为英国的金融中心，进入 18 世纪后进一步发展成为全球金融中心。虽然 20 世纪上半叶，伦敦国际金融中心因战争等原因出现衰落，但在首相撒切尔夫人执政期间，英国奉行的自由主义金融政策，使得伦敦国际金融中心再次崛起。在 2010 年起公布的"新华·道琼斯国际金融中心发展指数（IFCD INDEX）"[1]排名中，伦敦连续排名第二，仅次于纽约。而在 2007 年起公布的"全球金融中心指数（GFCI）"排名中，伦敦除 2014 年被纽约超过外，全部排名第一。

伦敦的金融实力为国际贸易中心提供了有力的资金支持。伦敦作为全球重要的金融中心，其金融业务种类齐全，信贷、证券、保险和外汇等市场在全球排名前列。而繁荣的金融市场，又吸引了国内外众多银行入驻。这些银行不仅为贸易公司、跨国企业提供信贷资金，还为国际贸易与航运业务提供各类融资、贴现、结算、担保等服务。

充沛的资金、先进的金融体系、完善的贸易服务体系，以及老牌国际金融与贸易中心的信誉，使伦敦即使在货物贸易方面落后于其他国际贸易城市，但依旧占据着国际贸易中重要的一席之地。

**2. 首屈一指的航运服务业**

伦敦国际航运中心的地位，主要体现在：①国际航运信息中心。伦敦是全球航运专业媒体最为集中的城市，德鲁里航运咨询公司（航运）、克拉克松研究公司（造船）、国际海事权威机构劳氏船级社、集装箱化国际资讯中心（集装箱运输）等咨询机构均设立在伦敦，这些机构发布的信息指导着全球航运交易与航运市场的运行。②国际航运金融与保险中心。伦敦掌握了全球船舶融资市场的 18%，以及超过 20%的海事保险市场。同时，伦敦还有为数众多的从事船舶金融以及海事保险行业的专业人员。③官方和非官方国际海事机构的集聚地。至少有 15 个海事国际组织总部设在伦敦，其中就包括联合国下属唯一的专门海事机构国际海事组织总部，以及世界上最重要的航运交易所——波罗的海航运交易所。④全球海事法律服务中心。当今国际通行的海事仲裁制度主要源自英国，且英国几百年来逐步形成了一套几近成熟和完备并具广泛国际影响力的海事法律制度，同时还有业务素质世界一流的海事法律专业人才队伍，因此英国顺理成章地在国际海事法律领域占据着龙头地位。1960 年成立于伦敦的海事仲裁机构——伦敦海事仲裁协会（LMAA），是全球最重要的海事仲裁机构之一，每年向该机构申请的海事仲裁案件超过 2 000 件。

伦敦国际航运中心的优势并不体现在港口规模及货物吞吐量等硬指标上，但正是航运信息、航运金融与保险、海事法律服务等软实力，使伦敦掌握了国际航运的话

[1] 新华社旗下的中经社控股与芝加哥商业交易所集团指数服务公司（道琼斯指数公司）于 2010 年起共同发布的国际金融中心指数。

语权，进而巩固了伦敦国际贸易中心地位。

**3. 不断提升的物流基础设施建设**

伦敦依靠其软实力维持国际贸易中心的地位，同时在物流基础设施上依然不断提升。2013 年，由阿联酋迪拜港务集团（DP World）投资建设并管理的新港口"London Gateway（伦敦门户港）"正式开始运营。伦敦门户港项目是逾半个世纪以来伦敦最大型的基建项目，港口建设共分 3 期，总投资 15 亿英镑，设计年吞吐量 350 万标准箱，预计雇佣 3.6 万名员工。新港口工程总面积 94 万米$^2$，选址距伦敦市中心仅 40 公里。由于伦敦地区是英国消费能力最强的地区，因此该港口的地理区位条件享有很大优势。

伴随着新港口的建成，一系列连接港口的交通网络也已经在规划建设之中。为了解决大船进港的问题，英国政府对该港至出海口的泰晤士河下游长达 100 公里的航道进行大规模疏浚工程，使水深达到 17 米，加上潮汐涨退水位高低的 6 米，涨潮高峰可达水深 23 米，完全可满足万箱乃至 1.8 万箱集装箱船自由进出港口的需要。在港口旁就是新建设的铁路货运专线，装卸下的货物除了公路运输外，也可以选择铁路运输。

在港口的背后是一个全欧洲最大规模、由最新营运模式组成的物流园，占地 106.7 公顷，可以满足商业批发、配送加工、拼装重新整合的物流工程的需求。这种港口、铁路和物流园的三结合，并以高效现代化的经营管理，正是新建港口的优势。

新的港口以及提升后的物流运输体系，将会为伦敦国际贸易中心带来新的竞争力。

## 五、上海建设国际贸易中心的建议思考

如何建设上海国际贸易中心，诸多研究已经提出了许多好的建议，以后还可能有许多新的想法。这里仅借鉴东京、香港与伦敦等国际贸易中心的建设经验，提出以下建议。

### （一）着力提升城市品质，提高综合竞争力

上海建设国际贸易中心，需要充分利用自身的历史人文底蕴，提升城市品质，构建适宜全球商务人士工作生活的宜居环境。借鉴东京的经验，从基础设施、社会管理、就学条件、医疗保障、生活服务、休闲娱乐、纳税政策、出入境管理等诸多方面构建

起国际化的都市环境。其中，出入境管理、医疗保障、外籍人士子女就学等属于政策保障，同时还应注重相关基础设施的完善，如公共设施的英文标识、公共景观、防灾设施、高端酒店等。此外，国际化的人文环境建设也是上海建设国际贸易中心的题中应有之义。除创办英语媒体、开设外语频道、出版英文报纸杂志外，上海还应着力提升城市文明礼貌的氛围，公共秩序规范有序，发扬海纳百川的城市精神，使各国人士都能在上海和睦共处，愿意在上海长期从业和安家。

## （二） 以国际金融中心促进国际贸易中心建设

纵观全球主要的国际贸易中心，其国际金融中心属性同样显而易见，两者相生相伴，互为支撑，缺一不可。金融保险业是发展贸易中心的基础，没有充沛的稳定的资金流和创新的金融产品，很难支撑起国际贸易中心的建设。应鼓励金融租赁公司、融资租赁公司等积极设计船舶、飞机等的租赁业务，为货物运输提供保障。扩展跨境贸易人民币结算，将人民币结算范围扩展到整个服务贸易领域。加大对中小企业进出口信贷支持力度，推进贸易融资服务创新，加强对离岸贸易发展的金融支持。鼓励有关金融机构和航运企业成立专业性的海事保险机构，并可考虑对进出口企业在上海投保海事保险给予优惠政策。

## （三） 推动总部经济发展，提升贸易中心能级

总部经济对于国际贸易中心的发展能起到强力的辐射带动作用。这主要通过“总部企业对产业链资源的跨区域集中配置，建立覆盖区域乃至全球的技术研发、采购、生产、营销网络”来实现。企业在全球的货物、资金、人才与技术，随着总部的落地而向某一地聚集，这些要素为国际贸易中心的发展带来了源源不断的血液。此外，总部企业的聚集还能带动第三产业的发展，尤其是金融服务业、专业服务业、会展业、交通运输业等。这些产业的发展将会带动国际贸易中心能级的提升。在推动总部经济发展方面，上海须不断完善良好高效的法律制度环境，制定适应现代化城市的管理制度以及合理且有竞争力的企业税收制度，提高对跨国企业总部的吸引力。同时，上海应立足生物医药、高端装备制造等优势产业，强化产业集中优势，吸引更多相关产业的研发总部落户上海。此外，还应构建系统规范、围绕总部经济服务的专业化服务支撑体系，在金融、保险、会展、商贸、航运、物流、旅游、法律、教育培训、中介咨询、公关、电子信息网络等诸多领域，为跨国公司总部提供高水平的服务。

## （四）引进与本土培养并重，集聚各类贸易专才

人才对于国际贸易中心建设具有重要意义。上海应积极开展国内与国际间人才交流，营造符合国际惯例的人才环境，并储备本土相关人才。建立多层次、多渠道的国际国内贸易紧缺人才教育培训和市场体系，形成国内外贸易专业人才和高级人才吸引机制。鉴于上海与香港在国际贸易中心建设方面特殊的竞争合作关系，尤其可以考虑加强与香港的人才交流，可以采取聘请顾问、技术咨询、短期工作等柔性政策，引进具有相关资质和经验的高级人才，并探索外籍人士集中的国际化社区管理新模式，为国际化人才的集聚营造良好的环境氛围。同时还应完善专业人员海外培训实习制度，将更多的本土人才送出去学习国际先进理念，必要时也可允许国际领先的贸易、航运、金融等专业院校来沪与本土院校合作办学，加快本土人才储备力度。

**参考文献**

[1] 商务部国际贸易经济合作研究院课题组.中国(上海)自由贸易试验区与中国香港、新加坡自由港政策比较及借鉴研究[J].科学发展，2014(70):5-17.

[2] 沈克华，彭羽.离岸贸易与香港国际贸易中心地位的演变——兼论对上海国际贸易中心建设的启示[J].亚太经济，2013(3):143-148.

[3] 沈玉良等.上海国际贸易中心建设研究[M].上海:上海人民出版社，2009.

[4] 汪亮.国际贸易中心建设的国家战略[M].上海:上海社会科学院出版社，2011.

[5] 张泓铭，尤安山等.走向上海国际贸易中心——从纽约、东京、新加坡、香港岛上海[M].上海:上海社会科学院出版社，2011.

[6] 朱连庆.如何构建上海国际贸易中心[N].文汇报，2009-6-20(6).

[7] 香港特别行政区政府统计处.香港货物贸易统计 2015 年周年附刊[R].香港，2016-2.

[8] 香港特别行政区政府统计处.2014 年香港服务贸易统计[R].香港，2016-2.

[9] 香港特别行政区政府统计处.香港统计月刊——空运货物统计[R].香港，2016-1.

[10] 香港特别行政区政府海事处.http://www.mardep.gov.hk/hk/home.html.

[11] 東京都産業労働局.グラフィック——東京の産業と雇用 2015[R].東京都，2015-8-27.

[12] 東京都産業労働局.グラフィック——東京の産業と雇用 2014[R].東京都，2014-8-28.

[13] 東京税関.平成 26 年分貿易概況(確定)[R].東京都,2015-3-12.
[14] I-TIP.http://i-tip.wto.org/services/.
[15] Office for National Statistics. International Trade in Services—2013[R].伦敦,2015-1-30.
[16] Port of London Authority. Annual Reports & Accounts 2014[R].伦敦,2015-3-26.
[17] TheCityUk. Key facts about the UK as an international financial centre[R].伦敦,2014-6.
[18] UNCTAD. Handbook of Statistics 2015[R].日内瓦,2015-11.
[19] WTO. International Trade Statistics 2015[R].洛桑,2015-11.
[20] Z/Yen. The Global Financial Centres Index 18[R].伦敦,2015-9.

本章撰写:黄　吉

# 第十一章　国内外开放型经济战略分析

在经济全球化趋势加剧的形势下，发展开放型经济已成为各经济体的主流选择。本章首先简要介绍开放型经济的背景，然后根据国际商会（International Chamber of Commerce，ICC）最新发布的《ICC开放市场指数报告（第三版）》（*ICC Open Markets Index 3rd edition 2015*）[1]，对2015年主要经济体开放市场指数（OMI）排名情况作简要分析，并选择其中一些表现较好的经济体，分析其开放型经济战略的具体内容和实践经验，最后提出若干条有关我国发展开放型经济的战略思考意见。

## 一、发展开放型经济的背景

所谓开放型经济，是指一国的经济活动，包括生产、流通、分配和消费，是在与外部世界经济保持密切的联系，对外部世界经济有不同程度依赖的条件下进行的，这种对外部世界开放的经济就是开放型经济。

历史上，国际范围内的开放型经济的构建都是在主导型大国的推动下进行的。比如，19世纪中期，在英法联合推动下，在欧洲国家之间，通过自由贸易协定所建立的开放型经济体系；以及二战后在美国推动下，在主要发达国家之间，通过多边贸易体制所建立的自由、公平的开放型经济体制等。主导型大国构建开放型经济的目的是要在国际范围内建立起健全的市场经济体制，形成商品乃至生产要素在国际范围内的自由流动，促进各个国家按照市场经济的原则进行分工和生产，以获得最大利益。当然，国际范围内的开放型经济的构建也经历了一个范围不断扩大、内容不断加

[1] 国际商会（ICC）于2011年首度发布“开放市场指数”排名，2013年发布第二版，2015年9月发布第三版。

深的过程。最初是从贸易领域起步，向更加自由的贸易推进；随后，扩展到“与贸易相关的”投资、知识产权、竞争政策、国内规制等。

20 世纪 80 年代以来，亚洲“四小龙”（新加坡、韩国、中国香港和台湾）从本国或本地区实际出发，充分利用外部提供的良机佳遇，确定了坚持正确的开放型经济发展战略，并相应地采取行之有效的一系列政策和措施，取得了本国或本地区经济的成功发展。

在当前经济全球化、区域经济一体化的大背景下，我国必须大力发展开放型经济。对于开放型经济而言，改革开放以来我国一直沿用外向型经济这一概念。我国在 1993 年党的十四届三中全会上首次提出发展开放型经济。随后我国关于开放型经济的提法经历了一些变化。十七大以前的文件没有明确提出提高开放型经济水平，主要内容是充分利用国内、国外两个市场和两种资源，坚持“引进来”和“走出去”相结合，全面提高对外开放水平。十七大报告指出要“拓展对外开放广度和深度，提高开放型经济水平”，并用“内外联动、互利共赢、安全高效”定位我国的开放型经济体系。十八大报告提出，“适应经济全球化新形势，必须实行更加积极主动的开放战略，完善互利共赢、多元平衡、安全高效的开放型经济体系”。而党的十八届三中全会通过的《中共中央关于全面深化改革若干重大问题的决定》提出要“构建开放型经济新体制”。2015 年 9 月，中共中央国务院发布《关于构建开放型经济新体制的若干意见》，统筹开放型经济顶层设计，加快构建开放型经济新体制。前述相关提法的改变演变反映了我国开放型经济发展思路的演变，也为我们在经济全球化新形势下把握机遇、应对挑战指明了方向。

## 二、开放市场指数(OMI)情况分析

目前，国际上对开放型经济发展情况的评价尚处于起步和探索阶段。2011 年国际商会（ICC）发布了首份《ICC 开放市场指数报告》，从贸易开放程度（Observed openness to trade）、贸易政策（Trade policy）、促进贸易的基建设施（Infrastructure for trade）和外国直接投资的开放度（Foreign direct investment（FDI）openness）4 个指标判定一个经济体的开放市场指数（OMI），从而衡量全球主要经济体[1]的市场开放情

[1] 国际商会（ICC）发布的报告中选择的 75 个经济体，基本上涵盖了发达国家和发展中国家，包括所有 G20 国家和欧盟成员国，同时也包括了贫穷、富裕和中等收入的经济体，它们共同代表了全球贸易额和投资额的 90%以上。

况(表 11.1)。与世界经济论坛(WEF)发布的贸易便利化指数(ETI)[1]相比,开放市场指数(OMI)的指标选择相对比较单一(主要从贸易角度),系统性和完备性上有较大欠缺,因此得出的结果可能也有所偏颇。尽管如此,ICC 的 OMI 对我们了解全球各主要经济体的市场开放情况依然有一定的参考价值。这里采用国际商会(ICC)2015 年 9 月发布的《ICC 开放市场指数报告(第三版)》(*ICC Open Markets Index 3rd edition 2015*),对开放市场指数(OMI)情况作简要分析。

**表 11.1 开放市场指数(OMI)的指标及权重表**

| 指　　标 | 一级指标权重/% | 二三级指标权重/% |
| --- | --- | --- |
| I 贸易开放程度(Trade Openness) | 35 | 100 |
| I.1 贸易占 GDP 的比例(Trade to GDP Ratio) | | 33.3 |
| I.2 人均进口的商品和服务(Merchandise and services imports per capita) | | 33.3 |
| I.3 进口商品的实际增长(Real growth of merchandise imports) | | 33.3 |
| II 贸易政策(Trade policy regime) | 35 | 100 |
| II.1 适用关税(Applied Tariffs) | | 60 |
| 农产品最惠国待遇关税(Agricult prod. MFN) | | 3 |
| 非农产品最惠国待遇关税(Non-agricult. prod MFN) | | 27 |
| 总应用(包括适用率)(Total applied incl. pref. rates) | | 30 |
| II.2 关税概要(Tariff profile) | | 20 |
| 约束关税项目(Binding coverage) | | 6.7 |
| 免税税目份额(Share of duty-free tariff lines) | | 6.7 |
| 关税高峰份额(Share of tariff peaks) | | 6.7 |
| II.3 非关税壁垒广告(Non-tariff barriers AD) | | 10 |
| 广告投资的提升(Initiations of AD invest.) | | 5.0 |
| 反倾销措施(AD measures) | | 5.0 |
| II.4 边境管理效率(Efficiency of border administration) | | 10 |
| 进口文档的数量(Number of documents for imports) | | 3.3 |
| 天数(Number of days) | | 3.3 |
| 成本($)(Costs ($)) | | 3.3 |

[1] ETI 指数由三级指标构成,即 4 个一级指标、9 个二级指标和 30 多个三级指标。

续表

| 指　　标 | 一级指标权重/% | 二三级指标权重/% |
|---|---|---|
| III　FDI 开放度(Openness to FDI) | 15 | 100 |
| III.1　FDI | | 50 |
| FDI 流入量占 GDP(FDI inflows to GDP) | | 16.7 |
| FDI 流入存量占 GDP(FDI inward stock to GDP) | | 16.7 |
| FDI 流入量占固定资本形成总额的比例(FDI inflow as percent of GFCF) | | 16.7 |
| III.2　FDI 欢迎指数(FDI Welcome Index) | | 50 |
| 程序数量(Number of procedures) | | 16.7 |
| 天数(Number of days) | | 16.7 |
| 建立业务的容易性(Ease of establishing business) | | 16.7 |
| IV　基础设施开放度(Infrastructure open for trade) | 15 | 100 |
| IV.1　物流绩效指数(Logistics Performance Index) | | 60 |
| IV.2　通信基础设施(Communication Infrastructure) | | 40 |
| 人均固定线路和移动用户(Fixed line and mobile subscriptions per capita) | | 20 |
| 每 100 人上网数(Internet access per 100 people) | | 20 |
| 总计(TOTAL) | 100 | |

资料来源:ICC. ICC Open Markets Index 3rd edition 2015.

## (一) 全球经济增长放缓，但 OMI 平均值仍不断上升

在过去 60 年里,多边贸易体系通过创造新的经济机会,为消费者提供更大的选择和更低的价格,帮助改善全球数十亿人的生活水平。但是 2015 年,绝大多数世界经济体的国内生产总值(GDP)增长水平同金融危机前相比已明显放缓了。2015 年 1 月,世界银行再次修订 2015 年全球经济增长预期为 3%,此前在 2014 年 6 月的预期为 3.4%,但这数值也远低于金融危机发生前 6%的年均增长率(1990—2008 年)。

尽管如此,国际商会(ICC)调查的 75 个经济体的开放市场指数(OMI)的平均值呈现不断上升趋势,2011 年、2013 年和 2015 年的 OMI 均值分别是 3.5、3.6 和 3.7,这

一上升表明，国际社会在一定程度上抵制了贸易保护主义。

## （二）市场开放有进展，但全球经济开放性仍有待加强

尽管各国在市场开放上取得了进展，仍有许多工作要做，以改善其经济的开放性。许多大的经济体（包括美国、日本和法国）的OMI只获得平均分数，而32个发展中国家中有一半的OMI低于平均水平（平均水平指OMI为3.0～3.99）。75个经济体中，仅有中国香港和新加坡的OMI超过5.0（得分5.0以上表明经济最开放）；同时，表现最差的经济体（得分在2.0以下）有巴基斯坦、孟加拉国、埃塞俄比亚和苏丹。

G20（二十国集团）国家的领导人一直强调开放市场对推动全球经济增长和创造就业的重要性。然而，G20显然没有表现出它努力提供的全球领导权。2015年G20的OMI平均值为3.4，还略低于75个经济体3.7的平均值。在G20中，仅有德国的OMI排名进入了前20名，仅有德国、加拿大、澳大利亚和英国4个国家的OMI超过了平均水平。

金砖国家（巴西、俄罗斯、印度、中国和南非）的OMI平均值为2.8，仍然落后于平均水平。但有一些迹象表明金砖国家也取得了进展，例如南非2013年的OMI就达到了平均水平，为3.2分，2015年俄罗斯和中国的OMI也达到3.0。

与2011年相比，2015年有24个经济体的OMI至少增长了0.3，这些经济体包括：奥地利、智利、中国台湾、哥伦比亚、拉脱维亚、马耳他、摩洛哥、新西兰、挪威、秘鲁、葡萄牙、新加坡、斯洛文尼亚、瑞典、瑞士、乌克兰、委内瑞拉和越南。G20中，有6个国家的OMI有增长，分别是澳大利亚、加拿大、德国、韩国、墨西哥和俄罗斯。

## （三）OMI总得分及排名分析

国际商会（ICC）发布的报告根据各经济体的OMI值所处的范围（从1到6），将其分为五大类（表11.2）：

1类：最开放（得分5～6）；

2类：高于平均水平的开放（评分4～4.99）；

3类：平均开放（评分3～3.99）；

4类：低于平均水平的开放（评分2～2.99）；

5类：很弱（评分1～1.99）。

**表 11.2　75 个经济体的 OMI 总得分及排名**

| 项　目 | 国家/地区 | 排名 | 分值 |
|---|---|---|---|
| 最开放 | 新加坡 | 1 | 5.5 |
| | 中国香港 | 2 | 5.5 |
| 高于平均水平的开放 | 卢森堡 | 3 | 4.9 |
| | 比利时 | 4 | 4.8 |
| | 荷　兰 | 5 | 4.8 |
| | 爱尔兰 | 6 | 4.7 |
| | 瑞　士 | 7 | 4.7 |
| | 阿联酋 | 8 | 4.7 |
| | 冰　岛 | 9 | 4.7 |
| | 瑞　典 | 10 | 4.5 |
| | 爱沙尼亚 | 11 | 4.5 |
| | 丹　麦 | 12 | 4.5 |
| | 马耳他 | 13 | 4.5 |
| | 挪　威 | 14 | 4.5 |
| | 斯洛伐克 | 15 | 4.5 |
| | 奥地利 | 16 | 4.4 |
| | 捷　克 | 17 | 4.4 |
| | 匈牙利 | 18 | 4.4 |
| | 德　国 | 19 | 4.3 |
| | 拉脱维亚 | 20 | 4.3 |
| | 新西兰 | 21 | 4.3 |
| | 斯洛文尼亚 | 22 | 4.3 |
| | 立陶宛 | 23 | 4.2 |
| | 加拿大 | 24 | 4.2 |
| | 芬　兰 | 25 | 4.2 |
| | 保加利亚 | 26 | 4.1 |
| | 澳大利亚 | 27 | 4.1 |
| | 中国台湾 | 28 | 4.1 |
| | 智　利 | 29 | 4.1 |
| | 英　国 | 30 | 4.1 |
| | 波　兰 | 31 | 4.0 |
| | 塞浦路斯 | 32 | 4.0 |
| | 马来西亚 | 33 | 4.0 |
| 平均开放 | 以色列 | 34 | 3.9 |
| | 乌克兰 | 35 | 3.9 |
| | 沙特阿拉伯 | 36 | 3.9 |
| | 法　国 | 37 | 3.9 |
| | 罗马尼亚 | 38 | 3.9 |
| | 葡萄牙 | 39 | 3.8 |
| | 秘　鲁 | 40 | 3.8 |
| | 韩　国 | 41 | 3.8 |
| | 美　国 | 42 | 3.7 |
| | 意大利 | 43 | 3.6 |
| | 日　本 | 44 | 3.6 |
| | 越　南 | 45 | 3.6 |
| | 西班牙 | 46 | 3.6 |
| | 泰　国 | 47 | 3.5 |
| | 约　旦 | 48 | 3.4 |
| | 希　腊 | 49 | 3.3 |
| | 南　非 | 50 | 3.3 |
| | 土耳其 | 51 | 3.2 |
| | 哈萨克斯坦 | 52 | 3.2 |
| | 乌拉圭 | 53 | 3.1 |
| | 墨西哥 | 54 | 3.1 |
| | 哥伦比亚 | 55 | 3.1 |
| | 印度尼西亚 | 56 | 3.1 |
| | 俄罗斯 | 57 | 3.1 |
| | 摩洛哥 | 58 | 3.0 |
| | 中国内地 | 59 | 3.0 |
| 低于平均水平的开放 | 菲律宾 | 60 | 2.9 |
| | 埃　及 | 61 | 2.7 |
| | 突尼斯 | 62 | 2.7 |
| | 印　度 | 63 | 2.6 |
| | 委内瑞拉 | 64 | 2.6 |
| | 阿根廷 | 65 | 2.5 |
| | 尼日利亚 | 66 | 2.4 |
| | 肯尼亚 | 67 | 2.4 |
| | 斯里兰卡 | 68 | 2.3 |
| | 乌干达 | 69 | 2.3 |
| | 巴　西 | 70 | 2.3 |
| | 阿尔及利亚 | 71 | 2.2 |
| | 巴基斯坦 | 72 | 2.1 |
| 很弱 | 不　丹 | 73 | 1.9 |
| | 埃塞俄比亚 | 74 | 1.9 |
| | 苏　丹 | 75 | 1.8 |

资料来源：ICC . ICC Open Markets Index 3rd edition 2015.

第一类只有两个经济体，分别是新加坡和中国香港。

第二类有 31 个经济体，包括 24 个欧洲国家、三个发达国家（新西兰、加拿大和澳大利亚），以及四个发展中国家/地区（分别是：阿联酋、中国台湾、智利和马来西亚）。

其中，欧洲较小的经济体（人口不足 1 500 万）如卢森堡、比利时、荷兰、爱尔兰和瑞士，以及阿联酋的 OMI 分值最高。欧洲较小的经济体主要得益于其在贸易政策和 FDI 开放度两个指标得分较高。阿联酋 OMI 分值较高归因于其良好的贸易开放度（5.7）和有利于贸易的基础设施（4.8），这两者都与区域贸易枢纽直接相关。

德国、加拿大、澳大利亚和英国是 G20 中 4 个 OMI 分值高于平均开放水平的国家。其中，德国是 G20 中唯一一个进入 OMI 排名前 20 的国家，其分值为 4.3。德国 OMI 分值较高主要得益于其贸易基础设施（5.6）和贸易政策（4.6）两项指标得分较高，但是其 FDI 开放度指标得分较低（仅为 3.2）。加拿大紧随德国之后，OMI 分值为 4.2，其 FDI 开放度指标为 4.1，超过德国，贸易政策指标（4.6）与德国相当，但贸易开放度指标仅为 3.5。澳大利亚 OMI 分值为 4.1，表现较好的指标是贸易政策（4.7）和贸易基础设施（5.0），但贸易开放度指标得分较低（3.1）。英国 OMI 分值也是 4.1，表现抢眼的指标是贸易基础设施（5.5），但贸易开放度指标得分较低，仅为 2.9。

第三类有 26 个经济体，主要包括 14 个发展中经济体、6 个欧盟成员国，以及以色列、沙特阿拉伯、韩国、俄罗斯、日本和美国。

美国和日本的 OMI 整体得分基本相当，分别为 3.7 和 3.6，两国在贸易基础设施和贸易政策两个指标的分数都较高，但在贸易开放度方面得分都低，仅为 2.1。

欧盟中较大的 3 个成员国（指人口数超过 4 000 万）法国、意大利和西班牙的 OMI 分值分别为 3.9、3.6 和 3.6，对 OMI 分值贡献较大的是贸易基础设施和贸易政策两个指标。6 个欧盟成员国中，法国 OMI 分值最高，希腊最低（3.3）。

以色列和乌克兰以 3.9 的 OMI 分值排在第三类的前列，而两大发展中经济体——中国内地和墨西哥则以 3.0 左右的 OMI 分值处于平均开放水平的最底层。和 2013 年发布的 OMI 相比，2015 年中国内地的 OMI 分值有所提升，在全球排名第 59 位，但仍处于平均开放水平的底层，在四大指标中，中国的贸易开放度（3.0），FDI 开放度（3.0）和贸易基础设施（3.9）指标处于平均水平，但贸易政策的得分（2.5）仍低于平均水平。

第四类的经济体有 13 个，包括 3 个 20 国集团的新兴经济体（印度、阿根廷和巴西），以及来自非洲、亚洲和拉丁美洲的发展中经济体。其中，印度、阿根廷和巴西在贸易政策方面的分值较低，均为 1.8，此外，FDI 开放度为 2.5 左右，也低于平均水平；印度仅在贸易开放度（3.3）指标超过平均水平，阿根廷和巴西仅在贸易基础设施指标超过平均水平。

第五类有 3 个经济体，分别是不丹、埃塞俄比亚和苏丹。

## （四） G20 国家 OMI 各指标具体分析

为什么要关注 G20 集团？因为 G20 集团领导人在历届峰会上一直在不断地强调开放贸易的重要意义，强调世界贸易组织的核心地位，并一再承诺避免贸易保护主义。作为世界第一的国际经济合作论坛，G20 集团的经济占世界经济的 85%以上，接近 80%的全球贸易份额，G20 集团应该在保持市场开放和拒绝贸易限制措施方面发挥其巨大的潜力。OMI 为评估 G20 集团履行对贸易和保护主义的承诺情况提供了一个有用的工具。表 11.3 反映了 G20 成员国 OMI 的分值、排名以及各子项指标的具体得分情况。

表 11.3　G20 的 OMI 排名及各子项指标得分情况表

| G20 排名 | 国家/地区 | OMI 排名 | OMI 分值 | 贸易开放度得分 | 贸易政策得分 | FDI 开放度得分 | 基建设施得分 |
|---|---|---|---|---|---|---|---|
| 1 | 德　国 | 19 | 4.3 | 4.0 | 4.6 | 3.2 | 5.6 |
| 2 | 加拿大 | 24 | 4.2 | 3.5 | 4.6 | 4.1 | 5.1 |
| 3 | 澳大利亚 | 27 | 4.1 | 3.1 | 4.7 | 4.3 | 5.0 |
| 4 | 英　国 | 30 | 4.1 | 2.9 | 4.6 | 4.1 | 5.5 |
| 5 | 沙特阿拉伯 | 36 | 3.9 | 4.0 | 4.3 | 2.9 | 3.7 |
| 6 | 法　国 | 37 | 3.9 | 2.8 | 4.6 | 3.5 | 5.1 |
| 7 | 韩　国 | 41 | 3.8 | 4.3 | 3.0 | 3.2 | 4.9 |
| 8 | 美　国 | 42 | 3.7 | 2.1 | 4.8 | 3.5 | 5.2 |
| 9 | 意大利 | 43 | 3.6 | 2.5 | 4.5 | 3.4 | 4.5 |
| 10 | 日　本 | 44 | 3.6 | 2.1 | 4.9 | 2.7 | 5.3 |
| 11 | 南　非 | 50 | 3.3 | 2.9 | 3.6 | 3.0 | 3.9 |
| 12 | 土耳其 | 51 | 3.2 | 2.8 | 3.3 | 3.4 | 3.9 |
| 13 | 墨西哥 | 54 | 3.1 | 2.7 | 3.3 | 3.3 | 3.3 |
| 14 | 印度尼西亚 | 56 | 3.1 | 2.6 | 3.9 | 2.3 | 2.8 |
| 15 | 俄罗斯 | 57 | 3.1 | 3.2 | 2.7 | 3.5 | 3.0 |
| 16 | 中　国 | 59 | 3.0 | 3.0 | 2.5 | 3.0 | 3.9 |
| 17 | 印　度 | 63 | 2.6 | 3.3 | 1.8 | 2.6 | 2.7 |
| 18 | 阿根廷 | 65 | 2.5 | 2.8 | 1.8 | 2.5 | 3.5 |
| 19 | 巴　西 | 70 | 2.3 | 2.3 | 1.8 | 2.5 | 3.2 |

说明：本表中不包括 G20 成员之一的“欧盟”。
资料来源：ICC . ICC Open Markets Index 3rd edition 2015.

总体上看，G20 集团 OMI 的平均得分为 3.4，低于 75 个经济体的平均水平(3.7)。G20 集团中只有 4 个国家高于平均开放水平(即 OMI 高于平均水平)。约有 12 个国家处于平均开放水平，另有 3 个国家低于平均水平。

G20 集团中 OMI 得分最高的国家是德国和加拿大，紧随其后的是澳大利亚和英国。印度、阿根廷和巴西是 G20 中开放程度最低的国家。2015 年发布的 OMI 报告显示，G20 集团中有 15 个国家的 OMI 得分较 2011 年有所提高，其中，俄罗斯增长最显著，OMI 分值从 2011 年的 2.6 提高至 2015 年的 3.1，即从 2011 年的低于平均水平的开放提升至 2015 年的平均开放水平。

下面是 G20 集团成员国 OMI 各子项指标的具体表现情况。

(1) 贸易开放度

G20 集团在贸易开放度这一指标方面的表现最差，这一指标的平均值为 3.0。虽然他们的表现部分原因是由于以下这一事实，即这些国家都是大国(进口占国内生产总值的比例可能会降低)，但这一结果仍然值得引起关注。G20 集团中有 8 个国家在贸易开放度指标方面达到平均水平，有 11 个国家低于平均水平。这一指标表现最差的国家是美国和日本，两者的得分均是 2.1。

(2) 贸易政策

G20 集团在贸易政策方面的平均得分是 3.6，比 75 个经济体的平均得分(3.8)要低。G20 集团各个国家的差异较大：有 10 个国家达到了平均水平(3.8)；其中，美国和日本的得分最高，分别为 4.8 和 4.9；南非、墨西哥、土耳其、韩国、俄罗斯和中国均低于平均水平，尤其是印度、阿根廷和巴西的得分更低，约为 1.8。

(3) FDI 开放度

在 FDI 开放度这一指标方面，G20 集团的平均得分是 3.2。有 3 个国家(澳大利亚、加拿大和英国)超过平均得分；有 10 个国家接近平均水平；6 个国家低于平均水平，其中印度尼西亚得分最低，为 2.3。

(4) 基建设施

G20 集团在基建设施这一指标方面的表现最佳，平均得分为 4.2，超过 75 个经济体的平均得分。德国、英国、日本、美国、加拿大、法国和澳大利亚 7 个国家在这一指标上的表现特别优异，得分均在 5.0 以上。G20 集团有 10 个国家超过平均得分；有 2 个国家低于平均水平，分别是印度和印度尼西亚；俄罗斯基建设施指标的得分在 2011 年首度发布的 OMI 报告中较低，但在 2015 年的 OMI 报告中该指标的得分几乎翻了一番。

## 三、新加坡和中国香港开放型经济战略的实践经验

由于新加坡和中国香港的经济最开放，下面以这两个经济体作为研究对象，具体分析其开放型经济战略的相关内容和实践经验。

### （一） 新加坡

新加坡是东南亚的一个岛国，始建于 1965 年。作为昔日一个资源禀赋不高、建国时间不长、人才短缺的袖珍国，在短短 50 年左右的时间里，成为继纽约、伦敦和香港之后的第四大国际金融中心，世界第一大货柜码头、第二大电子工业中心、第三大炼油国，以及人均达到 GDP 全球第一等经济发展奇迹，这与其开放型经济增长模式息息相关。新加坡创新发展开放型经济的理念引领世界潮流，很值得学习借鉴。

**1. 从实际出发，坚持开放型经济的发展战略不动摇**

众所周知，新加坡是一个幅员窄小，人口不多，资源匮乏的小国，又是前英属殖民地，原来经济基础相当薄弱。1965 年 8 月新加坡独立之后，扬长避短，秉承历史传统，发挥了得天独厚的地理优势，这就是它地处马来半岛南端，扼守着太平洋与印度洋的交通要道马六甲海峡西端，以及历史上有转口贸易的基础，于是把开放型经济作为自身的国家经济发展战略，从进口替代、出口替代开始，再到后来的引进外资和跨国公司总部，以及现在的鼓励本土企业走出去和争取成为服务世界经济的枢纽等，每一战略步骤都是发展开放型经济的经典之作；尤其难能可贵的是，新加坡一以贯之地把每一重大战略部署都置身国际大背景考虑，以全球视野在全球范围运作。目前，新加坡拥有 7 000 多家跨国公司，并且全球有 4 000 多家跨国公司在新加坡设立区域总部，是全球三大航空中心之一，是世界最大的集装箱港之一，是世界硬磁盘驱动器主要供应国，是世界第三大炼油中心及世界级的石化化工枢纽，是亚太地区生物医药科学基地，等等，这一系列称誉都足以证明新加坡发展践行的是开放型经济发展之路。因此，完全可以这样说，没有开放型经济就没有今天的新加坡，新加坡的创新首先是找到了并坚持着一条适合自身发展的道路。

**2. 依靠创新，致力开放型经济的转型升级不停步**

开放型经济作为一种经济发展战略，它不是一成不变的，而是随着经济的发展而发展变化的，不同时期应有不同的内涵，而且开放性和创新在本质上具有一致性。新加坡的依靠创新，在发展开放型经济中的几个步骤，给人的印象十分深刻。上世纪六

七十代，为改变原来单一转口贸易的经济结构，新加坡积极发展劳动密集型制造业，以此替代进口，创新发展出口导向型经济；到七八十年代，当世界上许多国家都在发展劳动密集型产业并出口时，新加坡又亮出其转型创新之举，开始大量吸收外资和引进技术，促进资本密集型制造业发展；到了八九十年代，当世界上许多国家都开始大规模招商引资，并频频推出优惠政策时，新加坡开始注重科研与制造相结合，大力引进技术密集型产业，电脑及其附件制造业等电子行业成为了先导产业；到了 90 年代末，特别是进入 21 世纪，新加坡则大力引进跨国公司，把新加坡作为跨国公司的区域总部来打造。此后，新加坡更是放眼世界，鼓励和引导本国企业跳出本土小圈子，投资海外，建立更广阔的国外经济空间。新加坡这种不断致力转型升级的做法非常令人敬佩，但更加值得称道的是新加坡的转型升级不是漫无目的的随意之举，而是创新思想在开放型经济战略中的具体实践。用新加坡自己的说法是旧瓶装新酒，也就是在开放型经济的发展道路上不断地推陈出新，使新加坡的开放型经济更加具有竞争优势。

**3. 精心谋划，做好开放型经济的优势产业不分心**

开放型经济作为现代经济体系，门类众多，涵盖广泛，但新加坡发展开放型经济不是泛泛而论，贪大求全，而是根据自身特点，在每一发展阶段，选择若干优势产业来重点发展。在上世纪六七十年代，新加坡根据自身航运港口特点和劳动力资源优势，重点发展的是海事工业；到七八十年代，新加坡从中东石油危机中捕捉到信息，利用地理优势大力发展石油炼化产业；在八九十年代，当人们有条件普遍关注疾病与健康的时候，新加坡重点发展的是生物医药产业；在世纪交替前后，根据信息产业革命浪潮，新加坡开始大力发展计算机互联网产业。如今，新加坡通过 SWOT 分析，未来在产业打造方面把环境与水务科技、生命科学和互动数码媒体作为主攻的方向。总之，这些产业选择都是基于全面科学的分析基础上提出的，提出之后国家在财力扶持上给予适当的配套。

**4. 合作共赢，树立开放型经济的全新理念不含糊**

开放型经济的真谛在于合作共赢，它之所以受到世界上越来越多国家的接受和赞赏，根本原因在于摒弃了传统的自由竞争经济时代的零和博弈格局。新加坡客观上深谙自己地处马来族群的包围圈中，不处理好与周边国家的关系，就难以发展自己。同时，主观上也认识到现代经济已由自由竞争走向竞争合作，如何在这一局势中把握主动，先人一步，就必须抛弃原有的思路和做法。新加坡在合作共赢方面做得是比较成功的，比如：在马来西亚海域与马来西亚一起开发油气田项目，就是利用自身的资金技术优势与马来西亚石油储备资源相结合，共同开发，各取其利。再比如：与印度尼西亚合作开发巴丹岛。巴丹岛是印尼的国土，但新加坡利用自身的资金和产业优势与印尼的海岛资源相结合，拓展地理空间，各取所需。还有诸如到中国开发苏州工业园、天津生态科技园，到越南、非洲开发工业园科技园等等，都是把自身的利益紧紧地与周边国家或世界上关联国家利益捆在一起，互惠互利，合作共赢。目前，新加坡已与世界上 23 个国家签订了自由贸易协议（FTA），与 32 个国家签订了投资保证协议（IGA），与 60 个国家签订了避免双重征税协议（DTA）。

**5. 健全法律制度，为经济发展提供内在保障**

新加坡作为英国 140 余年的殖民地，比其他亚洲国家更早、更密切接触到欧美国家的商业文明和法制文化，正因为如此，新加坡人内在的关系文化、人情文化在亚洲国家中较弱，取而代之的是新加坡国民传统的法律意识较强；在市场经济环境下，新加坡人公平、有序、有效竞争意识占尽优势。因此，新加坡人驾车不闯红灯，药店不卖假药，商品销售不敢侵权，即使令人眼花缭乱的理财产品也必须透明翔实说明等。法律制度的健全使社会上的公平正义得到保证，社会经济活动可以在健康有序的条件下进行。

**6. 全民教育和精英人才，保证新加坡经济决策的可行性和时效性**

新加坡劳动力资源历来短缺，正式建国后，积极增加国民教育投入，确保适龄儿童接受九年制义务教育，此后根据学习状况和自身意愿进入职业教育或高等教育，保证了未来社会对各级人才的需求，也确保人尽其才，减少资源浪费。

为保证高级领导人和各级管理者的质量和活力，新加坡政府用高薪政策吸引人才，希望把各界精英都吸收到政府担任高级领导人，包括医生、律师、会计、大学教授、企业家、银行家等有能力、品德优秀和诚实的杰出人物等。政府不仅为外来优秀人才创造卓越的工作环境和生活环境，而且清楚地传达给本国民众一个信息：未来的竞争就是人才的竞争，新加坡就是要千方百计从全世界吸引人才。新加坡政府通过把最优秀的人才吸引到本国委以重任，使他们在各级政府和部门担任重要职务，发挥其效用，使得新加坡经济运转和社会活动充满活力和效率。

## （二）中国香港

在香港，一切经济活动无论是市场还是资本，都主要依靠外部因素，融入国际商品和资本的大流通之中。不仅产业外向度高，而且整个经济的对外依存度逐步上升，几乎每个企业都直接或间接地与国际市场打交道。香港从 20 世纪 70 年代起，开放型经济突飞猛进，现已发展成为世界的金融、贸易、航运、信息和旅游中心。

**1. 奉行自由贸易的政策**

香港拥有世界上最多的经济自由。在香港，本地企业与外国企业一视同仁，商品进出自由，货币汇兑自由，资本流动自由，企业经营自由，对外贸易自由。外贸既是香港经济发展的起点，又是带动经济全面发展的火车头。香港特区政府贸易署负责执行贸易政策及协议，签发进出口证和产地来源证。香港仅对烟、酒、化妆品、甲醇、非酒类饮料和某些碳氢油等6类货品征收关税，其他一般性货物进出口则豁免关税，政府仅收取约占货值万分之五的处理进出口文件和行政费用。

**2. 高度开放的金融体系**

世界有40多个国家和地区在香港开设有549家海外银行机构，全球排名最前的100家银行有85家在香港设有分支机构。对外国银行和金融机构一视同仁是香港金融体系高度开放的一大体现。香港是亚洲唯一没有离岸业务和本地业务限制的金融中心，允许海外金融机构进行任何境内或境外的金融活动，并对外资收购活动采取相当宽容的态度。香港已成为一个以国际金融资本为主体、以银行业为中心，包括黄金、外汇、期货、基金、保险、证券等门类齐全又高度开放的国际金融中心。

**3. 高度自由的市场调节机制**

在香港，所有的商品价格、劳动力供应、资源分配都依赖于市场的价格调节机制，完全受供求规律制约，政府一般不对市场的价格进行干预。

香港自由市场经济中的自动调节机能，使各个企业和公司、各种商品可展开充分的自由竞争，同时企业倒闭和破产也成为其中的必要机制。这种自由调节自由竞争的机制促使香港经济能够高度适应国际市场的变化，对市场保持灵敏的反应，及时自动调整产销策略及发展方向，以求得出口导向经济的发展。

香港自由贸易港的功能全面、结构完善。香港自由贸易港的范围覆盖了整个香港地区，不仅商品可以免税自由进出、市内可以自由居住，资本的流动也完全自由不受任何限制。而这种综合的总体功能使目前世界各地传统的自由港、自由贸易区、出口加工区和某些以发展旅游业或以发展离岸金融业为主的特殊自由港等自由经济区仍无法与之相比。

**4. 推行"积极而不干预"的政策**

香港实行企业自由经营制度，奉行"自由竞争适者生存"的原则，让市场的"无形之手"去决定企业的命运。香港对外来投资没有限制，即便公用事业也大量由私人公司自由经营，只有少量公用企事业公司受政府指导和监督。香港的电力、煤气和燃油等公用事业公司在几十年前已经私有化，涉及能源政策如电力方面，政府还需要和私人公司进行协商合作。

香港政府不对企业实行补助，也从来不规定企业投资于哪个行业，经营什么、生产多少。同时，在市场力量达不到的地方，政府主动为中小型企业创造便利的经商环境，扮演支持、促进的角色，又充分体现了"积极而不干预"政策的积极一面。

## 四、我国发展开放型经济的战略思考

党的十八大报告提出"适应经济全球化新形势，必须实行更加积极主动的开放战略，完善互利共赢、多元平衡、安全高效的开放型经济体系"，这是我们新时期开放型经济的战略指导思想和行动指南，也充分彰显了我国实施更加积极主动和互利共赢开放战略的坚定决心和信心。当前，国内外形势深刻变化，对开放型经济发展提出了新的更高要求。借鉴新加坡和中国香港的发展经验，可为我国发展开放型经济提供一些战略思考。

### （一）依法治国，加强开放型经济法治建设

法治是完善市场经济体制、促进经济又好又快发展的内在要求，发展开放型经济必然要求公权力置于法律框架之下，退出市场经营活动，划定自己的职权范围，并用法律来明确市场主体的产权关系、交换关系和竞争关系。新加坡虽为普通法系，但始终坚持契约精神，按照市场经济规律要求，依法治国，照章办事，保证了社会秩序及经济秩序的稳定。长期以来，新加坡政府的高效率在全球各国中首屈一指，具有完备的法律体系，靠"有法必依、执法必严、严刑峻法"治理出一个安全有序的社会环境。当前，我国应当加强开放型经济法治建设，适应对外开放不断深化形势，完善涉外法律法规体系，重大开放举措要于法有据，营造规范的法治环境。发挥法治的引领和推动作用，加快形成高标准的贸易投资规则体系。以保护产权、维护契约、统一市场、平等交换、公平竞争、有效监管为基本导向，推进对内对外开放的立法、执法与司法建设。积极参与国际经贸法律交流。强化涉外法律服务，维护我国公民、法人在海外及外国公民、法人在我国的正当经济权益。

### （二）建立市场配置资源新机制，形成经济运行管理新模式

新加坡政府始终奉行自由竞争理念，在经济政策制定和执行中让市场充分发挥资源配置作用，政府的主要作用体现在制定经济发展战略，并保证经济的高效运转。中国香港实行高度自由的市场调节机制，所有的商品价格、劳动力供应、资源分配都依赖于市场的价格调节机制，完全受供求规律制约，特区政府一般不对市场的价格进

行干预。当前，我国应当促进国际国内要素有序自由流动、资源全球高效配置、国际国内市场深度融合，加快推进与开放型经济相关的体制机制改革，建立公平开放、竞争有序的现代市场体系。按照国际化、法治化的要求，营造良好法治环境，依法管理开放，建立与国际高标准投资和贸易规则相适应的管理方式，形成参与国际宏观经济政策协调的机制，推动国际经济治理结构不断完善。推进政府行为法治化、经济行为市场化，建立健全企业履行主体责任、政府依法监管和社会广泛参与的管理机制，健全对外开放中有效维护国家利益和安全的体制机制。

### （三） 产业结构转型调整，以科技创新引导产业转型升级

新加坡差不多每十年就有一次经济转型，从劳动密集型、经济密集型、资本密集型、科技密集型，到21世纪的知识密集型产业，政府引导和推动的每一次转型都保持在世界潮流的最前沿。后金融危机时代，美欧积极推行“回归实体经济”和“再工业化”措施，倡导低碳经济，国际产业这两大变化预示着欧美希望通过发展战略性新兴产业来占据未来制造业发展的制高点。在新一轮开放型经济发展中，我国要时刻关注国际产业发展新动向，以科技创新引导产业转型升级，大力发展战略性新兴产业，实现向价值链更高端攀升，转型生产更高附加值、更多资本和技术含量的产品，推动开放型经济可持续发展。

### （四） 开展国际竞争合作，形成全方位开放新格局

新加坡在开展国际竞争合作方面做得比较成功，与周边国家或世界上关联国家利益捆在一起，互惠互利，合作共赢。在经济全球化背景下，开展国际竞争合作，商品、资本、人力资源、技术、信息等要素的流动可以实现资源优化配置，深化国际分工，进而实现各国福利共同增长。当前，我国应该坚持自主开放与对等开放，加强走出去战略谋划，实施更加主动的自由贸易区战略，拓展开放型经济发展新空间。继续实施西部开发、东北振兴、中部崛起、东部率先的区域发展总体战略，重点实施“一带一路”战略、京津冀协同发展战略和长江经济带战略，推动东西双向开放，促进基础设施互联互通，扩大沿边开发开放，形成全方位开放新格局。

### （五） 扩大金融业开放，构建开放安全的金融体系

中国香港实行高度开放的金融体系，允许海外金融机构进行任何境内或境外的

金融活动，并对外资收购活动采取相当宽容的态度。香港已成为一个以国际金融资本为主体、以银行业为中心，包括黄金、外汇、期货、基金、保险、证券等门类齐全又高度开放的国际金融中心。当前，我国应当扩大金融业开放，在持续评估、完善审慎监管和有效管控风险的基础上，有序放宽证券业股比限制，有序推进银行业对外开放，形成公平、有序、良性的金融生态环境。提升金融机构国际化经营水平，鼓励金融机构审慎开展跨境并购，完善境外分支机构网络，提升金融服务水平，加强在支付与市场基础设施领域的国际合作。建立健全支持科技创新发展的国际金融合作机制。构建政策性金融和商业性金融相结合的境外投资金融支持体系，推动金融资本和产业资本联合走出去。完善境外投融资机制，探索建立境外股权资产的境内交易融资平台，为企业提供"外保内贷"的融资方式。发展多种形式的境外投资基金，推进丝路基金、亚洲基础设施投资银行、金砖国家新开发银行设立和有效运作，构建上海合作组织融资机构。用好投融资国际合作机制，选准重点，积极推进与"一带一路"沿线国家合作。

## （六） 加大人力资源建设，构筑开放型经济人力资源新优势

新加坡始终将人力资源的开发和利用作为重要战略内容，坚持调整和扩充大学规模，优先投资高等教育，积极招揽海外人才，加强与海外科研机构和大学合作培养人才。新加坡的经验告诉我们，开放型经济在新一轮发展中，只有拥有更多的高素质人力资源，才能赢得发展的主动权。建议各级各有关单位，使用好现有各类人才，放手大胆委以重任，使他们觉得有用武之地；要拓宽人力资源引进渠道，依托研发机构引进高层次人才，依托各类创新基地引进创新型人才，依托重大项目引进人力资源。要创新人力资源培养机制，积极开展境外培训、联合培训、基地培训和技能培训。要创造人才柔性使用机制，重视人才的实际工作生活需求。

**参考文献**

[1] 丁焰辉.新加坡开放发展战略研究[J].广西经济，2013(11).

[2] 郭兴艳.香港：全世界最开放的自贸港[J].中国中小企业，2013(9).

[3] 郑燕，殷功利.新加坡模式的经验及其对上海自贸区建设启示[J].商业经济研究，2015(10).

[4] ICC . ICC Open Markets Index 3rd edition 2015[R]. 2015-09.

本章撰写：王德生

# 第十二章　全球贸易便利化发展状况及经验分析

自从本轮金融危机爆发以来，各大经济体和相关国际组织协同努力，促进全球贸易自由化和便利化，以强化贸易作为经济增长引擎的作用。我国也启动了自由贸易试验区的发展战略，为全面深化改革和扩大开放找到突破口。本章重点分析全球贸易便利化发展的现状及推进贸易便利化的重要经验，以期对上海自由贸易试验区提升国际贸易便利化的改革实践有所借鉴，并有助于促进上海国际贸易中心的建设。

## 一、贸易便利化的概念及其作用

### （一）贸易便利化的概念

所谓贸易便利化（trade facilitation），即是最大限度地促进贸易的自由及便利。目前各类机构对于贸易便利化的定义并不统一，但大都强调国际贸易活动的改进及协调。

世界贸易组织（WTO）将贸易便利化定义为"国际贸易程序的简化及协调"，且贸易程序覆盖"数据及信息搜集、提供、交流及处理的行为、惯例及程序"。

经济合作与发展组织（OECD）认为贸易便利化是通过理顺及简化国际贸易程序以便货物及贸易流通。

联合国贸易与发展会议（UNCTAD）则将"任何便于贸易及能缩短时间及成本的手段"视为贸易便利化措施，包括贸易交易程序、手续、文件以及标准化及电子化信息的使用；货物运输过程中，服务、法律框架、交通及通信基础设施等方面的改进，以及现代通信技术手段的使用；各方及时协商及宣传贸易相关资讯等。

世界银行(World Bank)认为贸易便利化包括了一系列“复杂的、边境及境内贸易措施”，广义上涉及从制度及规则的改革到海关及港口效率等的所有手段。

虽然各机构的定义表述不同，但总而言之，贸易便利化即是通过各种手段，实现贸易过程中一系列环节的简化及协调，从而减少障碍与成本，促进贸易的开展及增长。这些手段覆盖贸易的所有环节，包括政策与规则的改革及推动、技术应用、基础设施及营商环境的建设及提升等。政策与规则的改革及推动涉及简化行政程序和通关手续、双边贸易合作和协议签订、降低通关和交易费用、各类相关法律的制定等；基础设施建设则包括如港口及机场设施建设、物流设施及服务的跟进等；技术应用则包括自动化、电子化及网络化技术的全面提升等；营商环境的提升则包括促进外汇制度的便利化、人才政策、公共及金融服务及投资环境建设、安全指数提升等等。

## （二） 贸易便利化的作用

贸易便利化手段多元，其作用及影响超越贸易本身，贡献渗透多面领域。

贸易便利化推进除了利于贸易以外，还作用在：其一，提升了地区出口竞争力，降低贸易成本及通关时间能大幅提升地区进出口额，提升地区企业在国际市场中的实力，激励更多企业对外出口。据统计，在阿尔巴尼亚，每减少 7%的通关时间，其进口额将增长 7%。而在乌拉圭，每延迟 10%的通关时间，其出口额则将下降 3.8%。其二，促进了私营部门的发展及吸引外国直接投资。低贸易成本及通关壁垒会吸引大量外来投资，进而增加地区就业，并促进产品及服务质量提升。其三，贸易成本的降低能促进市场实现多元整合，无论在境内或境外，都可使供应链上的每一个环节受益。其四，通过投建交通运输及贸易相关基础设施，刺激了经济发展及就业。其五，是积极的溢出效应，如简化通关手续、自动化、电子化等都可降低腐败的风险等等。

据预计，至 2020 年，长期的贸易便利化推进会为全球 GDP 贡献 1.8%，约为 1.2 万亿美元。从全球各区域贸易便利化推进的惠利来看，欠发达国家的受益最大，据预计，撒哈拉以南非洲国家的出口将提升约 22%，拉丁美洲及亚洲的出口将增长约 16%，而欧洲的出口也将增长 10%(表 12.1)。

表 12.1 至 2020 年贸易便利化的惠利预测

| 国家或地区 | GDP 受益 | | 出口受益 | |
|---|---|---|---|---|
| | 占比/% | 规模/10 亿美元 | 占比/% | 规模/10 亿美元 |
| 澳大利亚及新西兰 | 1.29 | 7 | 8.00 | 8 |
| 巴　西 | 0.37 | 5 | 4.38 | 7 |
| 加拿大 | 1.41 | 22 | 5.00 | 20 |
| 中　国 | 1.45 | 124 | 8.83 | 187 |
| 埃　及 | 2.24 | 5 | 8.83 | 2 |
| 欧　盟 | 2.04 | 348 | 10.60 | 629 |
| 印　度 | 0.91 | 21 | 9.56 | 35 |
| 日　本 | −0.12 | −6 | 2.10 | 15 |
| 韩　国 | 2.18 | 29 | 8.18 | 52 |
| 墨西哥 | 2.47 | 33 | 11.79 | 49 |
| 中　东 | 5.66 | 30 | 13.66 | 22 |
| 北　非 | 4.44 | 15 | 11.21 | 14 |
| 其他非洲地区 | 7.28 | 47 | 22.28 | 46 |
| 其他亚洲地区 | 7.97 | 283 | 16.18 | 211 |
| 其他欧洲地区及土耳其 | 3.75 | 36 | 15.04 | 49 |
| 其他拉丁美洲地区及加勒比 | 3.07 | 40 | 16.20 | 40 |
| 俄罗斯 | 2.83 | 35 | 7.88 | 25 |
| 南　非 | 3.36 | 13 | 17.93 | 16 |
| 美　国 | 0.55 | 90 | 3.90 | 61 |
| 总　体 | 1.78 | 1 177 | 8.23 | 1 488 |

资料来源：World Economic Forum. *The Global Enabling Trade Report 2014*(March 24, 2014).

## 二、全球贸易便利化发展的总体现状

### （一） 全球贸易便利化评估——两大指数

#### 1. 世界经济论坛(WEF)贸易便利化指数

世界经济论坛(WEF)自 2008 年起发布《全球贸易便利化报告》(*The Global Enabling Trade Report*)，并公布全球百余个国家的贸易便利化指数(Enabling Trade Index, ETI)。该报告从全球贸易便利化指数着手，力图全面覆盖各种贸易便利化可能手段。

《全球贸易便利化报告》中的贸易便利化评估基于四大子指数，包括市场准入、边境管理、基础设施及营商环境，这四大子指数下属还包括了 7 个方面，分别是：海外市场准入、国内市场准入、边境管理的便利性及透明度、运输基础设施的配置及质量、运输服务的配置及质量、ICT 技术的配置及使用以及营商环境，而这 7 个方面又总共包含了 56 个指标（图 12.1）。

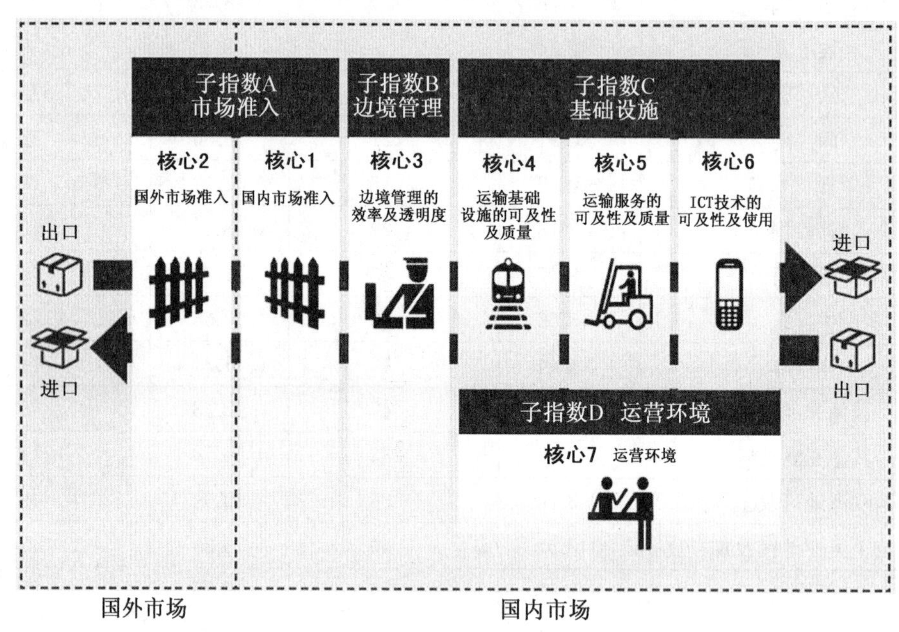


**图 12.1 贸易便利化指数框架**

资料来源：World Economic Forum. *The Global Enabling Trade Report 2014*（24 March 2014）.

《2014 全球贸易便利化报告》对全球 138 个国家的贸易便利化情况实施评估，这 138 个国家代表了全球 98.8%的 GDP 及 98.3%的商业贸易量。报告显示，2014 年全球贸易便利化指数排名前 30 名中，有 25 个是发达经济体国家，新加坡、中国香港及荷兰排名前三。

**2. 世界银行贸易便利化指数**

世界银行自 2003 年起每年发布《全球营商环境报告》（*Doing Business*），对全球营商便利程度实施评估，对全球 189 个经济体进行调查，分别就开办企业、办理施工许可、获得电力、登记财产、获得信贷、保护投资者、缴纳税款、跨境贸易、执行合同、解决破产及劳动市场规则等 11 项内容数据进行调查分析，可见该报告是内涵外延的更为广义的贸易便利化评估，并重点聚焦政府管理效率及政策环境。自该系列报告发布以来，在过去 12 年内，已见证全球共约 2 600 余项便利化改革，极大地提升了商务和贸易的便利性。以企业开办的审核周期为例，在 2003 年平均需要 51 天，而到 2015 年则减少了一半以上，平均只需 20 天。

2015 年 10 月发布的新一期《2016 全球营商环境报告》显示，全球营商便利化指数的前 10 位分别是新加坡、新西兰、丹麦、韩国、中国香港、英国、美国、瑞典、挪威和芬兰。报告显示，排名靠前的国家一般推行透明有效的政策及管理，且在国际竞争力及政府廉政方面表现突出。

该指数报告显示，2014 年至 2015 年，189 个国家中有 122 个国家实施了至少一项便利化制度改革措施，并共完成了 231 项改革。其中，在 122 个至少完成一项便利化制度改革措施的国家中，欧洲及亚洲中部国家占比最高，在改革措施数全球前 10 的国家中占据 3 席。此外，经济合作与发展组织（OECD）高收入经济体国家整体表现最佳，重点提升了相关营商便利化制度的质量和效率，但低收入国家则在便利化制度改革的数量方面要多于高收入国家。

## （二） 全球贸易便利化的整体特点及现状

### 1. 发达经济体在贸易变化方面表现优异

纵观全球各国贸易便利化表现，可以发现，发达经济体国家在多方面表现优异。适度体现了几大明显的特点。一是排名靠前的这些国家一般都享有较低的贸易成本，并主要得益于其普遍较低的关税负担，以及先进的管理及规制、基础及信息通信设施等。其中，交通基础设施及信息通信设施是发达国家与其他国家差异最大的两个方面。

二是贸易便利化指数的排名在很大程度上凸显了该国的收入水平。高收入水平国家的贸易便利化指数明显较高，除了低收入国家凭借如欧盟普惠制（the general scheme of preference，GSP）、欧盟除武器以外之所有产品条约（Everything But Arms，EBA）、加勒比海盆地振兴法案（the Caribbean Basin Economic Recovery Act，CBERA）等优惠贸易协定在海外市场准入方面反而占据优势以外，其余方面高收入国家都表现优异，并和低收入国家存在较大差距。

三是开放型经济体国家以及出口导向型国家的表现要优于其他。但是，资源富裕型国家则要比收入水平相当的其他国家在贸易便利方面的表现欠佳，例如，在 29 个矿产品出口占总出口 50%以上的国家，其贸易便利化指数较同收入水平国家的平均水平低约 21 分。同样，位于指数排名最后四位的国家（几内亚、安哥拉、委内瑞拉、乍得)以及最后 20 位中的 14 个国家,其矿产品出口额都达到了 70%以上。

四是成本问题,据《2016 全球营商环境报告》就各国国内货运的时间及成本的调查显示,即从仓库至最繁忙的港口或空港或陆路边境的时间及成本,观察该国内部基础设施及相关运输及交通规制的效率。结果显示,越是高收入国家,其成本越低,货运速度一般也越快。

**表 12.2　全球贸易便利化指数排名前 10 名国家和地区(2014)**

| 国　家 | 排名 | 指数得分 |
| --- | --- | --- |
| 新加坡 | 1 | 5.9 |
| 中国香港 | 2 | 5.5 |
| 荷　兰 | 3 | 5.3 |
| 新西兰 | 4 | 5.2 |
| 芬　兰 | 5 | 5.2 |
| 英　国 | 6 | 5.2 |
| 瑞　士 | 7 | 5.2 |
| 智　利 | 8 | 5.1 |
| 瑞　典 | 9 | 5.1 |
| 德　国 | 10 | 5.1 |

资料来源:World Economic Forum. *The Global Enabling Trade Report 2014*(March 24, 2014).

**2. 产品类型影响国际贸易流通效率**

《2016 全球营商环境报告》解释了作用于国际贸易流通的几大因素。报告显示,在一些以农产品为首要出口产品(top export)的国家,其边境合规(border compliance)所需时间平均比其他国家多花 70%,约 35 个小时;文件合规(documentary compliance)时间则是其他国家的 2 倍,文件合规的成本也是其他产品的 2 倍。这主要是因为以农产品为首要出口产品的国家中有 81%其农产品出口需要接受特殊产品检查及程序。此外,不同国家农产品出口的边境合规时间差异较大,从 11 小时至 210 小时不等。同时,该报告还调查了各国进口汽车零部件的文件及边境合规时间和成本,发现有 40%的国家要求接受第三方的产品检验,且其中有 17%要求实施装运前检查,且边境合规时间从 56 小时至 1 330 小时不等,突出了那些用时过多的国家其贸易便利化尚有大幅提升空间。报告还显示,进口效率低下的国家其出口效率同样不乐观。例如，在喀麦隆，出口可可的用时和成本分别为 202 小时及 983 美元，但是进口汽车零部件同样要花去 271 小时及 1 407 美元的成本。

**3. 多边贸易合作及区域内部合作有助降低贸易壁垒**

旨在降低贸易壁垒的多边贸易合作及区域内部合作是贸易便利化的重要举措。例如，欧盟内部实行关税同盟，即对联盟内部贸易活动取消关税。报告显示，189 个受调查国家中有超过一半以上隶属于一个关税同盟，其中有 33 个国家与其出口伙伴国同属一个关税同盟，另有 39 个国家与其进口伙伴同属一个关税同盟。在关税同盟内部，其文件及边境合规时间平均低于其他非关税同盟国。例如，欧盟关税同盟内部出口所需的边境合规时间仅为 3.5 小时，而向关税同盟外部出口所需的边境合规时间则近 20 小时。但是，并非所有的关税同盟都能利于贸易推进，例如在拉丁美洲和加勒比海区域内部，文件合规反而用时更久，那大约是因为必须要证明产品是来自关税同盟而花去更长的时间。

**4. 地理位置对贸易便利化产生影响**

此外，与贸易伙伴国之间的距离对出口贸易有较大的影响，例如，有 33%的内陆国家选择邻国作为主要出口国。而对于进口来说，则地理距离影响较弱，有 57%的国家仅从德国、日本、美国和法国等 4 个国家进口汽车零部件。由此可见，边境通关的政策、规制等的影响或许可抵去地理距离的弱势。

**5. 各经济体为贸易便利化不断探索新措施**

参考贸易便利化指数指标，全球范围内有相当多的国家在贸易便利化领域实施极为优惠的政策与措施，包括实行零税率、零进口税、零特殊关税，最大限度简化进出口手续、缩短进出口时间，完善基础运输网络以及提供积极的政府应对及服务等。这些为贸易便利化而实施的新政策或新措施，都能够找到有代表性的国家或地区（表 12.3）。

**表 12.3　有关贸易便利化相关指标的全球最佳表现国家和地区**

| 贸易便利化相关指标 | 全球最佳表现国家/地区 |
| --- | --- |
| 税率（Tariff rate） | 税率为零的国家和地区：中国香港、利比亚 |
| 关税离散度（Tariff dispersion） | 没有关税离散度的国家和地区：中国香港、利比亚 |
| 关税高峰（Tariff peaks） | 24 个国家和地区没有设置关税高峰 |
| 特殊关税（Specific tariff） | 54 个国家和地区没有特殊关税 |
| 不同关税（Distinct tariffs） | 中国香港和利比亚只执行一种关税 |
| 进口免税比重（share of duty free imports） | 中国香港和利比亚实行 100%免进口税 |

续表

| 贸易便利化相关指标 | 全球最佳表现国家/地区 |
|---|---|
| 进口手续(Number of documents to import) | 法国和爱尔兰进口货物只需提供 2 个文件 |
| 国内市场准入(Domestic market access) | 中国香港和利比亚拥有最优秀的国内市场准入机制 |
| 出口手续(Number of documents to export) | 法国和爱尔兰出口货物只需提供 2 个文件 |
| 出口所需时间(Number of days to export) | 丹麦、爱沙尼亚、中国香港、新加坡、美国出口货物平均所需 6 天 |
| 道路网络(Paved roads) | 18 个国家和地区 100%完成公路网络铺设 |
| 政府在线服务(Government online service) | 韩国、新加坡和美国具有全球最好的政府在线服务 |
| 针对商业纠纷的审判效率及公正程度(Judicial efficiency and impartiality in commercial Disputes) | 澳大利亚、塞浦路斯、丹麦、德国、中国香港、荷兰及英国是全球商业纠纷审判体系最为公正及高效的国家 |
| 恐怖事件发生指数(Terrorism Incidence Index) | 全球有 48 个国家和地区具有安定的社会及商业运营环境 |

资料来源:World Economic Forum. *The Global Enabling Trade Report 2014*(March 24, 2014).

## 三、推进全球贸易便利化的重要经验

为了推进全球贸易便利化,各经济体在政策与贸易规则改革(包括贸易便利化协定与区域贸易协定、强化贸易安全、关税政策的改革等)、新兴技术应用(包括智能化及单一窗口建设等)、营商环境改善(包括外汇管理制度、金融服务、人才政策等)以及基础设施建设等方面不断创新,积累了一些经验。由于所涉内容繁多,这里仅摘要分析。

### (一) 贸易便利化协定及区域贸易协定

#### 1. 贸易便利化协定

2013 年 12 月,世界贸易组织(WTO)第 9 届部长级会议在印度尼西亚巴厘岛达成了"巴厘一揽子协定",《贸易便利化协定》(*Trade Facilitation Agreement*)是其重要组成部分,内容涉及信息的发布与获取、评论机会以及生效和商议前信息、预裁定、上诉或审查程序、增强公正性和非歧视性及透明度的措施、关于对进出口征收或相关的规费和费用的纪律、货物放行与清关、边境机构合作、受海关监管的进境货物的移动、与进出口和过境相关的手续、过境自由、海关合作、机构安排等 13 项内容。

《贸易便利化协定》的目的在于降低或消除贸易壁垒，提升通关的效率及透明度，特别将惠及中小企业，助推其进入全球价值链。《贸易便利化协定》需WTO成员中三分之二多数接受后正式生效，截至2015年12月17日已共有63个成员国接受协议决定。预计，该协定生效后，将使全球贸易成本平均降低14.5%，且每年的全球出口提升至1万亿美元，效果将可能远大于取消所有关税。

**2. 全球区域贸易协定**

自20世纪90年代以来，全球区域贸易协定(Regional Trade Agreements, RTAs)始终保持增长趋势。全球区域贸易协定(RTAs)是世界贸易组织(WTO)成员国之间的贸易互惠协定，截至2015年12月，已向世界贸易组织(WTO)及关贸总协定(GATT)通报的区域贸易协定共计619项，已经生效413项，其中自由贸易协定(Free Trade Agreements, FTAs)及局部贸易协定(Partial Scope Agreements)占到90%，关税同盟占到10%。最新生效的区域贸易协定有加拿大-韩国自由贸易协定(2015.1)、智利-越南自由贸易协定(2014.1)、欧洲自由贸易联盟与波黑自由贸易协定(2015.1)、加拿大-洪都拉斯自由贸易协定(2014.10)、欧洲自由贸易联盟与哥斯达黎加、巴拿马自由贸易协定(2014.8)、中国香港-智利自由贸易协定(2014.10)等(表12.4)。

**表12.4 2013—2015年生效的全球主要区域贸易协定情况**

| 协定名称 | 签署日期 | 生效日期 | 协定范围 | 主要内容 |
|---|---|---|---|---|
| 乌克兰-黑山共和国自由贸易协定 | 2011.11 | 2013.1 | 商品及服务 | 乌克兰对黑山99.6%的进口商品实施免税，黑山对乌克兰99.2%的商品实施免税 |
| 马来西亚-澳大利亚自由贸易协定 | 2012.5 | 2013.1 | 商品及服务 | 由澳大利亚出口至马来西亚的产品有97.6%享受零关税，2017年起零关税比重将达到99%。而马来西亚出口至澳大利亚的产品享受零关税 |
| 加拿大-巴拿马自由贸易协定 | 2010.5 | 2013.4 | 商品及服务 | 巴拿马免除加拿大90%的商品进口关税，另10%在10年内逐步减至0；加拿大免除巴拿马99%的商品进口关税，保留糖、禽肉、鸡蛋及乳制品等特定关税 |
| 韩国-土耳其自由贸易协定 | 2012.8 | 2013.5 | 商品、服务、投资 | 取消162种农产品及32种水产品进口关税等。2014年签署服务业贸易协定，涉及18项服务业领域，投资则领域涉及非服务业领域 |

续表

| 协定名称 | 签署日期 | 生效日期 | 协定范围 | 主要内容 |
|---|---|---|---|---|
| 哥斯达黎加-秘鲁自由贸易协定 | 2011.5 | 2013.6 | 商品及服务 | 哥斯达黎加向秘鲁出口的68.2%的产品以及从秘鲁进口的76.2%的产品都被纳入两国自贸协定范围，哥斯达黎加生产的牛肉、棕榈芯、棕榈油、巧克力和椰子等在秘鲁将享受进口关税优惠，而秘鲁生产的芦荟、橄榄、橙子、橘子、葡萄、椰子、茶、布料和宝石等在哥斯达黎加享受零关税 |
| 哥斯达黎加-新加坡自由贸易协定 | 2010.4 | 2013.7 | 商品及服务 | 哥斯达黎加对新加坡90.6%的商品免除关税。新加坡对哥斯达黎加所有进口商品实施免税 |
| 土耳其-毛里求斯自由贸易协定 | 2011.9 | 2013.6 | 商品 | 毛里求斯出口至土耳其产品除纺织品外均享受零关税和无配额 |
| 新西兰-中国台湾自由贸易协定 | 2013.7 | 2013.12 | 商品及服务 | 新西兰对中国台湾全面开放农产品，工业产品除29项敏感项目外，其余均降至零关税；中国台湾开放所有工业产品及部分农产品，共497项逐步实现零关税 |
| 智利-越南自由贸易协定 | 2011.11 | 2014.1 | 商品 | 五年内智利对越南出口产品75%实现零关税，8年内达到80%，10年内接近90%。协定生效之初，智利对越出口的鱼粉、医药原料、肉类和水果等产品将享受零关税优惠，从越南进口的咖啡、茶叶、打印机、相机、鞋类均享受零关税 |
| 新加坡-中国台湾自由贸易协定 | 2013.11 | 2014.4 | 商品及服务 | 除了白米等部分农产品外，中国台湾对新加坡99.84%的进口产品实施零关税，新加坡则100%免除中国台湾进口商品关税 |
| 瑞士-中国自由贸易协定 | 2013.7 | 2014.7 | 商品及服务 | 瑞士对中国99.7%的出口实施零关税，中国对瑞士84.2%的出口实施零关税 |
| 欧洲自由贸易联盟与哥斯达黎加、巴拿马自由贸易协定 | 2013.6 | 2014.8 | 商品及服务 | 协定覆盖货物、服务、投资、知识产权保护、竞争、政府采购等领域，工业品出口将全部实施零关税(部分产品经5—10年过渡期) |
| 欧盟与摩尔多瓦共和国自由贸易协定 | 2014.6 | 2014.9 | 商品及服务 | 摩尔多瓦对欧盟进口的99.2%的商品实施零关税，欧盟对摩尔多瓦进口的99.9%的商品实施零关税 |

续表

| 协定名称 | 签署日期 | 生效日期 | 协定范围 | 主要内容 |
|---|---|---|---|---|
| 中国香港-智利自由贸易协定 | 2012.12 | 2014.10 | 商品及服务 | 智利对中国香港 88%的产品取消进口关税 |
| 冰岛-中国自由贸易协定 | 2013.4 | 2014.10 | 商品及服务 | 双方 96%的税目实施零关税 |
| 加拿大-洪都拉斯自由贸易协定 | 2013.11 | 2014.10 | 商品及服务 | 98%两国的产品免除关税 |
| 韩国-澳大利亚自由贸易协定 | 2014.4 | 2014.12 | 商品及服务 | 10 年内削减大部分关税 |
| 欧洲自由贸易联盟与波黑自由贸易协定 | 2013.6 | 2015.1 | 商品 | 双方减免工业品和已加工农产品关税，波黑将于 2016 年底前免除瑞士工业品的关税，瑞士将免除可用作饲料的产品之外的其他波黑工业品关税 |
| 欧亚经济联盟（关税联盟及经济一体化） | 2014.5 | 2015.1 | 商品及服务 | 俄罗斯、白俄罗斯和哈萨克斯坦联合成立欧亚经济联盟，将于 2016 年建立统一的药品市场，2019 年之前建立共同的电力市场，2025 年之前建立统一的石油、天然气和石油产品市场。后亚美尼亚、吉尔吉斯斯坦分别于 2015 年 1 月和 8 月加入该联盟 |
| 日本-澳大利亚自由贸易协定 | 2014.7 | 2015.1 | 商品及服务 | 澳洲的牛乳、奶酪、酒类及海鲜等产品将获得对日出口优先准入，羊毛、棉花、羊肉、啤酒等享受零关税。日本对澳大利亚牛肉分阶段减低关税，澳大利亚取消由日本进口的汽车、家电、电子产品关税等。 |
| 加拿大-韩国自由贸易协定 | 2014.9 | 2015.1 | 商品及服务 | 免除两国 97.5%的进口关税 |
| 韩国-新西兰自由贸易协定 | 2015.3 | 2015.12 | 商品及服务 | 新西兰对韩国免除 92%的关税，7 年内将全部撤销关税；韩国对新西兰 48.3%的产品实施零关税，15 年内对 96.4%的产品撤销关税 |

资料来源：WTO 网站（http://rtais.wto.org/UI/PublicAllRTAList.aspx），上海科学技术情报研究所（ISTIS）整理。

目前，全球贸易的发展大多离不开贸易合作关系及贸易协定的顺利运转。如今的全球贸易协定也体现了如下几大特点。

一是贸易协定的内容正在扩大，不仅包含了货物贸易及服务贸易。美国极力推动的"跨太平洋战略经济伙伴协定(TPP)增加了如劳工标准、具约束力的环境等条件。另外,以海关程序内容为例,目前协定的内容已经扩大到透明度、文件的简化和统一、边境机构间的协调、风险管理、上诉权利、预裁定等领域。

二是自由贸易协定更多取决于双方或多方间的政治或经济利益等,跨区域贸易协定发展迅速,地理、制度、经济结构及经济发展水平的相似度已非最主要合作要求。例如,欧盟与韩国自由贸易协定等双边贸易协定,以及正在推进的如《跨大西洋贸易与投资伙伴关系协定》(TTIP)等大型跨区域贸易协定。

三是各类贸易协定众多,一个国家可能具有多重区域贸易协定成员的身份,因而使得区域贸易协定的结构日益复杂。

四是大型贸易协定谈判兴起。近年来,美国等发达国家积极推动《跨太平洋伙伴关系协议(TPP)》、《跨大西洋贸易与投资伙伴关系协定(TTIP)》等跨区域自由贸易区谈判,试图制定新贸易规则,全球贸易格局正在接受变革的挑战。与此同时,世界贸易组织(WTO)正在主持推动全球贸易便利化协定,而以增持规模经济效应的大型区域化贸易协定也在如火如荼地推进,如"全非洲大陆自由贸易区"等。

五是联盟化趋势明显。例如,2015 年 12 月 31 日,马来西亚外长宣布东盟共同体成立,共同体国家包括:包括新加坡、文莱、缅甸、柬埔寨、印尼、老挝、马来西亚、菲律宾、泰国和越南。根据东盟经济共同体协议(AEC),牙科、理疗、技术、建设、会计、建筑、考察和旅游等行业将可实现自由贸易,并计划在内部进一步降低关税、促进劳动力、服务及资本的流通。联盟化强化了贸易合作及相关连带优势,例如欧亚经济联盟促进了贸易的本币结算,在欧亚经济联盟成立之前,贸易本币结算的比重仅为 1%,目前已提升为 4%。

## (二) 贸易安全与贸易便利化

近年来,反恐形势日益严峻,为平衡贸易安全与通关效率,国际间以合作共赢的态度积极应对。例如,此前早在 1997 年,欧盟海关与美国海关便实现了海关事务合作,且成立了欧盟-美国联合海关合作委员会(Joint Customs Cooperation Committee, JCCC),共同加强欧盟和美国的国土安全,保障供应链安全及两国贸易便利化,美国"集装箱安全倡议计划(CSI)"等都在其合作框架中。

**1. 积极推行贸易安全举措**

早在 9·11 以后,美国就立即加强了边境安全,强化政府维护贸易安全的职能,推出一系列保障举措,一方面其将原海关署划分为海关边境保护局(CBP)和移民海关执法局(ICE)。海关边境保护局实现了有关边境管理机构的整合,对边境口岸统一执法,在维护边境安全的同时,促进合法贸易的便利化。另一方面,美国出台了多项计划,例如"海关-商贸反恐伙伴计划(Customs-Trade Partnership Against Terrorism, C-TPAT)"(2001)、"集装箱安全倡议计划(Container Security Initiative, CSI)"(2002)、集装箱装箱24小时提前申报规则(24-Hour Rules)(2002)。

**2. 推行企业认证制度**

美国"海关-商贸反恐伙伴计划(C-TPAT)"是一项由企业自主申请后依审核认定为该计划合作伙伴并享受特惠贸易便利的举措,是同时强化贸易安全与贸易便利的双刃做法。截至2015年1月,该计划伙伴企业共11 321家,其中运输商和进口商占到65%以上,其他还包括经纪人公司、海外制造企业、出口商等。目前,美国"海关-商贸反恐伙伴计划(C-TPAT)"和新西兰、加拿大等10个国家签订互认协定,并与中国、巴西及多米尼亚共和国3国实施联合验证。

2005年,世界海关组织(WCO)在《全球贸易安全与便利标准框架》中引入"经认证的经营者(Authorized Economic Operation)"概念,倡导对信用状况、守法程度等符合海关组织或供应链安全标准的企业进行认证,提供通关便利,是维护全球贸易安全,促进贸易便利化的重要手段。此后,全球多国参与实施"经认证的经营者"制度,并扩大该制度下的互利合作。2008年,欧盟海关推行该制度后,在2012年5月,与美国海关正式签署了关于欧盟海关"经认证的经营者(AEO)"制度和美国海关"海关-商贸反恐伙伴计划"的双边互认决定。截至目前,中国内地与新加坡、韩国、中国香港和欧盟也已实现了"经认证的经营者"互认,全球范围内也已签署了约30个互认协议。

此外,2011年,新加坡推出"贸易优先(TradeFirst)"框架,以保障国内贸易的便捷、公平及安全。"贸易优先(TradeFirst)"框架实质是一个综合评价体系,对企业进行评估,并分为5个等级,所获评级越高,该企业享受越便利的贸易支持。新加坡自2007年起在国内推行"经认证的经营者"制度,此后将其合并于"贸易优先"框架之下。

## (三) 关税政策改革

**1. 关税壁垒改善**

随着各类双边及多变贸易协定的签订及实施,以及主动税率下调等,全球关税水平大幅降低。各贸易协定内实施最惠国税率、协定税率、特惠税率、暂定税率等,各国之间免除大部分甚至全部关税。例如,北美自由贸易协定(NAFTA)、欧洲自由贸易联盟、东盟等协定和贸易合作组织的成员国之间都取消了大部分关税及进口限制。近期，2015 年 12 月，世界贸易组织(WTO)成员国签署协议，取消包括新一代半导体产品、成像设备等医疗产品、卫星等 201 项信息科技产品的进口关税，这是近 20 年来首次达成的重大关税降税协议，所涉产品覆盖全球贸易比重约 10%，取消的关税总值达 1.3 万亿美元，将带来 1 900 亿美元的经济提振效果。

此外，以乌克兰为例，近年就实施了多项关税减免举措，一方面与欧盟自由贸易协定等于 2016 年 1 月起生效。自生效之日起，欧盟即取消自乌克兰进口的工业产品及农产品 97%以上的商品关税。同时，自 2016 年起，乌克兰《关于取消电动汽车进口关税海关税则》生效，进口电动汽车等安装电动马达的交通工具实行零关税，包括电动马达汽车、功率低于 250 瓦的电动自行车和无轨电车等。乌克兰政府还通过了名为《关于促进对外贸易若干措施》的法案，撤销 5%～10%的进口附加税，此前这些附加税适用于食品、动植物油脂及油类产品、酒精类及非酒精类饮料、烟草及烟草替代品、醋、活体动物、除重要生活用品之外的包括大部分能源及药品在内的其他商品，从而简化与 IMF 及欧盟的合作，符合 WTO 协定规定内容。目前，越来越多的国家实施及考虑实施关税减让，以推动贸易的发展。

**2. 非关税壁垒消减**

非关税壁垒的消减与协调关系到国家的多类制度，比消除关税壁垒要复杂，同时大范围推行非关税壁垒消减也是不可取的。但是，全球范围内为消减非关税壁垒的努力还是可以得见，改革的步伐也在前进。目前，非关税壁垒主要包括技术型贸易壁垒；卫生与动植物检疫措施；装船前检查及相关手续；可能性贸易保护措施；由卫生与动植物检疫及技术型贸易壁垒引起的非自动许可、配额、禁止及数量控制措施；价格控制措施(包括额外税收及费用)；金融措施；影响竞争的措施；与贸易相关的投资措施；流通限制；售后服务限制；补贴(除出口补贴)；知识产权、政府采购限制、原产地规则、出口相关措施等共 16 项。

非关税壁垒的消除将促进国际贸易成本的减少，促进贸易总量的增加。另据调查，对欧盟和美国而言，消减 25%的非关税壁垒所带来的 GDP 增量是实施零关税带来 GDP 增量的 4 倍和 9 倍之多。

近年，就努力消减非关税壁垒影响的措施还是不少。例如，东南非共同市场(COMESA)自 2008 年起建立非关税壁垒网上系统以来，成员国共记录了 170 余项非关税壁垒，并已经取消了近 96%，仅有 7 项涉及高温牛奶、棕榈油等产品的贸易壁垒。东南非共同市场计划未来制定新的合作机制和规则，并建立非关税壁垒检测委员会，进一步消除非关税壁垒。另外，目前如东盟共同体成员内约 97%的贸易实现自由化，表示未来将积极寻求机会消除海关程序、标准等制约双边贸易的非关税壁垒。

### （四）智能化及单一窗口建设

信息技术应用下的智能化发展，是贸易便利化水平的重要指标。目前，各国都在进行贸易及海关相关系统的升级，积极促进通关效率及通信便利。

一直以来，新加坡智能边境管理被作为贸易便利化的典范。其通过 Tradenet 贸易网及 TradeXchange 集成贸易平台实现了“单一窗口”建设。其中，TradeXchange 平台是新加坡贸易及物流电子信息交换平台，整合了进出口商、承运商、货运代理商、保险公司、银行、政府的综合信息，促进了电子文件的生成及交换，简化及加速了审核申请，促进了数据的多次利用，以及方便获得金融支持等。新加坡海关计划在 2017 年后对 Tradenet 贸易网、TradeXchange 平台以及海关电子化系统进行整合，进一步强化国家贸易基础设施建设。

美国的贸易处理系统——“自动商业环境（Automated Commercial Environment，ACE）”平台整合了海关及其他多个政府机构和企业贸易信息，提供一站式信息交换及相关贸易服务。美国计划至 2016 年末使“自动商业环境（ACE）”平台实现“单一窗口”。

韩国也是全球较早实现“单一窗口”的国家，其 KTNET 贸易信息通信平台建成运营自 1992 年，集合了贸易企业、银行、船公司、保险公司、运输公司等企业以及包括产业通商资源部、关税厅、法务部等七大公共事务运营机构，提供服务涉及国家电子贸易服务、全球电子贸易服务、认证服务、法务服务、电子邮件服务、电子文书服务、B2B 云服务等，该平台使得韩国复杂的进出口活动实现了全自动化，年均经济效益达到 6 兆韩元。

此外，如 2015 年 11 月，墨西哥海关表示将投入 180 亿比索（1 美元约合 16.5 比索）实施 16 个项目，对 49 个海关进行现代化改造，实现搭建一站式服务平台，并已经正式启动了海关手续无纸化。又如迪拜海关也积极采用全天候、全智能服务，通过迪拜贸易平台（Dubai Trade，www.dubaitrade.ae）、企业—政府电子商务系统、移动智能程序等 6 个渠道提供贸易服务，便于用户随时追踪业务进展。迪拜计划在 2018 年，推动实现海关 80％业务的智能化操作。

### （五）优化边境管理程序

边境管理的效率、透明性及时间和经费成本也是重要的贸易便利化指标。这里分别以新加坡和中国香港为例，介绍通过优化边境管理程序促进贸易便利化的相关经验。

**1. 新加坡的边境管理实例**

新加坡海关的通关手续及程序非常简便快捷，在《2014 年全球贸易便利化报告》的有关边境管理的相关评估中位居全球首位。新加坡海关效率非常高，每年通过新加坡口岸进出口的货品价值是其 GDP 的约 3 倍。新加坡早年就合并了约 35 个边境机构，实施单一窗口制度，目前新加坡处理 TradeNet 系统申报，99%可在 10 分钟内完成，并保证在 7 个工作日内完成处理仓库许可证及零消费税仓库许可证申请，退税服务在 5 至 12 个工作日，原产地证书在线申请处理在 2 小时内，进口证书及交货查验处理也可保证在 2 小时内，且在资料齐备的情况下在 30 天内完成海关裁定等。

2011 年，新加坡海关推出“TradeFIRST(Trade Facilitation & Integrated Risk-based System)”框架，实施企业综合评估以提供相应的贸易便利，是一个强制性政策，任何企业想要获得新加坡海关许可，都必须参与评估。其将便利化划分为 5 个等级，每个等级下有多个海关便利化计划，截至目前总共约 33 项计划。

新加坡海关计划丰富，边关效率及贸易便利强化效果明显。例如，近期于 2014 年 4 月，新加坡海关推出了“战略贸易计划”(Strategic Trade Scheme)，是新加坡“TradeFirst”框架下的计划之一。在该计划下，企业只需提交一份“体积许可”(Bulk Permit)申请，以获得战略型货品 3 年内多次装运(multiple shipment)的许可，由海关对公司贸易性质进行评估，并发放许可。2014 年 9 月，新加坡正式启用东南亚首个地面石油货品存储设施。根据其“零消费仓库计划 Zero-GST Warehouse Scheme”，经许可的石油货品存储在该指定仓库内将可暂时免征消费税，如果货品移出仓库用作当地销售，将被征收消费税，而如果货品由仓库转而出口或在仓库内销售，则免征消费税，这一举措进一步促进新加坡成为重要的石油等产品的贸易枢纽。

**2. 中国香港的边境管理实例**

香港拥有全球最开放的市场，实行自由港制度，不征收任何进出口关税，即没有关税配额或相应罚款，也不征收增值税或一般服务税。

目前，香港边境提供多项通关便利计划，并设置有高效的电子货物清关平台。在香港，获得认可经济营运商资格，即可享受减少海关查验、优先接受清关等便利优惠。同时，香港建有三大电子货物清关平台，包括空运货物清关系统、道路货物资料系统以及电子货物舱单系统，并专门针对海运货物实施全电子渠道的海运简易通关计划，大大简化了单据提交的程序。

自 2015 年起，香港启动实施自由贸易协定中转货物便利计划。在中国内地与不同国家及地区签订的自由贸易协定中，规定货物如经第三地中转而中转过程符合未再加工规定及条件的，则被视为直接运输而享受关税优惠，因而自由贸易协定中转货物便利计划可协助香港中转货物获得自由贸易协议框架下的关税优惠资格，出具证明未再加工的《中转确认书》，以提供转运便利。此外，香港针对个别货物品种实施通关便利措施。例如，香港对经香港进口至中国内地的葡萄酒提供征税便利，在香港备案的葡萄酒商需通过网上申报系统，向中国内地海关预先申报相关资料，从而获得在中国内地口岸的清关优惠。

## （六）货币国际化及支付方式改革

货币全球化及货币支付方式是促进贸易便利的重要环节，也是营商环境改善的重要指标。多个经济体希望通过推进本币国际化、改进支付方式来实现加速贸易流通的目标。

货币国际化方面，在继人民币后，韩国也计划分阶段推进韩元国际化。目前，韩国贸易往来中以韩元结算的比重仅为2.5%，韩国政府表示将借上海直接对韩元交易市场的建立等，谋求韩元国际化的机会。

在货币支付方式方面，如缅甸和印度两国为提高贸易流通效率，表示计划采用亚洲清算联盟支付方式实施结算。一直以来，缅甸主要向印度出口咖啡豆、水果等农林产品，而印度则向缅甸出口小麦、电器、石油等，且支付交易复杂，贸易方式的转变则大大促进了贸易效率的提升。亚洲清算联盟成立于1974年，成员包括伊朗、印度等9个国家的中央银行，其宗旨是为成员国之间的国际贸易提供结算便利，而这9国的银行代表所属国家企业实施双边贸易结算，成员国之间的贸易还未完全实现联盟清算。

此外，支付方式智能化也是促进贸易的手段，除发达国家以外，越来越多的发展中国家开始推进支付智能化。例如，泰国在2015年末，推出了国家电子支付发展计划（National e-payment Master Plan），计划改善国内支付系统，在效率上促进国际贸易的开展。2016年1月，缅甸中央银行实施电子清算和结算系统——中央网（CBM-Net）也正式上线，其与央行、本地和外资银行联结，实现了实时自动结算。

## （七）基础设施及物流服务建设升级

基础运输设施及物流设施的建设和相关政策是影响贸易便利的重要因素。

发达国家通过积极扩建基础运输设施并提升相关服务来提高贸易流动性和竞争

力。目前，新加坡、中国香港、阿联酋、德国及法国在这方面做得尤为突出。以阿联酋为例，目前其全球贸易便利化指数(2014)排名第 16 位，交通运输基础设施综合指数排名全球第一，是全球物流设施水平最高的国家之一，拥有四通八达的海陆空网络，建有全球最好的空运、公路等运输基础设施，与全球超过 220 个国家建有贸易网络。阿联酋拥有迪拜国际机场、马克图姆世界中心机场等全球一流的机场，2014 年货物吞吐量达 2 400 万吨。其中，马克图姆世界中心机场拥有 5 个跑到和 4 个航站楼，最大货物年吞吐量和旅客吞吐量分别可达到 1 200 万吨及 2.2 亿人次，且近年来每年以 10%～20%的增长率快速增长。阿联酋还拥有全球最好的两个集装箱码头，其中 61%的货物经阿联酋发往海湾阿拉伯国家。预计，至 2030 年位于阿布扎比的哈利法港的货物处理量可达到 1 500 万 TEU 和 3 500 万吨，将占到 15%的非石油 GDP。此外，阿联酋的公路运输设施评价指数也位居全球第一(据《全球竞争力评价 2015—2016》)。2010 年，阿联酋推出了 2021 年远景规划，其中也提出了运输基础设施投建的积极目标。

对于欠发达国家来说，运输设施的跟进是解决贸易滞阻和成本过高的主要因素。例如，在秘鲁，据估算，道路建设将减少 15%～40%的国内运输成本，并可增加 10%～23%的出口额。又如，哥伦比亚是近年因运输基础设施建设投入而获益的国家之一。通过提升运输基础设施水平及运输服务水平，哥伦比亚大幅降低了运输成本，而每降低 1%的计税运输成本，其农业出口额就增加 7.9%，制造业出口额增加 7.8%，矿业出口额增加 5.9%。同样，在墨西哥，运输成本每降低 1%，其出口额就增加 4%。又如，巴西近年修订了国家物流规划中有关主要公路和水路的相关规划内容，据预计将大大促进国家农业和矿业的发展，可能平均降低国内水运成本约 30%，并刺激出口，提升出口额约 12.5%。

基础运输设施建设的跨国及区域合作是促进物流便利的积极手段。例如，2015 年 12 月，印缅泰三国位于泰国彭世洛经缅甸到达印度加尔各答的国际公路试通车，三国政府亦开始批准国内企业提供跨境物流服务，其中，缅甸已批准了 28 家企业从事跨境物流服务，且企业自 2016 年起可开启为期一年的运营。此外，泰国也已批准了 100 多家跨境公路服务的企业的申请。此外，印缅泰三国还在积极推进三国贸易通道建设(IMT)，旨在促进三国跨境贸易，连接东南亚和南亚贸易。又如，非洲地区将在 2016 至 2020 年投资 2 亿多美元修建科特迪瓦圣佩罗港至马里首都巴马科之间的公路，推进圣佩罗港成为马里、布基纳法索、几内亚等非洲内陆国家的出海通道，打通地区交通运输，推动贸易发展。此外，还计划在边境地区建立联合检查站，建立综合海关信息系统和一站式清关窗口。

## 四、促进我国贸易便利化的战略思考

贸易便利化的推进涉及多样作用因素，目的在于降低贸易壁垒，从而增加贸易流动、降低成本。中国现阶段就全面推进贸易便利化已经出台了一系列政策，并已经正式接受 WTO《贸易便利化协定》协议书。借鉴前述的一些国际经验，对促进我国贸易便利化提出几点战略思考。

其一，积极开展国际间贸易便利化合作。在当前结构性调整和周期性调整的双重困境下，贸易的重要性得到各大经济体的高度重视。作为全球第二大经济体，目前，中国贸易便利化综合指数位居全球第 54 位（2014 年），是金砖国家中表现最优的国家，出口总量也占到全球的 11%左右。因此，我国要积极参与到各种国际组织、区域组织有关贸易便利化的活动中去，在相关规则的制定中争取话语权，提出有利于本国贸易投资便利化的建议。

其二，努力推进关税制度改革。我国在进出口关税政策总体水平相对靠后，税率及关税政策复杂程度都较高，因而关税壁垒是需要积极改善的方面，在关税空间有限的情况下，积极拓展贸易合作，实现贸易便利的目的。

其三，切实提高边境管理水平和通关效率。在边境管理方面，我国的边境效率排名约第 48 位，数字化应用及通关手续亟须进一步提升。因此，要加大对信息技术的投资，切实提高新一代信息技术在海关管理中的应用，提高海关管理效率，进一步缩减海关通关时间，降低交易成本。一方面，要广泛推进“单一窗口”，通过多部门信息整合及信息互换及互认，全面升级电子申报系统，简化申报、查验、通关手续。另一方面，实施多样通关计划，扩大联合企业认证合作，实现快速查验、快速通关。

其四，稳步推进人民币国际化进程。要在深化改革、扩大开放的大背景下，进一步推动汇率市场化、利率市场化，有次序地推进资本金融项的开放，建设人民币离岸金融市场，同时完善金融风险管控系统，从而推进人民币成为国际货币，以此提升我国的贸易便利化水平。

其五，继续完善基础设施。目前，我国运输基础设施、营商环境等方面，表现中等靠前，约居第 30 位左右，其中，2014 年我国的基础设施建设在世界排名第 36 位，还有很大的发展空间。因此，要继续完善港口、公路、铁路、机场等基础设施建设，构建完备的海陆空贸易网络建设，全面提升仓储环境及能力，提高物流效率，促进贸易便利化。

## 参考文献

[1] World Economic Forum. *The Global Enbaling Trade Report 2014*. (March 24, 2014)

[2] World Bank. *Doing Business 2016* (October 27, 2015)

[3] 匡增杰.基于发达国家海关实践经验视角下的促进我国海关贸易便利化水平研究[J].世界贸易组织动态与研究,2013(1)

[4] 刘军梅等.贸易便利化:金砖国家合作的共识[M],上海:上海人民出版社,2014

[5] 王茜、张磊等.多哈回个谈判 2013 年年度报告——投资与贸易便利化专题[M].北京:法律出版社,2015

[6] 中国商务部网站 http://www.mofcom.gov.cn

[7] 新加坡海关网站 http://www.customs.gov.sg/

[8] 香港海关网站 http://www.customs.gov.hk

[9] 美国海关 http://www.cbp.gov/trade/automated

[10] 韩国 KTNET:http://homepage.ktnet.co.kr/KTNET/about/aboutKtnet.html

本章撰写:朱荪远

# 第十三章　全球价值链下国际贸易政策的变化与走向

国际贸易理论一般设定贸易是在完全竞争市场、规模收益不变等理想状态下进行的，但现实并非如此。现实中每个经济体出于自身贸易利益最大化的考虑，都会制定一些限制或鼓励贸易的政策。随着全球化进程的加快，从全球价值链的角度来考量一个经济体在全球经济中的产业分工、贸易利益和竞争力等，已经成为一个非常重要的课题。本章从介绍全球价值链的概念入手，分析全球价值链下国际贸易政策的变化与未来走向，并提出相应的建议与思考。

## 一、全球价值链的兴起

### （一） 全球价值链理念

#### 1. 全球价值链概念

全球价值链(global value chain，GVC)理论源于20世纪80年代由国际商业研究人员提出和发展起来的价值链理论，价值链(value chain)指在一个商品从构思到最终消费者使用及后续整个过程中所涉及的所有企业活动。1999年，美国杜克大学的加里·格里芬(Gary Gereffi)教授把价值链与全球化组织联系起来，提出了全球商品链(global commodity chain)框架，并在此基础上对生产者驱动和购买者驱动的商品链进行比较研究。为了摆脱商品一词的局限性，突出强调链条上的企业对价值创造和价值获取的重要性，21世纪初，该领域的众多研究者们一致同意用“全球价值链”这一术语取代全球商品链。与“全球商品链”这一名词相比，全球价值链更加强调其活动在世界各地日益分散的强烈趋势(图13.1)。

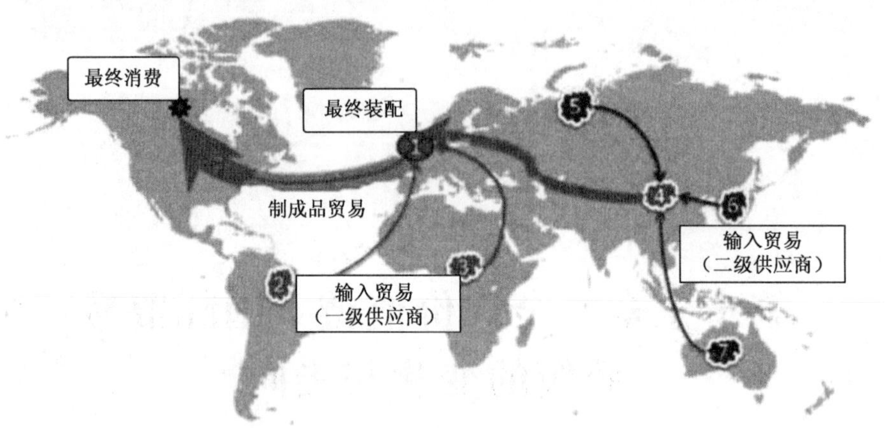


**图 13.1 简化的全球价值链示意图——零部件生产、组装及产品销售由多个国家协力完成**

说明：2、3、4 代表被组合成 1(即制成品)的中间品，而中间品 4 本身也由投入资源 5、6、7 构成

资料来源：《互联经济体——受益于全球价值链》(2013)。

具体来看，全球价值链是由跨国公司利用其子公司网络、合作伙伴和相近市场供应商之间的跨境贸易输入和输出来进行调节的，由跨国公司进行调节的全球价值链已占全球贸易量的 80%。在追求效率至上的大型跨国企业的主导和推动下，全球价值链所引领的变革使得各项经济任务及业务功能变得日益专业化，同时也影响了小型企业公司，使得企业和经济体能够从其他地方获得并使用中间品和服务，无须参与整个生产环节，而是专注于“从事”全球价值链中它们最擅长的一部分业务。诚然，全球价值链也会影响一个国家的竞争力及其贸易和投资模式，因此它在为欠发达国家提供潜在发展机会的同时，也蕴藏着一定的风险。

**2. 全球各个国家对全球价值链的依赖度**

瑞士日内瓦高级国际关系及发展学院教授理查德·鲍德温(Richard Baldwin)在 2015 年发表的论文《供应链贸易：全球模式和几种可检验的假说》(*Supply-chain Trade: A Portrait of Global Patterns and Several Testable Hypotheses*, 2015)中，利用世界投入-产出表(WIOD)数据库研究了全球各个国家和地区对全球价值链的依赖度(图中的数字为对应行国家对对应列国家和地区的中间产品出口占该列国家和地区所有中间产品进口的比重，如德国对法国的中间产品出口占法国所有中间产品进口的比重为 3%)(图 13.2)。

从总体经济层面来看，全球各个国家和地区的大部分中间品都还是源自国内经济的，国内中间品来源的比重一般都在 50%以上，不少国家或地区都高于 70%，如，四大制造国家中的 3 个都表现出了对国内中间品的强烈依赖性(中、美、日分别为 88%、91% 和 92%)，德国略低，只有 79%。一般而言，国家越小，对全球价值链的依赖度就越高。

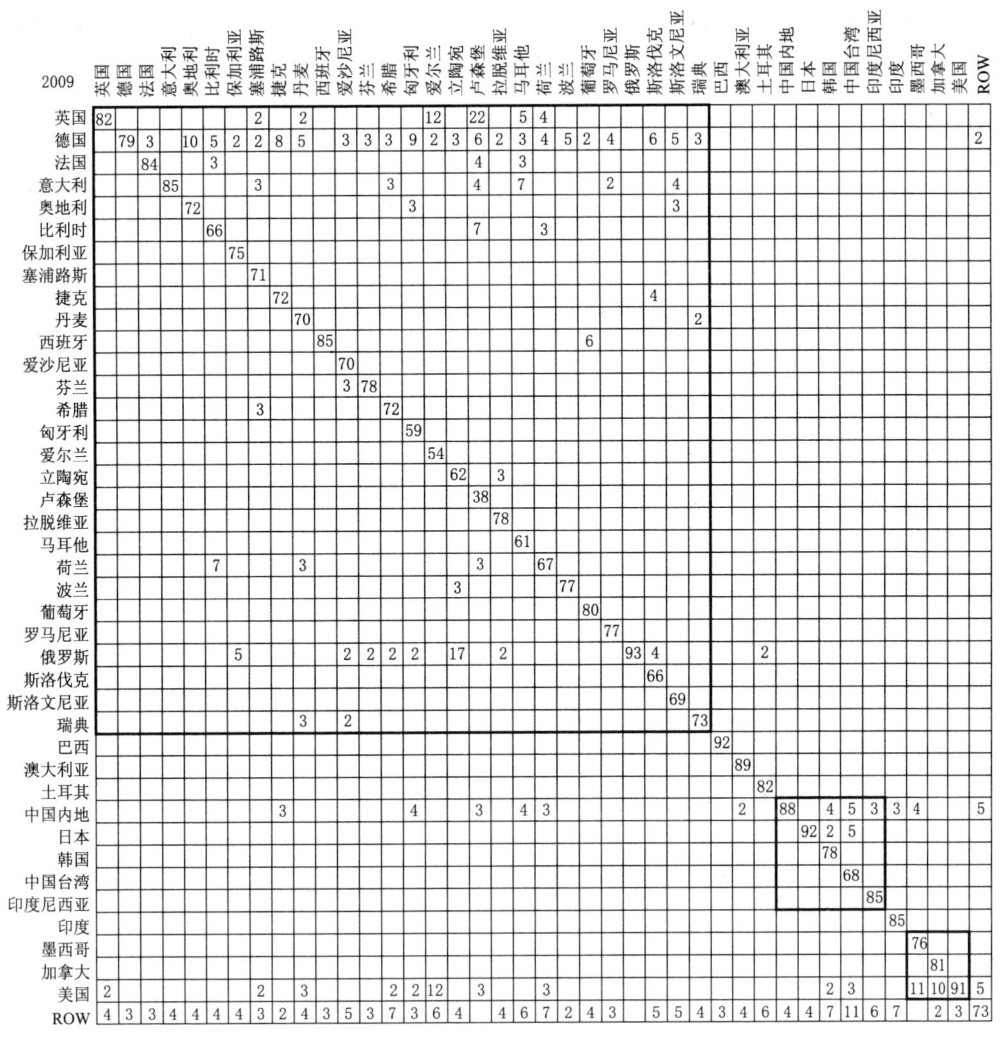

| 2009 | 英国 | 德国 | 法国 | 意大利 | 奥地利 | 比利时 | 保加利亚 | 塞浦路斯 | 捷克 | 丹麦 | 西班牙 | 爱沙尼亚 | 芬兰 | 希腊 | 匈牙利 | 爱尔兰 | 立陶宛 | 卢森堡 | 拉脱维亚 | 马耳他 | 荷兰 | 波兰 | 葡萄牙 | 罗马尼亚 | 俄罗斯 | 斯洛伐克 | 斯洛文尼亚 | 瑞典 | 巴西 | 澳大利亚 | 土耳其 | 中国内地 | 日本 | 韩国 | 中国台湾 | 印度尼西亚 | 印度 | 墨西哥 | 加拿大 | 美国 | ROW |
|---|---|---|---|---|---|---|---|---|---|---|---|---|---|---|---|---|---|---|---|---|---|---|---|---|---|---|---|---|---|---|---|---|---|---|---|---|---|---|---|---|---|
| 英国 | 82 |  |  |  |  |  |  | 2 |  | 2 |  |  |  |  |  | 12 |  | 22 |  | 5 | 4 |  |  |  |  |  |  |  |  |  |  |  |  |  |  |  |  |  |  |  |  |
| 德国 |  | 79 | 3 |  | 10 | 5 | 2 | 2 | 8 | 5 |  | 3 | 3 | 3 | 9 | 2 | 3 | 6 | 2 | 3 | 4 | 5 | 2 | 4 |  | 6 | 5 | 3 |  |  |  |  |  |  |  |  |  |  |  |  | 2 |
| 法国 |  |  | 84 |  |  | 3 |  |  |  |  |  |  |  |  |  |  |  | 4 |  | 3 |  |  |  |  |  |  |  |  |  |  |  |  |  |  |  |  |  |  |  |  |  |
| 意大利 |  |  |  | 85 |  |  |  | 3 |  |  |  |  |  | 3 |  |  |  | 4 |  | 7 |  |  |  | 2 |  |  | 4 |  |  |  |  |  |  |  |  |  |  |  |  |  |  |
| 奥地利 |  |  |  |  | 72 |  |  |  |  |  |  |  |  |  | 3 |  |  |  |  |  |  |  |  |  |  |  | 3 |  |  |  |  |  |  |  |  |  |  |  |  |  |  |
| 比利时 |  |  |  |  |  | 66 |  |  |  |  |  |  |  |  |  |  |  | 7 |  |  | 3 |  |  |  |  |  |  |  |  |  |  |  |  |  |  |  |  |  |  |  |  |
| 保加利亚 |  |  |  |  |  |  | 75 |  |  |  |  |  |  |  |  |  |  |  |  |  |  |  |  |  |  |  |  |  |  |  |  |  |  |  |  |  |  |  |  |  |  |
| 塞浦路斯 |  |  |  |  |  |  |  | 71 |  |  |  |  |  |  |  |  |  |  |  |  |  |  |  |  |  |  |  |  |  |  |  |  |  |  |  |  |  |  |  |  |  |
| 捷克 |  |  |  |  |  |  |  |  | 72 |  |  |  |  |  |  |  |  |  |  |  |  |  |  |  |  | 4 |  |  |  |  |  |  |  |  |  |  |  |  |  |  |  |
| 丹麦 |  |  |  |  |  |  |  |  |  | 70 |  |  |  |  |  |  |  |  |  |  |  |  |  |  |  |  |  | 2 |  |  |  |  |  |  |  |  |  |  |  |  |  |
| 西班牙 |  |  |  |  |  |  |  |  |  |  | 85 |  |  |  |  |  |  |  |  |  |  |  | 6 |  |  |  |  |  |  |  |  |  |  |  |  |  |  |  |  |  |  |
| 爱沙尼亚 |  |  |  |  |  |  |  |  |  |  |  | 70 |  |  |  |  |  |  |  |  |  |  |  |  |  |  |  |  |  |  |  |  |  |  |  |  |  |  |  |  |  |
| 芬兰 |  |  |  |  |  |  |  |  |  |  |  | 3 | 78 |  |  |  |  |  |  |  |  |  |  |  |  |  |  |  |  |  |  |  |  |  |  |  |  |  |  |  |  |
| 希腊 |  |  |  |  |  |  |  | 3 |  |  |  |  |  | 72 |  |  |  |  |  |  |  |  |  |  |  |  |  |  |  |  |  |  |  |  |  |  |  |  |  |  |  |
| 匈牙利 |  |  |  |  |  |  |  |  |  |  |  |  |  |  | 59 |  |  |  |  |  |  |  |  |  |  |  |  |  |  |  |  |  |  |  |  |  |  |  |  |  |  |
| 爱尔兰 |  |  |  |  |  |  |  |  |  |  |  |  |  |  |  | 54 |  |  |  |  |  |  |  |  |  |  |  |  |  |  |  |  |  |  |  |  |  |  |  |  |  |
| 立陶宛 |  |  |  |  |  |  |  |  |  |  |  |  |  |  |  |  | 62 |  | 3 |  |  |  |  |  |  |  |  |  |  |  |  |  |  |  |  |  |  |  |  |  |  |
| 卢森堡 |  |  |  |  |  |  |  |  |  |  |  |  |  |  |  |  |  | 38 |  |  |  |  |  |  |  |  |  |  |  |  |  |  |  |  |  |  |  |  |  |  |  |
| 拉脱维亚 |  |  |  |  |  |  |  |  |  |  |  |  |  |  |  |  |  |  | 78 |  |  |  |  |  |  |  |  |  |  |  |  |  |  |  |  |  |  |  |  |  |  |
| 马耳他 |  |  |  |  |  |  |  |  |  |  |  |  |  |  |  |  |  |  |  | 61 |  |  |  |  |  |  |  |  |  |  |  |  |  |  |  |  |  |  |  |  |  |
| 荷兰 |  |  |  |  |  | 7 |  |  |  | 3 |  |  |  |  |  |  |  | 3 |  |  | 67 |  |  |  |  |  |  |  |  |  |  |  |  |  |  |  |  |  |  |  |  |
| 波兰 |  |  |  |  |  |  |  |  |  |  |  |  |  |  |  |  | 3 |  |  |  |  | 77 |  |  |  |  |  |  |  |  |  |  |  |  |  |  |  |  |  |  |  |
| 葡萄牙 |  |  |  |  |  |  |  |  |  |  |  |  |  |  |  |  |  |  |  |  |  |  | 80 |  |  |  |  |  |  |  |  |  |  |  |  |  |  |  |  |  |  |
| 罗马尼亚 |  |  |  |  |  |  |  |  |  |  |  |  |  |  |  |  |  |  |  |  |  |  |  | 77 |  |  |  |  |  |  |  |  |  |  |  |  |  |  |  |  |  |
| 俄罗斯 |  |  |  |  |  |  | 5 |  |  |  |  | 2 | 2 | 2 | 2 |  | 17 |  | 2 |  |  |  |  |  | 93 | 4 |  |  |  |  | 2 |  |  |  |  |  |  |  |  |  |  |
| 斯洛伐克 |  |  |  |  |  |  |  |  |  |  |  |  |  |  |  |  |  |  |  |  |  |  |  |  |  | 66 |  |  |  |  |  |  |  |  |  |  |  |  |  |  |  |
| 斯洛文尼亚 |  |  |  |  |  |  |  |  |  |  |  |  |  |  |  |  |  |  |  |  |  |  |  |  |  |  | 69 |  |  |  |  |  |  |  |  |  |  |  |  |  |  |
| 瑞典 |  |  |  |  |  |  |  |  |  | 3 |  | 2 |  |  |  |  |  |  |  |  |  |  |  |  |  |  |  | 73 |  |  |  |  |  |  |  |  |  |  |  |  |  |
| 巴西 |  |  |  |  |  |  |  |  |  |  |  |  |  |  |  |  |  |  |  |  |  |  |  |  |  |  |  |  | 92 |  |  |  |  |  |  |  |  |  |  |  |  |
| 澳大利亚 |  |  |  |  |  |  |  |  |  |  |  |  |  |  |  |  |  |  |  |  |  |  |  |  |  |  |  |  |  | 89 |  |  |  |  |  |  |  |  |  |  |  |
| 土耳其 |  |  |  |  |  |  |  |  |  |  |  |  |  |  |  |  |  |  |  |  |  |  |  |  |  |  |  |  |  |  | 82 |  |  |  |  |  |  |  |  |  |  |
| 中国内地 |  |  |  |  |  |  |  |  | 3 |  |  |  |  |  | 4 |  |  | 3 |  | 4 | 3 |  |  |  |  |  |  |  |  | 2 |  | 88 |  | 4 | 5 | 3 | 3 | 4 |  |  | 5 |
| 日本 |  |  |  |  |  |  |  |  |  |  |  |  |  |  |  |  |  |  |  |  |  |  |  |  |  |  |  |  |  |  |  |  | 92 | 2 | 5 |  |  |  |  |  |  |
| 韩国 |  |  |  |  |  |  |  |  |  |  |  |  |  |  |  |  |  |  |  |  |  |  |  |  |  |  |  |  |  |  |  |  |  | 78 |  |  |  |  |  |  |  |
| 中国台湾 |  |  |  |  |  |  |  |  |  |  |  |  |  |  |  |  |  |  |  |  |  |  |  |  |  |  |  |  |  |  |  |  |  |  | 68 |  |  |  |  |  |  |
| 印度尼西亚 |  |  |  |  |  |  |  |  |  |  |  |  |  |  |  |  |  |  |  |  |  |  |  |  |  |  |  |  |  |  |  |  |  |  |  | 85 |  |  |  |  |  |
| 印度 |  |  |  |  |  |  |  |  |  |  |  |  |  |  |  |  |  |  |  |  |  |  |  |  |  |  |  |  |  |  |  |  |  |  |  |  | 85 |  |  |  |  |
| 墨西哥 |  |  |  |  |  |  |  |  |  |  |  |  |  |  |  |  |  |  |  |  |  |  |  |  |  |  |  |  |  |  |  |  |  |  |  |  |  | 76 |  |  |  |
| 加拿大 |  |  |  |  |  |  |  |  |  |  |  |  |  |  |  |  |  |  |  |  |  |  |  |  |  |  |  |  |  |  |  |  |  |  |  |  |  |  | 81 |  |  |
| 美国 | 2 |  |  |  |  |  |  | 2 |  | 3 |  |  |  | 2 | 2 | 12 |  | 3 |  |  | 3 |  |  |  |  |  |  |  |  |  |  |  |  | 2 | 3 |  |  | 11 | 10 | 91 | 5 |
| ROW | 4 | 3 | 3 | 4 | 4 | 4 | 4 | 3 | 2 | 4 | 3 | 5 | 3 | 7 | 3 | 6 | 4 |  | 4 | 6 | 7 | 2 | 4 | 3 |  | 5 | 5 | 4 | 3 | 4 | 6 | 4 | 4 | 7 | 11 | 6 | 7 |  | 2 | 3 | 73 |

**图 13.2　各个国家的出口增加值来源矩阵**

说明：矩阵图中省略了小于2的值；ROW指世界其他国家和地区；因为俄罗斯的油气出口属于传统贸易，因此不在价值链的研究范围之内。

资料来源：《供应链贸易：全球模式和几种可检验的假说》(2015)。

图13.2中的数字分布符合全球生产网络的区域特性，全球生产网络本身由三大集团组成，包括亚洲工厂（以中国、日本为核心来源，日本作为中间产品供应商的影响范围还主要局限在亚洲范围之内）、北美工厂（美国的影响范围辐射相当广）和欧洲工厂（以德国、法国、英国为核心来源，其中欧盟各国对德国的依赖性最高，除西班牙、意大利和俄罗斯之外的所有国家从德国进口的中间品比重都高于2%）。其次，从该图还可以很明显地看出，首先中国是全球价值链中非常重要的一部分，未来的贸易协定

和国际贸易政策的协调很难避开中国。此外，实际上大部分国家都还在全球价值链之外，现有的全球价值链从实际角度来讲更像是区域价值链，全球各个国家对全球价值链的依赖度总体呈现出不断加深的趋势。

## （二） 国际贸易政策协调与合作的现状

各经济体根据自己的利益诉求制定的贸易政策存在一定的外部性，由此引发贸易争端，影响国际贸易的发展。为了消弭矛盾，协调各经济体的贸易政策，促进贸易自由化，以世界贸易组织（WTO）为代表的一些国际组织做了很多积极的努力，但当前的情况不容乐观。

**1. 世界贸易组织谈判陷入僵局**

始于 2001 年的多哈回合发展议程（下称“多哈回合”）谈判拥有不小的雄心壮志，目标是在全球范围内达成一个统一的贸易协议，例如削减美国和欧盟农业补贴，以回应发展中国家的诉求等。于 2013 年底举行的印尼巴厘岛部长级会议（两年一次）曾被视作世界贸易组织（WTO）多边机制起死回生的标志，会上达成了包括《贸易便利化协定》在内的“巴厘一揽子成果”，这些成果是从多哈回合中抽取出来的谈判难度最低的部分。但自 2014 年以来，多哈回合历经暂停、恢复、再暂停的多舛命运，基本原因之一是美欧之间在农产品的国内支持和进口关税削减上存在分歧；二是美欧等发达成员与巴西、印度等发展中成员之间非农产品的市场准入分歧；三是在 WTO 发展中国家成员内部也存在一定的分歧。除此之外，区域经济一体化的深入发展也对多边体制形成了一定的挑战。在 2015 年 12 月举行的最新一次的肯尼亚内罗毕世贸组织部长级会议上，来自发达国家的认为应该摸索新机制以替代陷入停滞的新多边贸易谈判（多哈回合）的主张首次写入部长宣言。会议由此成为朝向发达国家所期望的“脱离多哈回合”的一个转折点，不过，发展中国家要求保留重视开发援助的多哈回合，双方分歧巨大。

**2. 区域贸易协定的数量和涵盖范围快速增长**

虽然“最惠国待遇”和“国民待遇”在 WTO 中是非常重要的规则，但现实情况是：当下许多 WTO 成员的绝大部分贸易都是以双边、多边或诸边贸易等形式进行的。在 WTO 还是“关税与贸易总协定”的时候，区域贸易协定（RTA）的数量相对较少，但在过去的 20 年里，RTA 的数量呈现了爆发式增长。至 2015 年 12 月 1 日，WTO 共计收到 452 份 RTA 通报（货物、服务、准入通报不单列），其中 265 份处于生效状态（图 13.3）。

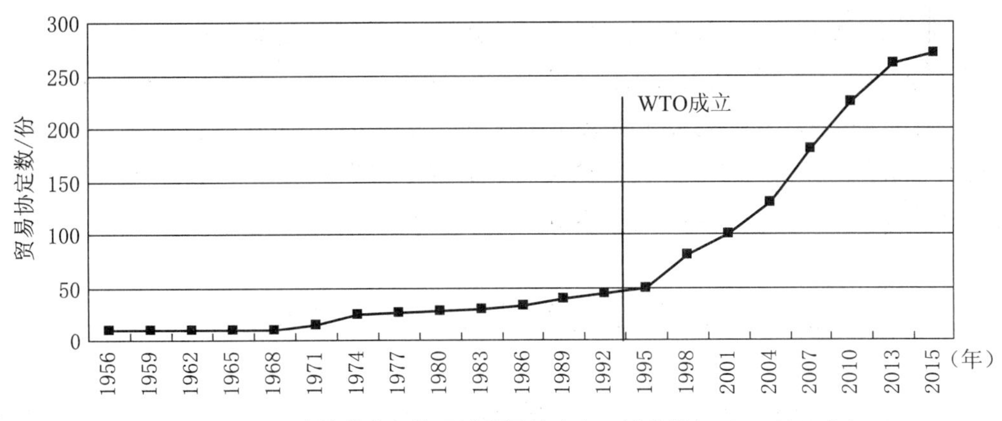


**图 13.3 处于生效状态下的区域贸易协定(RTA)份数(1958—2015 年)**

资料来源:WTO 的 RTA 数据库,上海图书馆上海科技情报所搜集整理。

在 WTO 于 2012 年 10 月 31 日发布的一份名为《区域贸易协定中货物贸易的市场准入条款》(*Market Access Provisions on Trade in Goods in Regional Trade Agreements*, 2012)工作文件中,研究人员分析了 WTO 成员在 2008 年与其区域贸易协定伙伴之间的贸易数据,发现该数据占总进口或出口的比重为 20%～70%(个别国家高达 90%)。报告在研究中将 WTO 成员按照地域划分为 11 个地区,通过计算得到各个地区内国家与其区域贸易协定伙伴之间的贸易数据平均值(图 13.4)。其中,中美洲与其区域贸易协定伙伴之间的贸易比例是最高的,非洲、北美和欧洲紧随其后(其中欧洲的数据只计算了其与外部合作伙伴之间的贸易数据,如果将欧洲内部的贸易也计算在内的话,该数据会大幅升高)。有意思的一点是,中美洲国家平均只加入

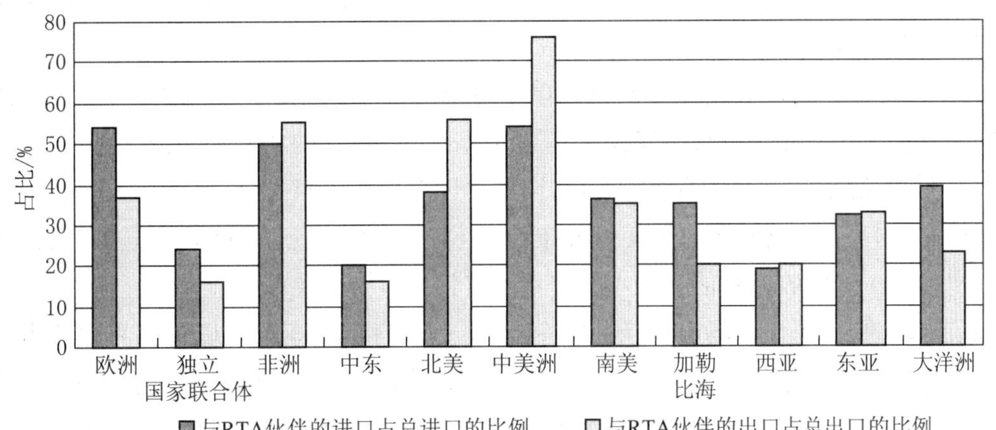


**图 13.4 WTO 成员与其 RTA 伙伴之间的贸易数据**

资料来源:《区域贸易协定中货物贸易的市场准入条款》(2012)。

了 5 个区域贸易协定，各有 9 个优惠贸易伙伴，这说明了，区域贸易协定的涵盖范围与其绝对大小不一定呈相关关系。贸易伙伴的大小在更大程度上决定了区域贸易协定的涵盖范围，随着近年来区域贸易协定谈判和缔结的数量不断增长（比如《泛太平洋战略经济伙伴关系协定（TPP）》《跨大西洋贸易与投资伙伴协定（TTIP）》等），当下世界范围内区域贸易协定的涵盖比例现在一定会更高。

## 二、全球价值链下国际贸易政策的变化

全球价值链对全球贸易与投资规则提出了新的诉求，它要求传统的以边界措施和市场准入问题为核心的贸易政策向以边界内措施和规制融合为核心的下一代贸易政策进行转变，狭隘口径的基于传统生产与贸易模式的贸易政策和贸易规则已不再适用，需要重新定义基于全球价值链的国际贸易新规则，即所谓“下一代贸易政策”。

### （一） 关税单方下降

关税，特别是中间品关税，会降低企业对外投资的能力，导致企业成本上升，因此可能会阻碍下游产业的增长与发展。现在全球价值链贸易生产过程通常会包括多个边境口岸，各种贸易成本可能会被放大，并可能影响到整个价值链的竞争力；此外，关税一般是根据进口货物的总值进行征收，而不是其增加值，这会进一步强化放大效应，如果国外增加值在产品总值之中的份额较大，即使关税很少，对成本的影响也是相当大的。

全球价值链的发展进一步鼓励了单边自由化趋势[除了信息技术协定（ITA）之外，最近十几年间几乎没有出现任何其他市场准入自由化的实例]，人们开始相信，全球性的贸易协定已经几乎不可能了，所以开始采取单一国家举措。

大量国家采用增加出口加工区和推出退税计划来解决这一问题。但是，实践证明，出口加工区的收益只能涉及小部分具有较强出口导向性的企业，不会延伸到其他地区或者主要在国内市场出售产品的企业，虽然所有出口商都可以更容易地获得退税，但退税经常会伴随着繁琐的文件和审计要求，导致在本国和国外市场销售的企业由于过于复杂而放弃这一选项；而对外国竞争者征收关税的结果则是，国内生产商抬高商品价格，出口加工区免税或者退税也无法弥补所带来的高额成本。

越来越多的国家和区域贸易协定（RTA）采用了零关税政策，发展中国家的关税

(尤其是中间品)也越降越低,这反映了国家单方采取以融入 GVC 为目标的努力措施。在世界银行出版的《发展用优惠贸易协定政策——手册》(*Preferential Trade Agreement Policies for Development*: *A Handbook*, *2011*)中,通过实证研究,说明了零关税货物在总进口量中的比重基本均处于增长的态势,平均看来,世界上发达国家一半的货物进口都是零关税,部分发展中国家的区域贸易协定也采用了开放贸易体系(图 13.5)。

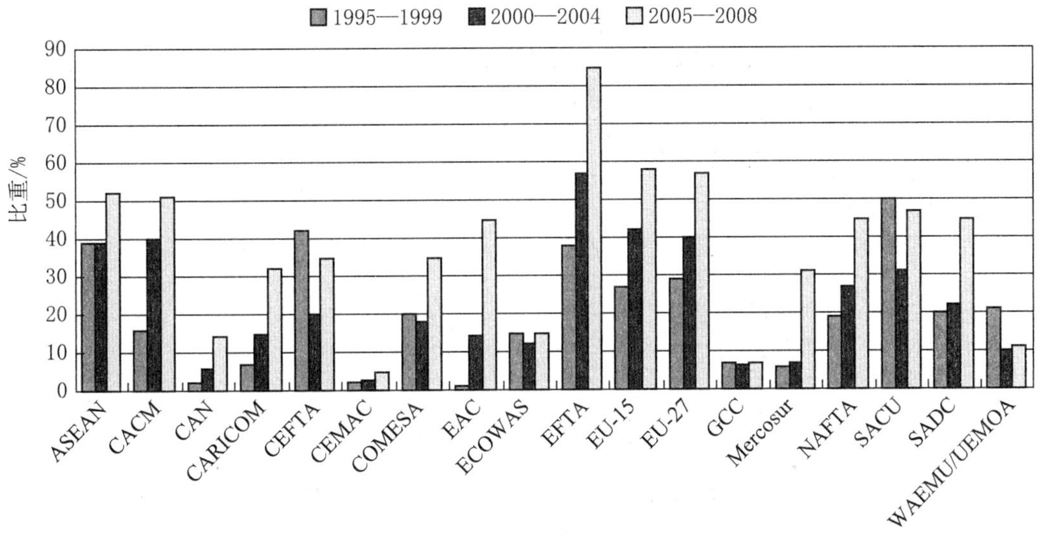


**图 13.5 不同地区零关税货物进口量占总货物进口量的比重(1995—2008 年)**

资料来源:《发展用优惠贸易协定政策——手册》(2011)。

关于减少征收关税来提高出口竞争力的实证讨论可见专栏 13.1。

## 专栏 13.1 加拿大的单边自由化措施

加拿大在 2008—2011 年取消了 1 374 个税目项下产品的关税,其中约 76%是纺织品,其余包括化学品、塑料及其制品、部分木制品、玻璃、铝和石墨,以及机械设备等,以进一步提高加拿大制造业的生产力和竞争力,2015 年加拿大政府全面取消了剩余的 381 种关税,对年度 70 亿美元的进口额实现免税,是 G20 集团中第一个实现制造业机械和设备进出口全部免税的国家。

### ➢ 提高进口中间品的流通性和生产力

在经合组织(OECD)2013 年发布的《全球价值链的贸易政策影响:案例分析》

(*Trade Policy Implications of Global Value Chains*: *Case Studies*, 2013)报告中,研究人员通过研究取消关税前后不同行业多要素生产率(multifactor productivity, MFP)的变化情况发现:行业内进口中间品的比例越高,新政策对该行业生产率的促进也越高,这是因为,新政策有利于降低进口中间品和国内采购中间品的价格,提升产品品质,降低有缺陷产品的数量,提高生产效率(图 13.C1)。

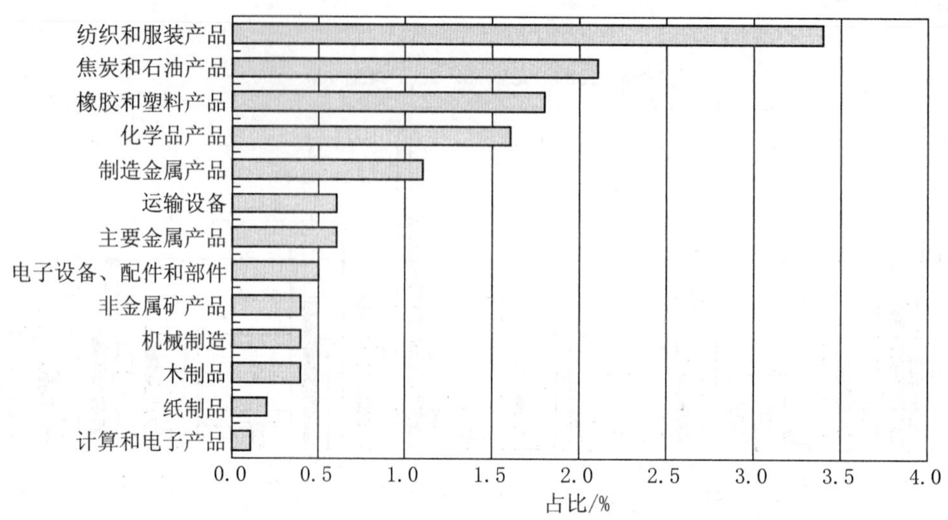


**图 13.C1 加拿大不同行业多要素生产率(MFP)相比于 2008 年的预估变化百分比**

资料来源:《全球价值链的贸易政策影响:案例分析》(*Trade Policy Implications of Global Value Chains*: *Case Studies*)(*2013*)。

### ➢ 降低进口关税对有效保护率的影响

为了衡量关税通过中间产品的传导效果,经济学家引入了有效保护率(effective protection rate, ERP)这一概念,ERP 代表关税对国内增加值(从而对国内就业)的保护程度,用来计算关税使国内增加值增长的百分比。在全球价值链背景下,ERP 是一个有效工具,能够分析关税对不同生产阶段的累积影响。

图 13.C2 中的 2010 年和 2015 年分别是加拿大降低关税的两个时间节点,可以发现,随着关税的降低,大部分行业的 ERP 都有所下降,制造业中下降最大的是焦炭和石油行业,该行业大部分的出口都是中间产品,因此关税的下降有助于该行业从激烈的竞争中获益;化学品行业,以及机械和设备行业的 ERP 值大约会下降一半;食品产品的初始 ERP 为 7.9%,名义关税税率为 2.9%,但是在关税下调之后,其 ERP 几乎不受新政策的影响,这也是由其直接服务于终端用户的行业特点所决定的,该行业和进口制造输入之间的直接竞争非常弱。

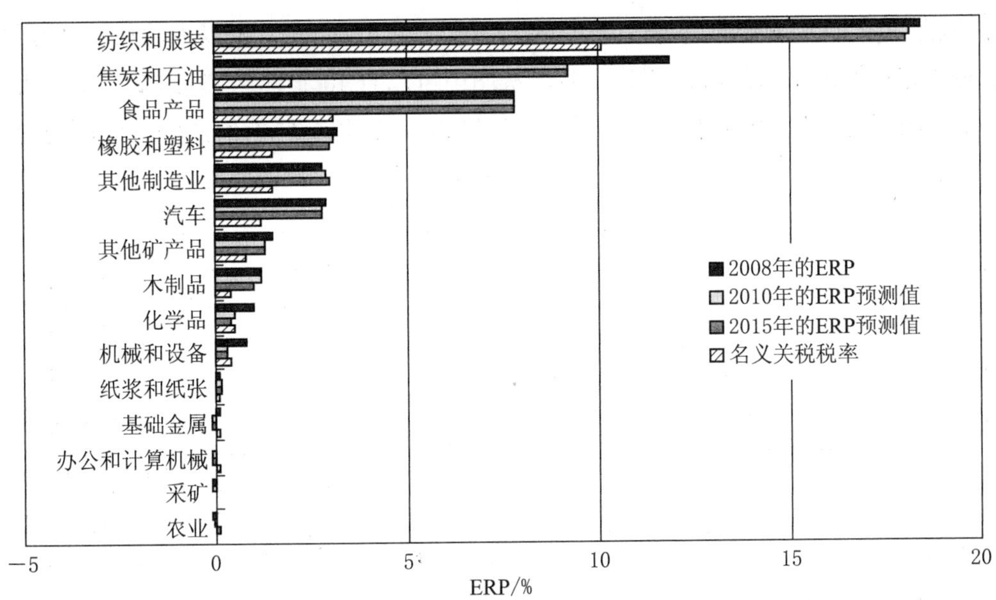


**图 13.C2　加拿大关税降低前后不同行业的 ERP**

资料来源:《全球价值链的贸易政策影响:案例分析》(*Trade Policy Implications of Global Value Chains: Case Studies*)(2013)。

总体来说,本案例研究分析了加拿大的关税减免政策对制造业投入和机械,以及有效保护率和生产力的潜在影响。表明该政策将降低大多数行业的有效保护率,提高国外中间产品的进入能力。更多的专门投入和机械设备可以降低生产成本,提高生产流程效率,提高下游制造业的创新能力,巩固自身的对外竞争力。虽然各个行业生产率的提高的幅度会有所不同,但是不少部门都会得到大幅提高。

加拿大并不是唯一从政策变化中受益的国家。一方面,外资投入生产可以直接作为加拿大企业的供应商,或者间接促进其市场的增加;从另一方面来说,关税降低所带来的成本减少可以随着价值链传递下去,从加拿大供应商处购买中间品的国外公司也可以从中受益,从而进一步提高生产力。

## (二) 区域贸易协定不断深化

全球价值链的兴起和随之而来的境内规则改革的需求,无疑促成了深度优惠贸易协定在近年来的扩散。在很多情况下,优惠贸易协定的规定要比多边 WTO 规则走得更远,其不仅规范成员国之间的贸易,还包括投资、行业标准、竞争政策、知识产权、劳工标准和环保等领域。理查德·鲍德温(Richard Baldwin) 2015 年发表了论文

《供应链贸易:全球模式和几种可检验的假说》,统计了自 1958 年以来,新成立的区域贸易协定中深度条款的数目(图 13.6)。从图中可以看出,整体来看,深度条款或者深度整合的程度在近 20 年来出现了逐年上升的趋势,这和全球价值链的发展历史是相吻合的,这种深化趋势既带来了机遇,也带来了风险。

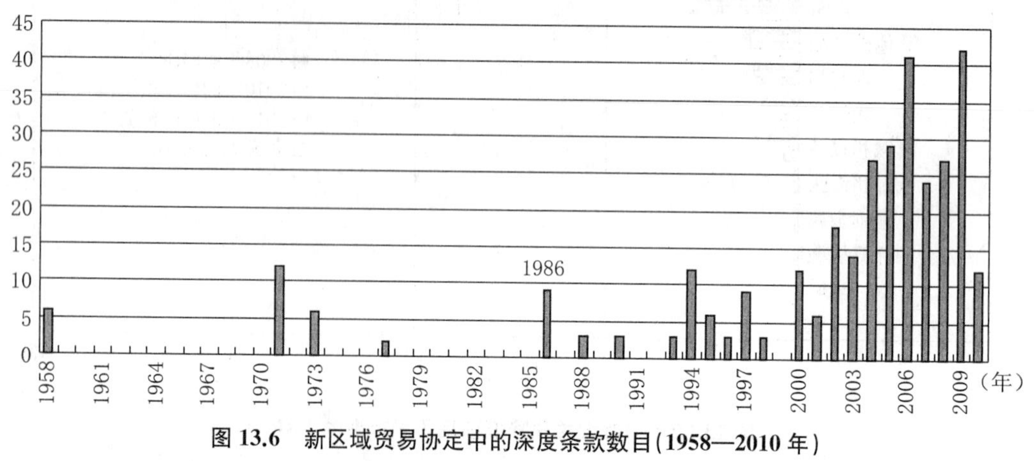


**图 13.6　新区域贸易协定中的深度条款数目(1958—2010 年)**

资料来源:《供应链贸易:全球模式和几种可检验的假说》(2015)。

一方面,优惠贸易协定考虑到了区域和全球生产网络与日俱增的重要性,鼓励通过消除贸易和投资中的关税和非关税贸易壁垒来实现进一步整合;此外,通过深度优惠贸易协定的提升,发展中国家可能会受益于一个更加稳定和可靠的贸易与投资环境,这对于迈向更高附加值任务的价值链升级是非常有必要的。另一方面,境内规则的广泛覆盖导致其所影响的政策领域超越了与贸易直接相关的议题,因而可能会绑住政府在追求国家发展战略目标时的手脚,例如,一些优惠贸易协定中的争端解决机制授予了外国投资者在国际仲裁法庭起诉国家的权利以及要求重大赔偿的权利。

## (三) 优惠原产地规则的复杂性不断增加

原产地规则(RoO)本来在贸易政策中并不处于什么非常重要的位置,但随着全球价值链的不断发展,优惠贸易协定也愈来愈多,其所带来的贸易自由化会对国家间的贸易流向和国家的投资决定产生巨大影响。这种影响可能是积极的,也有可能是消极的,所以在自由贸易区内,必须进行原产地确定以确认货物是否享受优惠待遇,同时阻止贸易偏转[1]的发生。换句话说,原产地规则是自由贸易协定所使用的政策

[1] 贸易偏转指来自非成员国的货物仅仅通过转运,从对外征收最低关税的成员国进入自贸区从而获得原产资格。

性工具，能够确保协定成员国原产的货物得到自由贸易区的关税减让，避免因关税减让效应所产生的货物迂回进入自由贸易区内的现象发生。然而，在现实中过于宽松的原产地规则对于贸易偏转没有防止作用。因为宽松的原产地规则不能有效阻止第三国产品通过自由贸易区内低关税成员国转运至自由贸易区，此时的贸易转移[1]效应并不明显。

随着原产地规则趋于严格，原产地规则开始能够阻止贸易偏转的发生，促进自由贸易区内产品的供应，从而替代自由贸易区外的产品供应，增加贸易转移。但是，随着原产地规则进一步趋向严格，自由贸易区成员国内的进口商将会发现，为满足原产地规则所需要付出的成本越来越高，最终超过了其可以享受的优惠，于是进口商不再考虑利用自由贸易协定的关税优惠从自由贸易区内进口，转而从自由贸易区外进口，此时贸易转移效应不再出现。

在新经济模式下，一方面，随着市场全球化的倾向越来越严重，在设计原产地规则时，必须考虑到企业的生产过程组成。另一方面，因为法规的发展速度赶不上技术的发展速度，原产地规则必须具有一定的灵活性，否则会很快过时。

### （四） 反倾销规则盛行，但其成本/效益效果下降

根据 WTO 提供的数据，在 1995 年 1 月 1 日到 2014 年 12 月 31 日之间，由印度提起的反倾销（AD）案件数目达到了 534 起，其中针对中国的反倾销案件数目为 169 起，占总数的 31.4%，平均每 1.42 个月一起。自 2000 年以来，印度发起的反倾销案件数目已经位于世界第一的位置，同时在单个国家针对单一贸易伙伴所提起的反倾销案件数目排行中也列于首位。因此，我们选择印度/中国作为反倾销规则的实例，用来说明在全球价值链这一大背景下反倾销规则的实际情况。

从相关研究人员的文献研究结果来看，关于印度反倾销规则的成本/效益效果的研究结果是相当一致的。Aggarwal 在其 2010 年发表的论文中，对 1994 年至 2001 年期间的印度反倾销规则进行了研究，发现整体而言，印度的反倾销规则对其的贸易值和总量都产生了一定的负面影响，她的结论是：“反倾销在印度造成了贸易萎缩。” Ganguli 则在其 2008 年的研究中也得到了类似的结果，发现印度的反倾销政策对对应的进口产生了负面影响。Malhotra 和 Malhotra 在 2008 年的论文中选择印度的医药行业作为案例研究，发现由印度政府所颁布的相关反倾销政策是该行业进口值下

[1] 贸易转移指一国产品遭到另一国的贸易保障措施后转而大量向其他国家出口。

降的原因。总体而言，反倾销规则的成本/效益效果不显著，对于中间品来说，会进一步转接在出口或者其他方面。目前，印度大多数的反倾销案件都是关于中间品，在2005 年到 2011 年之间，90%以上的印度反倾销案例都是针对中间品。根据针对企业的统计数据可以发现，在印度，使用中间品的公司会受到直接影响，而且这些公司为避免受到反倾销措施的影响，往往会改变自己的投资方向，因此，国内生产者的投入并没有真正受益于这些措施。此外，从贸易增加值的角度来看，一定比例的国内增加值可能会混入“外国”目标产品的反倾销措施当中去。

## 三、全球价值链下国际贸易政策的走向

在过去的 20 年内，因为全球价值链的不断发展，改变了实际贸易的本质，原来传统贸易中的“囚徒困境”从理论上讲已经不再存在了。从现实情况来看，多边主义是有利的，但多边贸易谈判进展缓慢。就目前的情况而言，区域贸易协定已经成为多边贸易自由化最重要的基础构件之一，如果设计得当，区域贸易协定可以起到激发作用，使经济活动适应新的环境，同时起到宣传作用，向公众传播贸易自由化的好处，还能促进政策创新，产生最终可能会在全球范围内进行推广的新政策。

然而，区域贸易协定也存在着一些缺点：首先，区域贸易协定大多是双边的，并没有涵盖可能参与全球价值链的所有国家，未参与的国家无法从区域贸易协定提供的各种机遇中获得收益；第二，不同区域贸易协定的规则各不相同，这使得全球业务的操作更加复杂；第三，区域贸易协定的优惠幅度通常较为温和，而公司也不能充分利用优惠关税政策，相对优惠也比较有限，其向伙伴国家提供的待遇通常与已经享有更优惠待遇的第三国类似。

相关经济学家对目前的全球贸易政策体系走向进行了种种预测。日本学者中富道隆在 2013 年的报告《大型 FTA 时代中全球价值链的综合方法——贸易战略的角度》(メガFTAの時代のグローバルバリューチェーンへの包括的対応—通商戦略の観点から)[1]中，将各种全球贸易政策体系预测分为四大类，分别是：①乐观的情景——成立新 WTO；②鲍德温 WTO 2.0 情景；③意大利面碗效应；④通向协调贸易政策之路——基于议题的国际规则制定(图 13.7)。

[1] 自由贸易区(FTA)与优惠贸易协定(PTA)、关税同盟协定(CUA)均属于 WTO 所规定的 RTA 类型，本章中其余部分均统称为 RTA，此处为尊重原文，故用 FTA。

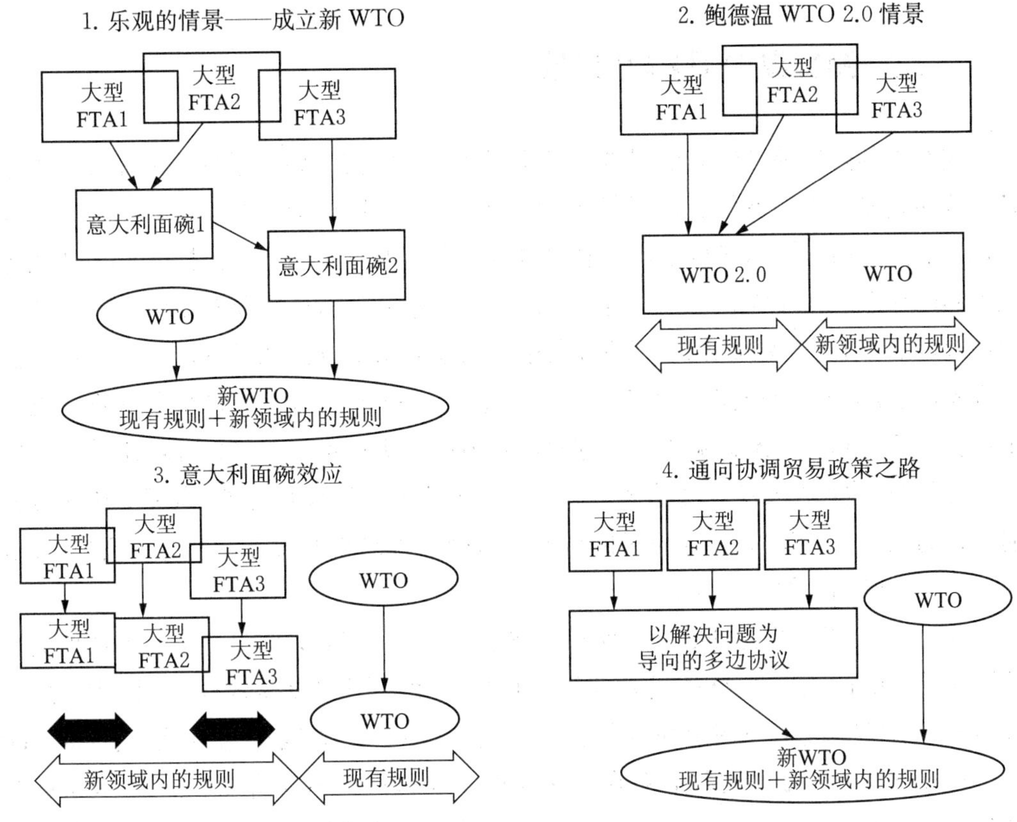


**图 13.7　4 类贸易政策体系走向**

资料来源:《大型 FTA 时代中全球价值链的综合方法——贸易战略的角度》(2013)。

## (一) 乐观的情景——成立新的 WTO

从乐观和理想角度考虑,最好的局面莫过于能够成立新"世界贸易组织(WTO)"。该观点的实现建立在以下几个前提之上:①大型自贸区不需很长时间就能实现成功缔结;②不存在或只有很少那种共识难以达成、各种协定相互纠缠的"意大利面碗"效应;③相互抵触的规则能够而且将会被协调;④协调过程耗时不长;⑤协调所产生的规则将成为新的 WTO 决策的基础;⑥在大型自贸区内的成员国和非成员国之间,规则应用方面不会出现重大问题,这些前提可以指向一个理想情形(图 13.7 1)。新的贸易规则,特别是应用于没有被现有规则所覆盖的领域的规则将会出现并成为未来 WTO 规则制定的基础,该情景会对无论是否参与全球价值链的成员国都产生一个积极的影响,无论是从理论还是政策实践中都应是最为理想的结果,但实现的难度较大。作为全球贸易体制的受益者,像我国这样的发展中大国也最期待出现这个结果。

## （二） 鲍德温 WTO 2.0 情景

现有的国际贸易已经完全超越了以往那种基于比较优势所形成的国际分工为基础的成品贸易。伴随着信息通讯技术的进步，生产工序的分割（unbundling）不断深化，形成了国际价值链，使得零部件和半成品贸易及附带的服务、数据、人员、技能等在国际间移动变得非常容易。面对这种因生产工序分割而更容易开展海外市场业务的情况，原有的世界贸易组织（WTO）在相关规则的制定方面几乎软弱无力。针对这一现象，理查德·鲍德温提出了 WTO 2.0 这一理念（图 13.7-2），并在多份研究成果中进行了反复阐述。鲍德温认为，按照现有的超大型区域协议和双边协议的发展轨道，中国和其他大型发展中经济体将被排除在价值链贸易规则之外，为了避免这种分崩离析的风险，应当将价值链贸易的特征作为最重要的变革核心引入世界贸易组织，建立一个全新的组织——WTO 2.0。

WTO 2.0 背后的逻辑不再是原有世界贸易组织（WTO）时期的“你开放我也开放”，而是“你保障我的产权，我来到你这设厂”，第三国的负面效应有限。因此，在 WTO 2.0 时期，过于强调全面参与已不合时宜，特殊与差别待遇条款（Special and Differential Treatment）也没有存在的必要性。WTO 2.0 应当帮助发展中国家更好地履行产权保护政策以及其他有益于发展产业链贸易的政策。整体来看，在 WTO 2.0 中，21 世纪的贸易规则，比如跨国公司、投资、竞争等将成为主要内容，整体区域的参与重要性超过了全球参与广泛度。

## （三） 意大利面碗效应

对大型自贸区采取过度乐观的态度是非常危险的。通过对情景 1 中的每个前提假设进行检视，可以发现：对于前提①而言，在目前的意愿程度以及参与国家的多元化的情况下，假设最终缔结大型自贸区需要花费较长一段时间较为合理；对于前提②到前提④而言，不同大型自贸区间规则的协调——主要是协调经济体之间的差异——很可能处处碰壁。例如，在与美国和欧盟缔结不同的大型自贸区时，韩国将不得不在汽车和电子电气领域对国际规则采取不同的定义。在这种情况下，大型自贸区的出现将不可避免地在不同领域内造成贸易规则的冲突。目前，容易产生抵触规则的领域包括知识产权（例如对于网络上侵权的不同对待）、信息（例如隐私和跨境信息传输之间的关系）以及竞争（例如“国有企业”的定义以及对其行为的规制）。由于不能保证这些协调能像前提④所说的那样能够在短期内解决，因此前提⑤也不将成立，更无法成为新的WTO规则制定的基石。对于前提⑥而言，大型自贸区内外规则应用的差异可能会产生重大问题，因为价值链的各个方面以及相关的各个国家一直在改变。总之，如果情景1中的前提不成立，那么就有可能出现“意大利面碗现象(Spaghetti Bowl Phenomenon)”(图13.7-3)。该词源于巴格沃蒂(Bhagwati)在1995年出版的《美国贸易政策》(*U.S. Trade Policy*)一书，它指在区域贸易协定(RTA)下，大家无法完全达成共识，各种协定相互纠缠，推高交易成本，就像碗里的意大利面条，一根根地绞在一起，剪不断，理还乱。

### (四) 通向协调贸易政策之路——基于议题的国际规则制定

为了让大型自贸区能够成为真正全球价值链和贸易系统的基础，还需要哪些努力?

首先，有必要对未来我们打算构建的贸易系统有清楚的认识，并且为达成这个目标设计全球性而非区域性的解决方案。实际上，商业界在寻求的并不是以自贸区为手段的区域性解决方案，而是全球性的。在这个方面，着眼于未来WTO规则制定的发展战略十分关键。

其次，保障透明度以及信息披露和共享十分重要。目前，对于提高自贸区的多边化程度以及WTO规则的地方化程度的需求十分迫切。透明化以及准确信息的分布是这一努力的基础。

第三，考量国际贸易规则时必须完全将全球价值链的概念和商业界的观点纳入其中。全球价值链的必要性目前已经成为全球商界的共识。

第四，应该接受“基于议题的国际规则制定”(Issue-based international rulemaking)概念。将大型自贸区的成果通过议题的基础多边化以及利用基于议题的多边协定(例如国际供应链协定)这一点非常重要。

需要注意的是，上述4类观点各有侧重，并非截然对立。无论怎样，未来全球贸易规则和政策的演进必将经历一个复杂的利益博弈和谈判妥协进程。

## 四、发展中国家贸易政策的建议与思考

### (一) 对是否成为PTA的成员进行成本效益分析

发展中国家应仔细权衡与加入优惠贸易协定相关的利弊。在全球价值链的背景

下,成为优惠贸易协定(PTA)的成员会对贸易流动产生积极的影响。目前的共识是,除了取消关税,还应努力解决境内问题来实现参与全球价值链所需的深度集成。因此,发展中国家应该减少贸易和交易成本,通过与重要合作伙伴签订优惠贸易协定来提高自身的竞争力,然而,这样做很有可能是以牺牲支持国内产业的政策手段为代价的。因此应该谨慎比较作为优惠贸易协定成员的成本和利益,这是一项艰巨的任务:需要可靠的数据(虽然通常都拿不到),一个合适的方法(例如一般均衡模型)和跨部门合作。政策制定者应对深层优惠贸易协定的影响进行研究,决定应该在多大程度上限制国内政策措施,同时还应弄清楚是否可以采用次优的替代贸易和投资政策措施来支持国内发展。

### (二) 将PTA与发展中国家的需求进行匹配

为了从成为优惠贸易协定成员这一行为中获得最大的利益,发展中国家应尝试将优惠贸易协定与自身的需求进行匹配。首先,在优惠贸易协定的条款中,应确保外国投资者不能因为以下情况而提起诉讼,即,国家针对不断变化的情况而对国内政策进行调整(比如金融危机、实施更高的标准等)。迄今为止,发展中国家参与全球价值链的比较优势主要在于其较低的生产成本。但是,随着经济的发展,这一情况是有可能发生改变的,因此也要注意不能为外国投资者提供"因为国家支持该类发展所颁布的政策而提起诉讼"的权利。例如,南美国家联盟(UNASUR)已经建立了一个论坛,目的是解决卫生、教育、税务、能源和环境等领域的争端,因为缺乏对应这些情况的争端解决机制,现在不得不利用现有的国内补救措施。

此外,在签署北南协议的时候,还应要求发达国家提供技术援助(TA)来满足更高的产品及工艺标准,以及建立和执行竞争政策。在这种情况下,发展中国家不应该自己承担全部的实施成本。

### (三) 在多边层面上进行谈判

参与全球价值链的发达国家和发展中国家都应追求在多边层面上进行谈判。双边/区域层面上的规则缺乏直观性(intuitive)。虽然生产网络在区域层面上依然更强一些,但是现在全球化的趋势正在不断增加,区域集团之间的联系也在不断加强。相关研究表明,两国之间的全球价值链贸易不仅可以通过双方签署优惠贸易协定而得到增强，如果最终产品在达到用户手中时需要经过第三国，通过和该第三国签订贸易协定，全球价值链贸易也一样会得到增加。在此背景下，发达国家和发展中国家都应采取多边谈判。首先，这样有可能会涵盖更多的价值链，因为该协议不仅仅适用于优惠合作伙伴。其次，发展中国家可以在多边层面上采取共同立场，来提高其深度协定中的政策灵活性。

在多边层面采用全球价值链的角度甚至有可能重振世界贸易组织的低迷谈判。鉴于全球价值链贸易的重要性，这种方式可适用于多种不同的政策领域，能在具有异质性的国家利益之间取得统一。

**参考文献**

[1] 经济合作与发展组织.互联经济体——受益于全球价值链[M].北京：中国商务出版社，2013.

[2] 张晓静.东亚区域贸易协定的深度一体化及对中国的启示[J].国际商务——对外经济贸易大学学报，2015(3)：76—85.

[3] 中富道隆.*メガFTA*の時代のグローバルバリューチェーンへの包括的対応—通商戦略の観点から[R]. Tokyo：RIETI，2013.

[4] 中国国际贸易促进委员会.优惠原产地规则研究[EB/OL].http://www.ccpit.org/Contents/Channel_3387/2016/0215/580244/content_580244.htm. 2016-02-15.

[5] Aradhna Aggarwal. *Trade Effects of Anti-dumping in India：Who Benefits?*[J]. The International Trade Journal，2010，25(1)：112—158.

[6] Bodhisattva Ganguli. *The Trade Effects of Indian Antidumping Actions*[J]. Review of International Economics，2008，16(5)：930—941.

[7] Dominique Bruhn. *Global Value Chains and Deep Preferential Trade Agreements*[R]. Bonn：German Development Institute，2014.

[8] Jean-Pierre Chauffour. *Preferential Trade Agreement Policies for Development：A Handbook*[M]. Washington DC：World Bank Publications，2011.

[9] Jo-Ann Crawford. *Market Access Provisions on Trade in Goods in Regional Trade Agreements*[R]. Geneva：WTO，2012.

[10] Malhotra Nisha，Malhotra Shavin. *Liberalization and protection：antidumping duties in the Indian pharmaceutical industry*[J]. Journal of Economic Policy Re-

form，2008，11(2)：115—122.

[11] Richard Baldwin，Javier Lopez-Gonzalez. *Supply-chain Trade：A Portrait of Global Patterns and Several Testable Hypotheses*[J]. The World Economy，2015，38(11)：1682—1721.

[12] Sébastien Miroudot，Dorothée Rouzet，Francesca Spinelli. *Trade Policy Implications of Global Value Chains：Case Studies* [R]. Paris：OECD Publishing，2013.

本章撰写：温一村